U0646820

国际学术会议论文选粹

江苏科技论坛绿色公路分论坛2017年暨公路养护技术国际学术会议论文集

GONGLU YANGHU JISHU

江苏省公路学会
扬州市公路学会
镇江市公路学会   编
上海市浦东新区公路学会

江苏大学出版社
JIANGSU UNIVERSITY PRESS
镇江

▲中国公路学会翁孟勇理事长（右四）一行到江苏省公路学会调研

▲江苏省科协党组书记、副主席陈惠娟（右四）参观2017中国（南京）道路交通信息化论坛暨智慧交通博览会

▲江苏省交通运输厅党组书记陆永泉出席2017中国（南京）道路交通信息化论坛并致辞

▲扬州市委书记谢正义、市长张爱军等领导视察江淮走廊

▲江苏省公路学会理事长钱国超在学会七届四次理事会议上讲话

2017中国（南京）道路交通信息化论坛暨智慧交通博览会盛大开幕

江苏省公路学会钱国超理事长调研省"科技服务站"——江苏天龙玄武岩连续纤维股份公司

江苏省公路学会七届四次理事会上举行江苏省公路优秀科技创新产品奖颁奖仪式

中国公路学会理事长翁孟勇在2016全国公路学会秘书长年会上为罗法连、殷成胜同志颁发"会员之星"荣誉证书

扬州科协第六次代表大会上为扬州市公路学会颁发"先进集体"奖牌

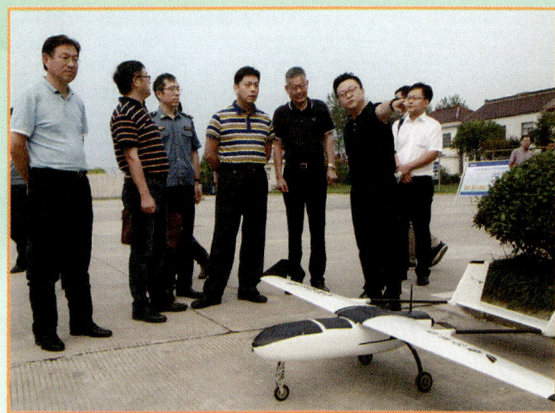

▲ 江苏省公路局局长张鸿飞观摩无人机在路政执法中的应用情况

▲ 扬州市科协王友芳主席、钱靖平副主席参加工科片区学会座谈并走访扬州市公路学会理事单位——江苏瑞沃建设集团

▲ 江苏省公路学会2016年学术年会暨七届四次理事会顺利召开

▲ 2016年10月11日成功举办中国·镇江泛长三角区域低碳交通高端国际论坛

2016年9月21日，联合江苏省公路学会、镇江市科协，组织镇江市谏壁镇陈家庄雩北小学师生60余人，在润扬大桥展览馆开展2016全国科普日暨科普志愿服务对接活动，宣传公路桥梁科普知识

▶ 为进一步促进海峡两岸公路养护工程施工质量管理及新材料、新技术交流，2017年8月16日，镇江市公路学会、江苏天诺道路材料科技有限公司联合承办的"海峡两岸道路养护技术及新材料研讨会"在镇江隆重召开，来自江苏、台湾等地的专家、科技工作者共200余人参加了会议

▲2015年6月，镇江市学会组织部分专家赴新疆生产建设兵团第四师交通局进行交流讲学

▲2016年9月28日，镇江市公路学会组织专家委员会部分专家，参加镇扬汽渡码头道路、坡道病害分析专家咨询会，为渡区道路和码头病害进行会诊

扬州在干线公路推广应用就地热再生养护技术

▲2017年9月8日，由上海浦东、镇江、扬州三地公路学会联合主办的智慧公路养护管理平台研讨会得到中远海运科技股份有限公司的支持

苏州拓博琳新材料科技有限公司

苏州拓博琳新材料科技有限公司是一家致力于道路高科技材料研究，集研发、专业生产、市场推广、技术服务于一体的高新技术企业。企业通过ISO9001国际质量体系认证。

公司总部位于苏州市吴江国家经济技术开发区，拥有数千平方的研发、生产基地，建有完善的公路材料和技术研发中心——苏州市新型路面材料工程技术研究中心。公司业务范围涉及公路、市政、桥梁、港口、隧道、国防道路等工程建设领域，销售硬服务网络遍布全国。随着公司业务的快速发展，设立了宁波拓博琳新材料科技有限公司，并携手国家"一带一路"战略拓展海外业务。

公司现有六大系列12个产品，包括全效高性能沥青混合料改性剂AP系列、全效高性能沥青混合料改性剂LT低温施工系列、SG温拌沥青混合料改性剂系列、抗车辙剂、彩色沥青、新型沥青乳化剂、雾封层材料、再生剂、抗剥落剂、阻燃剂、环保型融雪剂和特种除冰剂。

公司拥有自主知识产权，已申报专利42项，获授权专利38项，并先后在国家科技部、国家交通运输部、江苏省交通运输厅、江苏省科技厅等立项。2015年12月，获得国家交通运输部科技成果鉴定证书和推广证书。

TLB 江苏天龙

江苏天龙公司

　　江苏天龙玄武岩连续纤维股份有限公司位于江苏省仪征市，是中国著名的玄武岩纤维生产企业之一。公司成立于2007年，是集玄武岩纤维产品研发、生产、销售为一体的企业。公司拥有较强的技术团队和多项自主知识产权；依托中科院地质研究所、乌克兰国家科学院的技术力量，建设具有先进技术含量的玄武岩纤维生产线，可为用户提供单丝直径5.5~25μm的多种规格、高品质的玄武岩纤维产品、复合筋及各类复合纤维制品。

江苏西尔玛公司

江苏西尔玛公司是一家集道路环保材料生产、销售及施工为一体的专业性企业，以"研精致思，足履实地"为核心价值观，以成为"中国顶尖的路面养护专家"为目标，积极引进国外优质产品和技术，并以卓越的研发合作团队服务于中国的道路养护市场。公司与世界最大的养护材料生产商美国SealMaster公司紧密合作，相继在中国成立了北京西尔玛道路养护材料有限公司、上海西尔玛道路养护工程有限公司及江苏西尔玛道路环保材料有限公司。

公司生产基地坐落于中国盐城国家级环保科技园区，年生产能力20000吨，年施工能力2000万平方米，产品通过ISO9000认证和国家交通部产品认证中心认证。西尔玛公司拥有技术力量雄厚的专业团队并与国家级科研院所合作，从研发、生产到道路养护施工，以严谨、务实、高效的工作态度赢得了专家和用户的一致认可及赞誉。同时，凭借国际知名的品牌优势、信誉保证及科技含量，迅速在中国的道路养护市场上占据了一席之地。目前，公司产品横跨全国各省、市、自治区，广泛应用于机场跑道、高速公路、国省干道、市政道路、各种桥面和小区道路等一系列路面养护工程项目。

企业文化：研精致思　足履实地

目标：中国顶尖的路面养护专家

愿景：领军路面养护科技，成就百年西尔玛

经营理念：以质量求生存，以创新求发展

江苏西尔玛
道路环保材料股份有限公司

中远海运科技股份有限公司

　　中远海运科技股份有限公司隶属于中国远洋海运集团有限公司，总部设在上海，主要从事智能交通系统，交通和航运信息化，工业自动化，安全防范工程领域的软、硬件产品科研、开发、销售和系统集成，承揽相关工程项目的设计、施工和工程承包；网络技术开发及互联网信息服务；自营技术产品的进出口业务及技术咨询、技术开发、技术转让和技术服务。2010年5月在深圳证券交易所成功挂牌上市。

　　公司作为国内智能交通和交通信息化领域的开拓者之一，在智能交通领域专注深耕二十多年，拥有省级高速公路联网管理中心系统、ETC不停车收费系统、高速公路机电系统、特大隧道和桥梁机电系统及城市交通管理系统等一系列解决方案，技术实力处于国内同行业领先水平。公司业务遍及全国二十个省、自治区和直辖市，累计承担智能交通系统工程和软件项目近千项，市场占有率位居全国前列。

　　公司是国内航运信息化领域的领军企业，以中国远洋海运集团为强有力的依托，致力于航运业相关应用软件和解决方案的研发工作，为用户提供高质量、多方位、深层次的航运和物流行业解决方案和集成服务。目前，公司在船公司、代理、仓储、码头、船员管理等多个航运信息化领域拥有完整的系统解决方案和成功案例。

　　近年来，公司积极响应国家提出的"互联网+"行动计划，大力实施"互联网+交通""互联网+航运"业务模式创新，开发了"易管养"公路管理养护平台和"一海通""四海通"航运供应链电商平台，进一步推进公司创新转型发展。

　　公司以促进中国交通运输行业的技术水平、装备水平、管理水平和运输效率为宗旨，以诚信为立业基础，重视技术创新和管理创新，为用户提供一流技术、一流质量和一流服务。

江苏新越高新技术股份有限公司

江苏新越高新技术股份有限公司是一家专业从事道路沥青全产业链的综合型高新技术企业。公司业务覆盖沥青贸易、仓储、铁公水物流、产品技术研发与深加工、沥青路面集料及混合料生产、沥青路面工程施工、沥青拌合楼托管运营，并免费提供沥青拌合楼选型、选址及安装调试咨询服务。下设江苏新越、苏中油运、江西新越、赣州新越、景德镇新越、九江新越、江苏路辉、镇江越辉等11家子公司。

公司沥青总库容12万吨，储罐采用多层次容量配置；大港库区是上海期货交易所沥青期货交割库和国家海关监管场所；公司的沥青加工、仓储及销售通过了ISO9001质量管理体系认证；拥有接卸能力7500吨和7万吨的码头两个；拥有300米长、10个装车位的铁路装车专用线；拥有沥青火车槽罐车40节；拥有长年与公司合作的汽运公司运输车辆60余台；控股的江苏苏中油运公司，自有船8艘，总运力1.3万吨，合作江船及海船数十艘，可通达长江沿线及江西、湖南的沅江/湘江、湖北汉江等支流内河；拥有自主知识产权的乳化沥青及改性沥青生产线，在镇江上党和江西乐平、丰城、赣县、九江、浮梁等地建有沥青产业基地，配备全环保沥青混凝土拌合站、先进的沥青深加工生产线和设备先进的试验室，自主研发生产改性沥青、乳化剂、添加剂、沥青混合料等系列产品，为用户提供优质一流的路面施工服务。公司与美国奥本大学合作成立沥青产业研发基地，以推广经济适用和可持续发展的沥青路面技术。

公司秉持"练内功、扬正气、社会尽责任"的指导思想，先后荣获了中国沥青行业"新锐企业""最佳文化创新企业""十佳诚信沥青企业"及镇江市"重合同守信用单位""文明单位""劳动关系和谐企业"及市总"模范职工之家"、新区"十佳工人先锋号""四星党支部"等荣誉称号。

公司拥有一支专业、敬业、高效的工作团队，秉承"质量第一、超值服务、感动顾客"的经营理念，竭诚为客户提供最优质的产品和服务！

江苏奥新科技有限公司

江苏奥新科技有限公司位于江苏省宝应县经济开发新区，成立于2003年，占地面积30928平方米，是专业从事沥青路面就地热再生养护机组的制造、销售、租赁、工程施工服务，兼工程机械智能控制系统、找平系统、加热系统、变速系统等产品设计、制造与销售的国家级高新技术企业、央视《发现诚信》栏目的重点助力企业；建有江苏省沥青混凝土路面就地热再生养护机械工程技术研究中心、扬州市机械传动电液控制工程技术研究中心；主持和完成国家火炬计划、国家创新基金、省科技成果转化、省国际合作等各类科技项目20多项，自主及联合开发30多项高科技产品，申请专利40多项，已授权专利31项，其中发明专利9项，获批省高新技术产品16项;先后获得国家重点新产品、教育部技术发明一等奖，省首台（套）重大装备产品，省公路优秀科技创新产品项产品等多项荣誉；通过ISO9001质量管理体系、ISO14001环境管理体系和欧盟CE认证，产品销往多个国家和地区，在行业内享有盛誉，屡获殊荣。

江苏天诺道路材料科技有限公司

　　江苏天诺道路材料科技有限公司是以道路材料生产与应用技术开发，新产品制造与沥青材料仓储、运输，新技术应用与路面施工养护等为主营业务的实体型高新技术企业，总部注册地在镇江市大港新区，注册资金1亿元。

　　江苏天诺在总部建有改性沥青、橡胶沥青、乳化沥青、特种沥青等生产设施及与生产规模和市场需求相适应的物流、仓储设施，产品覆盖江苏、浙江、安徽、河南、上海等省市；在贵州省公路局久长沥青库建有特种沥青生产装置，产品覆盖贵州、四川等市场；在镇江新区大学科技园建有"江苏一诺路桥工程检测中心"和"沥青路面科普教育基地"，为各生产基地提供技术支持。

　　江苏天诺致力于路面养护材料开发、生产及技术服务等环节的集成；注重路面材料、装备、施工一体化技术的推广应用；善于延伸科研院所的科研成果，并与用户合作推动工程实践，实现技术和产品的市场化。公司的主要产品和一体化技术代表了国内外路面养护材料和技术的主流方向，部分产品和技术达到国际领先或先进水平。

　　江苏天诺是"江苏省公路学会科技服务站"依托单位，服务站成立了以江苏省交通界23位知名专家组成的专家组，为公司提供市场需求信息、问题解决方案和技术咨询服务，保证了公司的技术前沿优势和市场影响力。

　　江苏天诺，因沥青事业的需要而生，随沥青事业的发展而发展，从交通行业的发展和进步中受益，在用户的信任和呵护中成长。在道路建设和养护需要更灵活多功能的产品，需要更优质及时的服务，需要更舒适耐久路面的时候，江苏天诺，永远是一员强兵，会在第一时间，出现在第一现场。

《2017年江苏科技论坛绿色公路分论坛暨公路养护技术国际学术会议论文集》编委会

｜主任委员｜

钱国超

｜副主任委员｜

钟建驰　　丁　峰　　张鸿飞　　徐　斌
王友芳　　丁泽民　　李慧平　　韩正泰
石小武　　罗法连　　徐胜华　　肖　鹏

｜委　员｜

（按姓氏笔画）

丁　峰　　丁　鼎　　丁泽民　　马在宏
王友芳　　石小武　　朱兆军　　劳建设
李慧平　　肖　鹏　　张鸿飞　　罗法连
钟建驰　　俞春荣　　宫海琴　　徐　斌
徐胜华　　殷成胜　　高　庆　　康爱红
韩正泰　　鲍沂安

｜主　编｜

钱国超

｜副主编｜

徐胜华　　韩正泰　　罗法连　　石小武
殷成胜　　朱兆军　　劳建设　　鲍沂安
宫海琴　　俞春荣　　丁　鼎　　谢　辉

｜秘　书｜

汤红梅

序

科技兴则民族兴，科技强则国家强。2016 年 5 月 30 日，全国科技创新大会、两院院士大会、中国科协九大同期召开，习近平总书记发表了重要讲话，吹响了建设世界科技强国的号角。

新一轮科技革命和产业变革正在创造历史性机遇，科技创新成为强国富民的关键。站在新的历史起点上，聚力创新，大势使然；聚焦富民，民心所盼。江苏省委、省政府提出了"十三五"期间实现"两聚一高"建设的发展战略。作为省委、省政府批准设立、在全省科技领域影响力较大的江苏科技论坛，承载着面向世界科技前沿、面向经济主战场、面向国家和省市重大需求、加快各领域科技创新的平台重任，为此，2017 年江苏科技论坛主要围绕"聚力创新，服务现代产业发展"主题，面向各省级学会、高校科协征集分论坛。经我会向江苏省科协申报并批复立项，由江苏省公路学会与扬州市、镇江市、上海市浦东新区公路学会联合主办，江苏信息服务产业基地（扬州）联办的 2017 年江苏科技论坛绿色公路分论坛暨公路养护技术国际学术会议在扬州如期举办。

本次绿色公路分论坛暨公路养护技术国际学术会议，紧扣"五大发展理念"和聚力创新，突出"绿色、循环、开放、共享"主题，通过"会展商一体"的形式，集聚多方资源，共享科技成果，扩大合作交流，为社会提供高质量的科技服务供给。

经过前期紧张筹备，本次活动邀请了国内外高层次专家学者，开展"百家争鸣"学术交流，为相关企业搭建了产品展示、商务洽谈的平台；同时，通过多方征集、专家评审，从近百篇论文中，择优选取了 65 篇学术论文汇编成集，并委托江苏大学出版社编辑出版。

本论文集坚持问题导向,汇聚了集体的智慧,共分为道路工程(包括路面材料和路面结构)、桥隧工程、养护工程、行业管理及其他方面五大类,展示了近三年公路建管养等领域的新理念、新材料、新技术、新工艺、新举措,体现了课题和学术研究成果的开拓创新。

立稳方能负重,行稳方能致远。我们非常期待通过本次分论坛和相关新产品、学术研究成果的展示,让大家有所受益、有所启发,借助成功经验、创新思路、前瞻思维,助推公路领域科技创新步伐,为实现交通运输现代化建设不断激发潜智,为实现全省"两聚一高"建设不断夯基垒台。

2017 年 9 月 10 日

目 录

道 路 工 程

路面材料

玄武岩纤维 SMA-13 在干线公路的应用研究/殷成胜/003

高性能沥青混合料改性剂在南方地区的应用研究/牛艳辉　陈 悬/007

扬菱公路邗江段提升改造工程贯彻"绿色低碳"理念的探索/谢永华　张华庆/013

硅藻土透水混凝土水质净化效果研究/吴正光　王修焱　卢佩霞　王二飞　许珊珊/016

陶粒透水沥青混合料路用性能研究/吴正光　王二飞　余晖　许珊珊　王修焱/025

掺硅藻土的再生型多孔混凝土净化效果及植生分析

/吴正光　王二飞　许姗姗　王修焱/032

泡沫轻质土在江广高速公路改扩建工程中的应用/杨 波　彭 程　仇宏琪/040

缓释型抗冰冻 SMA 混合料的优化设计及路用性能研究

/王文峰　吴冬生　吴春颖　牛晓伟/045

生活废旧塑料 CRP 改性沥青性能研究/方宇亮　杨锡武/052

高耐久性环氧树脂(HDP)沥青混合料的路用性能研究/凌高祥/058

硅铝基稳定碎石基层技术应用研究/叶 炜/066

胶粉改性沥青老化性能的研究/李秋飞　戴 辉　陈 爽　张玉贞/070

橡胶改性剂在复合改性沥青中对耐老化性能和储存稳定性的影响研究/袁 月/077

沥青路面三渣基层高含硫量分析及预防/周富强/081

一种应用于排水性沥青路面和钢桥面铺装的直投式沥青改性剂

/闫国杰　姜爱峰　刘 钢　赫振华　徐韵淳　胡 睿　李 交/086

西尔玛含砂雾封层抗凝冰技术/刘 超　陈科宇/099

路面结构

Sup25 泡沫温拌沥青混合料路用性能研究/刘　敏　吴正光　仲星全/105

扬州市路面径流污染特性分析与排放规律研究

　　　　　　　　　　　/康爱红　娄可可　肖　鹏　殷成胜　寇长江/110

新型生态渗滤系统处治道路径流污染试验研究

　　　　　　　　　　　/康爱红　许珊珊　肖　鹏　殷成胜　王二飞　娄可可/118

基于节能环保的大孔隙沥青混合料性能研究/王亚奇/125

灌入式复合路面路用性能研究综述/王亚奇　丁文胜　管亚舟　王　鹏/130

浅析抗冰冻沥青混凝土路面施工技术控制/严维成/135

探讨抗车辙型半硬层路面的应用/程祖辉　管亚舟　王　军　丁文胜/141

微钻孔排水在沥青路面层间水处置中的运用/许云峰/149

绿色街道设计导则在"公路"向"街道"改造中的应用——以常熟珠海路、深圳路综合改造

　　为例/顾天奇　周雨濛　徐乃云　许　威　包渊秋/156

沥青路面研究与应用绿色技术进展/姚　凯/164

"长寿路面"在智慧城市的落实和在香港的实践/聂志光/171

桥 隧 工 程

实用型结构安全监测系统在系杆拱桥的应用/李波　马尚/179

237 省道北澄子河大桥吊杆更换施工技术探讨/孙晓震　赵士耀/186

新型黏结剂及止水剂高压灌浆在梁体修护中的应用/翁雪屹　陈　锋/191

桥面抗冰冻材料研究/廖芳龄/198

装配式钢管混凝土绿色隧道探讨/黄　俊　战福军　李海光　史培新　张忠宇/207

大跨径钢桥疲劳开裂研究综述/姜竹生/215

预应力孔道压浆质量无损检测新技术/宋闽江　毛益佳/221

基于薄层沥青铺装的既有桥梁混凝土桥面改造技术研究/张　辉　潘友强　张志祥/226

矿粉对桥梁高强混凝土施工期抗裂性能影响试验研究/谢利宝　沈德建/233

高黏高弹 SMA-10 沥青混合料用于钢桥面铺装的碾压工艺探讨/闫国杰/242

大数据驱动的桥梁安全评定和维修决策技术

　　　　　　　　　　　/张大伟　凌宏伟　杨春　马晓刚　欧进萍/246

养 护 工 程

耐久性含砂雾封层预防性技术应用研究/俞春荣　吉增晖　郑炳锋　朱富万/261

沥青路面厂拌温再生在养护改造中的应用/徐　希　陈晓天/268

厂拌热再生 AC-13 沥青混合料在省道养护中的应用技术研究

　　　　　　　　　　　　　　　　　　/王亚奇　丁文胜　管亚舟/273

公路路面预防性养护技术/丁健伟/280

公路养护设计新理念/魏云霞/286

就地热再生技术在重载 SMA 沥青路面中的应用评价及效益分析/茅　荃/289

就地冷再生技术在南京三桥沥青路面养护工程中的应用

　　　　　　　　　　　/樊叶华　杨　娟　王　媛　王　进　赵凡忠/299

沥青路面再生技术及在常州市应用展望/卢磊　王晶娥/307

基于使用性能的冷再生路面结构设计方法初探/许　严/313

基于层次分析和模糊数学法对铣刨料的分类研究/周维维/321

排水性沥青路面养护管理的探索/顾正华　张利豪　张　亮/328

行 业 管 理

低碳理念下绿色公路建设的技术要点探析/陈　明/335

公路"牛皮癣"综合治理的对策研究与分析/刘　敏/338

县道维修改造中环保方案的探索/戴真君/342

农村公路建设对环境的影响和干预探索/陈永飞/346

我国道路雨水径流污染特性及控制措施进展/康爱红　李　涛　丁泽民　徐　剑/349

浅谈镇江市养护应急基地(工区)管理模式和运营机制

　　　　　　　　　　　　　　　/陈辉方　管亚舟　丁文胜　戴建平/355

江苏绿色公路内涵及发展思路探讨/曹亚丽/359

数字化公路管理的探索与应用/高　庆　刘天鹏/364

张江科学城综合交通战略规划中的大数据及智能化应用与畅想

　　　　　　　　　　/张大伟　陈　龙　温　馨　周晋冬　顾佳磊　潘越洋/373

智慧公路养护管理平台的探索与实践/高　庆　刘天鹏/389

其　他

黏性沉积物表面侵蚀临界剪切应力的分形模型/卢佩霞　徐永福　褚飞飞/399

南通美丽公路建设的比较和展望/朱　华/408

江苏省高速公路服务区污水处理现状问题及解决对策研究

　　　　　　　　　　　　　　　　　　　　　/杨　楠　胡　婕　仝　凯/416

雨水花园在城市绿地中的运用——以海门肇州园景观设计为例/谢伟强/424

道路工程

玄武岩纤维 SMA-13 在干线公路的应用研究

殷成胜

(扬州市公路管理处 扬州 225007)

摘　要　玄武岩纤维是一种绿色、环保、无污染的新型无机非金属矿物纤维,具有较高的强度和韧性,与沥青和集料有较好的黏附性,在沥青混合料中分散均匀,能够提高沥青路面路用性能,延长使用寿命,玄武岩纤维的应用已经成为沥青路面研究的一个前沿。本文结合江苏省333省道仪征段沥青路面的施工,通过室内配合比设计等相关试验研究了玄武岩纤维 SMA-13 沥青混合料的高温抗车辙性能和水稳定性等路用性能,并探讨了在实际施工中的注意要点。相关数据检测和实际使用效果表明,玄武岩纤维 SMA-13 具有良好的路用性能,是一种值得推广的沥青路面材料。

关键词　玄武岩纤维　SMA-13　路用性能

0　引　言

玄武岩纤维是一种绿色、环保、无污染的新型无机非金属矿物纤维,比起一般使用的有机类纤维(木质素纤维和聚合物纤维)在强度、耐高温性能、吸水性能等方面有明显的优越性。玄武岩纤维能够有效改善沥青路面的抗氧化和抗老化能力,从而延长道路使用寿命,是有效解决我国重载交通、早期损害的有效途径之一,已经成为沥青路面研究的前沿。本文以江苏省333省道仪征段改扩建工程的施工为依托,通过室内相关试验研究了玄武岩纤维 SMA-13 高温抗车辙性能和水稳定性等路用性能,并探讨了在实际施工中的注意要点,以期对玄武岩纤维沥青的应用提供一些借鉴。

1　依托项目简介

江苏省S333省道仪征段改扩建工程,起自高邮市与仪征市交界处,止于仪征滨江路。工程技术标准为双向四车道一级公路,设计车速 100 km/h,路面面层宽 11.65 m× 2 m,横坡为 2.0%。本研究所用玄武岩纤维 SMA-13 实施桩号为 K204＋000－K205＋000,路面结构层采用:1 cm 沥青下封层＋8 cm 中粒式沥青混凝土 SUP20 下面层＋玄武岩纤维 SMA-13 混凝土上面层。

2　玄武岩纤维简介

玄武岩纤维是以由火山喷发形成的天然玄武岩作为原料,将其破碎后加入熔窑中,在 1 450～1 500 ℃下熔融后,通过铂铑合金拉丝漏板快速拉制形成的连续纤维,纤维的直径一般是 5.5～25 μm。玄武岩纤维绿色环保,在整个生产过程中无废气、废水、废渣产生。玄武岩纤维具有良好的耐低温、耐高温性,力学性能优异,具有很高的拉伸强度和模量,对沥青混凝土有增强、增韧作用。

本文所用研究玄武岩纤维采用江苏天龙玄武岩连续纤维高新科技有限公司生产的 16 μm 短切纤维。该玄武岩纤维在沥青混合料中使用,能够有效增强道路的高温稳定性、低温抗裂性、耐车辙性、抗疲劳性,改善沥青路面的抗氧化和抗老化能力,从而延长道路使用寿命。

3 玄武岩纤维 SMA-13 配合比设计

3.1 原材料

试验所用矿料为镇江茅迪产玄武岩,填料为安徽石灰岩矿粉,各集料的物理和力学性能均满足规范要求,级配见表 1。沥青为江苏宝利 SBS 改性沥青,纤维为天龙玄武岩纤维(用量为沥青混合料总量的 0.4％)。

表 1　各种矿料和矿粉的筛分结果

矿料	通过下列方孔筛(mm)的质量百分率/％									
	16	13.2	9.5	4.75	2.36	1.18	0.6	0.3	0.15	0.075
1#	100	86.1	35	0.3	0.1	0.1	0.1	0.1	0.1	0.1
2#	100	100.0	91.6	0.4	0.6	0.1	0.1	0.1	0.1	0.1
3#	100	100.0	100.0	40.7	3.9	1.5	0.3	0.2	0.1	0.1
4#	100	100.0	100.0	97.3	80.6	56.3	37.1	30.4	21.5	10.6
矿粉	100	100.0	100.0	100.0	100.0	100.0	100.0	100.0	98.5	75

3.2 级配范围

玄武岩纤维 SMA-13 沥青混合料级配的设计组成结果见表 2。

表 2　级配的设计组成结果

级配类型 (1#∶2#∶3#∶4#∶矿粉)		通过下列筛孔(方孔筛,mm)的质量百分率/％								
		13.2	9.5	4.75	2.36	1.18	0.6	0.3	0.15	0.075
36∶33∶8∶11∶12		96.1	70.8	27.9	21.5	18.8	16.7	15.2	13.4	10.0
级配要求	上限	100	75	34	26	24	20	16	15	12
	下限	90	50	20	15	14	12	10	9	8

3.3 最佳沥青用量

本设计按级配称取矿料,采用 3 种油石比,165 ℃温度下双面各击实 75 次成型马歇尔试件,计算各组试件密度、空隙率、矿料间隙率、沥青饱和度,最后将成型的试件进行马歇尔稳定度试验,试验结果列于表 3。根据试验结果,最终确定油石比为 5.9％。

表3　沥青混合料马歇尔试验结果

级配类型	油石比/%	稳定度/kN	流值/0.1 mm	空隙率/%	矿料间隙率/%	有效沥青饱和度/%	粗集料骨架间隙率mix/%	毛体积相对密度	最大理论相对密度
SMA-13	5.6	11.15	29.6	4.71	17.1	72.2	40.35	2.492	2.615
	5.9	11.68	30.1	4.34	17.0	80.5	40.26	2.490	2.604
	6.2	10.63	32.8	3.71	17.0	81.1	40.24	2.493	2.589
要求	≥6	20～50	3～4.5	≥17	75～85	≤VCA_{DRC}			

4　玄武岩纤维SMA13的路用性能

4.1　高温抗车辙性能

从表4的车辙试验结果来看,玄武岩纤维SMA-13的动稳定度为6 587次/mm,远远大于规范要求,并高于70#沥青混合料,说明玄武岩纤维SMA-13具有良好的抗车辙能力。

表4　车辙试验动稳定度

混合料类型	车辙动稳定度/(次/mm)				动稳定度要求/(次/mm)
	1	2	3	平均	
SMA13	6 350	6 727	6 683	6 587	≥3 000

4.2　抗水损害性能

从表5和表6所示的试验结果来看,玄武岩纤维沥青混合料的抗水损害均能满足规范要求,沥青胶浆首先与玄武岩纤维结合,形成玄武岩纤维胶浆,能够充分发挥其高强度和高韧性的特点,与矿料结合紧密,在沥青混合料的强度形成中起到关键作用,可防止混合料在水作用下过早损坏。

表5　浸水马歇尔试验结果

混合料类型	马歇尔稳定度/kN	浸水马歇尔稳定度/kN	残留稳定度/%	稳定度要求/%
SMA-13	11.17	10.36	92.7	≥85

表6　冻融劈裂试验结果

混合料类型	非条件劈裂强度/MPa	条件劈裂强度/MPa	劈裂强度比/%	劈裂强度比要求/%
SMA-13	0.774 6	0.697 2	90.0	≥80

5　玄武岩纤维SMA-13的施工要点

(1)玄武岩纤维为固体袋装颗粒状,运输方便,无需特殊运载工具。在常温下即可贮存,不需要任何特殊设备,不会因为温度、湿度、荷载堆压引起变形、结块等现象,耐贮存。

(2)玄武岩纤维在拌合楼直接添加,制作沥青混合料时,在石料干拌时,从拌合楼观察窗口投入玄武岩纤维,混合时间取决于沥青搅拌设备的装料容量。采用沥青搅拌设备时，一般搅拌时间延长至少 10 s，投入后，玄武岩纤维分散比较均匀，无纤维打团现象，施工和易性较好，路面基本无油斑，沥青路面容易压实。

（3）在任何情况下，运料车在运输过程中都应加盖厚帆布保温，沿车厢的侧部与后部整齐地绑扎，以防混合料表面因降温结壳，防止帆布与混合料之间进入空气。

（4）沥青砼摊铺。摊铺速度控制在 3 m/min，保证摊铺时沥青砼的温度满足要求，尽量减少收斗次数，减少沥青混合料的离析。

（5）沥青砼碾压。本研究双车道初压采用 1 台钢轮前静后振 2 遍，复压采用 2 台钢轮前静后振共 6 遍，终压采用 1 台钢轮静压 2 遍。

6 结 语

（1）通过玄武岩纤维 SMA-13 的室内相关试验，表明玄武岩纤维 SMA-13 混合料的高温稳定性能、抗水损害性能均满足技术要求，路用性能明显，可以提高沥青混合料在低温下的柔韧性，延长沥青混合料的使用寿命，可作为玄武岩纤维 SMA-13 在工程中应用的参考与依据。

（2）通过现场实际施工和近一年的跟踪观测发现，玄武岩纤维 SMA-13 沥青路面施工时控制方便，碾压后路面无油斑，通车后路面无任何病害与瑕疵，使用良好，表明玄武岩纤维 SMA-13 具有良好的抗车辙、抗裂和抗水损害性能，是值得推广的一种新型沥青路面材料。

参考文献

[1] 张争奇,胡长顺.纤维加强沥青混凝土的几个问题的研究和探讨[J].西安公路交通大学学报,2001,21(1):29—32.

[2] 韦佑坡,张争奇,司伟,等.玄武岩纤维在沥青混合料中的作用机理[J].长安大学学报(自然科学版),2012,2(32):39—44.

[3] 林菘,倪江宁,王鸣义.聚酯纤维在沥青混凝土中的应用[J].合成纤维工业,2005,3(28):40—42.

高性能沥青混合料改性剂在南方地区的应用研究

牛艳辉　陈悬

（苏州拓博琳新材料科技有限公司　苏州　215200）

摘　要　结合中国南方地区高温多雨的气候条件,本文通过室内试验和路用实践,研究了高性能沥青混合料改性剂在南方地区的应用。实践表明,高性能沥青混合料改性剂掺量不低于 0.3% 时,其动稳定度可达 7 000 次/mm 以上,抗水损性能及低温性能优异,满足南方地区高等级公路的建设要求。另外,在相同频率下,其动态模量高于 SBS 改性沥青,抗疲劳性能有一定改善。本文结合 G40 沪陕高速、G50 沪渝高速、成都第二绕城高速等路段,对掺入高性能沥青混合料改性剂的施工工艺展开研究。跟踪观测表明,通车三年后,其弯沉、车辙均小于对比路段。对比传统改性方式,高性能沥青混合料改性剂有较好的社会经济效益,对节省综合成本、延长养护周期等起到促进作用。

关键词　高性能　抗车辙　改性剂　沥青混合料　路用性能

0　引　言

随着公路交通量的增加、持续高温天气、轴载的加大、渠化交通的形成及汽车超载等因素的综合影响,公路沥青路面早期破损问题已成为影响我国公路健康发展的突出矛盾[1]。而在我国南方,由于高温多雨形成的湿热气候条件,使车辙和水损害占所调查沥青路面产生病害类型的 70% 以上,成为我国南方沥青路面的主要破坏形式。根据国内外的大量研究及路面病害分析、力学分析发现,在整个路面结构中,面层以下 5～10 cm 的区域(中面层)车辙病害的严重程度最大,这主要是由于中面层在整个路面结构中温度最高,并且承受的剪应力最大[2-3]。因此,近年来中国高等级公路建设普遍提高了对中面层的重视,并采用改性沥青及掺加纤维等改善方式来提高中面层沥青混合料的高温抗车辙性能。

高性能沥青混合料改性剂(以下简称“高性能改性剂”)的开发,成功地解决了沥青路面的高温抗变形及水损害问题,并且改善了沥青路面的低温性能,同时还具有可长期存放、添加方便、不增加设备等优点。鉴于此,深入研究高性能沥青混合料改性剂的综合路用性能、力学性能,及其施工工艺和应用效果,提高沥青路面的抗高温永久变形能力,抗水损害及低温性能,延长路面的使用寿命是非常必要的。

1　路用性能试验方法及级配

试验室的试验步骤如下:将集料加热至 180～190 ℃,投入试验室拌合机中,将相应量的改性剂加入拌合设备中在 175 ℃下干拌 60 s;加入相应量的沥青,拌合 60 s,然后加入相应量的矿粉继续拌合 60 s,拌合以裹覆均匀为准,试件成型温度为 160 ℃。

级配采用 AC-20,沥青为 70# 普通沥青,沥青的技术指标见表 1,集料为石灰岩。采用马歇尔试验对 AC-20 沥青混合料进行设计,沥青用量是 4.2%,级配见表 2。

表 1 70# 普通沥青技术指标

项目	试验结果	要求范围	试验依据
针入度(25 ℃,100 g, 5 s,0.1 mm)	64.5	60~80	T0604－2011
针入度指数 P. I	−1.34	−1.5~+1	T0604－2011
延度(15 ℃, 5 cm/min)/cm	＞100	≥100	T0605－2011
软化点	48.8	≥46	T0606－2011
动力黏度(60 ℃)/(Pa·s)	200.7	≥180	T0619－2011

表 2 AC-20 沥青混合料级配组成

孔径/mm	26.5	19.0	16.0	13.2	9.5	4.75	2.36	1.18	0.6	0.3	0.15	0.075
通过量/%	100.0	94.7	81.4	71.7	61.3	39.8	30.9	19.3	14.3	11.0	9.7	6.3

2 路用性能试验及结果分析

本文采用室内试验对掺加高性能改性剂的普通沥青混合料进行综合评价,采用车辙试验、浸水马歇尔试验、冻融劈裂试验及低温小梁弯曲试验分别对掺加高性能改性剂沥青混合料的高温性能、抗水损性能及低温性能进行研究,并以 SBS 改性沥青混合料作为参照对象。试验结果见表 3。

表 3 掺加高性能改性剂的普通沥青混合料与改性沥青混合料性能对比

混合料类型	动稳定度/(次/mm)	浸水残留稳定度/%	冻融劈裂强度比/%	小梁弯曲破坏应变/$\mu\varepsilon$
SBS 改性沥青	4 215	90.2	83.1	2 943
普通沥青＋0.2%高性能改性剂	3 213	93.4	84.1	3 145
普通沥青＋0.3%高性能改性剂	7 241	95.3	85.2	3 241
普通沥青＋0.4%高性能改性剂	9 538	96.2	86.1	3 324
技术要求	≥2 800	≥85	≥80	≥2 500

表 3 中的试验结果表明:在普通沥青混合料中掺加高性能改性剂大幅度提高了混合料的高温抗车辙能力,并且对抗水损性能和低温性能有一定的改善。随着高性能改性剂掺量的增加,沥青混合料的各项性能均有不同程度的改善,尤其是动稳定度有显著提高。当掺量为 0.2% 时,其抗水损性能、低温性能略好于改性沥青混合料,但抗车辙性能(即动

稳度)略低。而掺量增加到 0.3% 以后,其高温抗车辙能力有显著提高,达到了 7 000 次/mm 以上,低温性能和抗水损性能略有提高,掺量增加至 0.4%,其动稳定度是 SBS 改性沥青混合料的 2 倍多。综合考虑成本及性能,一般建议高性能改性剂的掺量为 0.3%～0.4%。

3　力学性能试验及结果分析

3.1　动态模量试验

为了更深入地研究高性能改性剂,本文采用动态模量、疲劳试验来检验其力学性能。目前我国公路沥青路面结构计算采用静态弹性理论,所输入的混合料设计参数也是公路沥青路面设计规范推荐的静态力学参数。众所周知,由于路面结构受到车辆荷载、气候、环境等因素的作用,它的实际工作受力状态、材料性质等都与现行的静态体系存在较大的差距。因此,研究动态荷载作用下沥青路面结构的动态参数和动力特性是十分必要的,在此基础上可逐步实现沥青路面设计体系由静态力学体系向动态力学体系转化,从而使沥青路面设计方法与路面实际受荷条件更吻合[4]。本文对掺加高性能改性剂的沥青混合料进行了动态模量试验研究,结果见图 1。

试验温度选取 20 ℃,试验频率为 25,10,5,1,0.1 Hz,围压为 0。

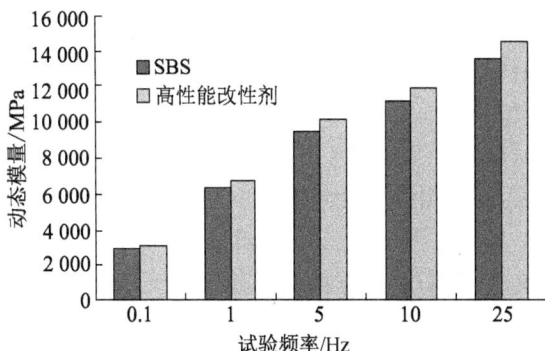

图 1　两种混合料动态模量对比(20 ℃)

从图 1 的模量数据对比可以看出,掺加高性能改性剂的沥青混合料的动态模量比同频率下 SBS 改性沥青混合料的要高。

3.2　疲劳试验

本文采用四点弯曲疲劳试验来评价掺加高性能改性剂的混合料的抗疲劳性能。按照振动轮碾成型的方法制作板块试件,成型的试板尺寸为 400 mm×300 mm×75 mm。碾压成型后的试板,采用割石机切割成长度为(385±5) mm、高度为(50±6) mm、宽度为(63±6)mm 的标准四点弯曲小梁试件。具体试验结果见 4。

表 4　掺加高性能改性剂普通沥青混合料与改性沥青混合料疲劳寿命对比

混合料类型	应变值/$\mu\varepsilon$	疲劳寿命/次	
SBS 改性沥青	300	599 424	疲劳寿命比
	400	33 071	
	500	8 066	
普通沥青＋0.3％高性能改性剂	300	613 375	1.023
	400	43 890	1.327
	500	13 847	1.717

表 4 的试验结果表明,在相同的应变值条件下,掺加高性能改性剂的混合料疲劳寿命均大于 SBS 改性沥青混合料,并且随着应变值的增大,掺加高性能改性剂的混合料与 SBS 改性沥青混合料的疲劳寿命比增大,这表明随着应变值的增大,掺加高性能改性剂的混合料疲劳寿命降低幅度减小。

4　现场应用情况

在对掺加高性能改性剂混合料的路用性能及力学性能充分研究的基础上,将其应用到多个工程,其中典型的代表有 G40 沪陕高速、G50 沪渝高速、成都第二绕城高速等。结合工程实际,对高性能改性剂的施工工艺进行了多方面的研究,并与 SBS 改性沥青进行了对比,其拌合、摊铺、碾压等工艺基本与 SBS 改性沥青混合料相同,但高性能改性剂采用人工或自动投料机以外掺的方式加入沥青混合料中。

在施工中及通车后,对其相关性能进行测试,施工现场取样及后期观测数据分别见表 5 和表 6。

表 5 的试验数据表明,现场取样测试的动稳定度比室内试验结果偏大,抗水损性能及低温性能基本相当,这主要是由于拌合楼搅拌的效果比室内设备更好,另外不同集料、级配有一定的差异。总体来看,现场测试数据基本与室内试验结果一致。

表 5　现场取样试验结果

混合料类型	动稳定度/（次/mm）	浸水残留稳定度/％	冻融劈裂强度比/％	小梁弯曲破坏应变/$\mu\varepsilon$	备注
普通沥青＋0.3％高性能改性剂	12 367	89.7	82.8		成都第二绕城 AC-20
普通沥青＋0.4％高性能改性剂	13 635	97.2	90.1	2 927	G50 沪渝高速 Sup-13

表6 后期弯沉及车辙观测结果

路段	G40 沪陕高速通车 1 年		G40 沪陕高速通车 3 年	
	平均车辙/mm	最大车辙/mm	平均车辙/mm	最大车辙/mm
SBS 改性（前段）	4.33	8.67	6.40	9.20
高性能改性剂	2.83	6.05	4.00	8.40
SBS 改性（后段）	3.79	8.31	5.90	8.70

表6的观测结果表明,与相邻采用 SBS 改性沥青段落相比,通车 1 年及 3 年后,掺加高性能改性剂的路面实测车辙深度均小于对比路段,整体路面抗车辙性能提高 35％左右,通车 3 年后车辙深度的增长速度均小于对比路段。

5 经济性分析

在高等级公路及重载交通道路中,SBS 改性沥青已不能满足要求,一般会选择使用 SBS 改性沥青加抗车辙剂的方式来提高公路的路用性能,而使用高性能改性剂即可满足高等级公路和重载交通道路对高温抗车辙性能和低温抗冻裂性能的需求。以常用的 AC-20 级配的沥青混合料(油石比为 4.4％)为例,对 SBS 改性沥青加优质抗车辙剂和高性能改性剂的工程造价进行对比,具体见表 7 和表 8。

表7 SBS 改性沥青混合料成分及价格

材料	用量/kg	单价/(元/吨)	总价/元
改性沥青(用油量 4.2％)	42	6 000	252
石料矿粉	958	105	100.59
抗车辙剂(添加量 0.3％)	3	20 000	60
改性沥青混合料	1 000		412.59

表8 掺加高性能改性剂的沥青混合料成分及价格

材料	用量/kg	单价/(元/吨)	总价/元
基质沥青(用油量 4.2％)	42	5 000	210
石料矿粉	958	105	100.59
高性能改性剂(添加量 0.3％)	3	25 000	75
改性沥青混合料	1 000		385.59

从表7、表8数据对比可以看出,使用高性能改性剂比 SBS 改性沥青加抗车辙剂的沥青混合料每 1 吨节省 27 元。

6 结 语

室内试验结果表明,高性能改性剂掺量为 0.3％及以上时,沥青混合料动稳定度即可达 7 000 次/mm 以上,并且改善了混合料的抗水损性能及低温性能。另外,其动态模量、抗疲劳性能均高于 SBS 改性沥青混合料。工程应用情况良好,其施工工艺无特殊要求,现场检测与室内试验结果一致,并且通车 1 年及 3 年后,其车辙均小于对比路段,整体路面抗车辙性能提高 35%，车辙深度增长速度均小于对比路段。另外，高性能改性剂大大降低了道路的建设成本，建议用于高速公路、道路交叉口前后 200 m、公交站台前后、重载交通、长大纵坡路段等。

参考文献

［1］胡思维.抗车辙剂在山区长陡坡沥青混凝土路面中的应用研究［J］.公路交通与科技(应用技术版)，2010，3：40—42.

［2］薛鹏涛，袁万杰，王钊，等.抗车辙剂在南方湿热地区的应用研究［J］.交通标准化，2007，6：84—87.

［3］段号炎，慕海瑞，杨锐.PR 抗车辙剂在高速公路沥青混合料中的应用研究［J］.中外公路，2011，31(1)：221—224.

［4］孙建.沥青混合料动态模量研究［D］.西安：长安大学，2007.

扬菱公路邗江段提升改造工程贯彻
"绿色低碳"理念的探索

谢永华　张华庆

（扬州市邗江区交通运输局　扬州　225009）

摘　要　扬菱公路是邗江区"三纵四横"公路骨架网中一条重要的纵向干线,不仅是扬州中心城区连接并辐射北部槐泗、方巷、公道及高邮湖西地区的直接通道,也通过连接启扬高速,与扬州泰州机场相通,该通道已经成为市区连接扬泰机场最重要、最直接的通道。扬菱公路提档升级改造后,将成为扬城北部一条新的快速通道。扬菱公路邗江段提升改造工程启动于2013年,在建设过程中,扬州市邗江区交通局着力节能环保打造,在突出"舒适、安全、绿化、生态、循环、低碳"理念方面做了有益的探索。

关键词　公路工程　提升改造　绿色　低碳

0　引　言

随着生态环境逐年恶化、物质资源逐年紧缺,废旧物的回收利用越来越受到社会的重视,同时社会也越来越关注绿色生态保护。2016年末,我国公路总里程达469.63万km,比上年增加11.90万km,年增长率约2.53%,可以看出,我国公路建设里程的增长率水平较低,说明我国公路干线骨架网已基本形成,今后公路养护大中修和改造将成为主要任务。道路维修改造必将产生大量废弃物,如何废物利用,减少对环境的影响将是一个重要课题。

扬菱公路邗江段从瘦西湖互通至高邮界,线路全长约21.2 km,原路面为水泥混凝土路面,经10年的运营,路面已出现较多病害,行车舒适度较差,已影响了扬菱公路的正常服务功能。为推动地方经济社会发展,改善区域交通环境,2013年决定对扬菱公路邗江段进行提升改造。利用旧水泥混凝土路面,改造成沥青混凝土路面,整个工程总投资约1.58亿元。

在扬菱公路邗江段提升改造工程中,结合工程特点和实际,在节能环保、绿色低碳方面采取了以下一些措施:① 采用橡胶沥青混凝土作为路面结构上面层,回收利用废旧轮胎,降低路面噪声和反射裂缝,提高行驶安全性,延长路面使用寿命;② 采用德国路可比改性沥青混凝土作为路面结构下面层,降低路面施工温度,减少二氧化碳和废气排放,全面改善路面性能,使其具有更高的热稳定性和更强的抗车辙能力,延长沥青路面使用寿命;③ 采用水泥灌浆和抗力贴处理旧水泥路面,循环利用老路;④ 采用公路绿化"碳汇林"工程,使道路沿线及绿化能够充分吸收车辆运行过程中的二氧化碳和废气的排放。

1 采用橡胶沥青混凝土

橡胶沥青混凝土能提高抗变形能力,解决一般沥青混凝土路面易渗水问题,且抗滑、抗老化、抗反射裂缝更好。加入橡胶粉后的沥青路面,加大了与轮胎的摩擦力,提高了行车的舒适性和安全性。

橡胶沥青路面与普通沥青路面相比,增加了路面弹性,车速在每小时 80 km 的情况下,行车噪声降低约 3 dB,这相当于减少路面 1/3 的交通量。

不言而喻,橡胶沥青不仅提高了沥青路面质量,还能消化大量汽车废旧轮胎,破解"黑色污染"难题。2010 年,我国废旧轮胎产生量约达 2.5 亿只,废弃的橡胶材料数量巨大,不但占据大量空间,而且难以分解,对环境造成威胁。大量堆积的废旧轮胎恶化环境、破坏植被,经过日晒雨淋,极易滋生蚊蝇,传播疾病,影响人类健康。此外还容易自燃、引发火灾,释放大量的苯、丁二烯、一氧化碳等有毒气体和粉尘,并且向地表径流系统释放大量的油类物质。此外掩埋处理废旧轮胎费用昂贵,占用大量土地,容易造成土地资源和成本浪费。因此无害化、资源化地充分利用这些废旧轮胎,消除"黑色污染"已经迫在眉睫。扬菱公路在规划设计上主动引入循环环保绿色低碳理念,在上面层路面结构中采用橡胶沥青混凝土,工程实施中共使用了约 28 728 吨橡胶沥青混凝土,约需橡胶沥青 1 436 吨、橡胶粉 287 吨,这么多的橡胶粉约需要 410 吨的废轮胎加工生产而成,折合合理循环利用废旧轮胎约 24 600 只,减少了废轮胎对土地的占用,节约土地约 6 亩。

橡胶沥青路面与普通沥青路面相比,还可以延缓灯光反射、减少车辆行驶时产生的扬尘,有效缩短车辆的刹车距离,防止路面潮湿时造成的车辆打滑及反光造成的视觉盲点,提高车辆行驶安全系数。废旧轮胎中含有的炭黑,使橡胶沥青路面能保持更长时期的黑色,提高了路面颜色与标志线的反差,间接改善了行车的安全性。

在扬菱公路提升改造工程中,上面层设计采用 4 cm 厚的橡胶沥青混凝土,经测算,回收利用约 24 600 只废旧轮胎,节约土地约 6 亩,减少了废旧轮胎对环境的污染,降低了路面噪声,提高了行驶安全性,延长了路面使用寿命,耐久性路面使用率达 100%。

2 采用德国路可比改性剂

路可比改性剂是环保型绿色产品,使用路可比改性沥青混凝土较通常的 SBS 改性沥青混凝土具有更全面的改性性能、更高的热稳定性和更强的抗车辙能力,可彻底解决 SBS 改性沥青混凝土易离析、易结团、运输储存温度要求高等问题。路可比改性沥青混凝土,较通常方案的 SBS 改性沥青混凝土混合料拌合温度低 22.5 ℃,节约时间约 15 s,能耗下降率为 23%。

在扬菱公路提升改造工程中,下面层设计采用 6 cm 厚路可比改性沥青混凝土。经测算,全线路可比改性沥青混凝土约为 34 494 吨,节约电 69 560 度,节约柴油 97 吨;减少 CO_2 排放约 366 吨,减少碳粉尘排放约 99 吨,节约标准煤约 28 吨,减少有害气体 SO_2 排放约 2 吨,减少有害气体氮氧化物(NO_x)排放约 1 吨,全面提高了路面性能,延长了沥青路面使用寿命。

3 利用旧水泥混凝土路面

在扬菱公路提升改造工程中,尽量优化设计方案,根据勘探资料选取最优方案,降低能源的使用量。针对工程特点,尽量利用原有水泥路面板块,减少建筑垃圾的产生,既保护了环境,也节约了资源。

扬菱公路原旧水泥混凝土路面大约 24 万 m^2,厚度 24 cm,工程设计时就考虑充分利用老路,对有病害的水泥板块采用水泥压浆和灌缝及加贴抗裂贴的方式处理,使得其承载能力满足规范要求。工程利用老路面结构 22.6 万 m^2,旧路面材料利用率达 94%。如果不对老路进行充分利用,5 万多立方米的建筑垃圾堆放将导致公害,同时须新增水泥稳定碎石材料资源利用。

4 采用公路绿化"碳汇林"工程

扬菱公路邗江段提升改造工程在整个绿化布局上充分考虑绿化的低碳功能和环境协调情况,在机动车道和非机动车道间设置 2 m 宽的绿化带,在路两侧增设 3.5 m 宽(先导段长约 3 km,路侧景观绿化带各 20 m)的绿化带,整个项目的绿化"碳汇林"工程达 500 亩,不仅能美化环境,还能吸附车流扬起的灰尘和汽车尾气,改善雾霾天气。1 亩绿化一年能吸收 40 吨尘埃,500 亩绿化每年就能吸收尘埃约 20 000 吨,相当于在公路两侧设置了超大能力"吸尘器",每年还能吸收二氧化碳 356 吨,排放氧气 250 吨。

在绿化品种上,精心选用香樟、银杏、红叶石楠球、夹竹桃、意杨、朴树、桂花、大叶女贞等几十个品种,且采用造型手段,让绿化景观结合地形地貌布设,与周边环境有机融为一体,使扬菱公路真正成为一条景观大道。香樟耐寒性强,生长快,吸灰尘,对空气污染抵抗力强;银杏抗污染、抗烟火、抗尘埃、抗二氧化硫,可减少大气层中的悬浮物,提高空气质量;红叶石楠球具有滞尘作用;夹竹桃能降噪,对二氧化硫、氯气等有毒气体有较强的抗性,对粉尘、烟尘有较强的吸附力,因而被誉为"绿色吸尘器";意杨能吸附烟尘氟化氢、氯化物、氰化物、氯、苯等有毒气体并降低噪音;朴树抗烟、耐尘、抗毒气;桂花对有毒气体如氯、二氧化硫等有一定的抗性,并有吸收汞蒸气的作用,此外,还有滞尘和减弱噪音的能力;大叶女贞具有滞尘抗烟的功能,能吸收二氧化硫等。

扬菱公路提升改造工程的实施大大提升了绿化景观环保效果,道路两旁不仅越来越美,而且花草树木还将充分发挥防风、隔音降噪、降尘吸尘、吸收二氧化碳及天然氧吧的作用。

5 结 语

扬菱公路提升改造工程采用节能低碳的建设理念,结合工程特点,从工程建设和社会环境全局出发,采用一系列合理、安全、低碳的建设方案,使用废旧胶粉、充分利用老路、减少热能排放、节约能源、减少二氧化碳和废气排放,而且可确保交通安全、延长公路寿命、提高道路抗病害能力、打造绿色"碳汇林"工程,因而使之成为"舒适、安全、绿化、生态、循环、低碳"的精品工程。

参考文献
[1]公路沥青路面施工技术规范(JTG F40-2004)[S].
[2]公路沥青路面设计规范(JTG D50-2006)[S].
[3]公路水泥混凝土路面设计规范(JTG D40-2011)[S].

硅藻土透水混凝土水质净化效果研究

吴正光[1]　王修焱[1]　卢佩霞[2]　王二飞[1]　许珊珊[1]

(1.扬州大学建筑科学与工程学院　扬州　225127；

2.扬州工业职业技术学院建筑工程学院　扬州　225127)

摘　要　本文通过相关试验,研究了掺加硅藻土对多孔混凝土强度及水质净化效果的影响。试验结果表明,随着硅藻土掺量的增加,多孔混凝土强度降低,通过复配增强剂,能够满足植生型生态混凝土的强度要求。在掺加硅藻土后,多孔混凝土对重金属的去除率有明显的提升。

关键词　硅藻土掺合料　水泥胶砂试验　微观分析　净化试验

0　引　言

随着社会的发展,房屋和道路的改扩建产生大量的建筑废弃物,通过处理得到的再生骨料由于各项性能不及天然骨料导致其利用率低,大部分采取堆填的方式处理,不仅占用宝贵的土地资源,也污染环境。与此同时,繁重的交通压力下各种污染物如重金属、氮磷化合物等在路面积累,随着降雨流入沿途土壤和河流,造成生态破坏[1]。

透水混凝土(PC)作为一种生态型功能材料,应用领域越发广泛[2],可用于地面铺装、调蓄地下水、边坡防护、过滤等。采用再生骨料配制透水再生混凝土不仅节约资源,也显著降低造价,在功能性方面,虽然透水混凝土有一定水质净化效果,主要是依靠简单过滤,但很难满足复杂的交通污染的净化要求。由于藻硅土混凝剂对水中常规混凝剂难以处理的高浓度有机物、重金属离子、硅胶及藻类的去除具有显著的效果[3],本试验通过掺入硅藻土,研究其掺量对透水混凝土强度和净化效果的影响。

1　试　验

1.1　原材料

水泥:采用 P.O52.5 普通硅酸盐水泥,质量符合 GB175—2007《通用硅酸盐水泥》的要求。

硅藻土:试验选用煅烧温度为 600～800 ℃[4-6],细度为 100 目、150 目两种硅藻土。具体指标见表 1。

表1　硅藻土物理指标　　　　　　　　　　　　　　　%

细度	SiO_2	Al_2O_3	Fe_2O_3	CaO	MgO	疏粒密度/(g/cm^3)	LOI
100目	≥85	≤4.5	≤1.49	≤0.52	≤0.45	0.47	≤2
150目	≥87	≤4.5	≤1.5	≤0.52	≤0.45	0.35	≤2

砂、石:砂采用水泥胶砂试验标准砂;石料采用15~20 mm单一级配再生骨料。骨料指标见表2。

表2　再生粗骨料基本指标

粒径/mm	压碎值/%	含水率/%	吸水率/%	振实密度/(kg/m^3)	表观密度/(kg/m^3)
15~20	14.7	1.7	2.9	1 547	2 750

水:试验拌合水为普通自来水。

减水剂:试验采用Sika牌聚羧酸高效减水剂,减水率为27%。

1.2　配合比设计

1.2.1　掺硅藻土胶砂配合比设计

按照GB/T 17671—1999《水泥胶砂强度检验方法(ISO法)》进行配合比设计,硅藻土掺量取代水泥质量的0%~30%。具体配合比见表3。

表3　水泥胶砂配合比

组成/%	水泥	硅藻土	标准砂
0	450	0	1 350
10	405	45	1 350
20	360	90	1 350
30	315	135	1 350

1.2.2　掺硅藻土多孔混凝土配合比设计

参照DBJ/T 50—095—2009《多孔混凝土河道护坡及坡面绿化施工技术规程》(以下简称《规程》)中胶凝材料流动度控制在160~180 mm,根据GB/T 2419—1994《水泥胶砂流动度测定方法》,测试0%~30%硅藻土掺量下,水泥净浆在规定流动度时的水灰比为基准水灰比。以目标孔隙率20%为设计指标,按照《规程》中体积法进行配合比计算。各硅藻土掺量下多孔混凝土配合比见表4。

表 4　多孔再生混凝土配合比

序号	混合物密度/(kg/m³)				胶凝材料密度/(kg/m³)	W/C
	WCA	C	G	W		
A0－1	1 516.44	445.77	0	102.53	548.30	0.23
A0－2	1 516.44	438.64	0	109.66	548.30	0.25
A0－3	1 516.44	431.73	0	116.57	548.30	0.27
A1－1	1 516.44	337.64	37.51	112.55	487.70	0.30
A1－2	1 516.44	332.52	36.95	118.23	487.70	0.32
A1－3	1 516.44	327.55	36.40	123.74	487.70	0.34
A2－1	1 516.44	252.73	63.18	126.37	442.28	0.40
A2－2	1 516.44	249.17	62.29	130.82	442.28	0.42
A2－3	1 516.44	245.71	61.43	135.14	442.28	0.44
A3－1	1 516.44	184.00	78.86	141.95	404.81	0.54
A3－2	1 516.44	181.65	77.85	145.32	404.81	0.56
A3－3	1 516.44	179.35	76.86	148.60	404.81	0.58

注：WCA 为再生骨料(15～20 mm)；C 为水泥；G 为硅藻土；W 为水。

1.3　性能测试

1.3.1　抗压强度

抗压强度参照 GB/T 50081—2002《普通混凝土力学性能试验方法标准》进行测试。

1.3.2　连通孔隙率

通过测试试块干重、浸泡 24 h 后饱和水中重计算连通孔隙率。

1.3.3　水质净化试验

1) 试验方法

水质净化试验采用自制装置(见图 1)，将养护 28 d 的试块(450 mm × 30 mm × 150 mm)放入水槽中，设计重现期 2 年，降雨历时 10 min，暴雨强度经公式计算为 237.95 L·s⁻¹·hm⁻²，即 4.45 L/min，以此作为水力负荷标准。

$$q = \frac{8\,248.13(1+0.641\lg P)}{(t+40.3)^{0.95}}$$

式中，q 为平均暴雨强度，L·s⁻¹·hm²；P 为设计重现期，a；t 为降雨历时，min。

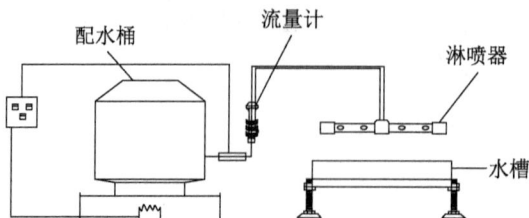

图 1　装置简图

2) 污染物配制及检测方法

试验选取扬州当地具有代表性的道路路段进行径流水样的采集，在实验室配制与初期径流水质相近的模拟污染水样。参照文献中模拟径流雨水的配制方法,模拟污染物药剂见表5。

表5　模拟径流雨水配制方法

化学药品	分子式	其他污染物
葡萄糖(glucose)	$C_6H_{12}O_6$	COD
氯化铵(ammonium chloride)	NH_4Cl	ammonia nitrogen
磷酸二氢钾(monopotassium phosphate)	KH_2PO_4	TP
硝酸锌(zinc nitrate)	$Zn(NO_3)_2$	Zn,TN
硝酸铅(lead nitrate)	$Pb(NO_3)_2$	Pb,TN
硅藻土(diatomite)	SS	SS

污染物检测参照《水与废水监测分析方法》,各类污染物检测分析方法见表6。

表6　水质检测分析方法

检测指标	分析方法
SS(悬浮物)	$0.45\ \mu m$滤膜过滤、干燥称重法测重量法
COD_{Cr}(化学需氧量)	重铬酸钾氧化法
TN(总氮)	紫外分光光度法
TP(总磷)	紫外分光光度法
NH_3-N(氨氮)	紫外分光光度法
重金属锌(Zn)、铅(Pb)	原子吸收分光光度计

2　结果与讨论

2.1　硅藻土掺量对水泥胶砂强度的影响

硅藻土用于水泥混凝土的主要机理是其活性SiO_2与水泥水化产生的$Ca(OH)_2$反应生成水化硅酸钙(C−S−H),提高混凝土的填充密实度和改善水化产物的形态[7−8]。

试验取$0\%\sim30\%$掺量硅藻土,水灰比0.5,150目、100目两种硅藻土水泥胶砂7 d,28 d强度见图2。

由试验结果看,150目硅藻土$10\%\sim$ 30%掺量下7 d强度分别下降了31%, $50\%,57\%$;28 d强度分别下降了33%,

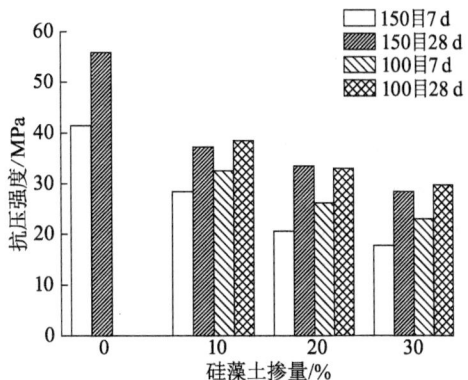

图2　硅藻土掺量对水泥胶砂强度的影响

$43\%,49\%$。由此可知,在全龄期内,掺加硅藻土导致水泥强度下降,同时试验中发现,硅藻土吸水性较强,在同一水灰比下,随着掺量的增加,拌合物流动性显著降低,特别是掺量在20%以上,成型后密实度下降,孔隙显著增加,孔隙率的增加也是导致强度下降的因素之一。

100 目硅藻土各掺量较 150 目 7 d 强度分别提高了 14％,27％,30％；28 d 强度分别提高了 7％,5％,5％。本试验选取的两种硅藻土煅烧温度接近,活性相当,在相同的水灰比下,掺加 100 目硅藻土的胶砂流动性优于 150 目,成型后的试样更加密实,对强度有利。由此试验采用 100 目硅藻土作为透水混凝土掺合料。

2.2　硅藻土掺量对透水混凝土强度的影响

试验采用分两层振捣成型,覆膜养生。各硅藻土掺量配合比 7 d,28 d 强度结果见表 7。

表 7　各组硅藻土再生混凝土抗压强度及连通孔隙率

组号	7 d		28 d	
	抗压强度/MPa	连通孔隙率/％	抗压强度/MPa	连通孔隙率/％
A0－1	5.2	21.2	7.8	22.1
A0－2	6.3	20.6	8.5	21.7
A0－3	7.9	18.8	10.6	20.2
A1－1	4.6	21.8	5.5	22.7
A1－2	5.8	20.6	6.8	21.7
A1－3	6.3	19.7	7.4	20.5
A2－1	3.8	22.5	4.7	23.6
A2－2	4.6	21.9	6.0	22.4
A2－3	5.6	20.2	6.7	21.0
A3－1	2.9	23.0	4.5	24.1
A3－2	4.1	21.8	5.2	22.3
A3－3	5.2	22.2	6.7	23.1

由试验结果看,多孔混凝土强度随着硅藻土掺量的增加而降低,原因在于掺入硅藻土影响了水泥的强度,而多孔混凝土的强度来源于骨料间的嵌挤和骨料接触面的黏结,水泥强度的降低导致了骨料接触面的黏结减弱。但试验发现,10％～30％掺量下虽然随着水灰比的提高强度增加,但成型后多孔混凝土底部出现沉浆,影响了工作性,所以单纯从改变水灰比提高混凝土强度不可行。

2.3　复配增强剂对硅藻土透水混凝土强度的影响

考虑到多孔混凝土工作性及强度,各硅藻土掺量下最佳配比见表 8。

表 8   硅藻土透水混凝土最佳配合比

组号	掺量/%	W/C	抗压强度(28 d)/MPa
A1－2	10	0.32	6.8
A2－2	20	0.42	6.0
A3－2	30	0.56	5.2

在各硅藻土最佳配比下,复掺5%硅灰、0.4%聚羧酸减水剂及0.3%葡萄糖酸钠,增强结果见表9。

表 9   增强组多孔再生混凝土抗压强度及连通孔隙率

掺量/%	7 d		28 d	
	抗压强度/MPa	连通孔隙率/%	抗压强度/MPa	连通孔隙率/%
10	6.8	19.9	9.6	20.7
20	6.3	19.7	8.4	20.8
30	5.2	20.6	6.7	21.9

通过复掺硅灰、高效减水剂和葡萄糖酸钠后,多孔再生混凝土的孔隙率满足要求,其7 d,28 d抗压强度均显著提高。掺入适量的葡萄糖酸钠后,聚羧酸减水剂的分散性能得到提高,早期水化进程加快,加之葡萄糖酸钠的吸附作用及络合作用,使得水化产物逐渐增大,整体结构更加密实,因而提高了混凝土的强度。

2.4   掺硅藻土对透水混凝土净化效果的影响

模拟污染物成分来源于扬州市邗江区华扬西路数次径流成分,模拟2年一遇降雨,按照《水与废水监测分析方法》相关检测方法,试验结果见表10。

表 10   掺硅藻土透水混凝土污染物去除效果   mg/L

孔隙度		NH_3-N	SS	COD	TP	Zn	Pb
初始值		10.352	351	283	1.634	1.962	2.531
0%	30.2%	9.317	144	192	0.997	1.472	1.468
30%	36.4%	8.282	126	209	1.029	0.078	0.633

由结果可知,多孔混凝土由于多孔的结构特点,对污染物有一定的过滤作用,但对氨氮、重金属等去除效果较差。本试验通过掺加硅藻土后发现,重金属的去除率明显提升,铅的去除率到达75%,Zn含量已经低于饮用水标准,氨氮的去除较普通透水混凝土提高了10%。其他几种污染物去除率一般,是因为COD,TP与SS有明显的线性相关性[9]。孔隙率大,影响了对SS等污染物的净化。通过对最大粒径的限制,设计合适的孔隙率,配合缓流设计能够进一步提高污染物的净化能力。

2.5   硅藻土透水混凝土水质净化微观机理分析

掺加硅藻土可增强透水混凝土水质净化的效果,利用环境扫描电镜(ESEM)和X射线衍射试验(XRD)手段,可分析硅藻土透水混凝土的微孔结构及水化产物的特征,观测硅藻土在混凝土中的贮存量,探求硅藻土透水混凝土水质净化的机理。

2.5.1 水化物成分分析

由于胶砂中砂含量很高,砂的主要成分为 SiO_2,而硅藻土的主要成分是无定形 SiO_2,为了避免砂的干扰,在对不同硅藻土掺量的水泥水化产物成分进行分析时,成型试样为硅藻土水泥净浆。试验按各硅藻土掺量下的透水混凝土最佳用水量及最佳水灰比成型,养护 28 d,进行 X 射线衍射试验(XRD),图谱见图 3。

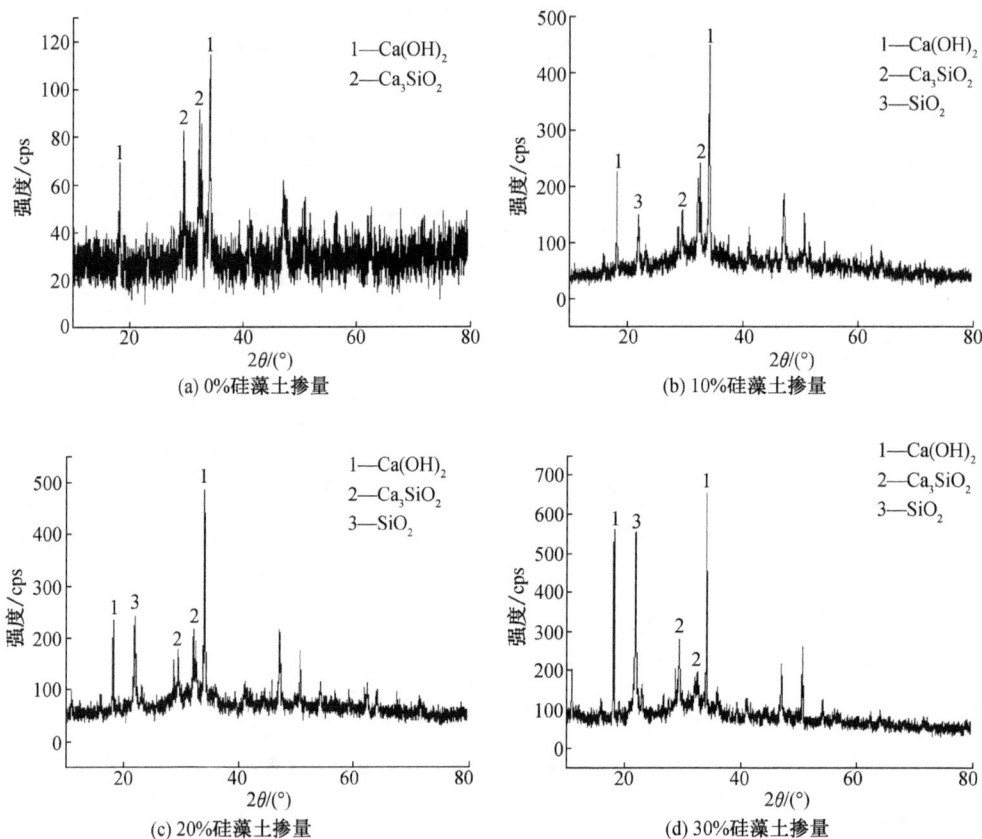

(a) 0%硅藻土掺量

(b) 10%硅藻土掺量

(c) 20%硅藻土掺量

(d) 30%硅藻土掺量

图 3 不同硅藻土掺量水泥净浆 XRD 图谱

由试验结果可知,在未掺加硅藻土时,水泥净浆几乎检测不到 SiO_2,随着硅藻土掺量的增加,SiO_2 相对含量升高,但水化硅酸钙的相对含量在 10% 硅藻土掺量下基本达到峰值,说明在掺量 10% 以内硅藻土参与水泥的二次水化反应,生成相应的硅质水化物,随着掺量的增加,不参与二次水化的硅藻土含量增加。

2.5.2 掺硅藻土水泥砂浆表面形貌检测

通过环境扫描电镜(ESEM)对不同硅藻土含量水泥砂浆表面形貌观测,检测硅藻土的反应情况,检测结果见图 4。

(a) 10%掺量 (28 d)

(b) 20%掺量 (28 d)

(c) 30%掺量 (28 d)

(d) 30%掺量 (28 d) 10 000倍

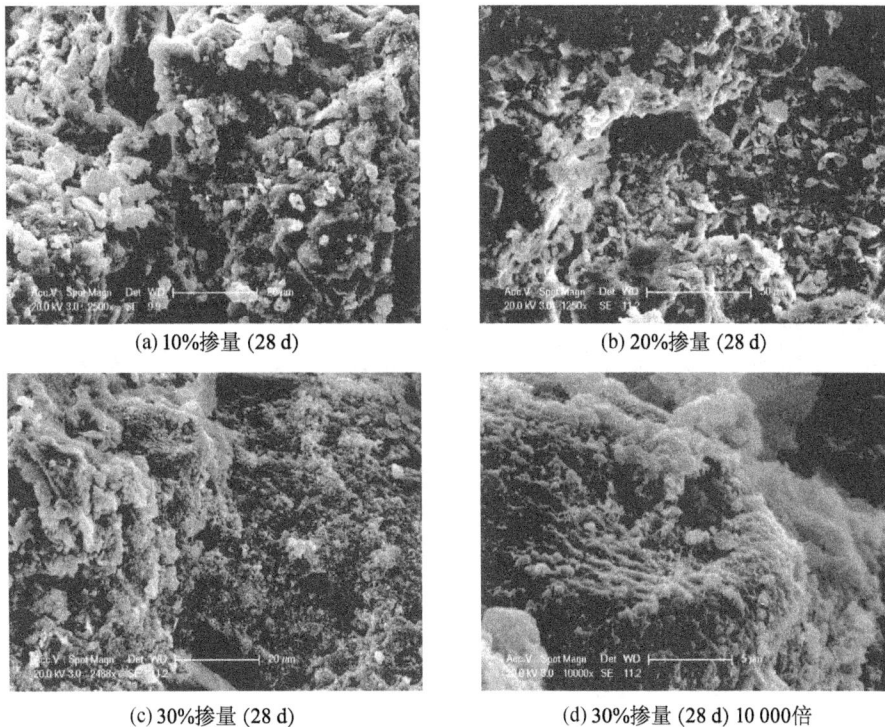

图 4　不同硅藻土掺量水泥砂浆 ESEM 形貌

由试验结果可知,当硅藻土掺入水泥砂浆中时,并没有完全被水泥浆裹覆,随着硅藻土掺量的增加,水泥砂浆试件表面微孔明显增加,特别是达到 30% 掺量时能够观测到完整的硅藻土形态,说明部分硅藻土没有完全参与水泥的水化反应,且未被水化物覆盖,与 XRD 的结果吻合。由于硅藻土具有大量微孔结构、巨大的比表面积和众多的孔道,同时还含有大量的活性基团和负电荷,能够很好地吸附水体中的重金属离子[10-11]。

3　结　语

(1) 水泥胶砂及混凝土强度随着硅藻土掺量的增加而降低,硅藻土细度越细,需水量越大。通过对 100 目、150 目两种规格硅藻土胶砂强度测试,100 目硅藻土强度更高,适合作为生态透水混凝土掺合料。

(2) 对掺硅藻土透水混凝土的净化效果进行初步测试,发现硅藻土作为掺合料依然有良好的重金属净化能力,对其他污染物的处治需要结合透水混凝土本身的结构优化。

(3) 通过对掺硅藻土水泥水化物微观分析发现,硅藻土掺入水泥砂浆中没有被完全裹覆,随着掺量的增加,微孔结构富集度增加,XRD 的结果与 ESEM 相吻合,30%掺量下硅藻土没有完全参与反应。

参考文献

[1] 陆宇,张雪,李贺. 高速公路路面径流污染特征分析[J]. 现代交通技术,2007 (6):81-84.

[2] 杨加,周锡,玲张,等. 环保型植生多孔混凝土试验研究[J]. 混凝土与水泥制

品,2011(10):18—22.

[3] 张瑛洁,赵守霞. 复合硅藻土混凝剂的研究进展[J]. 硅酸盐通报,2013(9):1769—1774.

[4] Tanev P T,Pinnavaia T J. A neutral templating route to mesoporous molecular sieves[J]. Science,1995,267(519):865—867.

[5] 王中孚,孙树生. 磺酸盐用硅藻土助滤剂的研制[J]. 非金属矿,1992(2):20—25.

[6] 谷晋川,刘亚川,张允湘. 硅藻土提纯研究[J]. 非金属矿,2003(1):46—47.

[7] 王敏,王里奥,储刚,等. Ag^+ 掺杂 $FeVO_4$ 光催化剂的制备及光催化性能[J]. 功能材料,2010(2):228—231.

[8] 张秋菊,孙远龙,田先国. 云南寻甸硅藻土精制工艺研究[J]. 硫酸工业,2007(4):49—52.

[9] 康爱红,李涛,丁泽民,等. 我国道路径流雨水污染特性及控制措施进展[J]. 内蒙古农业大学学报,2013(6):188—192.

[10] 朱健,王平,罗文连,等. 硅藻土吸附重金属离子研究现状及进展[J]. 中南林业科技大学学报,2011(7):183—189.

[11] 张秀丽,曹新,赵增迎. 改性硅藻土处理含重金属 Cu^{2+} 废水[J]. 中国非金属矿工业导刊,2007(1):58—59.

陶粒透水沥青混合料路用性能研究

吴正光[1] 王二飞[1] 余晖[2] 许珊珊[1] 王修焱[1]

(1.扬州大学建筑科学与工程学院 扬州 225127;

2.扬州市公路管理处 扬州 225007)

摘 要 本文基于具有较好除污功效的陶粒透水沥青混合料展开研究,通过对不掺陶粒、掺30％陶粒及掺40％陶粒3种透水沥青混合料进行高温稳定性和水稳定性试验,评价其路用性能的可行性。试验结果分析表明:掺入陶粒使透水沥青混合料的路用性能有所下降。陶粒掺量增加到40％时,动稳定次数减少了25％,但远高于规范要求;冻融劈裂强度比已接近规范要求。

关键词 透水沥青混合料 陶粒 路用性能 车辙试验 冻融劈裂试验

0 引 言

我国路面径流污染日趋严重,国内外研究表明[1-2],透水沥青混合料(PAC,permeable asphalt concrete)对路面径流具有净化效果,能有效减少悬浮物、总磷、铅锌等重金属含量。在前期研究中发现[3],陶粒透水沥青混合料与普通透水沥青混合料相比具有更好的净水效果,不同陶粒掺量沥青混合料污染物去除率试验结果见图1。

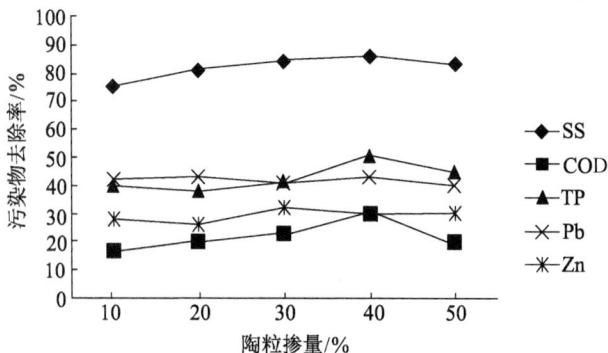

图1 不同陶粒掺量沥青混合料污染物去除率试验结果

通过10％～50％陶粒掺量的混合料除污试验发现,30％～40％陶粒掺量的透水沥青混合料具有较好的净化效果。由此,采用陶粒透水沥青混合料可对路面径流污染进行处治,因而对其路用性能的研究具有重要意义。

参照《透水沥青路面技术规程》[4](CJJT 190—2012),透水沥青混合料相关设计要求见表1。分析掺入30％、40％陶粒与不掺陶粒的普通透水沥青混合料路用性能的变化,论证陶粒透水沥青混合料工程应用可行性。

表 1　透水沥青混合料设计技术标准

项目	试验	单位	技术要求
设计指标	马歇尔试件击实次数	次	两面击实 50 次
	孔隙率	%	18～25
	连通空隙率	%	≥14
	马歇尔稳定度	kN	≥5
	流值	mm	2～4
	析漏损失	%	<0.3
	飞散损失	%	<15
性能验证	动稳定度	次/mm	≥3 500
	冻融劈裂强度比	%	≥85

1　原材料及其性能

1.1　沥青胶结料

PAC 级配混合料具有较大孔隙率,粗集料多,细集料少,同时由于掺加陶粒,所以对沥青的黏度等各项指标有更高的要求。本试验所用沥青为 SBS 与 TPS 复合改性沥青[5],其性能指标见表 2。

表 2　复合改性沥青技术指标

检测项目	规范要求	试验结果	试验方法
针入度(25 ℃)/0.1 mm	≥40	47	T0604
软化点/℃	≥80	91.3	T0606
延度(5 ℃)/cm	≥30	40.3	T0605
60 ℃动力黏度/(Pa·s)	≥20 000	93 361	T0625

1.2　集料及其性能

根据 PAC 级配特点,所选石料应具有高强度和较好的颗粒形状,耐磨性能好,能保持一定的表面粗糙度,与沥青有较好的吸附性。本试验粗集料采用玄武岩和高强陶粒,细集料采用玄武岩。粗集料和细集料的技术指标分别见表 3 和表 4。

表 3　粗集料的技术指标

粗集料种类	毛体积相对密度/(g/cm³)	吸水率/%	压碎值/%	磨耗值/%	磨光值	黏附性级
玄武岩	2.84	0.3	11.2	16	48.1	5
高强陶粒	1.77	4.5	30.2	27.8	49.7	5
技术要求		≤2	≤26	≤28	≥40	≥5

表 4　细集料的技术指标

细集料及技术要求	表观相对密度/ （g/cm³）	坚固性/％	棱角性/s
玄武岩	2.885	17	43
技术要求		≥10	≥30

1.3　高强陶粒及其性能

陶粒具有蜂窝状空隙结构,比表面积大且不产生有害物质,这使得陶粒成为一种很好的净水材料。作为沥青混合料集料需要有一定的强度要求,试验采用高强陶粒,其技术指标见表5。

表 5　高强陶粒技术指标

试验项目	陶粒	30％陶粒掺混集料	40％陶粒掺混集料	表面层标准	其他面层标准
石料压碎值/％	30.2	17.1	19.7	≤26	≤28
洛杉矶磨耗值/％	27.8	18.6	19.4	≤28	≤30

1.4　矿粉及其性能

矿粉与沥青结合形成沥青胶浆在混合料中起黏结和填充作用[6]。本实验选用石灰石矿粉,技术指标见表6。

表 6　石灰石矿粉技术指标

矿粉及技术要求	表观密度/ （g/cm³）	含水量/％	外观	亲水系数	塑性指数
石灰石矿粉	2.712	0.4	无团粒结块	0.7	2.5
技术要求	≥2.50	≤1	无团粒结块	<1	<4

2　沥青混合料配合比设计

2.1　矿料级配

为了研究掺入不同比例陶粒对沥青混合料路用性能的影响,矿料级配根据《透水沥青路面技术规程》(CJJT 190—2012)中PAC-13级配范围,在保证20％孔隙率的条件下,设计了掺入30％,40％陶粒及不掺陶粒3种沥青混合料。级配设计见表7。

表 7　PAC-13混合料矿料级配设计　　　　　　　　　　　％

级配 范围	通过下列筛孔(方孔筛,mm)的质量百分率									
	16.0	13.2	9.5	4.75	2.36	1.18	0.6	0.3	0.15	0.075
规范上限	100	100	80	30	22	18	15	12	8	6
规范下限	100	90	60	12	10	6	4	3	3	2
规范中值	100	95	70	21	16	12	9.5	7.5	5.5	4.3
合成级配	100.0	95.1	67.2	20.5	14.8	10.9	8.4	6.3	5.5	4.3

2.2 最佳油石比的确定

按《公路工程沥青及沥青混合料试验规程》[7](JTG E20—2011)规定的标准方法进行谢伦堡析漏试验和肯塔堡飞散试验确定最佳沥青用量[8]。以预估油石比 5.7% 为中点,按 0.2% 梯度选取 5 个点进行飞散试验确定最小沥青用量,进行析漏试验确定最大沥青用量,并确定最佳沥青用量[9]。试验结果见图 2。

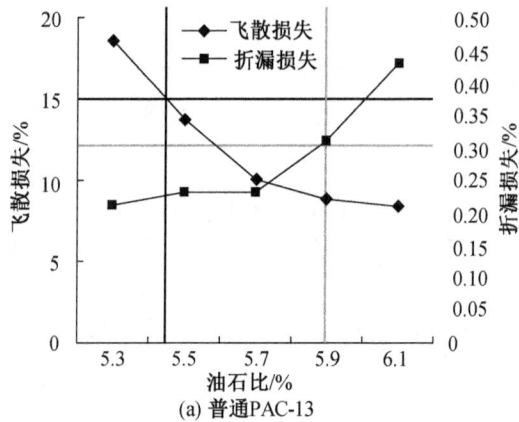

(a) 普通PAC-13

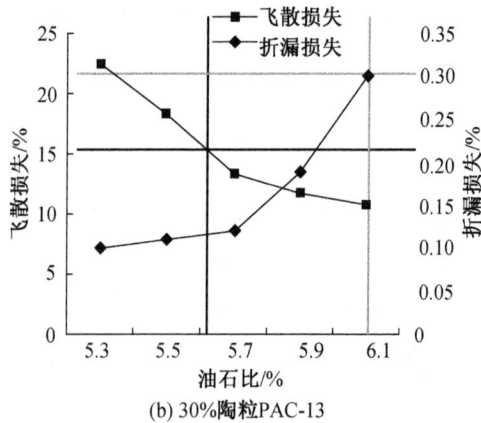

(b) 30%陶粒PAC-13

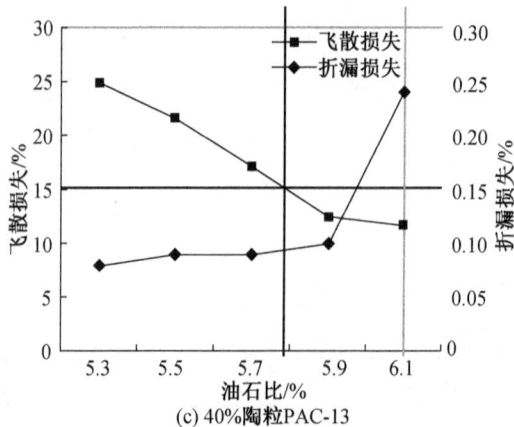

(c) 40%陶粒PAC-13

图 2　飞散析漏试验结果

由图 2 确定 0％,30％,40％陶粒掺量的混合料最佳油石比分别为 5.8％,6.0％, 6.0％,相应的马歇尔性能试验结果见表 8。

表 8　陶粒 PAC-13 混合料马歇尔试验结果

项目	油石比/％	稳定度/kN	流值/mm	孔隙率/％
普通 PAC-13 混合料	5.8	6.40	3.85	19.0
30％陶粒 PAC-13 混合料	6.0	5.85	3.52	19.6
40％陶粒 PAC-13 混合料	6.0	6.30	3.39	20.2
规范要求或设定值		≥5.0	2～4	18～25

由表 8 可见,3 种沥青混合料试件均符合规范要求。

3　路用性能试验研究

路用性能参照《透水沥青路面技术规程》(CJJT 190—2012),该规程对动稳定次数和冻融劈裂强度提出了相应要求。

3.1　高温稳定性

车辙破坏是沥青路面损坏常见形式之一,特别是随着国内交通量日益繁重,车辙损坏也相应加重,而高温稳定性不良的沥青混合料更容易出现车辙。本试验按照《公路沥青路面施工技术规范》(JTJE 20—2011)中的车辙试验来评价混合料的高温稳定性。试验结果见表 9。

表 9　沥青混合料的动稳定度

混合料种类	最佳油石比/％	动稳定度测定值/(次/mm)	动稳定度技术标准/(次/mm)
普通 PAC-13 混合料	5.8	8 150	
30％陶粒 PAC-13 混合料	6.0	7 950	≥3 500
40％陶粒 PAC-13 混合料	6.0	6 150	

PAC 混合料属于骨架空隙结构,此类结构粗集料多,细集料极少,粗集料能产生很强的嵌挤作用形成骨架[10],内摩擦角大但黏聚力小,本试验采用高黏复合改性沥青改善集料间的黏结性。由表 9 可知,陶粒替代部分集料的混合料具有足够的抵抗车辙变形的能力,但随着陶粒掺量的增加,动稳定度次数下降明显,成因从压碎值试验可以看出,虽然采用了高强陶粒,但陶粒的强度还是较低,在车辆的反复作用下,集料间的嵌挤作用受到影响。

3.2　水稳定性

SHRP 研究计划成果对沥青混合料水稳定性试验方法评价认为,冻融劈裂试验在评价沥青混合料水稳性时比浸水马歇尔试验更严密且与现场实际情况相关性良好[11],因此本试验按照《公路工程沥青及沥青混合料试验规程》(JTG E20—2011)中冻融劈裂试验来评价水稳定性。试验结果见表 10。

表 10　沥青混合料冻融劈裂试验结果

混合料种类	非条件劈裂强度/MPa	条件劈裂强度/MPa	冻融劈裂强度比（TSR）/%	冻融劈裂强度技术标准
普通 PAC-13 混合料	1.053	0.923	87.7	≥85
30％陶粒 PAC-13 混合料	0.945	0.812	85.9	
40％陶粒 PAC-13 混合料	0.716	0.621	86.7	

由表 10 可见,陶粒替代部分集料的混合料冻融劈裂强度比符合规范,能够满足路用要求。随着陶粒掺量的增加,混合料的水稳定性降低,原因可能是陶粒呈中性或弱碱性,沥青与陶粒无法产生或只能产生黏附性较弱的化学键,因而黏附性较差,在冻融循环下,沥青更容易从陶粒表面剥离,产生水损坏。陶粒本身的多微孔结构,在冻融循环下更容易产生水损坏。

4　结　语

（1）对于有水质净化功能的陶粒 PAC-13 混合料与不掺加陶粒的普通 PAC-13 混合料的路用性能试验对比发现,掺加一定量的陶粒,混合料的路用性能有所下降,但满足规范要求。

（2）对于陶粒沥青混合料路面性能的改善,一是在满足水质净化的要求下选择合适的陶粒掺量;二是选择质地更加坚硬、针片状含量少的陶粒,增强骨架作用。

（3）随着陶粒掺量的增加,PAC-13 混合料水稳定性并没有表现出相应的同步下降趋势,说明影响陶粒 PAC-13 水稳性能不单是陶粒本身的性质。与普通 PAC-13 对比发现,在保证同一孔隙率下,掺入一定的陶粒并不会引起水稳太大的变化,而且均已接近规范限值,说明孔隙率也是影响水稳的重要因素。

参考文献

［1］张娜,赵乐军,李铁龙,等.天津城区道路雨水径流水质监测及污染特征分析［J］.生态环境学报,2009,18(6)：2127－2131.

［2］Hogland W, Niemczynowicz J, Wajlman T. The unit superstructure during the construction period［J］. Sci. Total Environment,1987,59(5):411－424.

［3］宋秋霞,徐勇鹏,鄂勇,等.透水沥青路面对路面径流污染的净化功效［J］.东北农业大学学报,2009,40(11):56－59.

［4］《透水沥青路面技术规程》(CJJT 190－2012).

［5］郭铄,李宇峙,张平.SBS 与 TPS 复合改性沥青混合料路用性能研究［J］.中外公路,2013,1:216－217.

［6］刘丽,郝培文,肖庆一,等.沥青胶浆高温性能及评价方法［J］.长安大学学报(自然科学版),2007,5:30－34.

［7］《公路工程沥青及沥青混合料试验规程》(JTG E20－2011).

［8］林云腾.浅谈 OGFC 混合料配合比设计［J］.福建建设科技,2008,2:39－40.

［9］蒋玮.透水性沥青路面混合料配合比设计方法与路用性能研究［D］.西安:长安大学,2005.

［10］Liu Q，Alvaro García，Schlangen E，et al. Induction healing of asphalt mastic and porous asphalt concrete［J］．Construction and Building Materials，2011，25 (9)：3746－3752.

［11］卢宗强．表面层三种沥青混合料水稳性试验分析研究［J］．交通科技，2012，1：72－75.

掺硅藻土的再生型多孔混凝土净化效果及植生分析

吴正光　王二飞　许姗姗　王修焱

（扬州大学建筑科学与工程学院　扬州　225127）

摘　要　本文通过边坡雨水径流试验,研究了掺加硅藻土的再生型多孔混凝土对径流污染的处治效果及植物相容性的影响。试验结果表明,随着硅藻土掺量的增加,多孔混凝土对重金属、氨氮的去除率有明显提高,硅藻土的合理掺量为 20%。掺量硅藻土对多孔混凝土孔隙碱度有一定的改善作用,通过复掺 ZS-2 植生外加剂能有效降低孔隙 pH 值,与植物相容性较好。

关键词　再生骨料　多孔混凝土　硅藻土　抗压强度　植生

0　引　言

多孔混凝土因其多孔的结构特点,对于污水有一定的过滤净化能力[1-2],然而,随着交通运输业的蓬勃发展,道路径流中的污染物种类更加复杂,污染负荷也愈加严重,普通多孔混凝土已不能满足道路径流污染处治的要求。本试验在前期路面径流污染特性研究[3]的基础上,对掺加硅藻土多孔混凝土径流污染处治效果及植物相容性进行研究。

1　试　验

1.1　原材料

采用 P.O 52.5 普通硅酸盐水泥,质量符合 GB 175—2007《通用硅酸盐水泥》要求,试验选用煅烧温度为 600～800 ℃[4-5]、细度为 100 目的硅藻土,具体指标见表 1。石料采用 15～20 mm 单一级配再生骨料,骨料指标见表 2。试验拌合水为普通自来水,外加剂采用为海(泰州)建材有限公司 ZS-2 植生外加剂。

表 1　硅藻土物理指标　　　　　　　　　　　　　　　　%

细度	SiO_2	Al_2O_3	Fe_2O_3	CaO	MgO	疏松密度/(g/cm^3)	LOI
100 目	≥85	≤4.5	≤1.49	≤0.52	≤0.45	0.47	≤2

表 2　再生粗骨料基本指标

粒径/mm	压碎值/%	含水率/%	吸水率/%	振实密度/(kg/m^3)	表观密度/(kg/m^3)
15～20	14.7	1.7	2.9	1 547	2 750

1.2 试验条件

多孔混凝土的污染物去除效果受孔隙率、水力负荷、污染物浓度、入流时间等多种因素的影响。本试验主要研究硅藻土掺量、孔隙率及流速对多孔混凝土净化能力的影响。

水质净化试验采用自制装置(见图1),将养护28 d的试块放入水槽中,试块尺寸为1 350 mm×30 mm×150 mm,混凝土配合比见表3,其中硅藻土掺量为硅藻土掺加量占水泥质量的百分比。装置配有4个边坡模拟水槽,一组为普通多孔混凝土,其余三组为掺10%~30%硅藻土多孔混凝土。设计重现期2年,降雨历时10 min,暴雨强度经公式计算为237.95 L·s⁻¹·hm⁻²,即4.45 L/min,以此作为水力负荷标准。测试出水口刚开始稳定出水、10 min、20 min、30 min 4个降雨历时的径流污染物去除率。

$$q=\frac{8\,248.13(1+0.641\lg P)}{(t+40.3)^{0.95}}$$

式中,q为平均暴雨强度,L·s⁻¹·hm⁻²;P为设计重现期,a;t为降雨历时,min。

表3 各硅藻土掺量多孔混凝土配合比

编号	硅藻土掺量/%	配合比/(kg/m³)					水胶比	抗压强度/MPa	孔隙率/%
		WCA	C	G	外加剂	W			
1	0	1 516.44	438.64	0	1	109.66	0.25	10.6	22.3
2	10	1 516.44	332.52	36.95	1	118.23	0.32	7.7	22.7
3	20	1 516.44	252.73	63.18	1.5	126.37	0.4	6.9	21.6
4	30	1 516.44	184.00	78.86	2	141.95	0.54	6.2	23.2

注:WCA为再生骨料(15~20 mm);C为水泥;G为硅藻土;W为水。

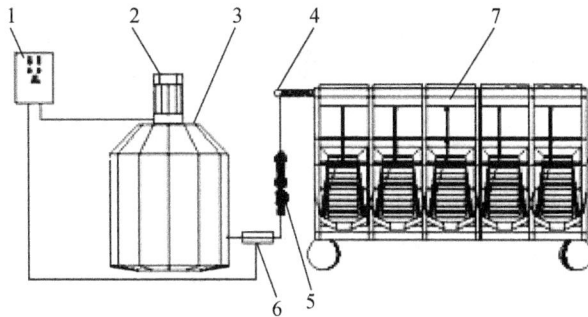

1—控制箱;2—搅拌装置;3—配水桶;4—布水管;5—雨量控制计;6—回流阀;7—边坡装置
图1 边坡处治径流雨水系统图

模拟污染水样的目标浓度以次径流平均浓度(EMC)为基准,选定各个化学试剂的最佳投入量,结果见表4。

表 4　各污染指标的目标浓度及相应的化学试剂添加量

污染物	SS	COD	TP	$NH_3 - N$	Zn	Pb
目标浓度/(mg/L)	300	250	1.5	10	5.0	2.0
试剂	硅藻土	$C_6H_{12}O_6$	KH_2PO_4	NH_4Cl	$Zn(NO_3)_2$	$Pb(NO_3)_2$
配制 10 L 的剂量/g	4.817 5	2.674 5	0.055 2	0.422 5	0.148 7	0.034 4

2　硅藻土多孔再生混凝土净化效果研究

2.1　硅藻土掺量对硅藻土多孔再生混凝土净化效果的影响

硅藻土多孔混凝土强度试验发现,当硅藻土掺量达到 30％时水胶比过大,强度及耐久性受到严重影响,为了满足工程应用要求,硅藻土掺量不宜超过 30％。硅藻土掺量不仅影响混凝土强度也影响径流处治效果,现结合硅藻土多孔混凝土的水质净化试验确定硅藻土掺量。各硅藻土掺量多孔混凝土径流污染处治效果见图 2。

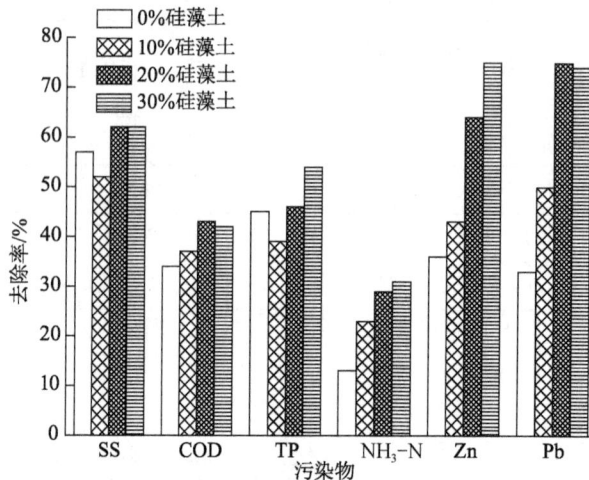

图 2　不同硅藻土掺量平均去除率

随着硅藻土掺量的增加,多孔混凝土对各项污染物的净化效果均有不同程度的提高。由图可知,硅藻土掺量在 10％以内时,各项污染物去除效果改善不明显。当掺量达到 20％时,对除了 SS、COD 之外的污染物去除效果明显,$NH_3 - N$ 去除率较普通多孔混凝土提高了 50％,重金属的去除率提高 85％～130％。其原因在于掺加硅藻土主要增大了多孔混凝土的表面微孔[6],对于吸附 SS 这种悬浮颗粒污染物效果不明显。从污染物整体的处治效果来看,当硅藻土掺量超过 20％时各项污染物去除率提高不明显,考虑到多孔混凝土强度及经济性,硅藻土的合理掺量为 20％。

2.2　孔隙率对多孔再生混凝土净化效果的影响

试验制备设计孔隙率 30％的多孔混凝土,参照 1.2 试验条件,各硅藻土掺量多孔再生混凝土径流污染去除效果见图 3。

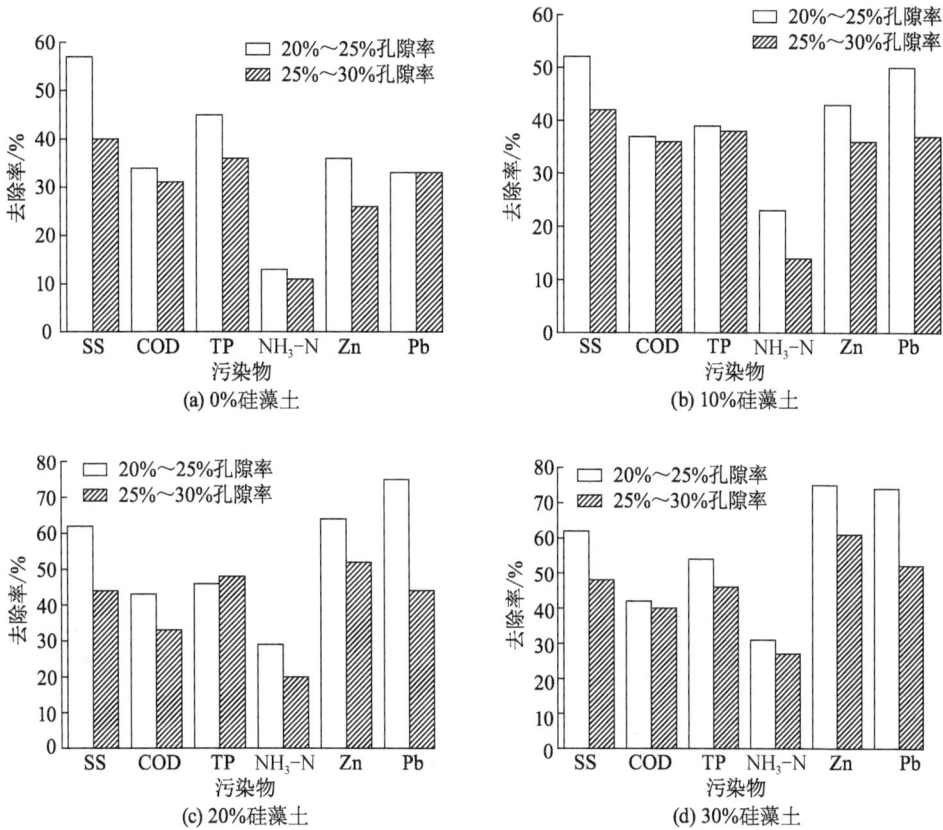

(a) 0%硅藻土

(b) 10%硅藻土

(c) 20%硅藻土

(d) 30%硅藻土

图 3　不同孔隙率平均去除率

孔隙率对污染物的去除效果影响很大,在本试验的孔隙率范围内,孔隙率越小,去污能力越强。随着孔隙率的增加,SS,Zn 去除率降幅最为明显,都接近 40%,其次为 TP,降幅约 29%,但 Pb 的去除效果几乎没有受到孔隙率的影响。当孔隙率为 30% 时,随着硅藻土掺量的增加,各项污染物的去除效果均受到影响,特别是吸附性较好的 NH_3-N、Zn、Pb,在 20% 掺量下分别降低 50%,25%,67%。在 30% 孔隙率下,掺加硅藻土基本难以提高 Pb 的去除率。为了保证径流的净化效果,孔隙率不宜超过 25%。

2.3　水力负荷对多孔再生混凝土净化效果的影响

水力负荷是影响多孔混凝土过滤效果的重要因素,在恶劣的冲刷条件下往往成为主要因素,本试验以 2 年重现期暴雨强度为基准水力负荷,上下浮动一个梯度,研究水力负荷对多孔混凝土净化效果的影响。各硅藻土掺量下不同水力负荷平均去除率见图 4。

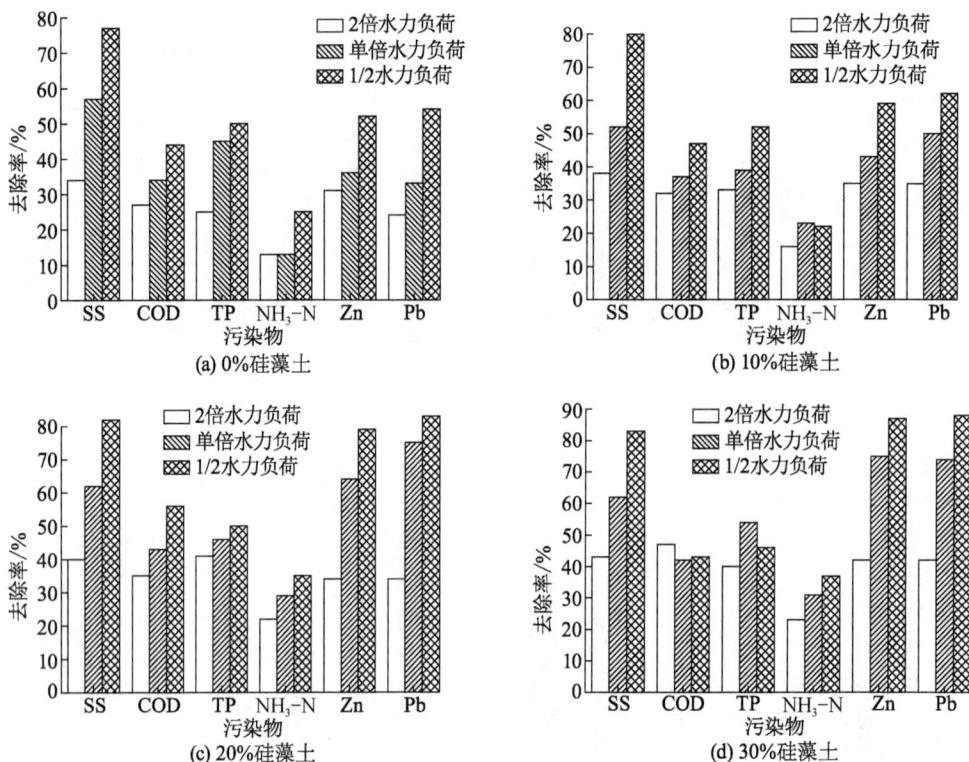

图 4　不同水力负荷平均去除率

由图 4 所示试验结果可以看出,水力负荷对多孔混凝土的水质净化效果影响最为显著。当水力负荷降为基准负荷的一半时,各项污染物的去除率明显提升。与基准负荷相比,即使不掺加硅藻土,各项污染物平均去除率提高约 36%。随着硅藻土掺量的增加,除了 SS 之外,各项污染物去除率均有提升,Zn、Pb 去除率最高分别达到 87% 与 88%,与未掺硅藻土相比分别提高约 40% 和 60%。NH_3 - N 去除率最高达到 37%,与未掺硅藻土相比提高约 68%。

通过降低流速,减少对多孔混凝土的冲刷及淘灌,能达到对悬浮态颗粒物的最大化过滤的作用,即 SS 的去除率明显提高。同时流速的降低增加了污染物与多孔混凝土的接触面积及时间,掺加硅藻土后形成的多微孔混凝土表面能有效吸附重金属及 NH_3 - N。

3　硅藻土多孔再生混凝土孔隙碱度研究

3.1　硅藻土掺量对孔隙碱度的影响

硅藻土的主要成分为 SiO_2,是一种碱激发的掺合料,在掺入混凝土后,可参与二次水化,生成强度更高、碱度更低的水泥水化物[7]。试验制备掺 0%～30% 硅藻土的混凝土,由于掺合料的反应过程较慢,主要参与后期二次反应,本试验采用固液萃取法测试。7 d,28 d,90 d 各掺量下孔隙水泥浆体的 pH 值见表 5。

表 5　孔隙 pH 值

硅藻土掺量/%	pH 值		
	7 d	28 d	90 d
0	12.8	12.5	12.4
10	12.5	12.2	12.1
20	12.0	11.8	11.4
30	11.9	11.5	11.2

由试验结果可以看出,硅藻土在全龄期内参与了二次水化,10%～30% 掺量下较普通多孔混凝土 7 d pH 值分别下降了 2.3%,6.3%,7%;28 d pH 值分别下降了 2.4%,5.6%,8%;90 d pH 值分别下降了 2.4%,8%,9.7%。随着硅藻土掺量的增加,pH 值降低的幅度越来越大,特别是后期碱度下降得更加明显,原因是硅藻土主要是和水化后的 $Ca(OH)_2$ 反应,这一过程主要发生在强度形成的后期。

当掺入 10% 硅藻土时,降碱幅度较小。当硅藻土掺量达到 20% 时,降碱效果有显著提升,7 d 左右可以将 pH 值降到 10 左右,以满足植物生长需求。究其降碱原因在于硅藻土替代了部分水泥,减少了碱性胶凝材料的用量,而硅藻本身是弱酸性,对降碱有利。

3.2　水浸对孔隙碱度的影响

试验制备粒径 15～20 mm、孔隙率为 20%～25% 的多孔混凝土,将配制的酸性土壤灌注进混凝土孔隙,每隔 2 d 浇水浸透,测定孔隙土壤的 pH 值,见图 5。

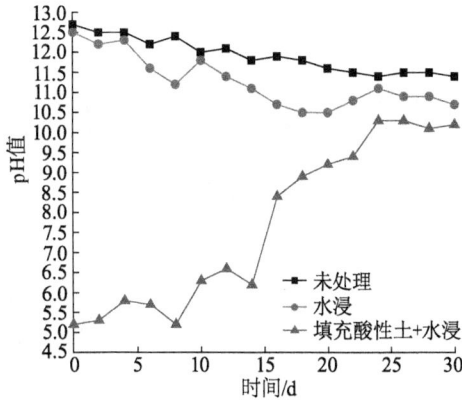

图 5　水浸降碱效果图

水浸降碱是一个动态平衡逐步下降的过程,当对多孔混凝土进行浸水处理时,混凝土内部的可溶性碱液析出,孔隙碱度下降,随着浸水进程的推进,混凝土为了维持水化物的稳定,$Ca(OH)_2$ 不断析出维持所需的碱环境,继而孔隙碱度反而上升,30 d 左右浸水降碱达到极限平衡,pH 值变化浮动较小,达到 10 左右,可以满足植物生长需求。

通过孔隙内灌入酸性土壤能够达到 pH 缓冲作用,随着浸水时间的推进,析出的碱物质不断侵蚀土壤,特别是 10～20 d,pH 迅速升高,同样在 30 d 左右达到极限平衡,总体上看,酸性土壤有一定的缓冲作用,但效果不明显。

3.3 外加剂对孔隙碱度的影响

试验制备粒径 15～20 mm、孔隙率为 20％～25％的多孔混凝土,外加剂采用为海(泰州)建材有限公司生产的 ZS-2 植生混凝土专用外加剂,测试 28 d 龄期内 pH 的变化情况,试验结果见图 6。

通过掺加 ZS-2 植生混凝土外加剂,多孔混凝土孔隙碱度降幅明显,7 d 即能降至 10.5 左右,基本能满足植物生长的需要,30 d 低至 10 以下,降碱效果明显。

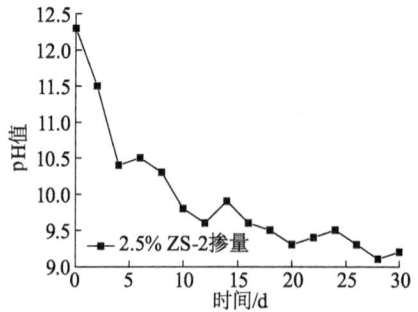

图 6 外加剂降碱效果图

通过这 3 种降碱方法的比较可知,硅藻土多孔混凝土 pH 值低于普通多孔混凝土,但仍不能满足植物的生长需求;水浸法及灌入酸性土壤复合水浸法均能使 pH 值降至 10 左右,基本满足植物生长要求,但降碱周期长且耗费人工,不利于实际应用;而通过掺加植生外加剂不仅工序简单,而且降碱效果明显,7 d 即可覆土植生。3 种降碱方法中,此方法相对较优。

4 植生试验

试验用无降碱、水浸、掺外加剂的方法制备 3 类多孔混凝土,并观察植物的生长情况。由于植生试验在 7—8 月进行,高温炎热使植物的生长受到影响,因此在试验阶段增加了覆膜保水,发芽前每日浇水 3 次浸透,避免午后阳光直射,出芽后每日浇水减为 1 次,半个月追肥 1 次。试验进程见图 7。

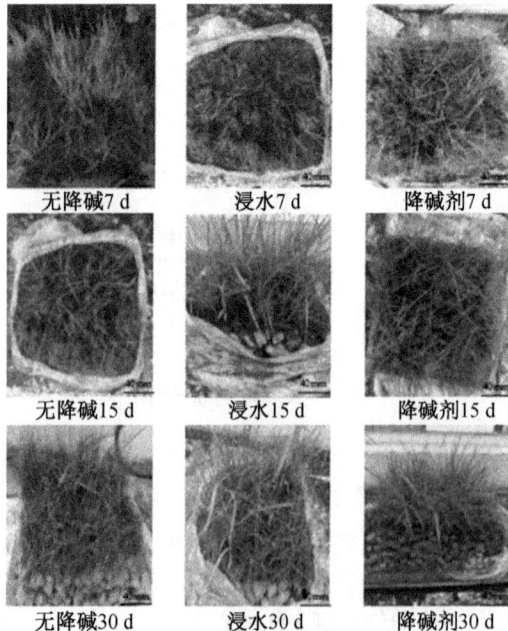

图 7 不同降碱方法植生进程图

通过无降碱、浸水及掺加外加剂 3 类试件的对比发现,在植物生长初期受碱环境的影响较小,基本能在 3～5 d 出芽,随着根系的发展,碱环境带来的不利影响更加明显,

10～15 d 时,无降碱的黑麦草生长速度明显慢于后两者,成坪率较低,浸水和掺外加剂生长程度相当。30 d 左右时,无降碱的黑麦草几乎枯萎,浸水处理后的试件,黑麦草也受到了碱环境的影响,掺加植生外加剂的多孔混凝土,黑麦草依然生长旺盛。

原因在于在植物发芽阶段,多孔混凝土表面客土提供了相对稳定的酸碱环境,养分能够满足其出芽需要,随着植物根系的发展,一方面高碱的环境阻碍了根系的生长,另一方面碱也影响根系对氮磷的吸收。由于每日浇水一定程度上使孔隙溶解性碱析出导致客土呈碱性,进一步影响植物的生长。

由降碱试验可以看出,通过浸水能有效降低孔隙 pH 值但效果有限,在 pH 达到 10.5 左右基本呈现动态平衡,此时依然属于强碱程度。所以,通过浸水手段植生,只能延缓植物枯萎的时间。掺加植生外加剂的试件在植生全过程生长良好,由于 7 d 混凝土孔隙碱度即降至 10 以下,几乎不会影响根系的发展,实现了较好的植生效果。

5 结　语

(1)硅藻土掺量为 20% 的多孔混凝土能够增强多孔再生混凝土对 Zn、Pb、NH_3-N 等污染物的净化能力,综合考虑硅藻土多孔再生混凝土的净化效果和碱性环境,建议孔隙率不宜超过 25%。

(2)掺加硅藻土能够降低孔隙碱度,但效果有限。通过复掺 ZS-2 型外加剂 7 d 即能将孔隙 pH 值降至 10 以下,由植生试验看,效果良好。

参考文献

[1]许国东,高建明,吕锡武.多孔混凝土水质净化性能[J].东南大学学报(自然科学版),2007,37(3):504－507.

[2]高建民,许国东,吕锡武.多孔混凝土综合生态效应的试验研究[J].东南大学学报(自然科学版),2008,35(5):794－798.

[3]徐剑.道路路面径流污染生态化处治技术应用研究[D].扬州:扬州大学,2014.

[4]谷启源,吴根,宋存义,等.煅烧温度对硅藻土净化焦化废水效能的影响[J].北京科技大学学报,2012,34(9):993－997.

[5]谷晋川,刘亚川,张允湘.硅藻土提纯研究[J].非金属矿,2003,(1):46－47.

[6]吴正光,王修焱,卢佩霞,等.硅藻土透水混凝土水质净化效果研究[J].硅酸盐通报,2015,34(12):1－7.

[7]肖力光,赵壮,于万增.硅藻土国内外发展现状及展望[J].吉林建筑工程学院学报,2010,27(2):27－31.

泡沫轻质土在江广高速公路改扩建工程中的应用

杨波　彭程　仇宏琪

（江苏润通项目管理有限公司　镇江　212004）

摘　要　本文主要介绍泡沫轻质土的概念、主要性能、施工方法及质量控制,结合江都至广陵高速公路改扩建工程中运用泡沫轻质土,在减少常规软基处理、降低新旧路基沉降差、缩短工期、降低建设成本、节约土地资源、减少建筑物拆迁等方面与常规施工进行比较。

关键词　泡沫轻质土　高速公路　改扩建　应用

0　引　言

随着经济的迅速发展,一些经济发达地区早期修建的高速公路已经远远不能满足交通量日益增长的需求。如果新建高速公路势必需要大量征用土地,而土地本身属于不可再生资源,经济发达地区土地又相对比较紧张,征迁费用往往要大于工程建设费用的数倍,因此扩建旧高速公路相比新建更能节约土地资源、减少费用投入。

江都至广陵段高速公路于 1996 年建成,原设计为双向四车道,是沪陕高速与京沪高速的共同线,两条高速公路来往的车辆汇集于此。随着区域社会经济的快速发展,长三角地区一体化和沪宁都市圈的发展需求,交通量保持着较高的增长速度。江苏省委、省政府为了缓解道路拥堵的难题,决定于 2015 年 6 月全面对江广高速进行改造扩建。本文依托江广高速公路路基加宽工程,对泡沫轻质土在高等级公路加宽中运用的优越性进行探讨。

1　泡沫轻质土的概念

泡沫轻质土是通过发泡系统将发泡剂充分发泡,让泡沫群与水泥浆和其他外掺剂材料按一定的比例充分均匀混合,然后经过泵送系统进行现浇施工,经自然养护所形成的一种含大量封闭气孔的轻质填筑材料。

2　泡沫轻质土的主要性能

2.1　轻质性

(1) 常用施工湿容重:$5\sim6$ kN/m³。

(2) 每填筑 1 m,可减少 $10\sim12$ kPa 的压力。

(3) 1 m 厚的泡沫轻质土荷载相当于 $0.3\sim0.4$ m 厚度的常规填土的荷载。

(4) 泡沫轻质土一方面显示出比较明显的轻质性,另一方面,可根据工程需要在大范围内进行调整。工程中常用的密度范围为 500~1 300 kg/m³,其他各材料密度分别为混凝土 2 500 kg/m³,基层 2 300 kg/m³,常规填土 1 800~2 000 kg/m³,粉煤灰 1 200~1 600 kg/m³,聚丙乙烯泡沫 15~45 kg/m³。

2.2 强度特性

轻质泡沫土的强度特性主要由所用原材料及配合比控制。水泥的种类及用量、发泡剂的质量及发泡后的气泡含有量、水泥浆拌制质量、养护条件及龄期等对其强度都有一定的影响。正常情况下,泡沫轻质土路基的强度是普通路基的 2~4 倍。具体数据见表 1。

表 1　CBR 强度

| 路堤部位 | 高速公路普通填料标准 | | | 泡沫轻质土路基标准 | |
	离路面底面距离/m	$CBR/\%$	对应抗压强度/MPa	抗压强度/MPa	对应 $CBR/\%$
上路床	0~0.3	≥8	≥0.222 9	≥0.8	≥19
下路床	0.3~0.8	≥5	≥0.143		
上路堤	0.8~1.5	≥4	≥0.114	≥0.6	≥14
下路堤	>1.5	≥3	≥0.086		

2.3 耐久性

(1) 当轻质土离地面大于 25 cm 时,汽车动荷载(接地压强为 0.70 MPa)引起的附加应力不超过总应力的 1/5(0.14 MPa),若轻质土强度取疲劳强度均值 0.88 MPa,其应力比 $Y=0.16$,则轻质土路基可使用 $N=1~029$。显然,轻质土路基能足够抵抗汽车动载,可延长公路的使用年限。

(2) 干湿循环、冻融循环试验表明,轻质土的抗压强度基本不变。

(3) 泡沫轻质土属于水泥类材料,其强度主要由其水泥孔壁骨架提供,其耐酸、耐碱性与普通水泥混凝土相同。

3 泡沫轻质土施工控制与应用

3.1 主要技术指标

(1) 湿密度及抗压强度指标见表 2。

表 2　现浇泡沫轻质土主要技术指标

使用部位		湿密度/(kg/m³)	28 d 抗压强度/MPa
距路面底面距离/m	0~1.2	$560<R_{fw}\leqslant600$	≥1.0
	>1.2	$520<R_{fw}\leqslant50$	≥0.6

(2) 泡沫标准密度:50 kg/m³。

(3) 流值:170 mm。

(4) 发泡倍率:不低于 1 200。

(5) 消泡试验泡沫轻质土湿密度增加率不超过 10%。

(6) 泡沫轻质土标准沉降率小于 3%。

3.2 施工配合比强度试验

(1)配合比设计要满足设计关于抗压强度、湿密度、流值及消泡试验的要求。

(2)施工配合比强度用 10 cm 立方体试压块进行试验,方法与普通混凝土试验方法相同,但要求采用小量程砂浆压力机进行抗压试验,且强度结果不做尺寸折减。

(3)施工配合比强度试验以 6 组试块为一组,共做 2 组,分别测定 7 d 与 28 d 龄期强度;当 7 d 龄期抗压强度≥0.5 倍设计强度或 28 d 龄期抗压强度≥设计强度时,证明此配合比可作为施工配合比采用。

3.3 施工设备

(1)现场制作泡沫轻质土时,发泡装置采用发泡剂水溶液与压缩空气混合的预发泡水泥装置,严禁用搅拌发泡生成泡沫。

(2)为确保施工质量的稳定性和均匀性,严禁采用小型泡沫混凝土或发泡水设备替代泡沫轻质土专用设备。

(3)泡沫轻质土专用设备必须具备:① 具有发泡剂、发泡剂水溶液、压缩空气的流量计量与调节装置,以确保发泡剂稀释倍率、泡沫密度满足要求,并可调节泡沫流量以控制泡沫土的湿密度满足要求;② 单台泡沫轻质土泵送设备的现场泵送流量不低于90 m³/h,以确保每个浇筑区浇筑层在水泥浆初凝时间内完成。

3.4 施工质量控制

(1)要根据施工现场情况绘制浇筑区划分及施工浇筑顺序平面图。平面图绘制要根据单次浇筑方量(不超过 200 m³)及最大浇筑面积(不超过 400 m²)要求控制,还要考虑到变形缝(每隔 10 m～15 m)及单层浇筑厚度(0.3～1.0 m)的要求。以上各项要求均满足时,绘制的平面图才能符合施工需求。平面图各划分段落与层次要有具体编号,以便于过程质量控制及质检资料对应。

(2)轻质泡沫土浇筑前要对浇筑区内地基进行处理,处理方法与相邻一般路段原地面处理方法相同,处理完成后要确保地基无杂物、无积水,检查地基高程、平面尺寸及压实度是否满足设计要求。

(3)轻质泡沫土浇筑前要对旧路路基边坡进行台阶开挖,开挖尺寸符合设计要求。台阶开挖为保证在施工过程不对已施工完成泡沫土表层造成污染,一般一次完成,但为了保证开挖后泡沫土施工过程的台阶边坡稳定性,要对开挖好的台阶进行喷浆防护处理。台阶开挖完成喷浆防护前还要检查台阶的开挖尺寸大小及开挖面是否密实,不密实的开挖面一定要清理干净,确保老路基与泡沫土的接合质量。

(4)同一区段上下相邻浇筑层浇筑间隔时间应以下层浇筑层已经硬化为控制标准,一般不少于 6 h;从水泥浆制备完成到制备泡沫土的间隔时间不能超过 3 h,单层浇筑时间不大于 3 h 且在水泥浆初凝前浇筑结束;浇筑应从浇筑区一端向另一端行进,多条浇注管同时浇筑时可从一端开始,或采用对角浇筑方法进行;在浇筑过程中,如需要移动浇注管,应沿浇注管放置方向前后移动,不可左右移动浇筑管,如确需左右移动时,应将浇注管提出已浇筑好的轻质土表面再进行。

浇注管出料口离浇筑面的高差不应超过 2 m;浇筑过程中应避免对已浇好的浇筑层产生扰动;浇筑临近结束前,在浇筑层内按规定频率进行湿密度取样检测,局部点不合格,对应测点划定界限,进行局部处理。过程控制指标见表3。

表3 过程控制指标

控制指标	设计值	允许误差	检测频率
湿密度	A	$\pm 0.1A$	每一区段每层自检4次,抽检2次
流动值	170	± 10 mm	每一区段每层自检4次,抽检2次
泡沫密度	B	$\pm 0.1B$	每工作日自检2次,抽检1次

(5)变形缝要根据现场实际情况划分,一般控制在$10\sim 15$ m,用2 cm泡沫塑料板隔塞;变形缝应结合浇筑区施工缝位置,进行转区错开。

(6)对于浇筑后的坑洼式沉陷,应对沉陷区进行清理,处理一个浇筑层深度;浇筑区整体式沉陷,沉陷厚度小于浇筑层5%时可不做处理,大于浇筑层5%时要对本层进行返工;对于宽度小于3 mm的裂缝不做处理,对于大于3 mm的裂缝要进行灌注水泥浆处理,灌注完成后在缝的边界1 m范围铺设镀锌铁丝网。

3.5 施工注意事项

(1)轻质泡沫土浇筑到设计高程后,要采用塑料薄膜进行覆盖保湿养护,时间不少于7 d;养护期间要加强交通管制,坚决不允许任何机械行走;泡沫轻质土强度必须满足设计要求方可进行下道路床工序施工。路床施工方法要采用先在临近段落卸料,再用推土机边将泡沫土顶面推平,边碾压的方式逐步进行,所有机械不可直接上泡沫土顶进行作业。

(2)雨季施工要做好临时防排水措施,对于已开挖的台阶段和相邻开挖区段的水土流失,除喷浆防护外还应加强巡视,发现破损区要立即进行覆盖,防止水土流失到泡沫土顶面造成污染;雨天不可进行施工,出现浇筑过程下雨,要立即停止施工,并采取覆盖措施加以保护,停雨复工前要对已浇筑泡沫土顶进行检查,发现有消泡层要进行清除处理。

3.6 试验检测

每次泡沫轻质土施工都要制作符合要求的抗压强度试块;顶层每区段每浇筑层取3组,分别在7 d和28 d龄期进行强度检测,试块采用塑料袋单件密封于现场进行同条件养护;其他层位每区段每浇筑层取一组做28 d强度检测,试块采用塑料袋单件密封,置于温度为$20\sim 25$ ℃的环境下。

4 泡沫轻质土施工在道路加宽扩建工程中应用的优势体现

(1)扩建路基可垂直浇筑,节约土地资源,避免或减少建筑物的拆迁(见图1)。

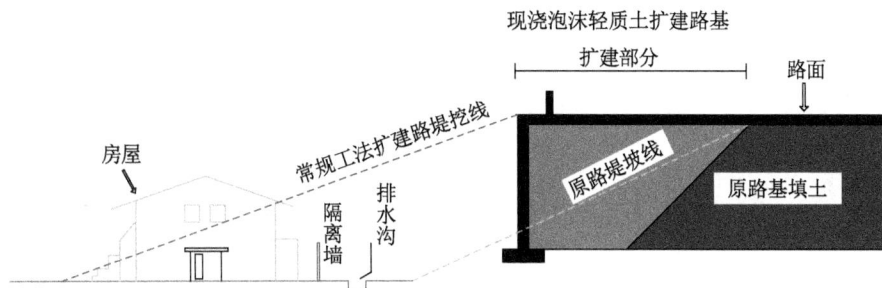

图1 现浇泡沫轻质土扩建路基

（2）软基路段扩建路堤可大幅度减荷，可减少扩建路基的软基处理，并有效降低新老路基的差异沉降（见图2）。

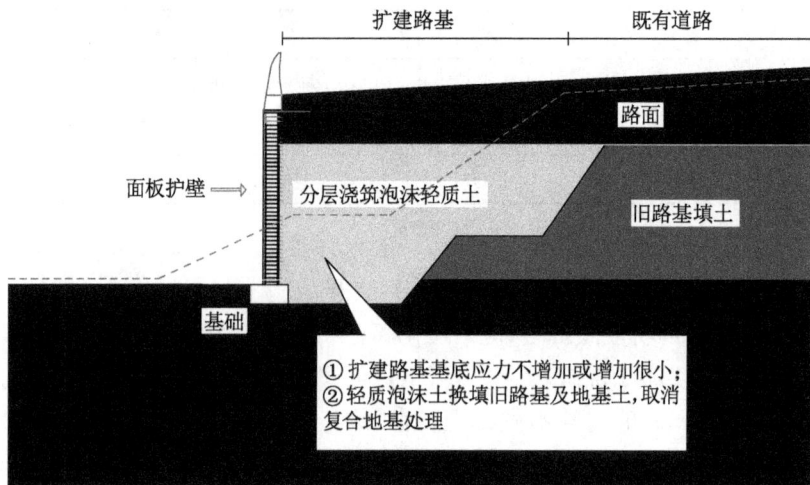

图 2 软基路段扩建

（3）施工时不需要大型机械设备进行推平、振动碾压，直接采用泵送浇筑，快速高效。

（4）对交通和环境干扰小：① 施工过程现场基本处于封闭状态；② 临时便道、临时设施占地很少，对周边环境干扰小；③ 不动用大型机械设备，不会对周边造成大气及声音污染。

（5）施工不受常规路基填料及天气影响，施工周期明显缩短，可使工程提前投入使用，给投资者带来超前收益。

5 结 语

根据江广扩建高速实际运用的经验可知，泡沫轻质土在高速公路改扩建工程施工中，尤其是在软土地基、征地拆迁困难、用地费用高的路段与常规路基施工中有明显优势。笔者认为，随着对泡沫轻质土的理论与应用的进一步深入研究，其性价比将进一步提升，应用前景将更为宽广，社会经济效益将更加显著。

参考文献

［1］公路路基设计规范(JTG D30－2004)[S].

缓释型抗冰冻 SMA 混合料的优化设计及路用性能研究

王文峰　吴冬生　吴春颖　牛晓伟

（苏交科集团股份有限公司　南京　210000）

摘　要　本文通过对级配组成、添加方式及制备工艺进行调整，确定了缓释型抗冰冻 SMA 混合料的设计方法，通过高温车辙、浸水马歇尔、低温小梁弯曲、析漏、肯塔堡飞散等试验对抗冰冻混合料的路用性能进行验证，并研究了抗冻剂掺量和水泥对混合料水稳定性能的影响。结果表明：添加抗冰剂后，普通 SMA 混合料的孔隙率明显增加，水稳定性能降低。当添加 1.5% 水泥、基础目标孔隙率控制在 3%，油石比控制在 6.2% 时，SMA 混合料的抗水损害能力改善，高温性能显著提高，析漏飞散等其他路用性能皆满足《公路沥青路面施工技术规范》(JTG F40—2004)的要求，且具有良好的主动除冰雪性能。

关键词　道路工程　沥青混合料　抗冰冻技术　优化设计　路用性能

0　引　言

缓释型抗冰冻铺装技术，也称盐化物自融雪技术，是在路面铺装材料中添加一定量的化学类抑制冻结的添加剂（盐化物等），当路面遇到降雪且同时受到压缩、振动、磨损等因素作用时，盐化物缓慢向路表进行释放，从而破坏冰雪与路表的黏结，达到融冰化雪的目的。欧洲等国家早在 20 世纪 60 年代就开始研究应用缓释型抗冰冻路面[1]，日本于 20 世纪 70 年代引入该种路面形式，并于 20 世纪 90 年代初期成功地进行了创新性研究[2]。目前国际上主要的抗冻结材料有瑞士的 Verglimit（下文简称 LLM）和日本的 Mafilon。中国直到 2008 年才开始引入此项技术。其中长安大学孙玉齐[3]对添加 Mafilon 的抗冰冻沥青路面进行了研究，指出 Mafilon 采用填料体积等效置换法修正配合比设计，指出缓释型抗冰冻沥青混合料常规路用性能均能满足要求；重庆交通大学的崔龙锡[4]对缓释型抗冰冻 AC 混合料进行了研究，采用 LLM 材料作为抗冻剂，试验表明，抗冻剂的缓释并没有对密级配沥青混合料路用性能产生显著影响。

而目前针对 SMA 结构的抗冰冻混合料的相关研究较少，故本文选用 SMA 结构的沥青混合料和 LLM，通过对级配组成、添加方式及制备工艺进行调整，确定了缓释型抗冰冻 SMA 混合料的设计方法，通过高温车辙、浸水马歇尔、低温小梁弯曲、析漏、肯塔堡飞散等试验对抗冰冻混合料的路用性能进行验证，并研究了抗冻剂掺量和水泥对混合料水稳定性能的影响。

1 原材料

本文采用自制的 SBS 改性沥青,沥青的技术指标见表 1。试验用粗集料来自兴源采石厂,细集料来自茅迪采石厂。所用矿粉填料出产自泉水采石厂,集料的各项技术性质见表 2,满足《公路沥青路面施工技术规范》(JTG F40—2004)的要求。本文中试验用到的木质素纤维为 JLS－SMA－1 木质素纤维,性能参数见表 3。

表 1 沥青技术性质

参数	针入度(25 ℃,5 s,100 g)/0.1 mm	软化点/℃	延度(10 ℃,5 cm · min⁻¹)/cm	密度/(g/cm³)
数值	92	60	166	1.015

表 2 集料的技术性质 %

	试验项目	数值	技术标准
集料认同特性	粗集料棱角性	100	85/80
	细集料棱角性	49.8	≥45
	扁平、细长颗粒	5.8	≤10
	砂当量	74	≥60
集料料源特性	洛杉矶磨耗损失	9.7	≤28
	坚固性	2	≤12

表 3 木质素纤维性能参数

项目	长度/mm	灰分含量/%	pH 值	含水率/%	吸油率	耐热性/℃
参数	均值0.8	15.3	7.1	3.5	5.46 倍	230

试验所用抗冻结材料为瑞士生产的 LLM,其技术性质见表 4。LLM 具有良好的温度稳定性,根据厂商使用要求,LLM 可直接以外掺的方式加入路面混合料拌合过程。

表 4 LLM 的物理性质

项目	毛体积密度/(g/cm³)	粒径/mm	融点/℃	溶液 pH 值
参数	1.8	0.1～5 mm	260	11～12

2 初试配合比设计及性能验证

2.1 配合比设计

试验选用的 LLM 可采用外掺法直接添加到沥青混合料中,其余设计与普通 SMA 混合料设计方法相同,其中木质素纤维掺量为 SMA 混合料的 0.3%。本文依据《公路沥青路面施工技术规范》(JTG F40—2004)中对 SMA-13 混合料的级配范围的要求选取矿料级配,具体见表 5。通过马歇尔试验方法确定最佳沥青用量为 6.0%。

表5 沥青马蹄脂混合料 SMA-13 的矿料级配

类型	通过下列筛孔(方孔筛,mm)的质量百分率/%									
	16.0	13.2	9.5	4.75	2.36	1.18	0.6	0.3	0.15	0.075
设计级配	100	91.0	62.5	28.3	21.9	18.1	15.4	13.5	11.8	11.3
级配范围	100	90~100	50~75	28~34	20~26	14~24	12~20	10~16	9~15	8~12

2.2 马歇尔试验及水稳定性能验证

2.2.1 马歇尔试验

根据国内外调研[5],确定 LLM 掺量 5.5%,直接外掺加入到普通 SMA 混合料中制备缓释型抗冰冻 SMA 混合料。依据试验规程(JTG E20—2011)制备两种混合料的马歇尔试件,通过试验计算试件的孔隙率及其他体积指标,具体见表6。

表6 两种混合料的体积指标

混合料类型	油石比/%	毛体积相对密度	计算理论最大相对密度	空隙率(VV)/%	矿料间隙率(VMA)/%	沥青饱和度(VFA)/%
SMA-13 混合料	6.0	2.502	2.611	3.9	16.8	76.8
抗冰冻混合料	6.0	2.466	2.615	5.7	18.0	68.3

由表6中数据可知,掺入 5.5% 的 LLM 后,SMA 混合料的体积指标明显发生变化。普通 SMA 混合料的空隙率为 3.9%,满足现行规范的要求。而添加 LLM 后,混合料空隙率增至 5.7%,增加 46%。矿料间隙率增加 7%。由此看出,LLM 的加入影响沥青混合料的体积指标,尤其是大大增加了混合料的空隙率。

2.2.2 水稳定性能试验

研究可知,空隙率的增加将大大影响 SMA 混合料的抗水损害性能。张玉福[6]指出,随着空隙率的增大,SMA 混合料的水稳定性逐渐降低,空隙率与水稳定性指标之间存在显著的线性相关性,相关系数高达 0.98 以上。故本文首先对添加 LLM 的抗冰冻混合料进行浸水马歇尔试验和冻融劈裂试验,以验证混合料的水稳定性能,试验结果见表7。

表7 抗冰冻混合料水稳定性能试验结果

项目	SMA 混合料	抗冰冻混合料	规范要求
劈裂强度比/%	94.8	75.6	80
残留稳定度/%	92.2	67.8	80

结果表明,加入 LLM 后,沥青混合料的残留稳定度和劈裂强度比均大幅度下降,劈裂强度比下降为 75.6%,而残留稳定度下降为 67.8%,均不满足《公路沥青路面施工技术规范》(JTG F40—2004)。

综上可知,LLM 对 SMA 混合料的体积指标有很大的影响,其中空隙率明显增大,导致其水稳定性能快速下降,严重影响了混合料的抗水损害能力[7,8]。所以在制备抗冰冻混合料时直接外掺添加 LLM 的方法需进行调整,本文通过对空隙率及油石比的控制,同时对添加制备工艺调整,进行抗冰冻 SMA 混合料的优化设计。

3 抗冰冻 SMA 混合料优化设计

3.1 级配优化思路

LLM 的粒径在 0.1～5 mm 之间,试验表明,抗冻结材料质地较软且具有缓释性、吸湿性,不满足规范对集料的要求,所以仍采用外掺的方式添加,其混合料设计在普通沥青混合料基础上进行。根据上述试验,本文考虑降低 SMA 混合料的设计空隙率,首先依照规范以 4.75 mm 筛孔为控制筛孔,选择未添加 LLM 的 SMA 混合料的两种级配组成(见表 8),并测定两种试验级配在干燥状态下的堆积密度,试验结果见表 9。

表 8 SMA 混合料的矿料级配组成

级配 类型	通过下列方孔筛(mm)的质量百分率/%									
	16.0	13.2	9.5	4.75	2.36	1.18	0.6	0.3	0.15	0.075
级配 A	100	91.4	64.2	28.5	21.9	17.6	14.7	12.8	11.0	10.3
级配 B	100	91.1	62.9	29.6	23.2	18.6	15.5	13.3	11.6	10.9
级配范围	100	90～100	50～75	28～34	20～26	14～24	12～20	10～16	9～15	8～12

表 9 堆积密度试验结果

级配 类型	4.75 mm 筛孔 通过率/%	粗集料毛体 积相对密度	混合料毛体 积相对密度	VCA_{mix} %	VCA_{DRC} %
级配 A	28.5	2.477	2.603	39.3	40.5
级配 B	29.6	2.871	2.524	38.1	39.2

根据两种级配组成,成型马歇尔试件,并依据表干法(T 0705—2000)测定沥青混合料密度,计算沥青混合料各项体积指标,其试验结果见表 10。

表 10 设计级配的马歇尔试验结果

级配 类型	油石比/ %	毛体积相对 密度	计算理论最 大相对密度	空隙率(VV)/ %	矿料间隙率 (VMA)/%	饱和度 (VFA)/%
级配 A	6.2	2.477	2.603	4.8	17.7	72.7
级配 B	6.2	2.524	2.603	3.0	16.1	81.2

现行规范对 SMA 混合料的空隙率的要求为 3%～4%。由表 10 可知,级配 A 的空隙率为 4.8%,不符合优化初衷。同时根据 2.2 试验结果可知,LLM 的添加会显著增加混合料的空隙率,级配 B 空隙率为 3%,满足基础配合比设计降低空隙率和 VMA 的最低要求,所以试验确定级配 B 为抗冰冻混合料的级配设计值。

3.2 最佳油石比的确定

国内设计 SMA 混合料一般以设计空隙率为确定沥青混合料最佳沥青用量的控制指标[9]。由于 SMA 混合料透水性强,空隙率不宜超过 4.5%,同时为避免发生泛油或车辙严重的现象,空隙率不宜太低。本文以设计空隙率为关键控制因素,在我国交通气候条件下,综合考虑高温稳定性及水稳定性能将设计空隙率定为 4%。试验根据 3.3 的制备要求,分别采用 5.9%、6.2%、6.5% 的油石比进行马歇尔试验,计算其体积指标(见表 11)。

表 11 不同油石比下的体积指标

级配 类型	油石比/ %	毛体积相对 密度	计算理论最 大相对密度	空隙率(VV)/ %	矿料间隙率 (VMA)/%	饱和度(VFA)/ %
普通 SMA 混合料	5.9	2.511	2.618	4.1	16.4	75
	6.2	2.524	2.603	3.0	16.1	81.2
	6.5	2.541	2.598	2.2	16.0	86.1
抗冰冻 混合料	5.9	2.423	2.556	5.2	19.2	72.9
	6.2	2.444	2.547	4.0	18.8	78.5
	6.5	2.513	2.601	3.4	16.7	79.6

由表 11 可以看出,按照设计空隙率为 4% 的要求,普通 SMA 混合料的沥青用量为 5.9% 时,空隙率为 4.1%,而掺加 5.5% 的 LLM 后的抗冰冻 SMA 混合料的最佳沥青用量为 6.2%。由此可知,掺加 LLM 后混合料的油石比须增加 0.2% 左右。

3.3 抗冰冻材料的添加要求

本文经过多次试验研究发现,制备缓释型抗冰冻混合料可以外掺的方法将 LLM 加入沥青混合料中,但在混合料设计和制备过程中应该进一步调整设计方法及掺加工艺,以满足制备要求。

(1) LLM 的质地不坚硬,在拌合过程中需注意拌合时间,一般试验室拌合在 30～40 s,同时要保证充分裹覆;

(2) 添加 LLM 的过程中需要考虑其对拌合及制备工艺的影响,严格控制烘料、拌合和压实温度,LLM 以冷料添加时可适当提高拌合温度 5～10 ℃。

3.4 路用性能验证及影响因素分析

3.4.1 路用性能验证

本文依照《公路工程沥青与沥青混合料试验规程》(JTG E20—2011) 的规定对抗冰冻混合料的水稳定性能及高温稳定性能进行验证,由于 LLM 的吸水性及缓释性对低温性能试验有较大影响,所以低温抗裂试验选择将试件进行空气浴保温至 -10 ℃,然后根据规程进行试验,结果见表 12。

表 12 抗冰冻 SMA 混合料的路用性能

级配 类型	析漏/%	飞散率/%	动稳定度/ (次/mm)	残留稳定 度(MS₀)/%	劈裂强度 比/%	弯拉应变/ (次/mm)
普通 SMA 混合料	0.053	3.7	7 570	94.0	91.6	2 880
抗冰冻混合料	0.07	8.2	6 980	91.6	80.2	2 670
规范要求	≤0.1	≤15	≥2 800	>80	>80	>2 500

从表 12 可以看出,通过设计方法的调整,掺加 5.5% 的 LLM 后,抗冰冻 SMA 混合料的路用性能基本满足《公路沥青路面施工技术规范》(JTG F40—2004) 要求,但水稳定性能有所降低,其中劈裂强度比下降为 80.2%。

3.4.2 影响因素分析

基于 LLM 添加降低了 SMA 混合料的水稳定性能,本文考虑调整 LLM 的用量及添加适当的抗剥落剂研究抗冰冻 SMA 混合料水稳定性能的变化,分析 LLM 掺加量对 SMA 混合料抗水损害能力的影响。调整后水稳定性能试验结果见表 13。

表 13 不同抗冰冻 SMA 混合料的水稳定性能试验结果

项目	5.5％LLM	4.5％LLM	5.5％LLM＋1.5％水泥	规范要求
劈裂强度比/％	80.2	80.5	86.5	80
残留稳定度/％	91.6	92.3	95.5	80

由表 13 可知,与 5.5％的掺量相比,添加 4.5％LLM 的 SMA 混合料的水稳定性能变化不大,说明在 4.5％～5.5％的掺量范围内,改变 LLM 掺量对 SMA 混合料的水稳定性能影响不大。而用 1.5％的水泥替换部分矿粉填料后,抗冰冻 SMA 混合料的水稳定性能有了较大幅度的提高,这说明添加一定量的水泥作为抗剥落剂能明显提高 SMA 混合料的抗水损害能力。

4 除冰雪性能验证

本文设计冰层与路面黏结试验以模拟冬季寒冷气候下路面凝冰情况,通过定性地测试路面与冰雪的凝固力,直观地观察抗冰冻路面的除冰雪效果,采用普通 SMA 混合料和抗冰冻 SMA 混合料配合,用轮碾法各成型一块车辙板养护 24 h 后,表面洒水,在－5 ℃的条件下冰冻 16 h,观察车辙板的冰冻情况,见图 1。

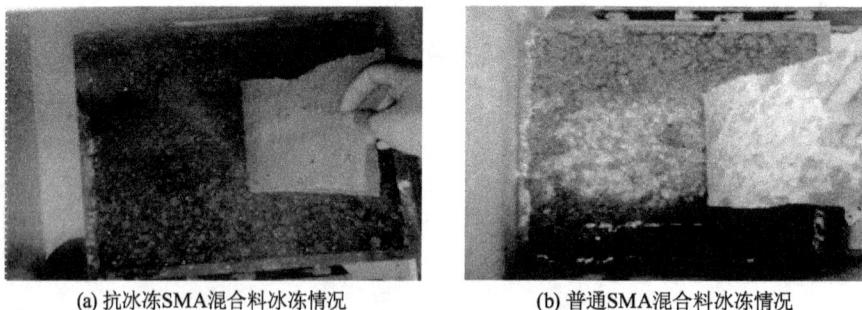

(a) 抗冰冻SMA混合料冰冻情况　　　　(b) 普通SMA混合料冰冻情况

图 1 SMA 混合料的除冰雪性能

从图 1 可以看出,经过在－5 ℃冰冻保温 16 h 后,普通混合料车辙板表面已结冰,添加 LLM 后,沥青混合料车辙板表面没有明显的结冰情况,除冰雪效果良好,能延迟并持续融化路表冰雪,并能够减少积雪冰层与路面的黏结强度,提高人工机械除雪效率。

5 结 语

(1) 添加 LLM 可以改变普通 SMA 混合料的体积指标,混合料的空隙率明显增加,从而导致 SMA 混合料的水稳定性能大幅度降低。

(2) 试验表明,抗冰冻 SMA 混合料的设计可以在普通 SMA 混合料的基础配合比上进行,其目标空隙率比最终抗冰冻 SMA 的设计空隙率降低 1％～2％,最佳油石比增加 0.1％～0.2％。在 LLM 的添加过程中须控制拌合时间和温度,为保证充分裹覆,拌合时间应在 30~40 s,因而 LLM 以冷料添加可适当提高拌合温度 5~10 ℃。

(3) 缓释型抗冰冻 SMA 混合料的路用性能基本满足《公路沥青路面施工技术规范》(JTG F40—2004)要求,但添加 LLM 后,SMA 混合料的水稳定性能有所下降。LLM 的掺量在 4.5%~5.5% 之间时,改变其掺量对 SMA 混合料的水稳定性能影响不大,而添加一定量的水泥作为抗剥落剂时,可以明显提高抗冰冻 SMA 混合料的水稳定性能。

(4)到优化后的混合料抗冰冻性能亦较为理想。抗冰冻混合料在 −5 ℃ 条件下结冰较少,具有一定的除冰雪性能。

参考文献

[1] 王联果,张建华,刘洋.冰雪路面冻滑抑制的技术对策[J].公路交通技术,2008,3:28—32.

[2] 张传良,张丽娟,吴喜荣,等.化学类冻结抑制路面在国外公路中的应用[J].交通标准化,2010,15:49—52.

[3] Feng Decheng, Yi Junyan. Impact of salt and freeze—thaw cycles on performance of asphalt mixtures in coastal frozen region of China[J]. Cold Regions Science and Technology, 2010,81(62):34—41.

[4] 崔龙锡.蓄盐类沥青混合料研究[D].重庆:重庆交通大学,2010.

[5] Han Chengdan, Lin Huahe, Jin Fengzou, et al. Laboratory study on the adhesive properties of ice to the asphalt pavement of highway[J]. Cold Regions Science and Technology, 2014,7(13):104—105.

[6] 张玉福,张玉娥,吴玉卓,等.不同空隙率对 SMA 混合料水稳定性的影响[J].交通标准化,2011,21:176—178.

[7] Giuliani F, Merusi F, Polacco G, et al. Effectiveness of sodium chloride-based anti-icing filler in asphalt mixtures[J]. Construction and Building Materials, 2012, 30: 174—179.

[8] 谭忆秋,孙嵘蓉,郭猛,等.蓄盐沥青混合料除冰雪性能研究[J].中国公路学报,2013,1:23—29.

[9] 王俏,孟勇军,时建刚,等.抗凝冰集料沥青混合料性能研究[J].新型建筑材料,2012,6:62—64.

生活废旧塑料 CRP 改性沥青性能研究

方宇亮　杨锡武

（江苏省交通科学研究院股份有限公司　常州　213000）

摘　要　本文采用回收的生活废旧塑料为改性剂原材料，经过高温处理，加入稳定剂后再造成颗粒，通过对其改性沥青及改性沥青混合料性能的研究，与道路工程中广泛应用的 SBS 改性剂的性能进行对比，发现改性的沥青混合料的高温性能、水稳定及耐疲劳性能均有大幅度提高，改性效果显著。

关键词　生活废旧塑料　SBS 高温性能　疲劳性能

0　引　言

沥青路面具有行车舒适平稳、振动小、噪音低、无扬尘，便于养护等优点，已经成为国内外高速公路、城市道路等路面的主要形式。但近年来经济的高速发展所带来的交通量迅速增长，汽车轴载的不断增加，以及车辆大型化、渠道化等原因，使得现有公路不堪重负，普通沥青路面更是难以满足使用要求。为了提高公路路面质量，满足沥青路面性能要求，减少路面病害，各种改性沥青应运而生。其中树脂类塑料改性沥青就是较成功的一种。国内外均有较多的研究，且取得了一定的成果。如欧洲用聚乙烯改性沥青，已经获得专利[1]，名称为"NOVOPHALT"。在国内，废旧塑料作为沥青改性剂仍处于研究阶段，在工程应用方面还没有实现规模化[2]。

研究表明，废旧塑料改性沥青不仅可以改善道路石油沥青的技术指标，提高沥青路面的使用性能，还降低了工程造价，实现了废旧塑料在交通基础建设中应用的新途径，并且符合我国提倡的节能减排、可持续发展的战略目标。

1　试验原材料

沥青：重交通道路石油沥青 AH-70。

废旧塑料：经加工生产的颗粒状废旧塑料改性剂——CRP 聚合物改性剂。

SBS：市售星形 SBS 颗粒。

矿料级配及性质：采用 AC-13 型级配，其级配通过率见表 1；粗集料为石质坚硬、清洁、不含风化颗粒、接近立方体颗粒的花岗岩；细集料选择石灰岩；填料为磨细的石灰岩矿粉，性能检测满足(JTG F40—2004)《公路沥青路面施工技术规范》对集料与填料的技术要求。

表 1　矿料的级配

级配类型	通过下列方孔筛(mm)的质量百分率/%									
	16	13.2	9.5	4.75	2.36	1.18	0.6	0.3	0.15	0.075
AC-13 规范级配/mm	100	100~90	85~68	68~38	50~24	38~15	28~10	20~7	15~5	8~4
采用级配/mm	100	95.5	68	47.1	33.4	23.4	15.2	8.7	7.3	5.2

2　改性沥青试验

2.1　改性沥青制备

用两种改性剂在相同的条件下制备改性沥青。通过高速剪切机,在转速为 3 000 r/min,温度为 170~180 ℃的条件下,将沥青与改性剂共混,加工改性沥青。经过高速剪切,经过溶胀、分散磨细、继续发育 3 个阶段,使改性剂充分溶于基质沥青中,然后放置备用。

2.2　试验结果与分析

经试验测定的改性沥青各项技术指标见表 2。

表 2　基质及改性沥青技术指标

沥青种类	针入度(25 ℃,5 s)/ 0.1 mm	软化点/℃	延度(5 ℃)/cm	黏度(135 ℃)/ (Pa·s)
AH-70	63	51.9	14.0	524.0
AH-70 +4%CRP	50	66.9	5.0	1 340
AH-70 +5%CRP	45	73.8	3.0	2 800
AH-70 +6%CRP	43	80.9	2.6	6 480
AH-70 +4%SBS	47	71.2	4.1	3 379
AH-70 +5%SBS	46	75.8	3.0	6 103
AH-70 +6%SBS	42	82.3	1.5	8 462

由表 2 可以看出,经过改性后的沥青性质有了明显的变化,软化点均有不同程度的提高,用 CRP 改性的 AH-70 沥青的软化点分别提高了 28.9%,42.2%,55.9%,而 SBS 改性剂提高的程度分别为 37.2%,46.1%,58.6%。可见,随着改性剂掺量的增加,软化点均呈上升的趋势,但软化点升高的幅度趋于平缓。旋转黏度也有明显提高,这说明沥青材料在高温条件下具有较强的抗剪切能力,黏度的增大必然改善沥青与集料的黏结性能。从低温延度可以看出,改性后的沥青延度普遍下降,表面上看,低温柔性变形能力有下降的趋势。通过以上指标可以看出,两种改性剂对基质沥青的高温性能有大幅度的改善,剂量越高,高温稳定性愈好,且 SBS 改性剂对于软化点及黏度的改善幅度略大于 CRP 改性剂,但低温指标下降亦明显,两者相近。

3　改性沥青混合料试验

本文采用 AC-13 型热拌沥青混合料类型与 SBS 改性剂进行对比研究。根据改性沥青的黏度与软化点指标,以及工程经济性的角度,本文选择改性剂的湿法(先制作改性沥青,然后再与矿料混合制成沥青混合料)掺量分别为 +5%CRP 与 +4%SBS。

3.1 沥青混合料马歇尔性能指标试验结果分析

AH-70,AH-70＋5％CRP,AH-70＋4％SBS 沥青混合料马歇尔性能指标试验结果见表 3。

表 3　AC-13 型沥青混合料马歇尔试验结果

沥青种类	试验指标　油石比/%	毛体积密度/(g/cm³)	空隙率/%	稳定度/kN	流值/mm
AH-70	3.5	2.342	8.3	9.68	2.88
	4.0	2.402	5.7	10.60	3.12
	4.5	2.411	4.2	10.99	3.24
	5.0	2.418	3.2	10.42	3.41
	5.5	2.412	2.7	9.74	4.34
AH-70＋5％CRP AC-13	3.5	2.365	7.8	15.40	3.75
	4.0	2.376	6.7	15.20	3.59
	4.5	2.423	4.3	16.03	3.78
	5.0	2.440	2.8	15.64	3.95
	5.5	2.436	2.3	14.06	4.40
AH-70＋4％SBS AC-13	3.5	2.352	8.3	17.23	3.67
	4.0	2.389	6.2	18.50	3.12
	4.5	2.411	4.7	18.50	3.18
	5.0	2.420	3.7	16.44	3.38
	5.5	2.427	2.7	14.91	4.13

由表 3 可以看出：

① 通过 CRP 改性的 AC-13 型沥青混合料的稳定度在最佳油石比附近均可达到 15 kN,比 AH-70 基质沥青大 4 kN 以上,稳定度提高了 36％左右。与 CRP 改性剂相比,SBS 改性沥青混合料的稳定度更优,其稳定度提高幅度达 45％以上。从 JTG F40—2004《公路沥青路面施工技术规范》来看,CRP 改性沥青混合料的稳定度要远大于规范要求的 8 kN,提高幅度将近一倍。

② 从流值指标来看,在最佳油石比附近,改性沥青混合料的流值均满足规范要求,在 2～4 mm 之间,表明 CRP 改性剂并未使沥青混合料的柔性降低。

3.2 CRP 改性沥青混合料高温稳定性试验研究

废旧塑料改性沥青的高温性能优于其他改性剂的事实是无可争议的。本文采用车辙试验来评定沥青混合料的高温稳定性能。根据沥青混合料马歇尔试验指标分别确定：AH-70 沥青混合料最佳油石比为 4.6％;AC-13 型 CRP 与 SBS 两种改性剂沥青混合料的最佳油石比分别为 4.8％和 4.8％。其动稳定度试验结果见表 4。

表4　沥青混合料动稳定度(*DS*)试验结果

试验结果 沥青种类		CRP 湿掺量为 5%，SBS 湿掺量为 4%				
		油石比/%	DS_1	DS_2	DS_3	$\overline{DS}$
AC-13	AH-70	4.6	1 128	1 416	1 095	1 213
	AH-70＋CRP	4.8	5 122	5 385	19 535	5 253
	AH-70＋SBS	4.8	4 667	6 222	4 941	5 276
规范要求		基质沥青混合料 $DS \geqslant 1\,000$，改性沥青混合料 $DS \geqslant 2\,800$				

由表4可以看出，在最佳油石比时，5%CRP掺量的条件下，两种类型的沥青混合料的高温性能均有大幅度的提高，且远远大于规范要求的数值。其中AC-13型沥青混合料经CRP改性后，其动稳定度比基质沥青提高3倍以上。从试验结果还可以看出，两种改性剂对沥青混合料高温性能改善幅度相当。

3.3　CRP 改性沥青混合料疲劳性能试验研究

沥青路面在使用期间，不仅要经受外界环境因素的影响，还要承载车轮荷载的反复作用，因此路面长期处于应力应变交迭变化状态，导致路面结构强度逐渐下降。当重复作用的荷载次数超过一定量以后，路面内产生的应力就会超过强度下降后的结构抗力，致使路面出现裂纹，产生疲劳断裂破坏。疲劳断裂破坏作为沥青混凝土路面三大破坏形式之一，有必要对CRP改性沥青混合料疲劳性能进行检测。本文采用间接拉伸疲劳试验，试件采用车辙板钻芯后切割成尺寸为直径100 mm，高40 mm的圆柱体试件。加荷方式为应力控制，加载频率10 Hz，荷载波形为半正矢波，试验温度根据"八五"攻关课题"沥青路面疲劳规律的研究"采用15 ℃作为沥青路面的疲劳试验温度[3]。试验结果见表5、表6和图1。

表5　劈裂强度试验结果

沥青混合料种类 试验条件及指标		AC-13		
		AH-70	AH-70＋5%CRP	AH-70＋4%SBS
试验温度15 ℃ 加载速率 50 mm/min	破坏荷载 P_T/kN	9.73	10.79	10.73
	劈裂抗拉强度 R_T/MPa	1.186	1.308	1.294

表6　间接拉伸疲劳试验结果

疲劳寿命/次 沥青种类		应力比					
		0.3		0.4		0.5	
AC-13	AH-70	3 055		3 169		322	
		2 671	2771	915	1113	310	307
		2 587		1 311		289	
	回归方程：$\mathrm{Ln}\,N_f = 2.900\,7 - 4.253\,4\mathrm{Ln}\,\sigma_0$			相关系数 $R = 0.985\,39$			

续表

沥青种类	疲劳寿命/次	应力比					
		0.3		0.4		0.5	
AC-13	AH-70+5%CRP	7 973	4 313	1 169	1 385	430	507
		3 654		800		206	
		4 972		1 600		585	
	回归方程:$\mathrm{Ln}N_f=3.357\,8-4.179\,5\mathrm{Ln}\,\sigma_0$				相关系数 $R=0.999\,30$		
	AH-70+4%SBS	4 101	4 229	983	1 553	584	532
		4 307		1 841		606	
		4 278		1 265		407	
	回归方程:$\mathrm{Ln}N_f=3.544\,4-4.031\,1\mathrm{Ln}\,\sigma_0$				相关系数 $R=0.995\,74$		

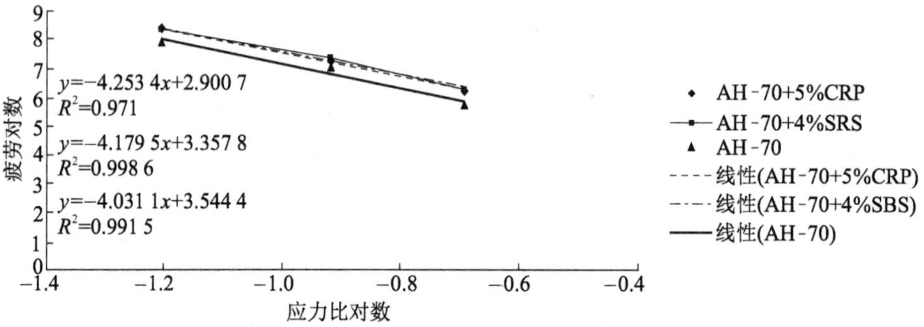

$y=-4.253\,4x+2.900\,7$
$R^2=0.971$
$y=-4.179\,5x+3.357\,8$
$R^2=0.998\,6$
$y=-4.031\,1x+3.544\,4$
$R^2=0.991\,5$

图 1　不同改性沥青混合料对数疲劳寿命与对数应力比关系

由图表可知:

① 相同应力比条件下,改性沥青混合料的疲劳次数要明显高于基质沥青混合料。就 0.3 应力比而言,CRP 改性沥青混合料的疲劳寿命比基质沥青提高了 55.6%,甚至比 SBS 改性沥青混合料的疲劳寿命还要高 3%。

② 添加了改性剂的混凝土,在疲劳寿命大幅度提升的同时,其劈裂抗拉强度也要明显优于基质沥青混合料,其中 AH-70+5%CRP 达到了 1.308 MPa。这说明添加 CRP 改性剂的混合料在疲劳寿命增加的同时,又不失其强度。

③ 应力控制模式下,3 种沥青混合料的疲劳对数与应力比对数呈现出良好的线性相关关系。疲劳寿命与应力比呈反比例关系。

④ 沥青混凝土的抗疲劳寿命可以通过应力与疲劳次数回归方程的两个系数,即 n,k 来表示[4]。n 代表疲劳方程的斜率,n 值越大,则混合料的疲劳寿命对应力水平变化越敏感,即混合料的抗疲劳性能越差;k 值表示疲劳曲线线位的高低,k 值越大,则说明混合料的耐疲劳性能越好[5]。由此亦可以看出,改性沥青混合料的耐疲劳性能优于基质沥青,CRP 改性沥青与 SBS 改性沥青混合料的抗疲劳性能旗鼓相当。

⑤ 改性剂的添加对混凝土的疲劳性能的改善通过疲劳方程曲线表现得很明显:在同一应力水平条件下,改性沥青混凝土的疲劳寿命要长于基质沥青混凝土的疲劳寿命;在

相同的疲劳次数下,添加了改性剂的混合料的应力水平要比未添加改性剂的高。

4 结　语

① 废旧塑料 CRP 改性剂对基质沥青的高温性能改善明显,表现为针入度、软化点、旋转黏度指标提高。

② 废旧塑料 CRP 改性沥青混合料高温性能显著,具有良好的抗车辙能力,耐疲劳性能有所提高,因而废旧塑料 CRP 沥青改性剂完全可以大规模应用于交通基础建设中。

③ 改性沥青可以显著改善沥青混凝土路面的抗病害能力,不仅提高了路面的服务质量,节省了运营费用,同时还极大地延长了路面的使用寿命,延长了养护周期,减少了二次投入,具有可观的经济效益。与 SBS 改性剂相比,废旧塑料改性沥青优势更加明显:不仅解决了白色污染问题,还提高了沥青路面的路用性能,降低了工程造价,同时,还符合我国倡导的节能减排、资源回收再利用、可持续发展的战略目标。

参考文献

[1] 张争奇.聚乙烯塑料改性沥青[J].重庆交通学院学报,2000,19(4):30—32.

[2] 杨锡武,刘克,菏泽,等.生活废旧塑料改性沥青性能及研究应用[C].北京:人民交通出版社,2013:469—476.

[3] Ye Q S, Wu S P, Li N. Investigation of the dynamic and fatigue properties of fiber-modified asphalt mixtures [J]. International Journal of Fatigue, 2009 (31), 1598—1602.

[4] 邓学钧,黄晓明.路面设计原理与方法[M].北京:人民交通出版社,2001.

[5] 张远航,孟巧娟,吴国雄.聚酯纤维沥青混凝土抗疲劳性能试验研究[J].公路学报,2011,10:156—161.

高耐久性环氧树脂(HDP)沥青混合料的路用性能研究

凌高祥

（江苏东交工程检测股份有限公司 南京 210046）

摘　要　本文对 HDP 沥青混合料配合比的设计方法进行了研究,通过马歇尔稳定度试验,确定了最佳油石比;在室内,对不同掺量、不同养生时间的 HDP 沥青混合料进行了车辙试验、低温小梁弯曲试验和冻融劈裂试验,评价其混合料的路用性能,铺筑试验路并进行跟踪观测,最后分析 HDP 沥青混合料的社会效益。

关键词　HDP　HDP 沥青混合料　路用性能　社会效益

0　引　言

随着我国公路建设的大规模发展,当路线在跨越障碍或存在大面积软弱地基,不适宜进行软弱地基处理时,必然会修建各种桥梁。为了满足使用需要,桥梁结构不断创新,桥梁跨径也在不断增加,桥面铺装作为桥梁行车体系的重要组成部分,越来越受到重视。目前,水泥混凝土桥是公路桥梁中最主要的结构形式,其桥面铺装在行车和环境因素的复合作用下,较公路路面及机场路面复杂严酷得多,因此,对铺装性能与耐久性能均有更高的要求。

高耐久性铺装用环氧树脂(HDP)是一种通过环氧树脂的聚合反应生产的具有耐久性、安全性的化学产品,具备优良的抗流动性能、柔性性能及良好的操作性能。有关资料显示,10％的 HDP 环氧沥青混合料的稳定度是普通沥青混合料的 3 倍。因此,对 HDP 沥青混合料施工工艺与质量的控制研究可为水泥混凝土桥梁的铺装技术提供新的研究方向。

1　原材料

本文室内目标配合比设计所用集料、矿粉及沥青均为现场取样,集料 1#,2# 为玄武岩集料,3# 为石灰岩集料,沥青为 70# A 级道路石油沥青,HDP 为日本生产,基质沥青与 HDP 掺配比例为 80：20(HDP 主剂：硬化剂＝61：39)。各种矿料及沥青的密度试验结果见表 1。矿料筛分结果见表 2。

表 1   矿料及沥青密度试验结果

材料名称	表观相对密度	毛体积相对密度	吸水率/%
1#	2.954	2.891	0.74
2#	2.962	2.882	0.94
3#	2.711	2.651	0.83
矿粉	2.709		

表 2   各种矿料的筛分结果

集料	通过下列筛孔(方孔筛,mm)的质量百分率/%								
	13.2	9.5	4.75	2.36	1.18	0.6	0.3	0.15	0.075
1#	100	94.3	6.1	0.5	0.1	0.1	0.1	0.1	0.1
2#	100	100	98.5	4.7	0.4	0.4	0.4	0.4	0.4
3#	100	100	100	75.3	48.5	34.7	21.4	16.0	11.5
矿粉	100	100	100	100	100	100	100	100	97.2

2   HDP 沥青混合料的路用性能

2.1   HDP 沥青混合料配合比设计

HDP 橡胶沥青混合料矿料级配按《公路沥青路面施工技术规范》(JTG F40—2004)取值。采用悬浮密实结构 HDP-10 级配进行设计,合成级配见表 3。

表 3   HDP-10 沥青混合料工程设计级配范围

筛孔/mm	13.2	9.5	4.75	2.36	1.18	0.6	0.3	0.15	0.075
上限	100	100	75	58	44	32	23	16	8
下限	100	90	45	30	20	13	9	6	4

最终确定 HDP 沥青混合料的最佳油石比为 5.9%。

2.2   HDP 沥青混合料的高温稳定性

车辙试验是采用一个小型车轮在沥青混合料板块状试件上往复行走,从而使板块试件形成辙槽,并通过测定车轮荷载作用次数与板块试件变形的关系,得出变形速率或动稳定度,将其作为沥青混合料抗永久变形性能指标。

本文采用车辙试验作为 HDP 沥青混合料高温稳定性的评价方法,对基质沥青与 HDP 不同掺配比例(85∶15,80∶20,70∶30)的混合料在 60 ℃恒温条件下分别养生 24 h,48 h,72 h,96 h 后进行车辙试验,试验结果见表 4 和图 1。

表 4 不同掺配比例混合料动稳定度试验结果

掺配比例	养生时间/h	动稳定度/(次/mm)
85：15	24	3 337
	48	4 473
	72	6 223
	96	7 647
80：20	24	3 610
	48	5 240
	72	7 770
	96	9 300
70：30	24	3 933
	48	7 122
	72	9 318
	96	12 287

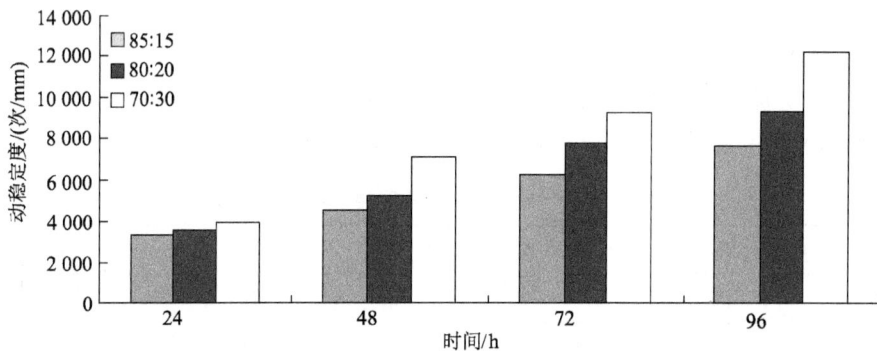

图 1 不同掺配比例混合料动稳定度试验结果

由表 4 和图 1 可以看出,在油石比(5.9％)相同的情况下,随着 HDP 掺配比例的增加,混合料的动稳定度逐步增加。由于环氧树脂沥青形成不可逆三维空间网状结构的不熔固化物,使混合料的高温性能增强。在养生 24 h 后,掺配比例为 85：15 的沥青混合料的动稳定次数已经达到 3 337 次/mm,仍能很好地满足混合料高温稳定性的要求。这说明 HDP 混合料的开放交通时间比普通沥青混合料的开放交通时间有所缩短。在养生 96 h 后,掺配比例为 80：20 的沥青混合料的动稳定次数达到了 9 300 次/mm,掺配比例为 70：30 的沥青混合料的动稳定次数甚至达到了 12 287 次/mm,这说明 HDP 混合料具有非常好的高温稳定性能。

2.3 HDP 沥青混合料的抗水损害性能

本文采用浸水马歇尔试验和冻融劈裂试验共同评价 HDP 沥青混合料抗水损害性能。对基质沥青与 HDP 不同掺配比例(85：15,80：20,70：30)的混合料在 60 ℃恒温条件下分别养生 24 h,48 h,72 h,96 h 后进行浸水马歇尔试验和冻融劈裂试验,试验结果见表 5 和图 2、图 3。

表 5　不同掺配比例混合料水稳定试验结果

掺配比例	养生时间/h	残留稳定度/%	冻融劈裂强度比/%
85：15	24	85.2	80.2
	48	86.1	81.8
	72	87.7	82.7
	96	88.6	83.6
80：20	24	85.7	81.1
	48	87.1	82.3
	72	88.8	83.3
	96	89.1	84.5
70：30	24	86.2	81.4
	48	87.8	82.7
	72	89.6	84.1
	96	90.6	85.5

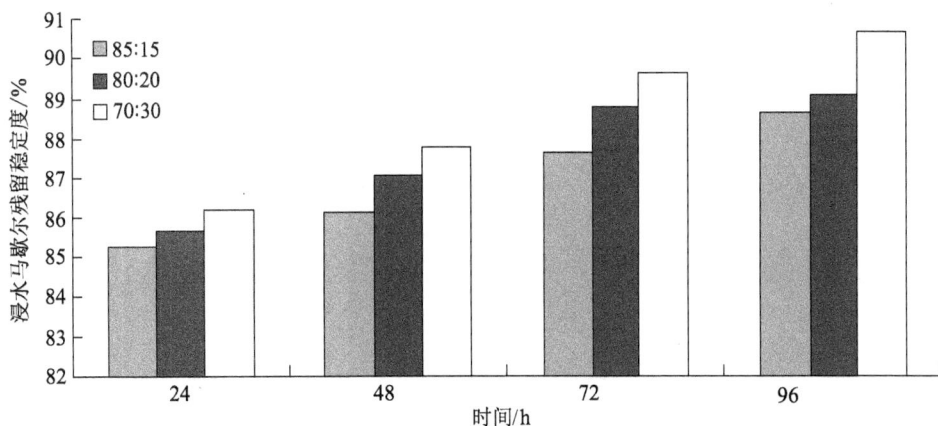

图 2　浸水马歇尔试验结果

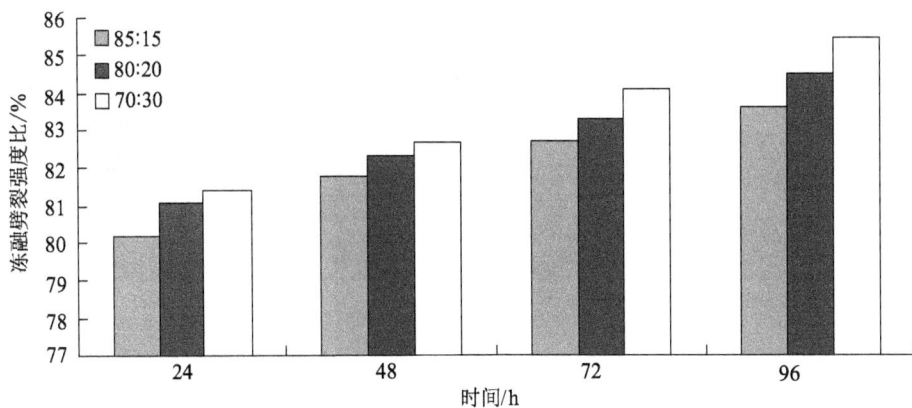

图 3　冻融劈裂试验结果

从表 5 和图 2、图 3 可以看出,随着固化时间的延长,浸水马歇尔残留稳定度和冻融劈裂强度比逐步提高。在油石比(5.9%)相同的情况下,随着 HDP 掺配比例的增加,混合料的浸水马歇尔残留稳定度和冻融劈裂强度比提高,沥青混合料的抗水害性能提高。由于环氧树脂沥青形成不可逆三维空间网状结构的不熔固化物,随着掺配比例的提高,对应形成的不熔固化物增加,抗水损害性能增强。

2.4 HDP 沥青混合料的低温抗裂性

本文对基质沥青与 HDP 不同掺配比例(85∶15,80∶20,70∶30)的混合料在−10 ℃条件下分别养生 24 h,48 h,72 h,96 h 后进行低温小梁弯曲试验,试验结果见表 6 和图 4、图 5。

表 6 不同掺配比例混合料小梁弯曲试验结果

掺配比例	养生时间/h	残留稳定度/%	冻融劈裂强度比/%
85∶15	24	85.2	80.2
	48	86.1	81.8
	72	87.7	82.7
	96	88.6	83.6
80∶20	24	85.7	81.1
	48	87.1	82.3
	72	88.8	83.3
	96	89.1	84.5
70∶30	24	86.2	81.4
	48	87.8	82.7
	72	89.6	84.1
	96	90.6	85.5

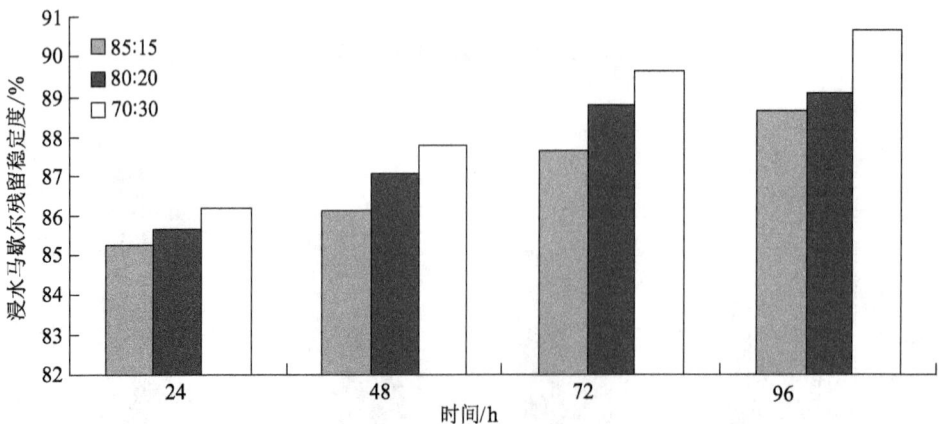

图 4 浸水马歇尔试验结果

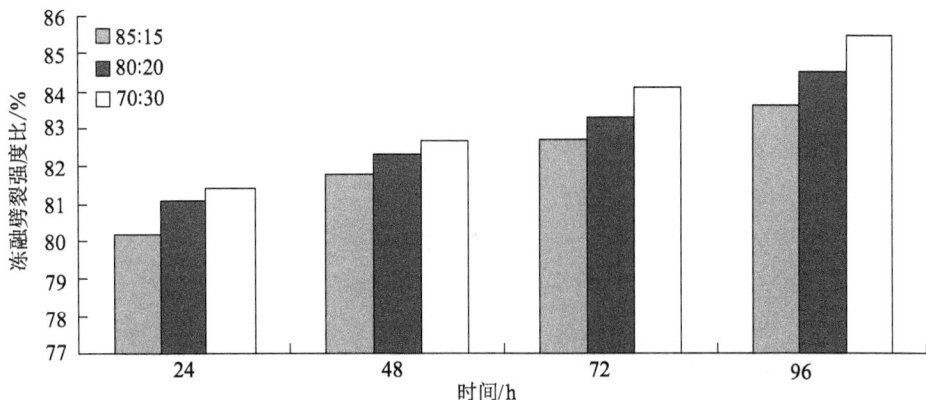

图 5　冻融劈裂试验结果

从表 6 和图 4、图 5 可以看出,随着固化时间的延长,浸水马歇尔残留稳定度和冻融劈裂强度比逐步提高。在油石比(5.9%)相同的情况下,随着 HDP 掺配比例的增加,混合料的浸水马歇尔残留稳定度和冻融劈裂强度比提高,沥青混合料的抗水害性能得到提高。由于环氧树脂沥青形成不可逆三维空间网状结构的不熔固化物,随着掺配比例的提高,对应形成的不熔固化物增加,抗水损害性能增强。

3　HDP 沥青混合料试验路的铺筑

为了更好地研究 HDP 沥青混合料路面的使用性能,本文依托中山西路如海河大桥和丁磨公路西延(如港公路至新 G204)工程上的如海河大桥进行了实体工程试验路铺筑工作,并进行了试验检测和跟踪观测。

根据课题需要及实际情况,对两个试验路段进行 HDP 沥青混合料的桥面铺设。HDP 沥青混合料经过拌合、运输,并进行碾压,压实成型效果见图 6。

从压实成型后的路面情况看,表面沥青膜裹覆均匀,未出现集料裸露、沥青黏走的情况,铺面整体均匀性较好,基本无明显离析现象。

施工单位完成铺筑工作之后,对试验路段进行了检测,结果显示试验路的厚度、压实度均满足设计要求。

4　HDP 沥青混合料的社会效益

采用 HDP 混合料能够很好地解决流动、磨耗而产生的车辙问题,由于骨料与沥青的黏附性非常好,增强了沥青混合料整体耐水性,从而有效地减轻了路面水损害的产生。因此,HDP 环氧沥青铺装的桥面寿命周期长,性价比高。在施工过程中,相对于环氧沥青混合料,HDP 混合料的养生时间短,节约了施工经费的同时,减轻了交通拥堵情况,减少了周边环境的压力,具有显著的社会效益。

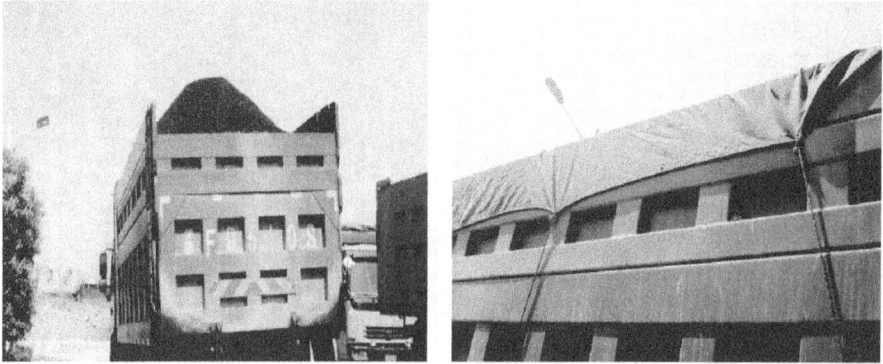

(a) 混合料运输

(b) 混合料碾压

(c) 压实成型效果图

图 6　混合料试验路铺装

5　结　语

（1）HDP 沥青混合料设计可以采用马歇尔设计方法，选定级配后，进行最佳油石比的确定，然后通过替换的方式，进行体积指标和路用性能验证。HDP 沥青混合料采用 AC-10 相同的级配范围，效果较好。

（2）在油石比（5.9%）相同的情况下，随着 HDP 掺配比例的增加，混合料的动稳定度、浸水马歇尔残留稳定度、冻融劈裂强度比均逐步增加。HDP 混合料具有非常好的高温稳定性能、抗水害性能、低温抗裂性,符合作为桥面铺装层的材料要求。考虑到经济性的原则,试验路铺筑时,采用80∶20的掺配比例。

(3)一年的跟踪观测表明,HDP混合料路面使用状况较好,没有出现早期病害。

(4)HDP环氧沥青铺装的桥面寿命周期长,使用HDP沥青混合料不仅降低了桥梁的管养成本,同时也带来了显著的社会效益。

参考文献

[1]公路工程沥青及沥青混合料试验规程(JTG E20—2011)[S].

[2]胡清,陈立伟.美国环氧沥青与日本环氧沥青性能对比研究[J].黑龙江交通科技,2010(7):43—44.

[3]罗立峰,钟鸣,黄成造.桥面铺装设计方法探讨[J].中南公路工程,1999,24(2):20—22.

[4]欧阳杨.大跨径钢箱梁桥面铺装环氧沥青混合料性能研究[D].西安:长安大学,2008.

[5]魏谊.高耐久性铺装沥青混合料成型温度的研究[J].湖南交通科技,2014(2):32—35.

硅铝基稳定碎石基层技术应用研究

叶　炜

（江苏东交工程设计顾问有限公司　南京　210000）

摘　要　本文研究了一种利用硅铝基固化剂替代水泥固化级配碎石作为道路基层材料的应用技术。首先,基于工程实际对混合料的配合比进行研究设计,采用重型击实和振动压实法确定混合料的最佳含水量和最大干密度,然后根据设计结果在工程中进行了试铺,取得了很好的效果。最后,通过后期跟踪观察和现场检测验证了该技术的实用性。

关键词　固化剂　稳定碎石　道路基层

0　引　言

在当前江苏省公路建设中,半刚性沥青路面几乎都采用水泥稳定碎石作为半刚性基层材料,但是水泥稳定碎石的缺点也很明显:① 水泥的资源消耗严重,影响生态环境;② 水稳基层的收缩开裂会引起沥青路面的反射性裂缝。因此本文选择一种适合未来资源枯竭条件下生产且具有再生特性的硅铝基固化剂材料进行研究。

1　硅铝基材料特性

硅铝基固化剂是一种非晶质至半晶质具有类似有机聚合物链状结构的材料,主要成分为工业废渣,配以适量的活化剂混合粉磨制成,生产中对工业废渣利用率达到 80% 以上,同时解决了因废物堆积而造成的土地资源浪费和环境污染问题。

硅铝基固化剂的应用范围广泛,固结对象涵盖各类边界集料,并且已经形成系列产品,具体型号及应用范围见表 1。

表 1　固化剂型号及固化对象

型号	固化对象	主要用途
H2000	含泥石屑、细粒土质沙砾、工业废渣、粉煤灰等	道路工程路基、水利工程渠道衬砌、边坡稳定、护砌工程
H3000	淤泥、污泥、尾矿等	淤泥改性固结、污泥半干化处理、尾矿充填、软基处理
H4000	沙漠沙、长江沉积沙、尾矿等	道路工程路基、沙漠表面固化
H5000	膨胀土、湿陷性黄土、冻土、油田污泥等	水利工程、软基处理、土壤修复、建筑材料

2 基层混合料级配设计研究

2.1 配合比设计

硅铝基固化剂的剂量一般在 4%～6% 范围内,要求组成混合料的级配应符合表 2 的规定,其中 0.075 mm 筛孔的通过率放宽至 5%～15%。

表 2 混合料中集料级配范围要求

通过下列筛孔(mm)的质量百分率/%							
31.5	19	9.5	4.75	2.36	1.18	0.6	0.075
100	81～98	52～70	30～50	18～38	10～27	8～20	5～15

根据上述要求取工地实际使用的碎石,分别进行水洗筛分,确定各种碎石的组成比例。

2.2 最佳含水量和最大干密度

本文采用重型击实和振动压实法确定各组混合料的最佳含水量和最大干密度,试验方法参照《公路工程无机结合料稳定材料试验规程》(JTG E51—2009),试验结果见表 3。

表 3 混合料击实试验结果汇总

试验项目 \ 固化剂剂量/%	3.4	4.1	4.8	5.5
重型击实法最佳含水量/%	5.1	5.6	6.0	6.0
重型击实法最大干密度/(g/cm³)	2.306	2.317	2.322	2.332
振动成型法最佳含水量/(%)	5.0	5.4	5.7	5.8
振动成型法最大干密度/(g/cm³)	2.352	2.363	2.376	2.388
振动密度与击实密度相关系数	1.02	1.02	1.02	1.02

2.3 强度

7 d 振动成型强度试验结果见表 4。

表 4 7 d 振动成型强度试验结果

试验项目 \ 固化剂剂量/%	3.4	4.1	4.8	5.5
强度平均值 $R_{均}$/MPa	5.1	6.3	7.5	8.4
偏差系数/%	12.8	9.5	13.3	10.3
强度代表值 $R_{代} = R_{均}(1 - Z_a C_v)$	4.0	5.3	5.9	7.0

根据上述试验结果,确定试验段采用的施工配合比为 1#：2#：3#：4#：固化剂 = 6：25：34：35：4.8,最佳含水量为 6%。

3 现场试铺

根据配合比试验结果,在某省道建设工程中进行了 300 m 的上基层试验段施工,施工机械组合为 1 台双钢轮、1 台胶轮、3 台单钢轮振动压路机。试铺现场见图 1。

图 1　试铺现场

通过本次试铺对试验段施工总结如下：

（1）从压实成型后的路面外观来看，表面固化剂裹覆均匀，铺面整体均匀性较好，无明显离析现象。

（2）试铺时碾压方案与水泥稳定基层方案基本一致，但试铺中发现胶轮终压的轮迹印较为明显，收光效果不好，原因为混合料中细集料较多，在变更碾压方案为双钢轮终压后收光效果很好。

（3）固化剂在工地现场验证的初凝时间较短，为 1 小时 50 分钟，施工时间较为紧迫，后期研究中须加以改善。

4　跟踪观察及检测结果

4.1　室内试验

为了具体掌握试验路情况，对现场取回的混合料进行 7 d 无侧限抗压试验，试验结果满足要求，见表 5。

表 5　混合料 7 d 无侧限抗压试验结果

编号	试件数量 n	强度平均值 $R_{均}$/MPa	偏差系数 C_v/%	强度代表值 $R_{代}$/MPa	保证率系数 Z_a	强度规范要求/MPa
1	13	4.4	7.1	3.9	1.645	≥3.8
2	13	4.5	5.6	4.1	1.645	≥3.8

4.2　现场检测

试验段铺筑完 7 d 后，进行现场钻芯取样检测，钻取的芯样应完整，强度良好，芯样表面应完整，无可见裂缝，并且与水泥稳定碎石的下基层黏结良好，见图 2。

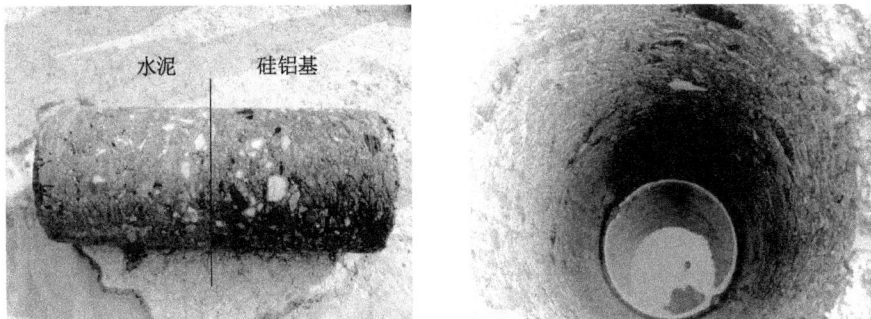

图 2　钻芯取样外观

5　结　语

全国在未来还有相当规模的公路建设,对胶凝材料需求量巨大,如果这种新型复合材料能够取代水泥成功应用于道路基层,不仅能提高公路施工的质量,降低建设成本,同时还能节约大量有限资源,有效保护环境,在原材料紧张时能有更多的选择。

参考文献

［1］沙庆林.高速公路沥青路面早期破坏现象及预防［M］.北京:人民交通出版社,2001.

［2］沙庆林.高等级公路半刚性基层沥青路面［M］.北京:人民交通出版社,1998.

［3］沈卫国.粒料土稳定结合料的研究［D］.武汉:武汉工业大学,2000.

胶粉改性沥青老化性能的研究

李秋飞　戴辉　陈爽　张玉贞

（江苏天诺道路材料科技有限公司　镇江　212132）

摘　要　本文通过利用热空气老化、RTFOT、红外光谱 3 种试验分别对橡胶粉含量不同的胶粉改性沥青、脱硫胶粉与未脱硫胶粉改性沥青进行对比研究,探讨了胶粉改性沥青的基本性能、老化对不同胶粉改性沥青性能的影响及对胶粉改性沥青动态剪切流变性能的影响,并对老化前后胶粉改性沥青的红外光谱进行分析,发现胶粉改性沥青耐热老化性能良好。

关键词　改性沥青　抗老化　胶粉　抗车辙

0　引　言

本文响应国家可持续发展观的方针,秉持打造品牌效应、坚持绿色生产、变废为宝的理念,用废轮胎胶粉作为主要改性剂来改善沥青的性能和抗老化性能,既节约了资源,清洁了环境,又能延长路面的使用寿命,通过试验可以真实地再现紫外光、雨、露对材料老化性能影响。

1　实验部分

1.1　实验原料

定制胶粉:未脱硫胶粉细度 20～40 目;脱硫胶粉为高速旋转脱硫胶粉,细度 20～40 目。

定制沥青:中油 70# 重交通道路沥青。

交联助剂:氯化双酚醛环氧化合物,化学试剂。

1.2　胶粉改性沥青实验

改性沥青样品的制备条件为改性温度 180 ℃,剪切速率 3 000 r/min,加入胶粉,剪切 2 h 后,降温到 170 ℃,加入交联助剂,继续剪切搅拌 30 min,温度控制在 170～175 ℃范围内,转数为 3 000 r/min。3 种试验胶粉的用量分别为 9%,12% 和 15%,脱硫胶粉交联剂的用量均为胶粉量的 0.8%。

1.3　RTFOT 实验

试验仪器:82 型旋转式沥青薄膜老化箱,无锡石油。

试验过程:将改性沥青趁热灌入 8 个玻璃杯中,通入空气,在 163 ℃下旋转老化 75 min。

1.4 热空气老化实验

实验仪器:40IB 热空气老化试验箱(上海)。

实验过程:将改性沥青放入表面皿中,沥青膜厚 5 mm,老化箱的温度设置为 80 ℃,持续老化 15,30,45 d。

1.5 紫外光老化实验

实验仪器:QUV/spray 紫外线快速老化试验箱(美国)。

实验过程:将改性沥青放入表面皿中,沥青膜厚 5 mm,紫外光波长 340 nm,功率 500 W,老化箱的温度设置为 60 ℃,持续老化 15,30,45 d。

1.6 动态剪切流变实验

实验仪器:DHR-1 型动态剪切流变仪(DSR)(美国)。

实验过程:试验按 AASHTO TP5-93 试验标准进行。试验温度从 35~75 ℃,转速为 600 r/min,采用常应力模式。

1.7 红外光谱

实验仪器:200SXVFI-FTIR 傅立叶红外光谱仪(美国)。

实验过程:对老化前后的胶粉改性沥青进行红外光谱测试。

2 对比分析

2.1 2种胶粉改性沥青的基本性能

图 1、图 2 分别为 2 种胶粉以 9%,12%,15% 的掺加量对沥青改性后,改性沥青的软化点和针入度试验结果。

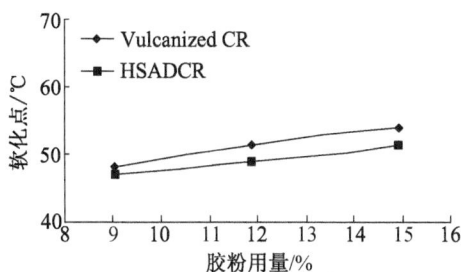

图 1 2 种胶粉改性沥青软化点随胶粉用量的变化

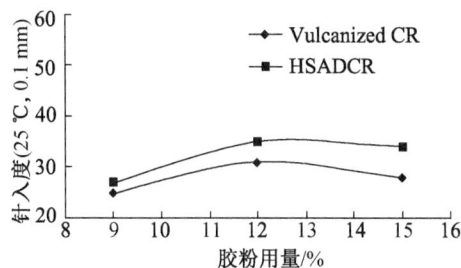

图 2 2 种胶粉改性沥青针入度随胶粉用量的变化

2.2 老化对不同胶粉改性沥青性能的影响

2.2.1 旋转薄膜烘箱老化(RTFOT)

本文分别对未脱硫胶粉和快速脱硫胶粉进行 RTFOT 试验,每种胶粉的掺入量分别为 9％,12％,15％,测试老化前后改性沥青的软化点和针入度的变化,测试结果分别见图 3 和图 4。

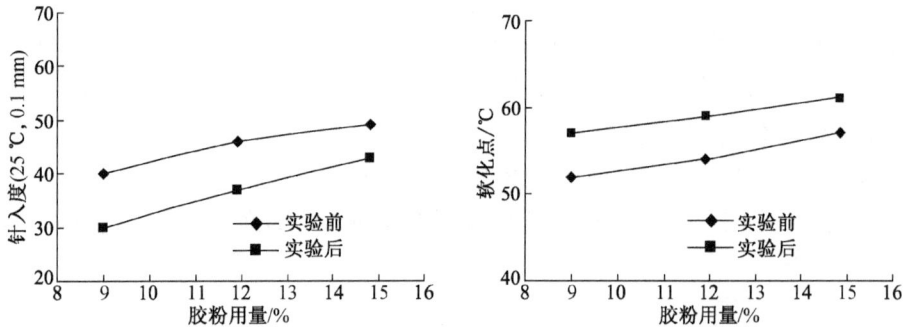

图 3 RTFOT 实验前后未脱硫胶粉改性沥青软化点、针入度随胶粉含量的变化

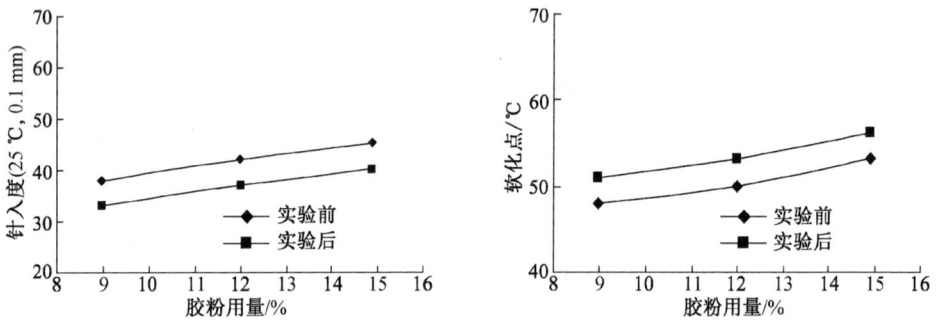

图 4 RTFOT 实验前后脱硫胶粉改性沥青的软化点、针入度随胶粉含量的变化

从图 3、图 4 可以看出,RTFOT 实验后,2 种胶粉改性沥青的软化点均升高,针入度均降低。未脱硫胶粉 RTFOT 前后的软化点变化较大,在各个胶粉掺量下,软化点约升高 4 ℃;脱硫胶粉改性沥青在 RTFOT 前后软化点约升高 3 ℃。

2.2.2 长期热空气老化

为了解胶粉改性沥青的长期热老化性能,对胶粉掺量均为 12％的 2 种类型胶粉改性沥青和纯沥青进行了 15,30,45 d 的热老化。老化前后改性沥青的软化点和针入度测试结果见图 5、图 6。

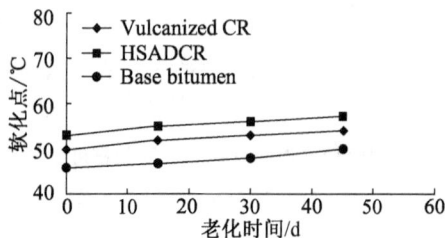

图 5 纯沥青和 2 种胶粉改性沥青的软化点随长期空气热老化时间的变化

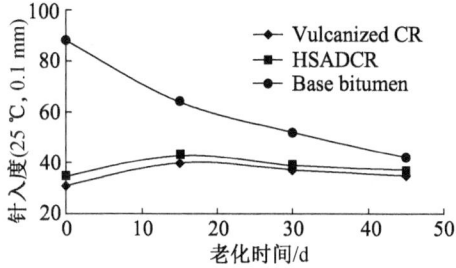

图 6　纯沥青和胶粉改性沥青的针入度随长期空气热老化时间的变化

由图 5 可见,各种沥青经热老化后,软化点均升高,但不同沥青的变化趋势并不相同。由图 6 可见,各种沥青经热老化后,针入度均下降,但不同沥青的变化趋势也并不相同,纯沥青快速下降,改性沥青在前 15 d 上升,后 30 d 下降。但总体而言,老化前后,纯沥青的针入度下降很多,而 3 种胶粉改性沥青的针入度变化很小。这些实验结果表明:胶粉改性沥青耐热老化性能良好,这可能与用胶粉对沥青改性时在高温和强烈剪切作用下部分轻组分已经挥发有关。

2.2.3　长期紫外光老化

对胶粉掺入量均为 12% 的 2 种胶粉改性沥青和纯沥青进行了 15,30,45 d 的人工紫外光老化,测试了老化前后各种改性沥青的软化点和针入度。实验结果见图 7、图 8。

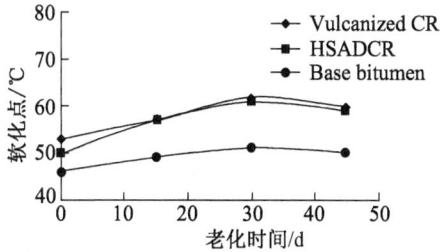

图 7　纯沥青和胶粉改性沥青的软化点随紫外光老化时间的变化

从图 7 可见,经过长期紫外光老化后,各种沥青的软化点均有较明显提高,但表现为先升高后又略有降低,其中纯沥青与未脱硫胶粉、快速脱硫胶粉改性沥青是在紫外光老化 30 d 时软化点达到最高点。

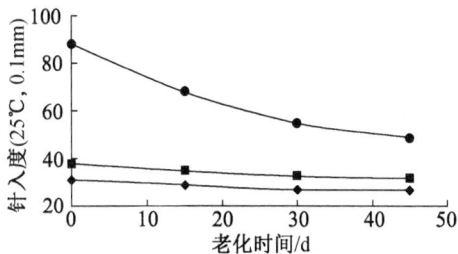

图 8　纯沥青和胶粉改性沥青的针入度随紫外光老化时间的变化

图 8 表明在紫外光老化后,所有沥青及改性沥青的针入度均变小。其中纯沥青的针入度随老化时间的延长而逐渐降低,而 2 种胶粉改性沥青的针入度在老化时间为 30 d 内逐渐减小,30 d 以后针入度变化很小。关于改性沥青的软化点随紫外光辐照时间先增加

后又略微降低,尚难以给出合理的解释,而改性沥青的针入度随紫外光辐照时间先降低后基本不变,则可能是因为紫外光主要对表层一定深度的沥青产生老化作用,当辐照时间较长,表层沥青已经老化,紫外光对内部沥青难以产生作用时,沥青的性能变化很小。

2.2.4 老化对胶粉改性沥青动态剪切流变性能的影响

为考察紫外光长期老化对胶粉改性沥青高温抗车辙性能的影响,本文对 RTFOT 和紫外光老化前后的 2 种胶粉改性沥青(胶粉用量均为 12%)进行了动态剪切流变性能测试与分析,其结果见图 9 至图 12。

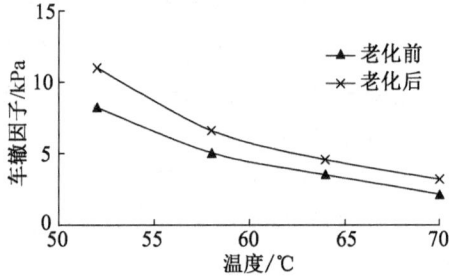

图 9 未脱硫胶粉改性沥青 RTFOT 前后车辙因子随温度的变化

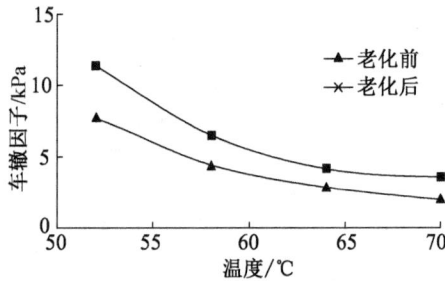

图 10 高速旋转脱硫胶粉改性沥青 RTFOT 前后车辙因子随温度的变化

从图 9、图 10 可见,2 种胶粉改性沥青在 RTFOT 老化后车辙因子都提高,但未脱硫胶粉改性沥青老化后的车辙因子增大幅度明显小于脱硫胶粉改性沥青。由于车辙因子越大,沥青的弹性越显著,抗永久变形能力越强,由此表明,脱硫胶粉对沥青改性可赋予沥青更好的抗高温车辙能力。

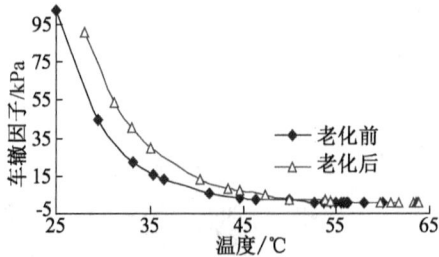

图 11 未脱硫胶粉改性沥青紫外光老化 45 d 前后车辙因子随温度的变化

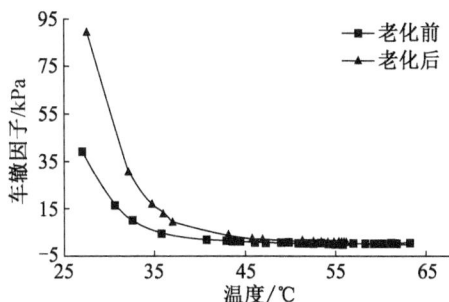

图 12　高速旋转脱硫胶粉改性沥青紫外光老化 45 d 前后车辙因子随温度的变化

图 11 和图 12 反映了长期紫外光老化对胶粉改性沥青动态流变性能的影响。相对于 RTFOT 老化,紫外光老化的温度相对较低。由图可见,在紫外光老化 45 d 后,未脱硫胶粉改性沥青的车辙因子增大,但变化幅度不大,而脱硫胶粉改性沥青的车辙因子的增大幅度较大,在经紫外光老化后抗高温车辙能力有明显的提高。

2.2.5　老化前后胶粉改性沥青的红外光谱分析

为了解各种老化对纯沥青和胶粉改性沥青分子结构的影响,本文对 RTFOT、热空气老化、紫外光老化前后的沥青试样进行了红外光谱测试。红外图谱(按胶粉种类)见图 13、图 14。

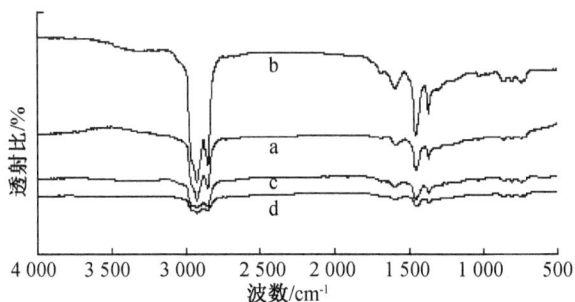

图 13　未脱硫胶粉改性沥青各种形式老化前后红外图谱对比

分析图 13 可以发现,未脱硫胶粉改性沥青在老化前、TRFOT 后、长期热空气老化后及长期紫外光老化后红外图谱的变化主要是位于 1 690 cm^{-1} 处的羰基吸收峰的变化。老化前,1 690 cm^{-1} 处的吸收峰并不太明显,而经过 RTFOT 后,羰基吸收峰明显增强,但经过长期热空气老化和紫外光老化后,羰基吸收峰并未增强。这表明在 RTFOT 过程中,由于高温热空气的氧化使改性沥青产生了较多的羰基官能团,而在长期中低温热空气老化过程或紫外光老化过程中并未导致改性沥青中形成更多的羰基官能团。

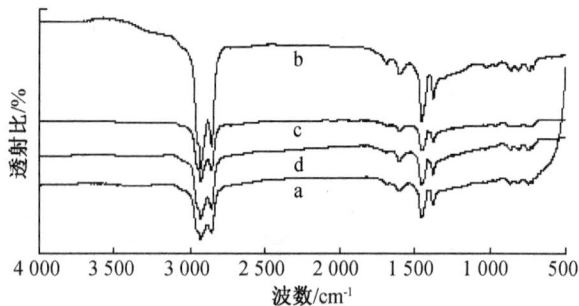

图 14　高速旋转脱硫胶粉改性沥青各种形式老化前后红外图谱对比

分析图 14 可以发现,对于脱硫胶粉改性沥青在老化前、RTFOT 后、长期热空气和紫外光老化后红外图谱差异很小。脱硫胶粉改性沥青在老化前或任意一种形式的老化后,在 1 690 cm^{-1} 有很明显的羰基吸收峰。

3　结　语

(1) 胶粉改性沥青在 RTFOT 短期老化后软化点升高,针入度降低。

(2) 长期热老化后,胶粉改性沥青与纯沥青均表现为软化点升高,针入度下降,但变化趋势并不相同,表明胶粉改性沥青耐热老化性能良好。

(3) 长期紫外光老化后,胶粉改性沥青的软化点均有较明显的提高,但表现为先升高后又略有降低,针入度均变小。胶粉改性沥青在 RTFOT 老化后的车辙因子均提高,其中脱硫胶粉改性沥青的车辙因子增大幅度明显大于未脱硫胶粉改性沥青。

(4) 长期紫外光老化后脱硫胶粉改性沥青车辙因子的增大幅度较大,而未脱硫胶粉改性沥青的车辙因子变化幅度不大,表明脱硫胶粉改性沥青在经紫外光老化后抗高温车辙能力得到明显的提高。

(5) 高温热空气的氧化使改性沥青产生了较多的羰基官能团,而在长期中低温热空气老化过程或紫外光老化过程中并未导致改性沥青中形成更多的羰基官能团。

参考文献

[1] 郭朝阳.废胎胶粉橡胶沥青应用技术研究[D].重庆:重庆交通大学,2008.

[2] 孙大权,徐晓亮,吕伟民.橡胶沥青生产工艺关键技术参数的研究[J].长沙交通学院学报,2008,3:33—37.

[3] 杨永顺,曹卫东,李英勇,等.橡胶沥青制备工艺及其性能的研究[J].山东大学学报(工学版),2008,5:10—13.

[4] 黄卫东,高川,李昆.橡胶沥青混合料疲劳性能影响因素研究[J].同济大学学报(自然科学版),2009,12:1608—1614.

橡胶改性剂在复合改性沥青中对耐老化性能和储存稳定性的影响研究

袁 月

（上海浦东路桥建设股份有限公司 上海 201210）

摘 要 本文采用了 SBS 与橡胶复合制备改性沥青的方法，研究了改性沥青中胶粉对其耐老化性能和储存稳定性的影响，以及橡胶粉经去金属杂质和脱硫处理，并高速剪切分散于改性沥青中对改性沥青耐老化性能和储存稳定性的影响。结果表明，橡胶粉能提高改性沥青耐老化性能，且经处理过的橡胶能明显改善改性沥青耐老化性能和储存稳定性。

关键词 耐老化性能 储存稳定性 橡胶预处理

0 引 言

炼油工业所提供的道路石油沥青，无论其原油性质多么优良，都不可能天然地满足日益增长的高等级公路建设对沥青黏结料性能多方面的要求，因此国内外进行了数以百计的沥青改性研究项目。改性沥青是以特定的工艺将聚合物等改性剂分散到沥青中形成粗分散体系，使沥青的高、低温性能发生不同程度的改善，保留或增加其黏附性、弹性和流动性而得到的沥青胶体[1]。

目前用于沥青改性的材料主要有热塑性弹性体(SBS，SEBS)、橡胶(SBR，CR)、热塑性树脂(APP，PE，EVA)等，这方面的研究已有许多报道[2]。SBS 具有优良的性能，是目前应用最为广泛的道路沥青改性剂[3]。SBS 改性沥青是由高分子聚合 SBS 改性剂作为分散相，用物理的方法以一定的粒径均匀地分散到沥青的连续相中而构成的体系。SBS 改性的优越性突出表现在使软化点大幅提高的同时，使低温延度明显增加，感温性得到很大改善，而且弹性恢复率特别大[4]。

由于聚合物与沥青之间仅仅存在部分吸附、相溶，而并非完全熔融，这种体系属于热力学不稳定体系，极易发生两相分离，从而造成离析现象。因此，复合改性也被较多地使用，其中以橡胶与 SBS 复合改性研究最多。橡胶粉中的有效成分可以提高道路沥青的软化点，改善道路的低温柔韧性，降低针入度，提高延度，使沥青产生可逆的弹性变形[5]。

本文旨在通过研究不同处理方法的橡胶改性剂对 SBS－橡胶复合改性沥青的耐老化性能和储存稳定性能的影响，探索更优的橡胶处理方法及复合改性沥青生产制备工艺，为橡胶改性剂更广范围的应用提供理论依据和试验基础。

1 试验部分

1.1 原材料

基质沥青:金山 70#,上海浦东沥青材料有限公司;SBS:YH-791,湖南岳阳石化;橡胶改性剂:40 目轮胎胶粉,胎胶粉中橡胶烃含量(质量分数)49.0%,丙酮抽提物含量 11.5%,碳黑含量 32.0%,灰份 7.5%;芳烃油:Ⅱ型;硫磺。

1.2 试验方案

1.2.1 试验配方

试验采用 3 种改性沥青,其改性剂中 SBS 掺量、调和成分及稳定剂添加量相同,分别采用不加胶粉、加橡胶粉和 SBS、加经加工处理过的橡胶改性剂和 SBS,研究其改性沥青耐老化性能,具体配比见表 1。

表 1 改性沥青试验配比

组号	改性剂/%		调和剂/%	稳定剂/%
第一组	3.5 SBS		2	0.15
第二组		5.5 胶粉		
第三组		5.5 处理过橡胶改性剂		

1.2.2 改性沥青制备

第一组:① 称量基质沥青加热至 160～165 ℃;② 将称量好的 SBS 加入基质沥青中,搅拌均匀;③ 加入芳烃油,搅拌均匀,并加热至 180 ℃;④ 置于高速搅拌设备中,温度保持在 175～180 ℃,搅拌速率控制在 27～35 r/min,搅拌 30 min;⑤ 停止搅拌,将改性沥青装于高速剪切设备中,加入硫磺,搅拌均匀,调剪切速率至 4 500～5 000 r/min,温度保持在 170～180 ℃之间,剪切 15 min;⑥ 停止剪切,取下改性沥青。

第二组:① 采用与第一组相同的方法制备 SBS 改性沥青;② 加入相应量的胶粉,搅拌均匀,并加热至 180 ℃;③ 同第一组的步骤④;④ 停止剪切,取下改性沥青。

第三组:① 对胶粉进行去除金属杂质和脱硫的处理,处理方法采用上海仁聚新材料有限公司的橡胶改性剂制备方法;② 将橡胶改性剂与 SBS 同时加入基质沥青中,采用第一组改性沥青制备方法制备改性沥青。

制备的改性沥青按照 JTG E20—2011,JTG/F20—2011 测试指标并评价其耐老化性能及储存稳定性。

2 试验结果与讨论

由上述配方及制备方法所得改性沥青性能指标见表 2。

表 2 改性沥青指标

组号	软化点/℃	针入度/ 0.1 mm	延度/cm	60 ℃动力 黏度/(Pa·s)	135 ℃旋转 黏度/(MPa·s)
第一组	72	51	35	70 000	2.3
第二组	76	47	32	100 000	2.9
第三组	83	48	35	220 000	2.5

2.1 耐老化性能

改性沥青由于高温储存、离析等作用,使用性能会有一定程度的下降,因此,我国的技术规范中规定必须采用旋转薄膜加热(RTFOT)进行老化试验。三组改性沥青老化性能试验结果见表3、表4。

表3 老化试验数据

组号	类别	针入度/0.1 mm	延度/cm	质量/g
第一组	老化前	51	35	200.3
	老化后	46	27	198.8
第二组	老化前	47	32	201.7
	老化后	44	27	202.5
第三组	老化前	48	35	201.1
	老化后	46	32	201.4

表4 老化试验结果

指标	第一组	第二组	第三组
RTFOT后质量损失/%	0.749	0.397	0.149
RTFOT后针入度比/%	0.90	0.91	0.95
RTFOT前后延度差 (5 ℃)/cm	8	5	3

从表2、表3、表4中可以发现,第二组、第三组改性沥青耐老化性能明显优于第一组,说明胶粉成分的加入有助于提升改性沥青耐老化性能。沥青与改性沥青老化反应是一级动力学反应。橡胶相比于SBS感温性能差,耐热氧老化性能更好。胶粉与SBS改性形成的改性沥青结构较稳定,改性沥青中游离的成分较少,在热氧条件下,老化速率较慢。当其游离成分被热氧老化后,稳定结构中逆向反应生成游离成分速率慢,降低了老化速率。

第三组改性沥青耐老化性能优于第二组,说明橡胶粉经去除金属杂质和脱硫处理,并通过剪切分散于复合改性沥青中,对改性沥青耐老化性能有促进作用。经去除金属杂质剪切分散于沥青中的橡胶改性剂与SBS性能的网状结构更发达、更稳定,改性沥青中游离的成分更少,热氧条件下,老化速率更慢。橡胶经脱硫处理,与空气中的氧在热作用下老化的速率更慢。当老化反应达到化学平衡时游离成分处于热氧状态下,一方面处理过的橡胶老化速率慢,游离成分中橡胶提供的成分浓度升高会抑制化学平衡中稳定结构的破坏;另一方面橡胶成分经剪切分散于改性沥青中,使改性沥青中橡胶-橡胶、SBS-SBS、橡胶-SBS三者中橡胶-SBS的比例更高,改性沥青形成的网络结构更稳定,耐老化性能更好。

2.2 储存稳定性

改性沥青在热氧储存条件长时间的静置作用下,会出现一定程度的离析现象,离析试验结果见表5。

表 5　离析试验结果

组号	上部分软化点/℃	下部分软化点/℃	软化点差值/℃
第一组	74.8	70.0	4.8
第二组	78.1	74	4.1
第三组	85.0	82.1	2.9

从表 5 可以发现,第二组改性沥青储存稳定性比第一组好,但其储存稳定性的提升较小。在胶粉与 SBS 复合改性的沥青中,虽然橡胶粉中有用成分与 SBS 形成的网状结构较好,能够提升改性沥青储存稳定性,但胶粉中的金属杂质等也会影响改性沥青性能,一方面金属杂质会影响改性剂与沥青的结合稳定程度,另一方面由于杂质与改性沥青结合性能较差,同时其密度与改性沥青相差较大,更容易离析和沉淀。所以采用普通胶粉与 SBS 复合改性对改性沥青储存稳定性有不明显的提升作用。

从表 5 可以发现,第三组的储存稳定性比第一组和第二组更好,对胶粉去除金属杂质和脱硫处理能明显改善其储存稳定性。去除金属杂质剪切分散于沥青中的橡胶改性剂与 SBS 性能的网状结构更发达和稳定,同时橡胶中金属杂质的去除使其密度更接近改性沥青,储存稳定性更好。对橡胶进行脱硫处理,在橡胶与 SBS 高速剪切的作用过程中橡胶活性键活性端更多,有更多与 SBS 端及稳定剂作用的可能。同时,由于去除金属杂质使橡胶改性剂能够剪切分散在改性沥青中,SBS 与橡胶改性剂同时在高速剪切作用下,改性沥青中橡胶-橡胶、SBS-SBS、橡胶-SBS 三者中橡胶-SBS 的比例更高,改性沥青形成的网络结构更稳定,储存稳定性更好。

3　结　语

(1) 在橡胶粉与 SBS 复合改性沥青中,橡胶成分对改性沥青耐老化性能有较好的促进作用,对改性沥青储存稳定性促进作用不明显。

(2) 在橡胶与 SBS 复合改性沥青中,若橡胶经去除金属杂质和脱硫处理,并通过高速剪切分散于改性沥青中,复合改性沥青的耐老化性能和储存稳定性均能得到很大的提升。

参考文献

[1] 王涛.SBS 改性沥青机理研究[J].石油沥青,2008,12(6):10—14.

[2] 王仕峰,王迪珍.橡胶改性路用沥青[J].橡胶工业,2000,47(8):503—506.

[3] 公路改性沥青路面施工技术规范(JTJ 036—98)[P].

[4] 张军.SBS 改性沥青的分析研究[J].山西建筑,2007,10(28):182—182.

[5] 郭朝阳,何兆益,曹阳.废胎胶粉改性沥青改性机理研究[J].石油沥青,2007,12(6):21—27.

沥青路面三渣基层高含硫量分析及预防

周富强

（上海浦东工程建设管理有限公司　上海　201210）

摘　要　近些年因沥青路面"三渣"（石灰粉煤灰稳定碎石）基层原材料粉煤灰中过高的含硫量带来沥青路面早期损坏案例较多，致使很多建设单位倾向于舍弃该类工业废渣混合料转而选择资源消耗大的水泥稳定碎石作为道路基层，影响粉煤灰等工业废渣的再利用。本文结合上海某工程实例，分析高含硫量三渣基层损坏机理，提出三渣基层早期损坏的预防方法及产业发展建议。

关键词　三渣（石灰粉煤灰稳定碎石）基层　高含硫量　损坏机理　预防

0　引　言

石灰粉煤灰稳定碎石（上海等地区俗称"三渣"）基层因其施工方便、后期强度高、反射裂缝少，在沥青路面基层中得到较为广泛的应用。但近些年随着国家对电厂脱硫要求的提高，三渣混合料原材料之一粉煤灰含硫量较以往有大幅增加，很多三渣基层沥青路面通车1～2年便出现路面拱起、破坏现象。这些病害的产生使得许多建设单位和设计单位对含粉煤灰的三渣基层望而却步，影响此类工业废渣利用产业的发展。工程建设者们应认真分析病害发生的根本原因，通过合理的技术和管理手段加强三渣基层的质量控制，同时电厂应采取必要措施降低粉煤灰中硫的含量，在确保道路质量的前提下继续加大对工业废渣的利用力度。

1　案例简介

本案例为上海市某城市道路，道路结构层自上而下为：17 cm沥青混凝土（分三层摊铺），1 cm稀浆封层，20 cm细粒径石灰粉煤灰碎石基层（俗称"小三渣"），20 cm粗粒径石灰粉煤灰碎石基层（俗称"大三渣"），15 cm砾石砂，40 cm石灰土。

"三渣"基层的施工日期为2009年10月22日至10月31日，弯沉检验合格后稀浆封层施工日期为11月22日，摊铺沥青混合料的日期为11月24日。摊铺完成后经检测，道路弯沉等各项指标符合设计要求。

次年3月，沥青路面表面开始出现破损。4月底，道路出现纵向沉陷和鼓包，路面平整度越来越差（见图1）。进入5月份之后，路况进一步恶化。

图 1　纵向沉陷和积水

2　检测与现场状况

本文在 6 月份对损坏路段的沥青路面进行弯沉、渗水系数等指标测试,对三渣基层材料取样后进行粉煤灰 SO_3 含量检测分析。

2.1　SO_3 含量测试

在道路鼓包位置开挖样洞(见图 2),取混合料测试粉煤灰中 SO_3 的含量。检测结果表明,"小三渣"中粉煤灰 SO_3 含量为 18%～27%(DGJ08—87—2009《市政道路、排水管道成品与半成品施工及验收规程》中规定 SO_2 含量不大于 3%,未规定 SO_3 含量,本路段施工日期早于该规范);"大三渣"中粉煤灰 SO_3 含量约为 3.5%。开挖样洞过程中发现上基层"小三渣"已松散,底基层"大三渣"板结良好。

图 2　对鼓包路段的开挖

2.2　路面弯沉检测

地温 44.5 ℃时测得路面损坏路段的弯沉值为 12～180(0.01 mm),大部分为 40～50 (0.01 mm),不能满足 25.3(0.01 mm)的设计要求。弯沉检测结果表明,大部分道路运营后强度已不满足规范要求。

2.3　现场样洞渗水情况

在现场开挖样洞过程中发现:鼓包路段三层沥青路面内部均有水渗出(见图 3);表面平整路段沥青路面也有渗水,"小三渣"表层松散厚度 5～10 cm,靠外侧车道路面内部渗水量较大(见图 4)。

图 3 开挖 1 h 后沥青路面内部水渗出

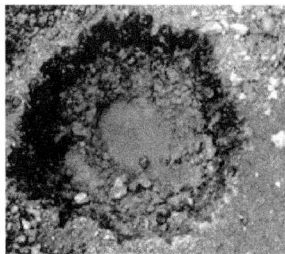

图 4 "小三渣"表层松散,沥青内部水渗出

2.4 沥青路面渗水系数检测

为了定量分析沥青路面的渗水情况,检测单位在损坏路段取 20 点、未损坏路段(该路段基层为水稳碎石)取 11 点检测沥青路面的渗水系数,测点随机分布。损坏路段20点中有 7 点渗水系数在 400 mL/min 以上,1 点为 270 mL/min,4 点为 50~100 mL/min,8 点在 50 mL/min 及以下。渗水系数最大值为 1 300 mL/min。未损坏路段 11 点中 1 点的渗水系数为 400 mL/min,1 点为 50 mL/min,其余 9 点均在 10 mL/min 以下。沥青路面施工技术规范要求竣工验收阶段的 SMA 渗水系数≤200 mL/min,工程建设指挥部内控要求 SMA 渗水系数≤50 mL/min。所有路段沥青摊铺为同一天施工,不同路段渗水性差异大,可以认为损坏路段的渗水系数较大的原因是三渣基层膨胀使得沥青路面出现微裂。

2.5 高程测量

经对损坏路段高程测量,除少数路段较设计高程低外,90％以上的路段较设计高程高 3~7 cm。

3 损坏机理分析

3.1 三渣基层强度形成机理

三渣混合料是由粉煤灰、石灰、碎石加一定量的水拌合而成。

生石灰经消解后即变为消石灰[即 $Ca(OH)_2$]。反应式为

$$CaO + H_2O \Longrightarrow Ca(OH)_2 + 水化热 \tag{1}$$

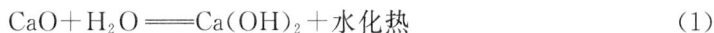

粉煤灰存在一定数量的活性氧化硅(SiO_2)、活性氧化铝(Al_2O_3)等活性成分(DGJ08—87—2009[1]规定粉煤灰中 SiO_2 和 Al_2O_3 总含量应大于 70％)。三渣混合料拌合后在 $Ca(OH)_2$ 溶液中产生火山灰反应,生成水化硅酸钙、水化铝酸钙等产物。反应式为

$$xCa(OH)_2 + SiO_2 + nH_2O \rightarrow xCaOSiO_2 + (n+1)H_2O \tag{2}$$

$$xCa(OH)_2 + Al_2O_3 + nH_2O \rightarrow xCaOAl_2O_3 + (n+1)H_2O \tag{3}$$

水化硅酸钙和水化铝酸钙都是胶凝物质,具有水硬性并在固体和水环境下发生硬化的特点。这些胶凝物质在碎石颗粒外围形成稳定保护膜,填充颗粒空隙,将碎石胶凝在一起,减小碎石颗粒间的空隙和透水性,使得压实后的混合料获得强度和水稳定性,但是这种作用比较缓慢。

3.2 电厂脱硫工艺分析

根据国家环保要求,大部分火力发电厂要求对燃煤燃烧后的气体进行脱硫,达标后

才能排入大气中。火力发电厂的燃煤在燃烧发电过程中,燃煤中的硫(主要是黄铁矿硫和有机硫)首先被氧化成 SO_2,其反应为

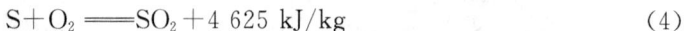

$$S+O_2 \Longrightarrow SO_2 + 4\ 625\ kJ/kg \tag{4}$$

其中一部分 SO_2 由于燃煤矿物质中有 CaO 而具有自脱硫能力,能脱去部分 SO_2,即

$$CaO+0.5O_2+SO_2 \Longrightarrow CaSO_4 + 3\ 574\ kJ/kg \tag{5}$$

部分 SO_2 还会反应生成 SO_3,即

$$2SO_2+O_2 \Longrightarrow 2SO_3 \tag{6}$$

SO_3 的生成在高温高压下更为活跃,一般情况下,在采用脱硫技术的循环流化床中,由于反应温度控制很低(850 ℃左右),SO_3 生成的速率很低,只有很少部分 SO_2 转化成 SO_3,故燃烧气体中以 SO_2 为主。SO_2 和 SO_3 如果不处理直接排入大气被人体吸入,将影响人体的健康,如果与空气中的水蒸气反应,将形成酸雨。

目前,我国大多数电厂的脱硫工艺采用炉内添加石灰石颗粒(干法)或者喷射 $Ca(OH)_2$ 溶液(湿法)的方法脱除 SO_2 和 SO_3。

石灰石加入炉内后,发生煅烧反应生成 CaO,CaO 进一步与 SO_2 反应,生成亚硫酸钙($CaSO_3$),$CaSO_3$ 氧化后形成硫酸钙($CaSO_4$)固体,如果遇水则形成石膏($CaSO_4 2 H_2O$)。

$$CaO+SO_2 \Longrightarrow CaSO_3 [湿法:Ca(OH)_2+SO_2 \Longrightarrow CaSO_3+H_2O] \tag{7}$$

$$2CaSO_3+O_2 \Longrightarrow 2CaSO_4 \tag{8}$$

$$CaO+SO_3 \Longrightarrow CaSO_4 \tag{9}$$

$$CaSO_4+2H_2O \Longrightarrow CaSO_4 \cdot 2H_2O \tag{10}$$

$$2CaSO_3+O_2+4H_2O \Longrightarrow 2(CaSO_4 \cdot 2H_2O) \tag{11}$$

反应式(10)和(11)由硫酸钙和亚硫酸钙生成石膏,过程中材料体积发生膨胀。但如果没有足够的氧或水与硫酸钙、亚硫酸钙反应,则形成不稳定的硫酸盐。

3.3　三渣基层高含硫量影响分析

粉煤灰中 SO_3 含量是指粉煤灰中硫酸根离子的含量,这些硫酸根离子如果没有与水或氧结合形成石膏结晶,则在粉煤灰三渣基层施工结束后就会形成石膏产生体积膨胀的可能,尤其是脱硫剂与 SO_2 反应形成的亚硫酸钙更不稳定。

为满足环保要求,达到规定的脱硫效率,电厂中循环流化床锅炉设计的钙硫物质的量比一般都大于 2∶1,可见循环流化床脱硫灰中还含有大量未与 SO_2 反应的 CaO(干法脱硫)。而 CaO 水化反应具有时间长的特性,故 CaO 含量高也会影响到三渣基层的稳定性。

综合上述分析,三渣基层发生体积膨胀是因为混合料中含有未形成石膏结晶的硫酸盐(硫酸钙和亚硫酸钙)或者未反应的 CaO 同水或氧接触。本例"大三渣"中残留的硫酸盐较少,成型后形成致密板体,缺少氧的接触。"小三渣"在混合料拌合后水同粉煤灰中含有的硫酸盐形成石膏晶体产生体积膨胀(如果残留 CaO 与水反应也会产生体积膨胀),此过程非常缓慢。随着时间的推移,"小三渣"基层的膨胀逐步扩展,将沥青路面拱出细小裂缝,更多的降水通过这些细小裂缝进入"小三渣"基层中,软化蓬松的"小三渣",进一步同不稳定的硫酸盐产生石膏结晶体而膨胀,形成沥青路表面鼓包。此时三渣基层强度大幅度降低,沥青路面经行车碾压产生较大车辙。

综合上述分析,"小三渣"的粉煤灰中较高含量的硫酸盐(亚硫酸钙 $CaSO_3$ 和硫酸钙

$CaSO_4$)使得三渣基层遇水发生体积膨胀,将路面拱裂,后期更多的水分渗入,形成硫酸盐结晶膨胀,三渣基层蓬松,强度大幅下降,最终造成整个路面的损坏。

4 三渣基层高含硫量预防

因内部反应和体积膨胀过程缓慢,三渣基层高含硫量引起的早期损坏一般在基层施工完成后1～2年才会显现,典型症状为道路基层膨胀,路面鼓包,道路整体强度不足。处理方式只能是进行全面翻挖,清除软化的道路基层,更换符合要求的合格材料。翻挖过程中沥青面层也须重新摊铺,经济损失较大,社会影响严重。

从三渣基层高含硫量影响分析看,粉煤灰中硫酸根离子是不稳定的因素,应在一定范围内控制其含量,或者提前将不稳定的硫酸根离子转化为稳定的成分,以减少沥青层摊铺完成后基层膨胀软化的可能性。

目前的规范[1]对含硫量(SO_2)做出≤3%的要求。笔者认为,该指标仅是基于经验数据,未经过结合路用性能指标大量实验的验证。理想的做法是:首先应确定膨胀量对道路平整度和道路基层强度的影响,确定容许膨胀率,制备不同含硫量粉煤灰下的三渣混合料,通过对混合料膨胀率及强度变化的试验分析,提出科学合理的硫含量控制指标。为便于现场操作,最好换算成简便易操作的试验指标,指导现场施工。凭经验确定的指标,可能扼杀符合要求的原材料,也可能让使用不达标的原材料在道路基层埋下"炸弹",都是不可取的。

另外,应从源头上控制粉煤灰中不稳定硫酸根离子的含量,这需要火力发电厂等粉煤灰供应单位做出努力。发电厂应对硫含量超标的粉煤灰进行二次处理,使得粉煤灰中不稳定的亚硫酸钙($CaSO_3$)和硫酸钙($CaSO_4$)全部转化为稳定的石膏,再作为三渣混合料原料进行应用。

总之,控制好三渣中原材料粉煤灰中不稳定的硫酸根离子的含量,发展工业废渣再利用产业,需要产业链条上所有相关单位共同努力。

5 结 语

本文结合工程案例分析了高含硫量沥青路面三渣基层损坏机理,指出硫酸根离子含量超标是此类路面损坏的主因,应从源头上控制好粉煤灰硫含量,同时建议相关科研单位及道路规范修订部门结合实验分析提出科学合理的硫含量控制指标或试验指标。

参考文献

[1] 上海市城乡建设和交通委员会.道路、排水管道成品与半成品施工及验收规程(DG/TJ08－87－2009,J11540－2010)[S].上海市工程建设规范,2010.

一种应用于排水性沥青路面和钢桥面铺装的直投式沥青改性剂

闫国杰[1]　姜爱峰[2]　刘钢[1]　赫振华[1]　徐韵淳[1]　胡睿[1]　李交[1]

(1.上海浦东路桥建设股份有限公司　上海　201210；

2.上海市浦东新区建交委　上海　200135)

摘　要　相比成品改性方案(预混方案)，直投式沥青改性方案一直以来没有受到人们的关注，主要问题是质量控制。本文将介绍一种新型的直投式沥青改性剂 RST。作为一种高分子聚合物改性剂，RST 为广泛应用于排水路面和钢桥面铺装的高黏度改性沥青提供了一种简单的制备方法。直投式改性方案的一个显著特点是结合料受热过程较短，老化趋势也更小。采用显微分析的手段对质量进行控制管理，证明该方案有效、便宜且可靠。

关键词　预混式改性剂　直投式改性剂　高黏度改性沥青　RST

0　引　言

随着公路科技的发展，改性沥青在公路建设中发挥着越来越重要的作用。优质的改性沥青刺激了新型路面技术、路面结构和路用需求的萌发、诞生和发展，而后者的进一步发展也对改性沥青提出了更高的要求。对应于功能性路面的需求，改性沥青的功能化、细分化趋势愈加明显，如应用于多空隙排水降噪路面(以下简称"排水性路面")的高黏度改性沥青，强调路面抗裂自愈合特点的高弹性改性沥青，应用环境苛刻的钢桥面铺装更是对改性沥青提出了特殊的要求。

作为一种聚合物沥青改性剂，SBS 在改性沥青的发展历程中扮演了一个极其重要的角色，良好的高低温性能和全面的改性效果使得 SBS 改性沥青成为当前改性沥青的主流，而溶胀、剪切研磨、孕育(熟成)等预混式 SBS 改性沥青(pre-mixing SBS modified asphalt)生产工艺也早已成为教科书式的标准工序。

面临着新形势下的特种需求，预混式 SBS 改性沥青也暴露出一些问题。例如，以 60 ℃黏度指标命名的高黏度改性沥青，广泛应用于排水性路面。按照日本规范要求，其 60 ℃黏度要求大于 20 000 Pa・s[1]，而这个数值也只是一个下限，一般要大于 100 000 Pa・s 才能获得比较理想的路用效果，采用增加 SBS 掺量来提高 60 ℃黏度成为自然、普遍的选择。与之相对应，掺量大幅度增加的 SBS 与基质沥青的分散相容性下降，为防止储存离析势必也要添加价格昂贵的助剂，生产成本和储存、运输便利性都受到巨大的影响。

另外，近年来，双层 SMA 铺装在中小跨径钢桥面应用较多。为解决苛刻应用环境下沥青混合料的热稳性难题,高黏度改性沥青成为一个很好的选择。从文献[2-4]来看,绝大多数采用预混式单一 SBS 改性沥青,也有采用预混式 SBS+PE 复合改性的施工案例,改性沥青 60 ℃ 黏度最高可达 30 万~40 万 Pa·s。随之产生的问题是改性沥青 135 ℃ 黏度同步增大,远远高于规范中"小于 3 Pa·s"的要求[5]。为解决改性沥青泵送、混合料碾压难题,只有提高改性沥青温度和混合料出料温度,有的工程 SMA 混合料摊铺温度高达 210 ℃,可以预期结合料的严重老化将对混合料的低温性能和抗疲劳性能产生巨大的负面影响。后期工程跟踪也验证了这一点。

由此可见,针对特殊需求,分散相容性问题、高低温黏度平衡问题暴露出预混式 SBS 改性沥青的改性局限性短板,而为防止储存离析所做的努力及增加的成本则是预混式改性方案一个先天的、无法克服的缺陷。

本文介绍一种直接投放式沥青改性剂 RST(plant-mixing asphalt modifier),并从其改性机理和性能介绍直接投放式改性方案,进而探讨其在排水性路面和钢桥面铺装中的应用。

1　RST 介绍

如前所述,预混式 SBS 改性方案(pre-mixing SBS modifying method)是指以基质沥青、SBS 和少量助剂为原料,历经混合溶胀、剪切研磨和孕育熟成等多道工序后制备出预混式改性沥青,储存并运输至拌合楼生产出改性沥青混合料,见图 1。

在预混式改性方案基础上发展出来的直接投放式改性方案(plant-mixing asphalt modifying method),则省略了预混式改性沥青的生产、储存和运输过程,特殊改性剂与基质沥青在混合料拌合过程中完成改性,得到改性沥青混合料,见图 2。

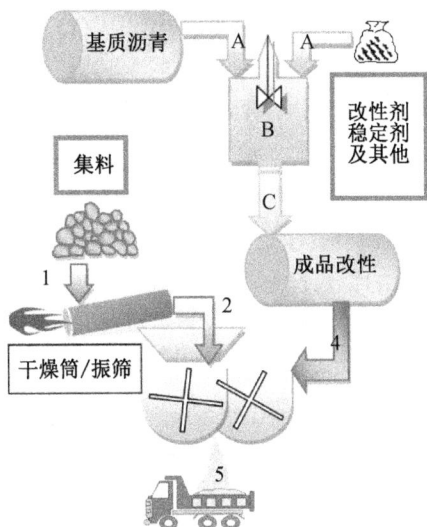

A—投料；B—溶胀剪切；C—成品改性沥青运输、储存；

1—集料干燥；2—集料过筛/干拌；3—改性剂及纤维投放/干拌；4—湿拌；5—装车

图 1　预混式改性方案流程图　　　图 2　直接投放式改性方案流程图

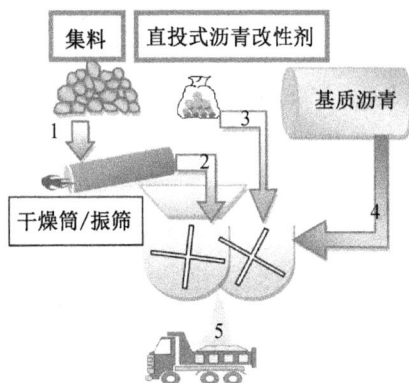

作为直接投放式沥青改性剂典型代表的 RST 是一种高分子热塑性弹性体,采用直接投放至拌合楼拌缸中的方法对基质沥青进行改性,快速制备改性沥青混合料。

其具体物理性质见表 1。

表 1 RST 的物理性质

项目	指标	备注
外观	黄色或浅黄色颗粒状,粒子大小均匀,无颗粒黏结	控制其在混合料中的分散性
密度/(g/cm³)	0.95～1.02	控制其环保性
气味	无刺激气味	
熔融指数(g/10 min 190/℃,2.16 kg)	>10	控制其在混合料中的分散性

2 RST 改性剂的应用

尽管具有生产流程简化、成本降低等优点,但自直接投放式改性方案诞生以来,在国内外都没有受到很多关注,究其原因,主要有以下两点:① 现行的以预混式改性方案为对象制定的质量保证体系无法实时评价改性效果;② 缺乏有效手段来保证和体现改性过程的稳定性。

从图 2 可知,RST 的改性机理:RST 在干拌过程中投入拌缸,在搅拌器强力搅拌、石料揉搓作用和高温石料加热下,RST 熔融为液态并均匀包裹在石料表面,湿拌过程中基质沥青加入后与同为液态的 RST 混溶,由于 RST 改性剂/基质沥青接触界面面积大、接触层为微米级薄膜,动力势较大,基质沥青改性过程在湿拌过程中迅速完成,最终得到改性沥青混合料。

2.1 RST 改性沥青制备方法

在改性沥青配方设计、相容性验证和质量控制过程中,均需要对 RST 改性效果予以评价,一般采用室内制备改性沥青小样的方法:将需要制备改性沥青的 RST 与少量基质沥青(RST 质量的 2/3)混合并加热至 150 ℃,RST 熔融于沥青,呈糊状时,搅拌均匀并加温至 180 ℃后逐次添加基质沥青,直至达到需要的添加量。最后使用高速剪切机(即乳化机,5 000 r/min)匀化改性沥青 3 min,得到 RST 改性沥青。

2.2 RST 改性沥青性能

以高黏度改性沥青的制备为例,基质沥青选用埃索 70#,分别采用 8%,10%,12%,14%(均为内掺比例,质量分数)的 RST 加量,按照 2.1 所述方法进行制备,相关性能见表 2。

表 2 RST 改性沥青关键技术指标

指标	单位	埃索 70#	埃索+8%RST	埃索+10%RST	埃索+12%RST	埃索+14%RST	目标值*
针入度(25 ℃,100 g)	0.1 mm	77	61	56	49	45	>40
软化点(R&B)	℃	46.3	74.2	81.9	92.1	95.8	>80
延度(5 ℃)	cm		32.71	35.29	40.47	28.44(脱模)	≥30

续表

指标	单位	埃索 70#	埃索＋8％RST	埃索＋10％RST	埃索＋12％RST	埃索＋14％RST	目标值*
黏韧性	N·m		13.88	26.12	32.71	38.65	＞20
韧性	N·m		10.53	15.99	21.56	27.31	＞15
60 ℃黏度	Pa·s	180	26 膜150	192 600	300 463	497 000	≥20 000
135 ℃黏度	Pa·s		2.01	2.41	2.96	3.40	

注：*部分参考日本规范。

分析表 2 数据可知：

（1）随着 RST 添加量的增大，改性沥青温度敏感性下降，针入度明显减小，软化点显著提高，12％加量时软化点为基质沥青软化点的 2 倍，表明 RST 改性沥青具有良好的高温稳定性。

（2）RST 的加入显著改善了结合料的低温性能，5 ℃延度显著提高，低温条件下的延展性能和抗裂性得到极大改善。

（3）60 ℃动力黏度随着 RST 的加量增加而显著增大，8％的 RST 加量即可满足60 ℃动力黏度大于 20 000 Pa·s 的要求。综合考虑黏韧性、韧性等体现对石料裹覆、把握力性能的指标后，可认为 10％加量的 RST 改性沥青满足高黏度沥青所有要求。

RST 加量提高到 12％，14％，各关键指标继续提升，但 135 ℃运动黏度也随之增大。考虑到混合料拌合、后续施工工序和性价比等综合因素，RST 合理添加剂量应控制在10％～12％。

2.3 与预混式改性方案的比较

2.3.1 性能指标

采用埃索 70# 基质沥青制备高黏度改性沥青，SBS 加量选用 0％，4％，5％，8％（均为内掺比例，质量分数），关键技术指标见表 3。

表 3 预混式 SBS 高黏度改性沥青关键技术指标

指标	单位	0％SBS	4％SBS	6％SBS	8％SBS	目标值
针入度（25 ℃，100 g）	0.1 mm	77	52.7	49.2	43.1	＞40
软化点(R&B)	℃	46.3	73.4	81.3	101.3	＞80
延度(5 ℃)	cm	0	33.7	34.7	55.3	≥30
60 ℃动力黏度	Pa·s	180	9 300	18 200	38 200	≥20 000
135 ℃运动黏度	Pa·s		2.17	3.17	3.57	≤3.0

分析表 3 数据可知：

（1）随着 SBS 加量的提高，改性沥青的高温稳定性指标如针入度和软化点同步改善，低温性能指标如 5 ℃延度大幅增加，SBS 作为沥青改性剂的全面性得到充分体现。

（2）作为关键指标之一的 60 ℃动力黏度较低，添加量为 8％时也仅为 38 200 Pa·s，略高于目标值 20 000 Pa·s，与此同时 135 ℃运动黏度已经同步增大到 3.57 Pa·s。从变化趋势可以推想,继续增大 SBS 加量,60 ℃ 动力黏度还可进一步提高至 100 000 Pa·s 以上,但沥青的泵送和施工碾压将受到极大的影响。

另外,选用了两种市售预混式高黏度改性沥青 A 和 B,针对关键指标检测后,与 RST 高黏度改性沥青进行对比,详见表 4。

表 4　预混式高黏度改性沥青与 RST 高黏度改性沥青对比

指标	单位	预混式 A	预混式 B	埃索 70# +12%RST	目标值
针入度 (25 ℃,100 g)	0.1 mm	44	47.6	49	>40
软化点(R&B)	℃	92	87.4	92.1	>80
延度(5 ℃)	cm	70	35.2	40.47	≥30
60 ℃动力黏度	Pa·s	109 300	48 200	300 463	≥20 000
135 ℃运动黏度	Pa·s	4.96	3.21	2.96	≤3.0

分析表 4 数据可知:

(1)从高温稳定性和低温性能指标来看,上述 3 种改性沥青均满足要求。

(2)以 60 ℃动力黏度为度量,3 种改性沥青均符合高黏度改性沥青要求。

(3)从生产、施工角度比较,12%加量的 RST 改性沥青的高低温黏度平衡性更好。

2.3.2　改性效果

由图 1、图 2 可知,与预混式改性方案相比,直接投放式改性方案把基质沥青的改性放在拌合楼内进行,省去了剪切及熟成、储存等工序,也不需要改性沥青生产设备。

显微照片常用来分析改性剂与沥青的混融状态,判断改性效果,预混式 SBS 改性沥青各阶段显微照片见图 3。

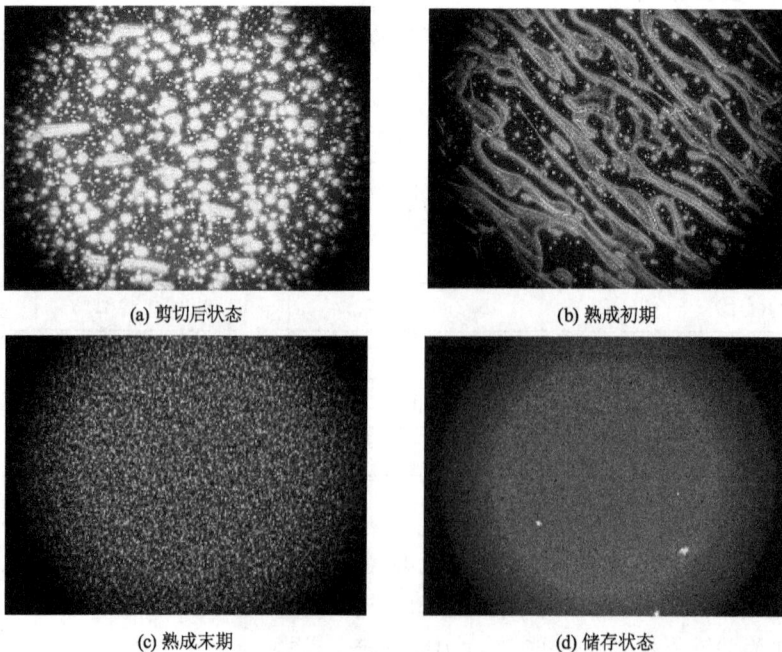

(a) 剪切后状态

(b) 熟成初期

(c) 熟成末期

(d) 储存状态

图 3　预混式 SBS 改性沥青各阶段显微照片(×100)[6]

图 3 清晰地说明了预混式 SBS 改性方案各阶段的微观状态:在高温状态下,SBS 改性剂与基质沥青历经混合、剪切、溶胀、熟成等阶段,逐渐达到性质均一。SBS 相对密度小于 1,分子量大于 100 000,而基质沥青相对密度略大于 1,分子量在 1 000 左右。密度、分子量及黏度的差异,导致作为两者物理混合物的改性沥青仍属于热力学意义上的一个亚稳相,为防止离析,储存时需要外加稳定剂和机械搅拌,当 SBS 加量较高时此问题尤其突出。

直接投放式沥青改性剂 RST 的情况见图 4。

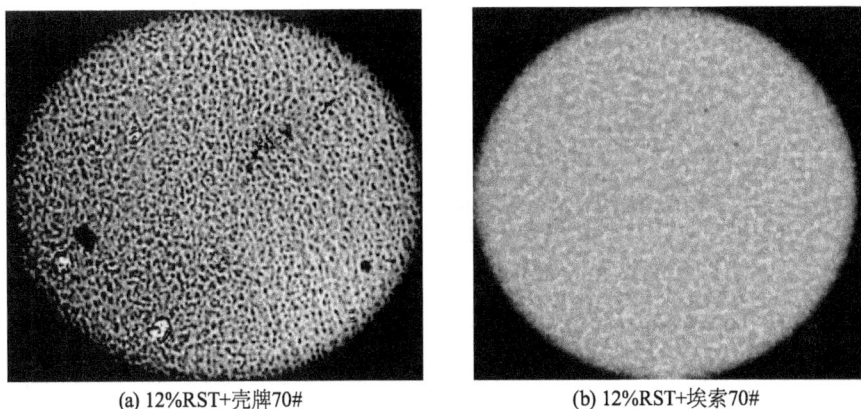

(a) 12%RST+壳牌70#   (b) 12%RST+埃索70#

图 4   直接投放式改性沥青显微照片(×400)

观察图 4 可知,改性剂网络分布清晰、细密、均匀,表明采用直接投放式沥青改性剂 RST,可制到性能稳定的改性沥青。

2.3.3   其他

综上所述,采用直接投放式沥青改性剂 RST 可制备性能优良、稳定的改性沥青,在某些特殊场合,如制备高黏度改性沥青时,具有良好的高温稳定性和低温性能,高低温黏度平衡性好,在混合料生产和施工摊铺中相比预混式 SBS 改性沥青更具优势。

另外,无须剪切、熟成和成品沥青储存过程,结合料受热过程更短,老化趋势减缓,对于沥青混合料的低温和抗疲劳性能有正面的贡献。成本控制方面也是直接投放式改性方案的一个亮点。

3   应用案例分析

3.1   在排水性沥青路面的应用

排水性沥青路面因其安全、降噪的优异性能受到广泛的关注。2002 年以来,上海浦东新区已经铺设了约 150 万 m^2 排水性沥青路面,均采用直接投放式改性方案,95% 以上应用了直接投放式沥青改性剂 RST。下面以 2006 年环南一大道大修工程为例进行探讨。

3.1.1   工程概况

环南一大道属 A20 南段城市快速干道。该路段横跨浦东新区,连接浦东国际机场迎宾大道 A1 和芦潮港出港 A2 高速,交通繁忙,交通流量达(14~16)万辆/日,且以集卡居多。2006 年 10 月,环南一大道进行大修,其中杨高南路—济阳路(东向西)约 2.7 km,面层设计采用 4 cm 厚度 PA-13。

3.1.2 关键材料及级配

沥青混合料生产采用直接投放式改性方案。其中,基质沥青采用壳牌 70#,改性剂采用 RST。考虑到环南一大道交通负荷较大,RST 加量略高于常规 12% 的用量,达到 14%。高黏度改性沥青指标见表 5,级配数据见表 6。

表 5 高黏度改性沥青指标

项目	针入度(25 ℃,100 g)/0.1 mm	软化点/℃	延度(5 ℃)/cm	黏韧性/(N·m)	韧性/(N·m)	60 ℃动力黏度/(Pa·s)	135 ℃运动黏度/(Pa·s)
14%RST＋壳牌 70#	42	94.3	32.6	35.1	27.4	366 400	2.86
目标值	>40	>80	>30	≥20	≥15	≥20 000	≤3.0

表 6 级配数据表

筛孔尺寸/mm	0.075	0.15	0.3	0.6	1.18	2.36	4.75	9.50	13.2	16.0
级配上限	6	8	12	15	18	22	30	80	100	100.0
合成级配	4.6	6.5	8.4	10.8	13.1	14.9	17.4	63.0	95.3	100.0
级配下限	2	3	3	4	6	10	12	60	90	100.0

3.1.3 质量控制及验证

1)生产参数控制

直接投放式改性方案对于混合料的生产过程控制提出了较高的要求。从其改性机理可知:RST 添加量的控制、石料和基质沥青温度及混合料拌合时间都直接影响到沥青的改性效果和混合料性能指标。采用自动上料计量装置可保证 RST 添加剂量的准确。石料温度和干拌时间关系到改性剂能否均匀熔融并均匀包裹于石料表面,湿拌时间则涉及基质沥青能否被充分改性。

本文采用显微分析的方法对混合料生产过程关键参数进行验证和控制。改性沥青及混合料胶浆显微照片见图 5。

由图 5 可知,与室内试验、混合料生产各过程及生产参数调整过程相对应,RST 改性沥青和 RST 改性混合料微观状态得到清晰展示,合理参数下得到的细密、均匀网络结构保证了混合料性能均一、稳定。

利用显微分析方法,优化后 RST 改性沥青混合料生产过程关键参数见表 7。

表 7 生产过程关键参数

项目	温度/℃		时间/s		
	石料	基质沥青	干拌时间	湿拌时间	总的拌合时间
目标值	190～195	165～175	≥15	≥45	≥60

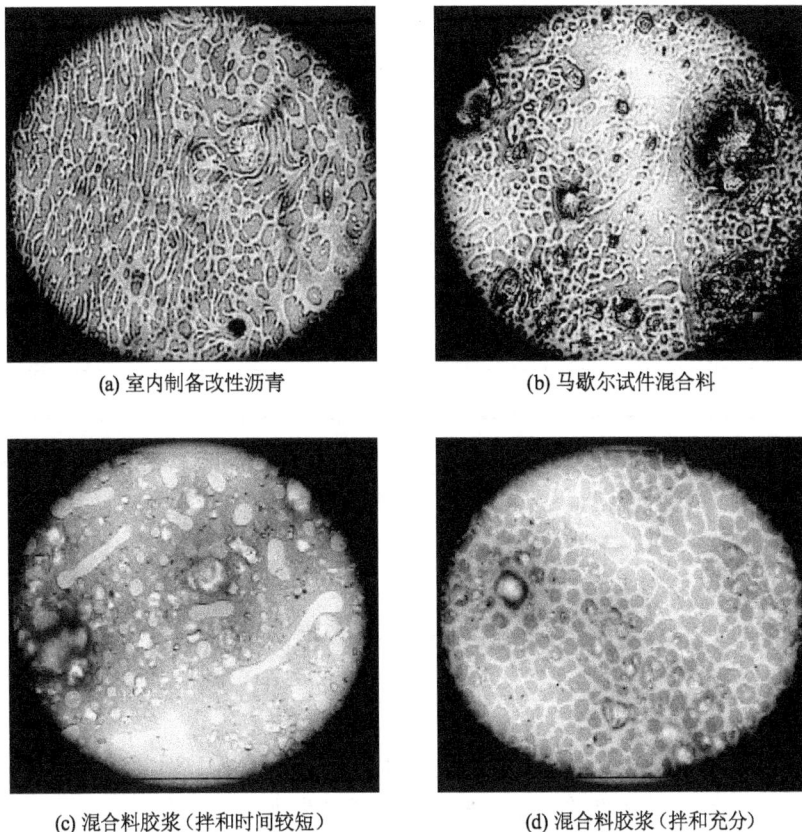

(a) 室内制备改性沥青

(b) 马歇尔试件混合料

(c) 混合料胶浆(拌和时间较短)

(d) 混合料胶浆(拌和充分)

图 5　改性沥青及混合料胶浆显微照片(×1 000)

2) 混合料性能

混合料性能指标见表 8。

表 8　混合料性能指标

结合料	空隙率/%	连通空隙率/%	马歇尔指标毛体积密度/(g/cm³)	稳定度/kN	流值/(1/100 cm)	飞散率/%	冻融劈裂残余强度比/%	动稳定度/(次/mm)
14%RST+壳牌 70#	21.8	17.1	1.98	5.57	33.25	13.8	92.16	7 310
目标值	18~25			≥3.5		<20	≥70	≥3 000

分析表 8 数据可知,约 22% 的空隙率和 17% 的连通空隙率确保了排水、降噪功能的实现,7 310 次/mm 的动稳定度充分体现了嵌挤结构和高黏度改性沥青的热稳性贡献,抗水损和飞散指标也处在一个良好的水平。

混合料质量控制得到很好的体现,进一步验证了生产过程关键参数的合理性。

3.1.4 路用性能跟踪回访

2009 年 3 月对该路段进行跟踪回访。从表观来看,未见到明显的结构破损,常规路用性能见表 9。

表 9 环南一大道路用性能(2009 年 3 月)

检测项目	第一车道	第二车道	第三车道	第四车道
平整度/(最大间隙/mm)	2.25	1.25	1.75	5
渗水系数/(mL/15 s)	220.40	150.39	20.48	36.47
构造深度/mm	1.25	1.20	1.24	1.17
摆值/BPN	48	43	50	47

从严格意义上讲,环南一大道并不属于排水性沥青路面的适用环境,大流量、重载和低速行车都是排水性沥青路面的应用短板。考虑到上述因素,除了空隙堵塞等功能性病害值得注意之外,该路段应用情况可评定为良好。

3.2 在钢桥面铺装方面的应用

SMA 铺装具有密水、高温稳定性好、变形特性优异等特点,在此基础上发展的双层 SMA 钢桥面铺装在国内得到了广泛应用,如虎门大桥、厦门海沧大桥和武汉白沙洲大桥等均采用了该铺装体系。

以普通双层改性 SMA 为核心的钢桥面铺装体系具有一系列的优点,但存在高温稳定性无法满足苛刻服役条件的缺点。采用高黏度改性沥青的 SMA 铺装克服了普通双层改性 SMA 热稳性不足的弱点,但预混式改性沥青在服役温度下(按规范取 60 ℃)的黏度与生产施工温度下(按规范取 135 ℃)的黏度的不匹配导致施工难度显著增加,而目前常用应急措施如提高混合料温度、振动碾压等改善压实度的诸多手段均存在影响结合料、混合料质量的缺陷,导致室内设计指标无法在铺装施工中得以完美体现。因此,对以高黏度改性沥青 SMA 为核心的钢桥面铺装体系进行深入研究和改进势在必行。

下面以 2008 年 9 月实施的苏州市人民路跨线桥的钢箱梁铺装项目为例,详细探讨直投式沥青改性剂 RST 的应用。

3.2.1 工程概况与设计方案

工程概况:人民路北延(金民西路—日益路)高架桥第四联为等高度砼连续钢箱梁,跨度组合为(40+60+40)m,分为左、右两幅。

采用双层特种 SMA 铺装方案:4 cm SMA-13+4 cm SMA-13,配套防腐体系、黏结层见图 6。

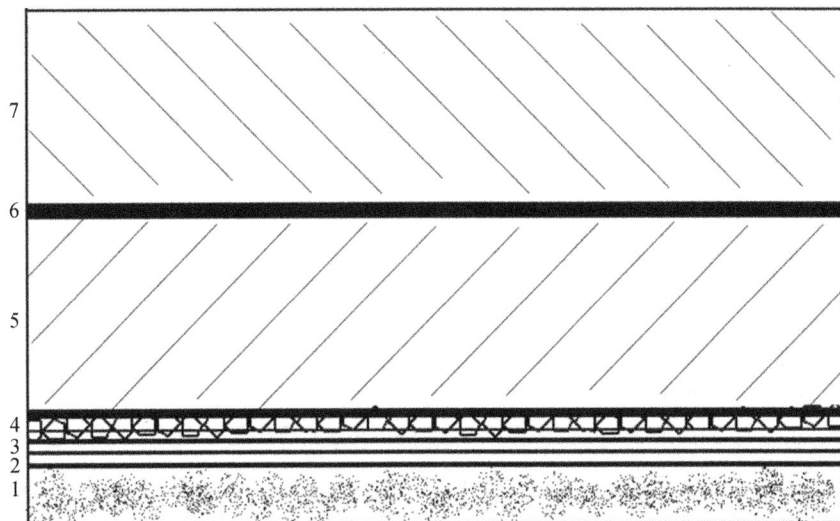

1—钢桥面板;2—环氧富锌漆;3—环氧沥青防水黏结层;4—预拌沥青碎石;
5—SMA-13(下层);6—乳化沥青粘层油;7—SMA-13(上层)

图 6　铺装体系示意图

3.2.2　关键原材料

基质沥青采用壳牌 70$^{\#}$ 重交沥青,其性能指标及技术要求见表 10。经实验室确认,经 8.2%(内掺,质量分数)RST 改性后,其性能指标及要求见表 11。沥青指标中,135 ℃动力黏度是保证 SMA 沥青混合料能够被静碾压实的前提条件,而 60 ℃运动黏度大于 20 000 Pa·s 则可保证沥青结合料在使用过程中有相当的高温稳定性。

表 10　壳牌 70$^{\#}$基质沥青性能指标

项目指标	单位	检测指标	技术要求
针入度(25 ℃,5 s,100 g)	0.1 mm	67.6	60~80
软化点(R&B)	℃	47.35	≥46
延度(15 ℃)	cm	≥100	≥100
延度(10 ℃)	cm	19.2	≥15
60 ℃动力黏度	Pa·s	189.2	≥180
溶解度	%	99.9	≥99.5

表 11　RST 改性沥青性能指标

指标	单位	检测指标	目标值
针入度(25 ℃,100 g)	0.1 mm	49	40~50
软化点(R&B)	℃	81.05	≥75
延度(5 ℃)	cm	39.31	≥30
粘韧性(25 ℃)	N·m	15.90	≥15

续表

指标	单位	检测指标	目标值
韧性(25 ℃)	N・m	11.32	≥10
135 ℃运动黏度	Pa・s	2.13	≤3.0
60 ℃动力黏度	Pa・s	26 870	≥20 000

3.2.3 质量控制及验证

1)生产过程参数控制

同样采用显微分析的方法来对直投式改性混合料的生产环节进行优化和控制,结果见表12,不再赘述。值得一提的是,由图7可以看出,与普通改性沥青 SMA 相比,RST改性沥青 SMA 混合料中结合料具有更细腻的网络结构。

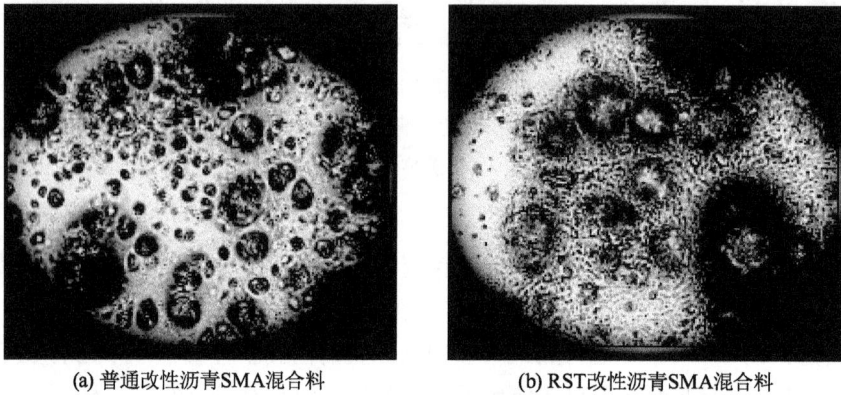

(a) 普通改性沥青SMA混合料   (b) RST改性沥青SMA混合料

图 7　SMA 混合料胶浆显微照片(×1 000)

表 12　生产过程关键参数表

项目	温度/℃		时间/s		
	石料	基质沥青	干拌时间	湿拌时间	总的拌合时间
目标值	175～185	170～180	≥15	≥45	≥60

2)混合料性能

按目标空隙率4%确定最佳沥青用量为5.8%,聚酯纤维添加量为混合料总质量的0.25%。SMA 沥青混合料性能指标见表13、表14。

表 13　沥青混合料的体积性质及马歇尔试验检测结果

混合料类型	$\gamma_m/$ (g/cm³)	$VV/$ %	$VFA/$ %	$VMA/$ %	$VCA_{mix}/$ %	$VCA_{DRC}/$ %	稳定度/ kN	流值/ 0.1 mm
SMA-13	2.466	4.08	77.34	18.1	37.99	38.12	6.59	32.38

表 14　沥青混合料的性能检测结果

混合料类型	60 ℃动稳定度/ （次/mm）	肯塔堡飞散损失/ %	冻融劈裂强度比（TSR）/ %
SMA-13	6 750	1.32	97.80

3) 施工工艺

服役黏度和施工时黏度保持平衡,是 RST 改性沥青的一个特点,这一点在钢桥面铺装施工中尤其重要。由于承载时钢板变形很大,采用振动碾压很难保证预混式改性 SMA 混合料的压实度,服役后水损害风险较大。

表 15　碾压方式

压路机 种类	初压			复压			终压		
	方式	速度/ (km/h)	遍数	方式	速度/ (km/h)	遍数	方式	速度/ (km/h)	遍数
DD-110	静压	3～4	1						
DD-110				静压	3～4	5			
胶轮 260				胶轮	3～4	2			
DD-130							静压	4～5	1～2

表 16　钢桥面铺装后检测结果

铺装层	空隙率 VV/ %	压实度/ %	马歇尔稳定度/ kN	渗水系数/ (mL/min)	构造深度 TD/ mm	摆值 (BPN)
下面层	4.2	/	6.18	11	0.8	56
上面层	4.1	/	6.20	8	1.0	56

由表 15、表 16 可知,采用钢轮和胶轮组合实现静碾压实的效果良好。

4　结　语

(1) 与常规预混式沥青改性方案相比,直接投放式沥青改性方案具有独到的特点和优势。

(2) 作为一种直接投放式沥青改性剂,RST 在排水性沥青路面和钢桥面铺装的应用中表现良好。

(3) 采用显微分析的方法可对直接投放式沥青混合料的生产进行有效控制。

参考文献

[1] 日本道路协会.排水性铺装指针(案),1992.

[2] 唐智伦,梁超,陈晓坚.厦门海沧大桥钢桥面 SMA 混合料铺装设计与施工[J].公路,2001,1(1):53—56.

[3] 杨秀飞,盛赛华.虎门大桥钢桥面铺装热稳性病害产生的原因分析与处治[J].广东公路交通,2000 年增刊.

〔4〕刘国清,潘新爽,童庚,等.白沙洲大桥钢桥面铺装工艺[J].交通科技,2000(5):9—12.

〔5〕公路沥青路面施工技术规范(JTG F40—2004)[S].

〔6〕Kenichi UESAKA,Guojie YAN,Maiko SUGIURA. Development and manufacture method of the high viscous polymer modified binder used in cold regions[C]. Japan – China 2nd Workshop on Pavement Technologies,2003,9:11—14.

西尔玛含砂雾封层抗凝冰技术

刘超[1] 陈科宇[2]

(1.江苏西尔玛道路环保材料有限公司　盐城　224000；

2.中公高科养护科技股份有限公司　海淀　100089)

摘　要　本文主要研究雾封层类抗凝冰路面技术,该技术主要应用在含砂雾封层道路预防性养护领域,通常用在冬季易发生结冰的上下坡、弯道、公路背阴处、高速公路上下岔道、交叉路口、隧道进出口、桥面、飞机场及停车场等特殊地段。当冬季气温降低时,含砂雾封层抗凝冰技术可以抑制路面结冰或在结冰时易于铲除。

关键词　抗凝冰路面 抗凝冰剂 雾封层

0　引　言

在我国的西南高原潮湿山区及华北大部分地区,冬季冻雨常常导致路面产生凝冰,抗滑能力大幅度降低,给交通安全带来巨大安全隐患,严重影响了人们的正常出行和路面的使用寿命(见图1)。抗凝冰路面,又名“防凝冰路面”“防冰路面”或“防止结冰路面”。抗凝冰技术是一种用于冬季防止路面结冰,从而保证冬季行车安全的新型路面技术。抗凝冰路面可替代腐蚀性极高的工业盐除冰雪,冬季路面不易结冰不影响车辆运行,不破坏原有的路面结构或损害原有沥青混凝土性能,对环境无污染,可减少交通事故,具有良好的除冰效果和持久的除冰性能。

抗凝冰涂料,主要通过在路面表面喷涂一种可以抑制结冰的涂料从而达到除冰效果,此技术是抗凝冰路面领域新出现的一种技术。

图1　路面凝冰危害

1　抗凝冰雾封层技术简介

抗凝冰雾封层是由江苏西尔玛道路环保材料有限公司与中公高科养护科技股份有

限公司针对冻雨地区和特殊路段的抗凝冰需求,联合开发的一种兼具主动抗凝冰功能和含砂雾封层优势的预防性养护技术。抗凝冰技术基本构成及抗凝冰剂组成见图 2。抗凝冰剂特性见表 1。

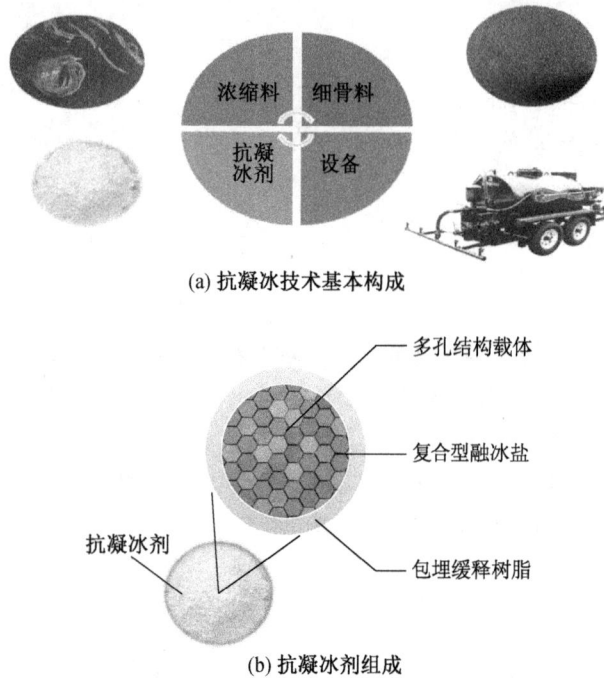

(a) 抗凝冰技术基本构成

(b) 抗凝冰剂组成

图 2　抗凝冰技术基本构成及抗凝冰剂组成

表 1　抗凝冰剂特性

外观	乳白色粉末
粒径/mm	0.075
溶解性/(g/L)	190~200
pH 值 (40g·L⁻¹,20 ℃)	8.0~8.5
表观密度/(g·cm⁻³)	2.21
含水量/%	<0.5
盐含量/%	>70

抗凝冰雾封层技术的作用如下:

(1) 在冰点温度以上,可直接融化接触的冰雪,见图 3。

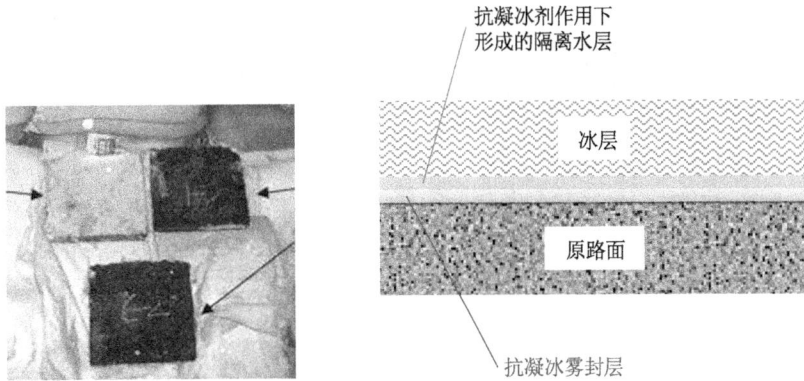

抗凝冰剂作用下
形成的隔离水层

冰层

原路面

抗凝冰雾封层

图3　抗凝冰剂融雪工作原理

（2）在冰点温度以下，可明显降低冰-路面之间的冻黏力，抑制凝冰。添加和未添加抗凝冰剂的抗极限破坏拉力对比见图4。

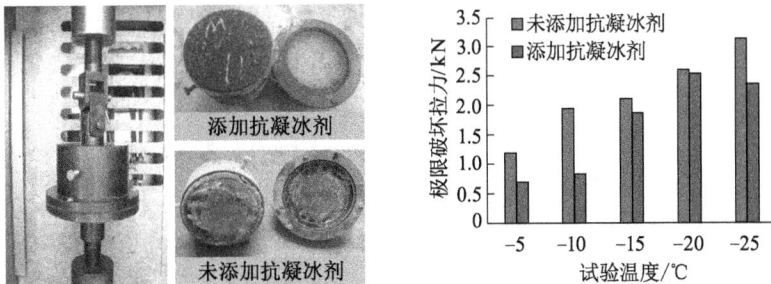

图4　不同组成抗凝剂的抗极限破坏拉力

2　抗凝冰雾封层性能优势

2.1　相容性测试（稳定性）

将搅拌均匀的抗凝冰雾封层混配料存储168 h之后，除质量略有损失以外，未出现增稠、结块、破乳、离析等现象，见图5。

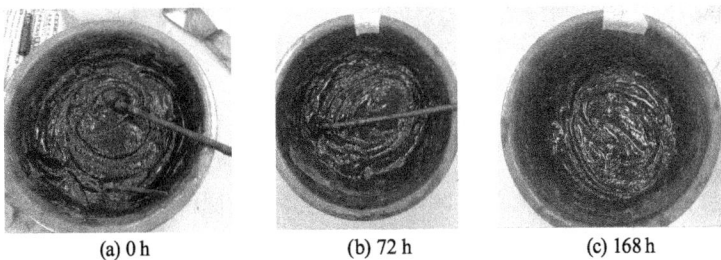

(a) 0 h　　　　　(b) 72 h　　　　　(c) 168 h

图5　相容性测试

在抗凝冰雾封层混配料的存储过程中，若混配料的黏度基本恒定，则说明该产品稳定性较好，见图6。

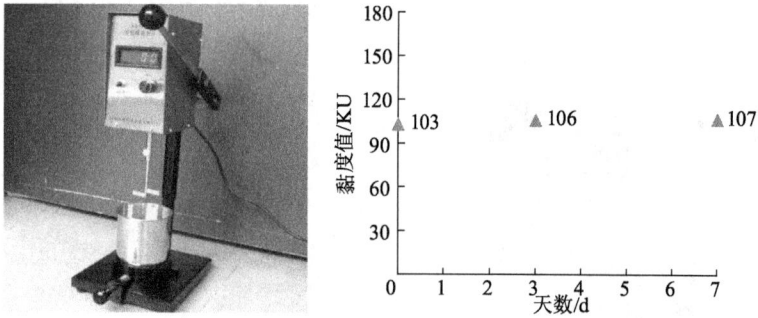

图 6　黏度测试

经类比评定,该产品妥善储存,可存放两年。

2.2　色差控制（美观性）

由于抗凝冰剂为乳白色粉末,掺到雾封层材料中后容易使原有颜色产生偏差进而影响外观。通过优化混配工艺,以及添加适宜的助剂可以有效控制色差,见图 7。

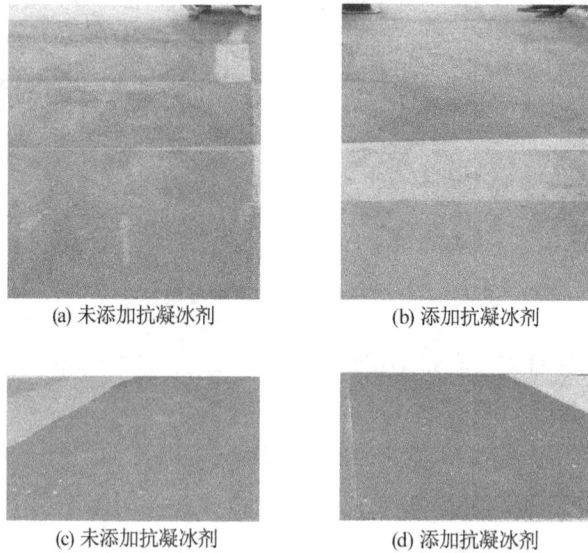

(a) 未添加抗凝冰剂　　　　　　　　(b) 添加抗凝冰剂

(c) 未添加抗凝冰剂　　　　　　　　(d) 添加抗凝冰剂

图 7　色差控制

2.3　抗凝冰能力测试（功能性）

在 -10 ℃条件下,经过 $30,60,90,120,180$ min 后抗凝冰雾封层(右侧)表面的碎冰逐渐融化,而原路面(左侧)表面的碎冰则无任何变化,见图 8。

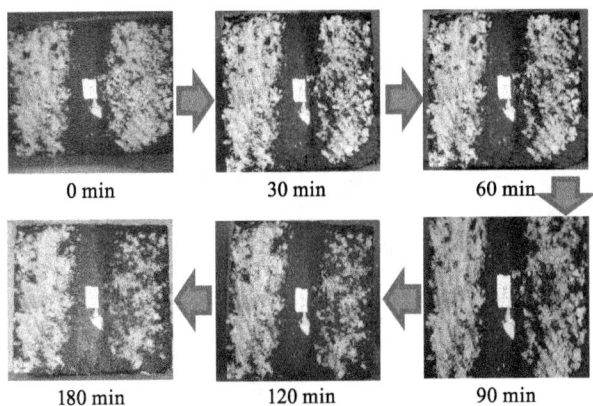

图 8　抗凝冰能力测试

2.4　扫刷磨耗测试（耐久性）

扫刷磨耗测试结果见表 2。

表 2　扫刷磨耗测试结果

试验方式	耐扫刷次数/次
含砂雾封层	500
含砂雾封层＋抗凝冰剂	250
含砂雾封层＋抗凝冰剂＋补强助剂	600

3　抗凝冰雾封层施工工艺

3.1　施工设备

大面积施工——高压喷洒设备（见图 9a）、专用摊铺设备施工（见图 9b）。

小规模施工——小型手动高压喷洒设备（见图 9c）、人工刮涂（见图 9d）。

(a) 高压喷洒设备

(b) 专用摊铺设备

(c) 小型手动高压喷洒设备

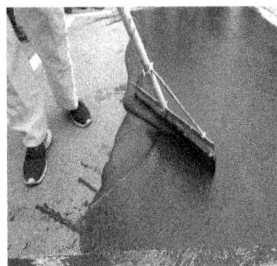

(d) 人工刮涂

图 9　施工设备

3.2　施工流程

抗凝冰剂在混配阶段掺入,调节适宜黏度并确保搅拌均匀,随后按照含砂雾封层的传统施工工艺进行施工即可,见图 10。

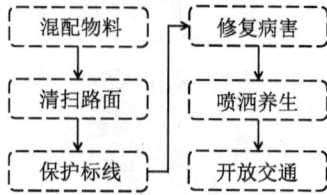

图 10　施工流程

3.3　施工条件

(1) 施工前后 24 h 内无雨,气温不得低于 10 ℃;

(2) 禁止在雨雪和 5 级风以上的气候条件下施工;

(3) 湿度小于 70%,阴天或湿度＞70%干燥时间要适当延长;

(4) 路面清理不合格,不能施工;

(5) 应保证充足的破乳和干燥时间。

4　结　语

作为一种兼具主动抗凝冰功能和含砂雾封层优势的预防性养护技术,抗凝冰雾封层技术必将在养护市场中占有重要的一席位置。

经过江苏西尔玛道路环保材料有限公司与中公高科养护科技股份有限公司的联合研发和室内验证,目前抗凝冰雾封层技术已经具备了试验段验证的条件。

Sup25 泡沫温拌沥青混合料路用性能研究

刘敏[1]　吴正光[2]　仲星全[2]

(1.扬州市江都区公路管理站　扬州　225200;2.扬州大学　扬州　225002)

摘　要　随着我国公路建设中环保理念的增强,泡沫沥青温拌技术已经成为研究的热点。为深入研究泡沫温拌技术在沥青混合料中的应用,本文以江苏省常用的路面结构形式 Sup 25 沥青混合料为例,通过马歇尔、冻融劈裂、车辙等试验方法对比研究了泡沫温拌沥青混合料与热拌沥青混合料的水稳定性、高温抗车辙等路用性能差异。相关数据检测结果表明,泡沫温拌沥青混合料与热拌沥青混合料表现出相近的性能且均满足规范要求。泡沫温拌沥青混合料具有良好的路用性能,是一种值得推广的沥青路面材料。

关键词　泡沫沥青　Sup25　沥青混合料　路用性能

0　引　言

近年来,节能减排已成为社会关注的焦点。随着我国公路建设的迅速发展,采用传统热拌热铺工艺施工的沥青路面,已满足不了人们对环保的要求。热拌沥青混合料在生产施工过程中会排放出大量的有害气体和粉尘,严重污染环境。泡沫沥青温拌技术的引入,可以解决传统热拌沥青混合料高污染、高能耗的问题。采用泡沫沥青温拌技术将热拌沥青混合料拌合温度降低 20~30 ℃,可以大大减少有害气体、热量及粉尘物的排放,改善生产和施工作业环境,降低生产过程中的能耗,该技术无添加剂,更具有节约施工成本的特点,极具经济效益和社会环保效益。温拌沥青混合料正逐步成为替代热拌沥青混合料的新型道路材料,是未来沥青路面的发展方向。

本文以江苏省常用的路面结构形式 Sup25 沥青混合料为例,通过马歇尔试验、冻融劈裂试验、车辙试验等方法对比研究了泡沫温拌沥青混合料与热拌沥青混合料的路用性能差异,对泡沫温拌技术的推广和应用具有借鉴意义。

1　原材料与试验方法

1.1　原材料

本次试验所用集料为石灰岩,根据 Superpave 设计要求,进行了集料性质和密度试验,试验结果符合规范要求,分别见表1、表2。

表1 集料性质试验结果 %

试验项目	试验值	Superpave 规范要求
粗集料棱角性	100	100
细集料棱角性	46.9	≥45
细长扁平颗粒	6.7	≤15
洛杉矶磨耗值	23.5	≤28
坚固性	3.0	≤12
黏土含量(砂当量)	65	≥60

表2 集料与沥青密度试验结果

矿料	表观相对密度	毛体积相对密度	吸水率/%
1#料	2.726	2.713	0.18
2#料	2.732	2.716	0.21
3#料	2.738	2.712	0.35
4#料	2.746	2.686	0.82
5#料	2.746	2.632	1.07
矿粉	2.658		
沥青			1.032

1.2 沥青

沥青采用 A 级 70# 道路石油沥青。室内发泡试验采用维特根 WLB10 小型发泡试验机。发泡试验机的沥青通过沥青加热桶进行控温,用水量用流量计进行控制。参照以往经验和本次试验结果,最终泡沫沥青的最佳发泡条件为:沥青温度 150 ℃、用水量 1.5%。基质沥青和发泡沥青的其各项技术要求见表3。

表3 发泡沥青试验结果

检验项目	检验条件	计量单位	检测结果		规范要求
			发泡前	发泡后	
针入度	25 ℃,100 g,5 s	0.1 mm	69	72	60～80
针入度指数			−0.115	−0.121	−1.3～1.0
软化点	环球法	℃	47.0	47.5	≥46
延度	15 ℃,5 cm/min	cm	156	175	≥100
闪点	开口杯	℃	358	347	≥260
溶解度		%	99.75	99.70	≥99.5
动力黏度	60 ℃	Pa·s	210	209	≥180

检验项目	检验条件	计量单位	检测结果		规范要求
			发泡前	发泡后	
密度	15 ℃	g/cm³	1.038	1.037	≥1.01
RTFOT 残留物					
旋转薄膜烘箱	质量损失	%	0.08	0.10	≤0.6
	针入度比	%	72	75	≥65
	延度 15 ℃	cm	140	148	≥100

2 沥青混合料级配设计

沥青混合料选取 Sup25,对于普通温拌沥青混合料及泡沫温拌沥青混合料的级配相同,最终结果见表4。最终各种类料所用比例为 1#：2#：3#：4#：5#：矿粉＝18.0%：17.0%：32.5%：7.0%：25%：0.5%,通过旋转压实试验得到空隙率4.0%时,热拌沥青混合料和泡沫沥青混合料最佳油石比均为4.1%。

表 4　Sup25 沥青混合料级配

混合料	通过下列方孔筛(mm)的质量百分率/%										
	26.5	19.0	13.2	9.5	4.75	2.36	1.18	0.60	0.30	0.15	0.075
1# 料	84.0	8.8	0.3	0.3	0.3	0.3	0.3	0.3	0.3	0.3	0.3
2# 料	100	87.8	11.4	0.6	0.6	0.6	0.6	0.6	0.6	0.6	0.6
3# 料	100	100	83.7	52.0	0.2	0.1	0.1	0.1	0.1	0.1	0.1
4# 料	100	100	100	100	95.8	29.7	10.2	4.3	3.2	0.3	0.3
5# 料	100	100	100	100	100	75.0	49	34.1	23.7	16.7	13.2
矿粉	100	100	100	100	100	100	100	100	100	99.8	86.3
合成级配	100	97.1	81.5	61.7	49.6	32.4	21.5	13.7	9.5	6.8	4.9

表 5　最佳油石比验证试验结果

Sup25 沥青混合料类型	油石比/%	设计次数时			F/A	初始压实度/%	最大压实度/%
		压实度/%	VMA/%	VFA/%			
热拌	4.1	96.0	12.4	68.3	1.09	85.8	97.5
泡沫温拌	4.1	96.0	12.25	67.34	1.15	86.29	97.46
Superpave 标准			≥12.0	65~75	0.6~1.2	≤89	≤98

3 沥青混合料路用性能研究

根据美国 Superpave 沥青混合料设计标准(AI-SP2),并依据我国《公路沥青路面施工技术规范》(JTG F40—2004)的要求对热拌 Sup25 和泡沫温拌 Sup25 沥青混合料进行路用性能研究。热拌 Sup25 沥青混合料的试件成型温度为 140 ℃,泡沫温拌 Sup25 沥青混合料的试件成型温度为 120 ℃。

3.1 抗水损坏性能研究

本文采用浸水马歇尔试验和冻融劈裂试验评价水稳定性,试验结果汇总于表 6、表 7。从结果来看,泡沫温拌 Sup25 的抗水损坏性能略有降低,但试验结果均满足规范要求。

表 6 水稳定性试验结果

混合料类型	马歇尔稳定度/kN	浸水马歇尔稳定度/kN	残留稳定度(S_0)/%	残留稳定度要求/%
热拌 Sup25	10.75	9.51	88.5	≥85
泡沫温拌 Sup25	10.61	9.34	88.0	

表 7 冻融劈裂试验结果

混合料类型	非条件劈裂强度/MPa	条件劈裂强度/MPa	劈裂强度比/%	劈裂强度比要求/%
热拌 Sup25	0.501 2	0.413 7	82.5	≥80
泡沫温拌 Sup25	0.499 8	0.409 7	81.9	

3.2 高温抗车辙性能

从表 8 的车辙试验结果来看,泡沫温拌 Sup25 沥青混合料的动稳定度为 2 889 次/mm,虽略低于热拌 Sup25 沥青混合料,但远远大于规范要求,说明泡沫温拌沥青混合料具有良好的抗车辙能力。

表 8 车辙试验动稳定度试验结果

混合料类型	车辙动稳定度/(次/mm)				车辙动稳定度要求
	1	2	3	平均	
热拌 Sup25	2 864	2 892	2 912	2 962	≥1 000
泡沫温拌 Sup25	2 932	2 943	3 010	2 889	

4 结 语

(1)按照美国 Superpave 设计标准确定 Sup25 沥青混合料配合比为 1# : 2# : 3# : 4# : 5# : 矿粉=18.0% : 17.0% : 32.5% : 7.0% : 25% : 0.5%,通过马歇尔试验得到普通温拌沥青混合料最佳油石比为 4.1%,泡沫沥青混合料最佳油石比为 4.0%。

(2)按照设计结果,进行 Sup25 泡沫温拌沥青混合料和热拌沥青混合料的旋转压实、马歇尔体积指标等验证,其 *VV*、*VMA*、*VFA*、抗水稳定性、高温抗车辙等各项路用性能均能满足要求。总体而言,Sup25 泡沫温拌沥青混合料比热拌沥青混合料的高温抗车辙性能、抗水稳定性能略差,但高于规范要求。

(3)对于泡沫温拌沥青混合料的疲劳性能、耐久性,以及铺筑试验路的实际路用性能,需要做进一步的深入研究。

(4)泡沫温拌沥青混合料与热拌沥青混合料表现出相近的性能,对比造价、环保等其他方面,经济环保的泡沫温拌技术更具应用前景。因此泡沫温拌技术在沥青路面中的应用值得大力推广。

参考文献

［1］Saboori A，Abolelrahman M，Ragab M. Warm mix asphalt processes applicable to North Dakota［J］. North Dakota State University,2012.

［2］NCHRP Report 691. Mix design practices for warm mix asphalt［R］. Transportation Research Board of the National Academies,2012.

［3］徐世法,颜彬,季节,等.高节能低排放型温拌沥青混合料的技术现状与应用前景［J］.公路,2005(7):195－198.

［4］秦永春,黄颂昌,徐剑,等.温拌沥青混合料技术及最新研究［J］.石油沥青,2006,20(4):18－21.

［5］王江平,洪斌.节能减排型温拌沥青混凝土特性与应用［J］.施工机械与施工技术,2008,25(9):41－43.

［6］裴建中,邢向阳.温拌沥青混合料施工技术研究［J］.施工机械与施工技术,2010,27(3):41－44.

扬州市路面径流污染特性分析与排放规律研究

康爱红[1]　娄可可[1]　肖鹏[1]　殷成胜[2]　寇长江[1]

（1.扬州大学建筑科学与工程学院　扬州　225127；2.扬州市公路管理处　扬州　225007）

摘　要　作为典型的面源污染,路面径流污染具有成分复杂、时空变异性大等特点,其污染特性与排放规律的准确描述是道路生态建设的前提与基础。本文分析了扬州市不同道路 6 场降雨径流污染特性,结果表明,路面径流污染浓度大,生化需氧量低,可生化性差,其中 TP 固相比重最高,COD、Pb、Zn 次之,TN 最低,各污染物固相比重影响其与 SS 的线性关系;通过不同场次径流水质对比与同一场次径流前期与后期水质对比,分析了路面径流污染物排放特性,结果表明,不同场次降雨污染物浓度变化规律差异大,同一场次降雨污染物浓度遵循初期高于后期的一般规律;借助分析软件 MATLAB,分析了 6 场降雨排污过程对 Metcalf 和 Eddy 冲刷模型的适用性,结果表明,此模型对城市路面径流排污特性拟合效果变异性大,对降雨强度较为均匀且即时输入较弱的降雨较为适用,反之适用性较差。

关键词　路面径流　污染特性　排污规律　EMC　冲刷模型

0　引　言

道路网已成为当今社会和经济发展的中枢,其分布范围和发展速度都达到了前所未有的程度,这为社会经济的发展提供了保障,但它们对自然和生态系统的干扰、分割、破坏、污染等各种负面影响也在不断加大。由于频繁的交通活动,汽车尾气的排放、部件锈蚀、路面与轮胎的磨损及油污渗漏等导致大量的悬浮颗粒、重金属、营养盐和有机物等污染物在路面积累[1],降雨一旦发生,这些污染物随着路面径流直接进入地表水体,易对受纳水体造成严重污染并对周围生态环境产生破坏。这一典型面源污染问题,在点源污染得到有效控制和治理后,逐渐演变为导致水体水质退化的主要因素。20 世纪 70 年代以来,国外对道路径流开展了深入的研究并发展成一个相对独立的研究领域[2-3],并对径流水质特征展开了广泛的研究[4-11]。而我国在这一领域的研究起步较晚,近年来北京、天津、南京、广州等城市相继开展了路面径流水质监测分析[12-15],均阐明了我国道路径流污染的严峻性,加强路面径流污染的相关研究和控制十分必要和紧迫。本文针对扬州市道路路面雨水径流的污染特性,分析了径流过程污染物浓度积减规律,并对不同降雨场次的冲刷模型的适用性进行评价,为扬州市对路

基金项目：国家自然科学基金(51578481)；江苏省交通运输厅项目(2013－Y8－01)；江苏省研究生创新工程(KYLX15_1363)。

面径流污染的有效控制提供借鉴与参考。

1 采样概况与试验方法

1.1 采样点与采样方法

选取扬州润扬中路及南绕城高架桥作为路面径流取样点。润扬中路交通量大,西侧靠近河流,汇水范围由机动车道、非机动车道和绿化带构成,采集点为路肩边缘拦水埂出水口处。南绕城高架桥作为专供车辆行驶的高等级公路的一部分,受地面行人及非机动车干扰较小,且在一定程度上排除了生活污染的影响,采样点为南半幅,排水一侧每隔数米设置泄水管道。

选取 6 场典型降雨,每场降雨径流形成时为第一个采样时间点,记为 0 min,初期的采样间隔 10 min,也可根据降雨量与径流时间适当调整采样间隔时间。径流采集时间视降雨类型,一般 1～1.5 h。

1.2 测定项目及方法

根据《水与废水监测分析方法》对所采集水样进行 SS、COD、BOD、TN、TP 及重金属等指标的检测。BOD 在瞬时采集后 5 h 内进行参数测定。并在 24 h 内相继进行 SS、COD、TN、TP、重金属等项目的检测,测量方法归纳于表 1。

表 1 径流雨水参数检测方法

项目	SS	COD	BOD	TN	TP	重金属
方法	重量法	重铬酸盐法	美国哈希分析法	过硫酸钾氧化紫外分光光度法	钼酸铵分光光度法	原子吸收分光光度法

2 城市路面径流污染特性分析

2.1 水质分析

选取 2014 年 3—5 月、10—12 月 6 场有效降雨事件,对 14 个有效采样点的路面径流采样并进行污染物浓度测试。采用多项水质参数综合评价方法中的算术平均法(突出项目之间的污染程度比较)和内梅罗直指数法(强调平均值与最大值的共同作用)对径流雨水进行数据分析和项目比较。水质测试结果见表 2。

表 2 水质测试结果　　　　　　　　　　　　　　　　　mg/L

项目指标	SS	COD	BOD	TN	TP	Pb	Zn
采样点数	14	14	14	14	14	14	14
范围	137～1 975	100～864	59～92	3.12～14.42	0.68～4.21	0.05～0.63	1.23～6.85
算术平均值	856	441	78.6	13.7	2.4	0.1	2.0
内梅罗值	1 522	564	85.56	19.8	3.4	0.2	2.6
标准限值	150	40	10	2.0	0.4	0.1	2.0
标准指数	10.2	14.1	8.56	9.9	8.6	2.0	1.3
污染状况	严重	严重	严重	严重	严重	严重	严重

注:悬浮物标准限值为《农田灌溉水质标准》(GB 5084—1992)的标准;其他标准限值为《地表水环境质量标准》(GB 3838—2002)Ⅴ类。

由表 2 可见,径流污染物中以 SS 和 COD 为主,其浓度均超过了《地表水环境质量标准》和《污水综合排放标准》的容许范围。我国典型生活污水水质中,SS 为 220 mg/L,径流采样所得 SS 的浓度值是典型生活污水的 7 倍,可见道路路面径流的污染强度之大。TN 和 TP 及重金属也均超标,存在很大的污染性,反映出道路路面径流水质污染严重,易造成受纳水体水质恶化和水生生态破坏。

2.2 污染物赋存态分析

径流污染物赋存状态可分为颗粒态(>0.45 μm)与溶解态(<0.45 μm)。降水在路面形成径流对路面进行冲刷的过程中,径流化学条件发生变化,导致污染物在固相与液相之间转化,颗粒态污染物沉降后引发与底泥有关的环境问题,溶解态的物质易被生物利用,破坏水体。将原水样与 0.45 μm 滤膜过滤后水样的污染物浓度进行对比,确定固液相比重,结果见图 1。

由图 1 可见,道路路面径流中 COD、Pb、Zn 的颗粒态比例均在 50% 以上,颗粒态磷以 85% 的高比例使得 TP 主要以颗粒态的形式出现,而 TN 的主要输出方式是占 90% 以上的溶解性氮。由此可见,去除细小固体颗粒物是治理道路径流污染的有效途径,而对于主要以溶解态存在的污染物的去除亦是制订道路路面径流控制措施时的重点。

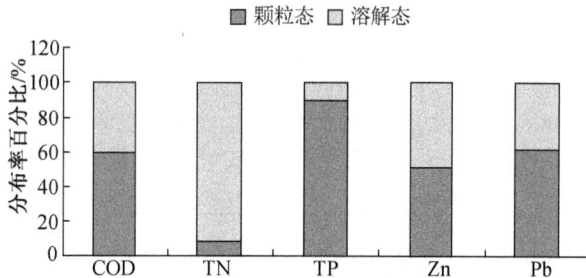

图 1　COD、TN、TP、Zn、Pb 的固液相分布率

2.3 污染物相关性分析

国内外对道路径流污染的研究发现,径流过程中许多污染物与颗粒物的空间分布规律相似,因为颗粒物较大的比表面积易成为其他污染因子的载体和汇集地,最终导致颗粒物携带众多类型的污染物共同危害水环境。径流污染物相关性分析,对其他污染物浓度的预测估算能起到事半功倍的效果。根据水样检测数据,分析污染物 COD、TN、TP、Pb、Zn 与 SS 的线性相关性,并拟合得到相应回归方程,结果见表 3。

表 3　COD、TN、TP、Pb、Zn 与 SS 的相关性

指标	回归方程	相关系数
COD	$y = 1.932\ 5x - 366.50$	0.652 7
TN	$y = 0.050\ 9x - 9.658\ 7$	0.095 8
TP	$y = 0.002\ 4x - 0.455\ 5$	0.935 0
Pb	$y = 0.001\ 4x - 0.037\ 0$	0.601 6
Zn	$y = 0.012\ 7x - 1.234\ 0$	0.768 4

通过对路面径流污染物 COD、TN、TP、Pb、Zn 与 SS 的线性关系进行分析可知,污染

物 TP 与 SS 相关系数达到 93％以上，COD、Pb、Zn 与 SS 的线性关系一般，TN 与 SS 的线性关系最差。结合上述赋存态分析结果，TP 的颗粒态存在比例最高，COD、Pb、Zn 次之，TN 的最低，可以发现各污染物与 SS 的相关性受到颗粒态存在比例影响，颗粒态比例越高，其与 SS 的线性关系越好。

2.4 污染物可生化性分析

可生化性反应道路径流中有机污染物被生物降解的难易程度，准确判断污染物可生化性对制订处理措施十分重要。目前用来评价废水可生化性的一种最简易的方法是 BOD 与 COD 比值法[16]，该方法直接比较废水的生化需氧量 BOD 和化学需氧量 COD。相关研究表明，当 BOD 与 COD 的比值为 0.3～0.45 时，可以进行生化性处理；比值在 0.2～0.3 之间，较难进行生化性处理；比值小于 0.2 时，则不宜进行生化性处理。经过计算可得路面径流中 BOD：COD 约为 0.15，因此可以认为，扬州路面径流的可生物降解性较差，不适合用传统的生物处理法加以处理，即在制订道路路面径流污染的防治方法时不能考虑生物处理方法。

3 路面径流污染物排放特性研究

3.1 不同场次路面径流水质对比

由于降雨强度的随机性，使得路面径流污染物浓度产生较大的时空差异性。为了有效描述整个径流阶段污染物浓度大小，引入"次降雨径流平均浓度"EMC。具体表达式为

$$EMC = \frac{M}{V} = \frac{\int_0^T C_t Q_t \, dt}{\int_0^T Q_t \, dt}$$

式中，M 为某场降雨径流所排放的某污染物的总量，g；V 为某场降雨所引起的总的地表径流体积，m³；C_t 为某污染物在 t 时的瞬时浓度，mg/L；Q_t 为地表径流在 t 时的径流排水量，m³/s；T 为某场降雨的总历时，s。根据表 2 水质监测结果得 3 场降雨污染物的 EMC 值见表 4。

表 4 不同场次降雨污染物的 EMC 值

采样点	场次	SS	COD	TN	TP	Pb	Zn
南绕城高架桥	场次 1	309	145	5.388	0.306	0.449	2.858
	场次 2	282	255	3.229	1.731	0.209	2.667
	场次 3	145	137	3.495	0.994	0.381	4.022
	场次 4	277	219	3.341	1.721	0.132	1.893
	场次 5	187	174	3.169	1.021	0.346	3.853
	场次 6	202	179	4.659	1.457	0.295	3.765
润扬中路	场次 1	969	458	8.213	0.921	0.545	3.426
	场次 2	768	698	6.559	2.476	0.345	3.083
	场次 3	401	388	7.338	2.335	0.305	3.462
	场次 4	740	592	6.297	2.088	0.266	1.673
	场次 5	548	487	4.615	1.238	0.43	3.224
	场次 6	576	524	4.879	1.344	0.375	3.746

由表 4 数据可见，6 场不同降雨的污染物浓度变化较大。由于降雨场次不同，导致降

雨量、降雨历时、降雨强度、累积晴天数等因素均有差异,这就使得同一下垫面介质不同场次降雨的 EMC 值的波动很大。例如,如对于南绕城高架桥上的水样,TP 浓度的最小值为场次 1 中的 0.306 mg/L,TP 浓度的最大值为场次 2 中的 1.731 mg/L,是场次 1 的 5.7 倍;路面径流污染物 SS,TN,Pb 的 EMC 最高值出现在场次 1 中,分别超过《地表水环境质量标准》限值的 2.06 倍、2.69 倍、4.49 倍,Zn 的 EMC 最高值出现在场次 3 中,超过《地表水环境质量标准》限值的 2.01 倍,COD,TP 的 EMC 最高值出现在降雨场次 2 中,分别超过《地表水环境质量标准》限值的 6.38 倍、4.33 倍。对于润扬中路水样进行分析亦有类似规律。

3.2 同一场次路面径流初期和后期水质对比

选取降雨场次 3 作为典型降雨场次,并对绕城高架桥上水样进行采集与数据分析,随着降雨历时的持续,径流冲刷不断发生,路面径流污染物浓度呈现不同程度的变化,见图 2。

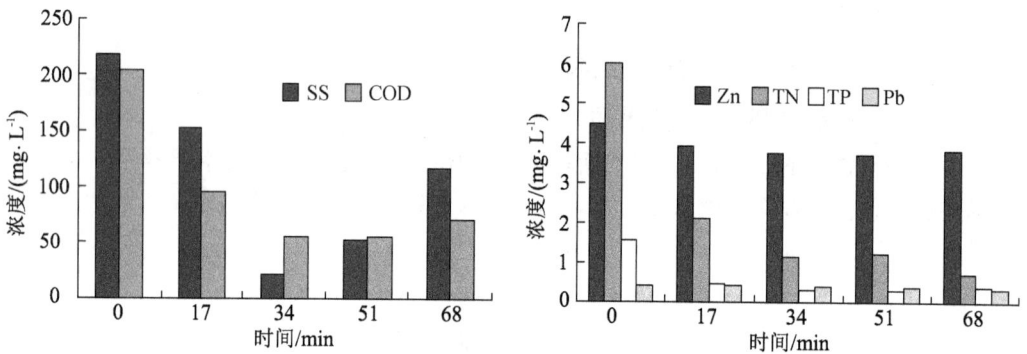

图 2　同场次路面径流污染物浓度随时间变化规律

由图 2 可知,各主要污染物的浓度随降雨历时延长总体呈现下降的趋势,随着雨水径流的冲刷,路面累积的污染物逐渐混入径流而被带离路面,这符合雨水初期浓度高于后期的一般规律。在降雨历时 30 min 以后,SS、COD 浓度呈现小幅度上升趋势,经过分析主要原因有:第一,降雨强度在后期呈现下降趋势,污染物 SS、COD 浓度小幅度上升;第二,在径流冲刷过程中,交通活动还在进行,污染物的即时输入导致后期 SS、COD 浓度小幅度上升。

3.3 不同降雨对冲刷模型的适用性评价

近年来,对地表径流排污过程描述的数学模型应用最多的是 1971 年 Metcalf 和 Eddy 建立的冲刷模型[17],该模型认为,在路面径流过程中,地表沉积物的冲刷速率与沉积的污染物的量成正比,由此推导出在径流过程中,污染物浓度随累积径流深度的关系模型为

$$C_t = \frac{k_2 P_0}{A} e^{-k_2 R_t} = C_0 e^{-k_2 R_t}$$

式中,C_t 为径流开始 t 时后污染物浓度,mg/L;P_0 为暴雨开始时地表污染物量,kg;A 为汇流面积,m^2;$C_0 = k_2 P_0 / A$ 为径流开始时雨水中污染物浓度,mg/L;k_2 为冲刷系数,mm^{-1};R_t 为暴雨开始 t 时后的累积径流深度,mm,其中 $R_t =$ 累积降雨强度－蒸发量－下渗量。

从定性方面来看,该模型描述的污染物浓度方程为随径流时间单调递减函数,由图3可知,场次3降雨径流中污染物浓度大体呈递减趋势,而场次2、场次5降雨径流中污染物浓度呈现明显的波动,这与模型的变化趋势明显不符。综上所述,径流过程污染物浓度随着降雨类型的不同呈现不同趋势。从定量方面来看,以污染物SS浓度变化为例,运用MATLAB进行拟合,得到回归方程与相关系数见表5。

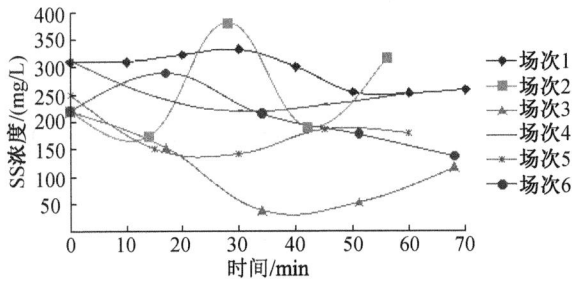

图3　6场降雨SS浓度随降雨历时的变化规律

表5　冲刷模型回归方程及相关系数

降雨场次	回归方程	相关系数
场次1	$310\exp(-0.176\ 7R_t)$	0.212 7
场次2		
场次3	$218\exp(-0.258\ 7R_t)$	0.467 2
场次4	$313\exp(-0.063\ 7R_t)$	0.143 6
场次5		
场次6	$221\exp(-0.010\ 9R_t)$	0.256 9

由表5拟合结果可知,冲刷模型对路面径流排污规律描述准确性差异很大,有些降雨场次对冲刷模型的适用性相对较好,有些降雨场次不适宜用此冲刷模型进行描述。分析其原因,首先,该模型认为沉淀物的冲刷速率与降雨前累积于地表的污染物量成正比,不考虑降雨过程中污染物的即时输入,而在降雨过程中,道路活动正常进行,污染物还在积累过程中,必然导致拟合的偏差;其次,比较这6场降雨,由于降雨量不同、降雨过程中降雨强度变化规律不同,导致污染物浓度即时变化,而模型并未考虑此因素,也必然导致模型拟合的偏差。综上所述,该冲刷模型对降雨强度相对均匀且无即时污染物输入的径流排污过程描述较为准确,对于降雨强度变化较大、路面径流污染物持续存在即时输入的情况适用性较差。

4　结　语

对扬州市润扬中路及南绕城高架桥路面径流雨水进行取样,分别对其污染特性(污染强度、赋存状态、各污染物的相关性及可生化性)及排污规律进行分析,得出如下结论:

(1)道路路面径流污染严重,且不适合用生物处理法加以处理,TP固相比重最高,与SS线性相关性最好,COD、Pb、Zn次之,TN最低,各污染物固相比重影响其与SS的线性相关性。

(2)不同场次降雨污染物浓度变化规律差异很大,受到累积晴天数、降雨强度时空分布等的影响；同一场次降雨符合雨水初期浓度高于后期的一般规律，呈现初期冲刷效应。

（3）冲刷模型不足以准确描述城市路面径流排污特性，它受到污染物即时输入、降雨时空分布等因素的影响。对降雨强度较为均匀且污染物即时输入较弱的降雨较为适用，对降雨强度变化较大、污染物即时输入较为突出的情况适用性差。

参考文献

[1] 杜豫川,孙立军.生态化道路系统技术发展综述[J].中国市政工程,2008,135(5):12—14.

[2] Deletic A,Orr D W. Pollution buildup on road surface [J]. Journal of Environmental Engineering,2005,131(1):49—59.

[3] Kayhanian M, Stransky C, Bay S,et al. Toxicity of urban highway runoff with respect to storm duration [J]. Science of the Total Environment,2008,389(2—3):386—406.

[4] Westerlund C,Viklander M. Particles and associated metals in road runoff during snowmelt and rainfall [J]. Science of the Total Environment,2006,362(1—3):143—156.

[5] William J. Current practices in modeling the management of storm-water impacts [M]. Boca Raton,Florida,U. S. A. :Lewis Publishers,CRC,1994:121—139.

[6] Masoud K,Boaz D F,John S G,et al. Review of highway runoff characteristics:Comparative analysis and universal implications [J]. Water Research,2012,46:6609—6624.

[7] Geonha K,Joonghyun Y,Jeongkon K. Diffuse pollution loading from urban storm water runoff in Daejeon city,Korea [J]. Journal of Environmental Management,2007,85:9—16.

[8] Kurihara,Oshawa. Experimental study on the clogging of voids of porous concrete and porous asphalt [R]. Shibaura Institute of Technology Campus Tokyo's:Technical Workshop 35th Kanto Branch Society of Civil Engineers,2008.

[9] Mayer T,Rochfort Q,Marsalek J,et al. Environmental characterization of surface runoff from three highway sites in Southern Ontario Canada:2. Toxicology [J]. Water Quality Research Journal of Canada,2011,46 (2):121—136.

[10] Perdikakik K,Mason C F. Impact of road run off on receiving streams in eastern England [J]. Water Research,1999,33(7):1627—1633.

[11] Canale R P,Auer M T,Owens E M, et al. Modeling fecal coliform bacteriaⅡ. model development and application[J]. Water Research,1993,27(4):703—714.

[12] 张娜,赵乐军,李铁龙,等.天津城区道路雨水径流水质监测及污染特征分析[J].生态环境学报,2009,6:2127—2131.

[13] 甘华阳,卓慕宁,李定强,等.广州城市道路雨水径流的水质特征[J].生态环境,2006,5:969—973.

[14] 余爱华,石迪,赵尘.公路沥青路面径流的水质特性[J].南京林业大学学报（自

然科学版),2008,5:149—152.

[15] 张亚东,车伍,刘燕,等.北京城区道路径流雨水污染指标相关性分析[J].城市环境与城市生态,2003,6:182—184.

[16] 陈壁波.废水可生化性评价方法及中段废水可生化性的评价[J].广西轻工业,2006,5:65—67.

[17] Deletic A B,Maksimocic C T. Evaluation of water quality factors in storm run-off from paved areas[J]. Journal of Environment Engineering,1998,124(9):869—879.

新型生态渗滤系统处治道路径流污染试验研究

康爱红[1]　许珊珊[1]　肖鹏[1]　殷成胜[2]　王二飞[1]　娄可可[1]

（1.扬州大学建筑科学与工程学院　扬州　225127；2.扬州市公路管理处　扬州　225007）

摘　要　为分析处治城市道路径流污染的浅层渗滤净化系统,本文选取陶粒、沸石和卵砾石,设计 4 种配置组合的渗滤系统,通过水质试验研究其对污染物的净化效果。结果表明:系统对污染物的净化率受水力负荷、进水水质、入流时间、植被等影响;植草型陶粒沸石渗滤系统对 SS、COD、TP、Pb、Zn、TN、氨氮的净化率分别为 $89\%\sim98\%$,$55\%\sim85\%$,$70\%\sim90\%$,$65\%\sim91\%$,$50\%\sim79\%$,$34\%\sim60\%$,$25\%\sim51\%$;系统中植被及微生物生长环境与净化材料协同作用增强径流中氮化物的控制稳定性;道路径流中相同赋存状态污染物去除率波动范围 SS、TP 为 $5\%\sim8\%$,$8\%\sim12\%$,Pb、COD、Zn 为 $11\%\sim27\%$,TN、氨氮为 $13\%\sim26\%$,悬浮态污染物较溶解态净化稳定性高。

关键词　道路径流　污染物　生态渗滤　净化率

0　引　言

随着社会经济的飞速发展和城镇化进程的加快,我国城市道路径流污染也日益严重。研究表明[1],城市路面径流中含有一定数量的重金属、漂浮颗粒物及汽车尾气污染物等,如果未经处理汇入城市水体,易导致水生生态系统破坏与道路周边环境污染等问题。

目前,关于渗滤材料的使用已有一些研究成果。沸石[2-4]具有很好的吸附、催化与离子交换特性,常用作去除 NH_4^+、重金属等污染物,且沸石对氨氮有较好的净化作用。陶粒滤池对氨氮去除率高且效果稳定,可用于预处理富营养化的水体,改善水质的效果较好[5]。砾石具有较强的除磷能力,且渗滤系统中砂砾料垫层对 COD 的净化效果优于无砂混凝土垫层[6-8]。相关研究表明,初期雨水中含有大量的粒径在 $45\ \mu m$ 以上的悬浮颗粒物,因此在选择净化材料时要考虑材料的丰富孔隙对试验结果的影响[9]。

传统生态滤沟具有污染物去除功效的材料层多采用单一滤料进行铺筑,未将污染物种类、滤料的污染物控制特性与材料层设计相结合,影响污染物的净化控制功效及装置的耐久性。本研究设计的新型生态渗滤系统在考虑滤料和道路径流污染物的成分与特性的相关性、取材经济方便等基础上,合理布置多种净化材料组合回填层,增强其抗堵塞能力,强化溶解态污染物的去除效果。

1 材料与试验方法

1.1 试验用水

根据实地取样测试结果确定各污染物浓度值,在实验室选用相应的化学试剂人工配置污染水样[10]。

1.2 水质检测方法

根据《水与废水监测分析方法》对各批次出流水样进行 COD、SS、TN、Pb、TP、氨氮及重金属等指标的检测,检测方法见表 1。

表 1　径流水样参数检测方法

监测指标	分析方法
SS(悬浮物)	$0.45\ \mu m$ 滤膜过滤、干燥称重法
COD_{Cr}(化学需氧量)	重铬酸钾氧化法
石油类	红外分光测油仪测定
TN(总氮)	过硫酸钾氧化紫外分光光度法
TP(总磷)	钼酸铵分光光度法
NH_3-H(氨氮)	纳氏试剂光度法
重金属锌(Zn)、铅(Pb)	原子吸收分光光度计

1.3 装置设计

渗滤装置槽采用钢结构的 U 形槽,长 $1.25\ m$,宽 $0.5\ m$,槽底横向坡度为 1.5%,通过两端及介质材料层中插入的通气管、底部集水管形成富氧系统。径流系统、渗滤模拟系统和水样收集系统组成配水—径流—处治—收集一体化试验装置,见图 1。

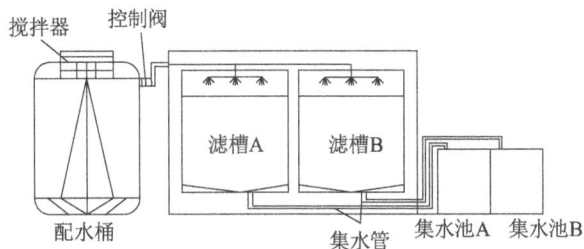

图 1　系统装置图

装置选用材料和植被:粒径 $3\sim10\ mm$ 黏土陶粒;粒径 $3\sim5\ mm$ 沸石;粒径 $10\sim30\ mm$ 砾石及粒径 $50\sim100\ mm$ 卵石;黑麦草。试验设计 4 种不同配置组合的渗滤系统,见图 2。

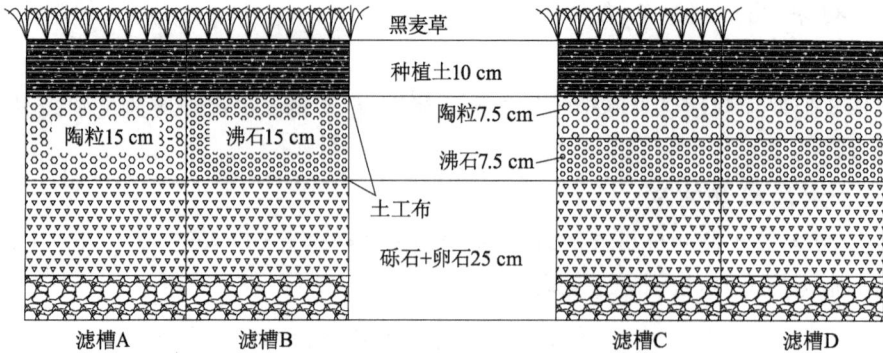

图 2　新型生态渗滤系统净化层布置图

1.4　试验方法

采用室内配置污水水样进行渗流试验,待均匀出水后收集水样并在 24 h 内完成相应污染物指标测试。进水过程中采用涡轮电子流量计实时监控系统水力负荷。植草型系统在试验前一个月内定期进水,待其对 SS、COD 净化效果稳定且在植被表面形成絮状生物膜后进入净化研究[11]。

根据扬州市暴雨强度计算公式,试验固定水力负荷为 6.408 $m^3 \cdot m^{-2} \cdot d^{-1}$,进水水质为 3#。在水力负荷影响试验时选定 3# 进水水质,实际操作的 4 组水力负荷分别为 4.22,5.38,8.83,14.21 $m^3 \cdot m^{-2} \cdot d^{-1}$;在进水水质影响试验时选定水力负荷 4.22 $m^3 \cdot m^{-2} \cdot d^{-1}$。根据扬州市道路污染水质检测值范围,安排系统进水水质分别模拟 4 个梯度的污染物浓度,见表 2。

表 2　进水水质　　　　　　　　　　　　　　　　　　　　　　　　　mg/L

进水水质编号	COD	SS	TP	Zn	Pb	TN	氨氮
1#	100	200	0.7	1.2	0.1	3.0	0.7
2#	200	400	1.5	2.5	0.2	6.0	1.5
3#	300	600	2.6	3.0	0.3	9.0	4.0
4#	600	800	4.5	4.0	0.5	14.0	6.0

2　生态渗滤系统净化效果及其影响因素分析

2.1　单层与双层滤料系统对比试验

2.1.1　陶粒与沸石渗滤系统对比

系统以流量 5 L/min 清水进行渗透时,结果滤槽 A、滤槽 B 分别在进水量为 32,19 L 时均匀出水,表明陶粒储水能力优于沸石。系统 A、B、C 的净化效果见图 3,对比陶粒和沸石两种渗滤系统,陶粒对于 TP 和 Zn 的净化表现出优势,这与陶粒表面存在的丰富孔隙有关[12],而沸石渗滤系统对 COD、TN、氨氮净化效果优于陶粒系统。

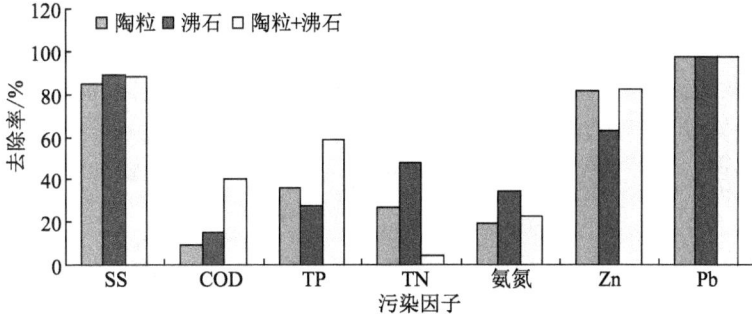

图 3　几种系统对污染物的去除率

2.1.2　单双层滤料系统对比

对比 A、B、C 三种形式的生态渗滤结构层,去污能力为陶粒沸石双层滤料＞沸石＞陶粒。双层滤料系统对 SS 的初始净化率达到 70％以上,对 Zn、Pb 的初始净化率也在 90％以上,对 COD、TP 的去除率随着入流时间的持续均达到 40％以上,且露天放置的生态渗滤系统在使用过程中去污能力趋于稳定。但本试验中双层滤料系统对 TN、氨氮的去除率较单层滤料系统低许多,这可能是先前渗流残留的 TN 在硝化和反硝化过程中产生的中间产物混入了出水水样造成的。

2.2　几种系统净化效果影响因素试验

2.2.1　水力负荷对系统净化效果的影响

不同水力负荷下污染因子的去除率见图 4。

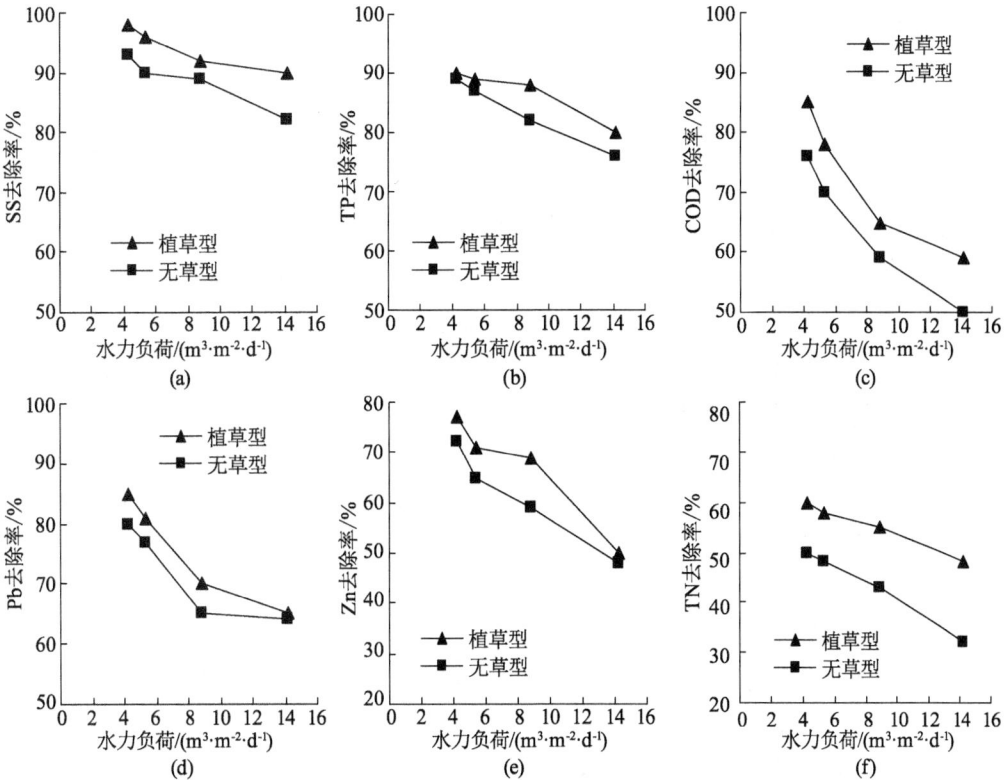

图 4　不同水力负荷下污染因子去除率

从图 4 可以看出,系统对各污染物的去除率随水力负荷的增大而减小,主要是因为水力负荷较小时,径流雨水的流速缓慢,污染物与滤料的接触时间延长,系统对其进行过滤、反应及吸收较充分,从而增强了污染物控制效果。在常见的水力负荷下,生态渗滤系统对污染物的净化效果较好。

2.2.2 进水水质对系统净化效果的影响

不同进水水质时污染因子去除率见图 5。

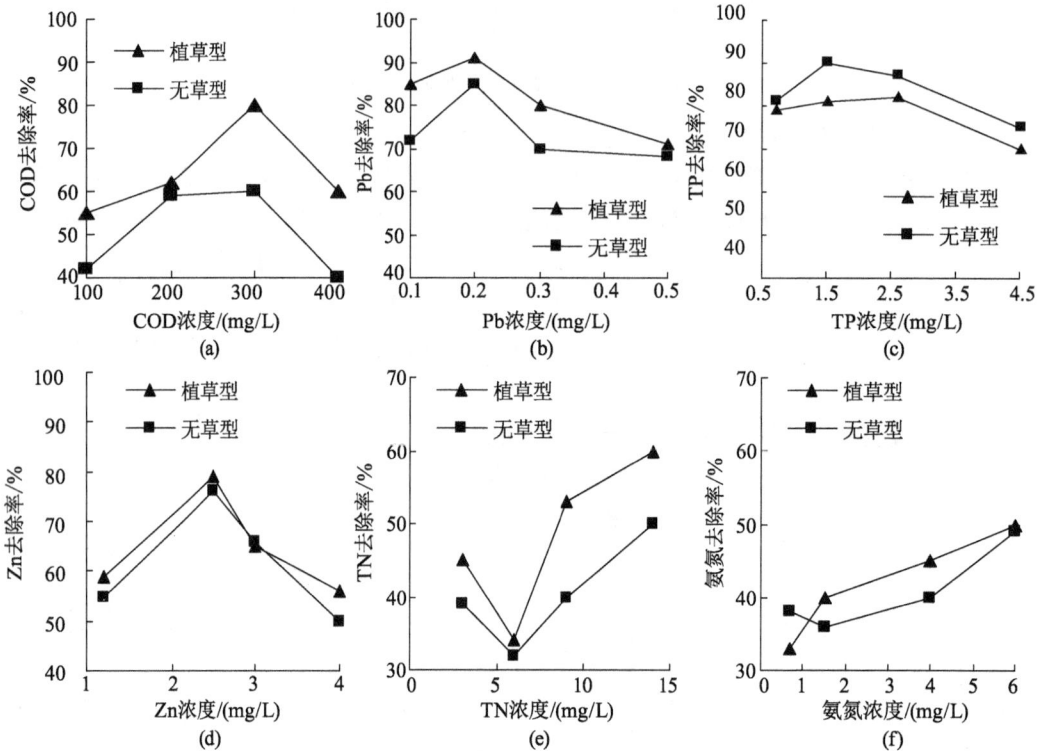

图 5 不同进水水质时污染因子去除率

由图 5 可知,系统对 COD,重金属 Pb、Zn 及营养盐 TP 的净化率随进水浓度增加呈现先增大后减小的趋势;随进水 TN 浓度增大,其净化率在 $32\%\sim60\%$,呈现先降低后逐步增加的趋势;随着水样中氨氮浓度增加,植草型系统对其去除率逐渐增大,无草型系统对其去除率先微弱减低后增长,波动较小,通过调节各种填料粒径级配,延长水样在系统中的渗流时间,可改善氮的去除效果。经生态渗滤系统净化后,1# 出水中 COD 满足城市杂用水水质标准,1#,2# 出水中 TP 和 Zn 满足地表水环境 IV 类标准。对于高浓度污染水样,可以通过适当地增加渗滤层材料的填筑厚度、延缓渗流速度等措施来提高污染物去除率以满足水质要求。

2.2.3 植草对系统净化功效的影响

植草系统对污染物 SS、TP、Pb、COD、Zn、TN、氨氮的净化率分别为 $89\%\sim98\%$,$70\%\sim90\%$,$65\%\sim91\%$,$55\%\sim85\%$,$50\%\sim79\%$,$34\%\sim60\%$,$25\%\sim51\%$;无草系统对污染物 SS、TP、Pb、COD、Zn、TN、氨氮的净化率分别为 $82\%\sim93\%$,$74\%\sim90\%$,$64\%\sim89\%$,$40\%\sim76\%$,$48\%\sim76\%$,$31\%\sim50\%$,$24\%\sim50\%$。相对于无草系统靠滤

料的物理截留及吸附作用,植草系统中滤料与植物吸收、微生物降解共同作用,提高了污染物净化率;两类系统对氨氮净化效果相近,表明氨氮的净化主要靠沸石吸附,而植草系统对 TN 的去除率比无草型提高了 6%～13%,说明植物与微生物生长微环境促进了氮的氨化、硝化和反硝化作用。

2.2.4 入流时间及长期静置对系统净化效果的影响

不同入流时间污染因子去除率见图 6。

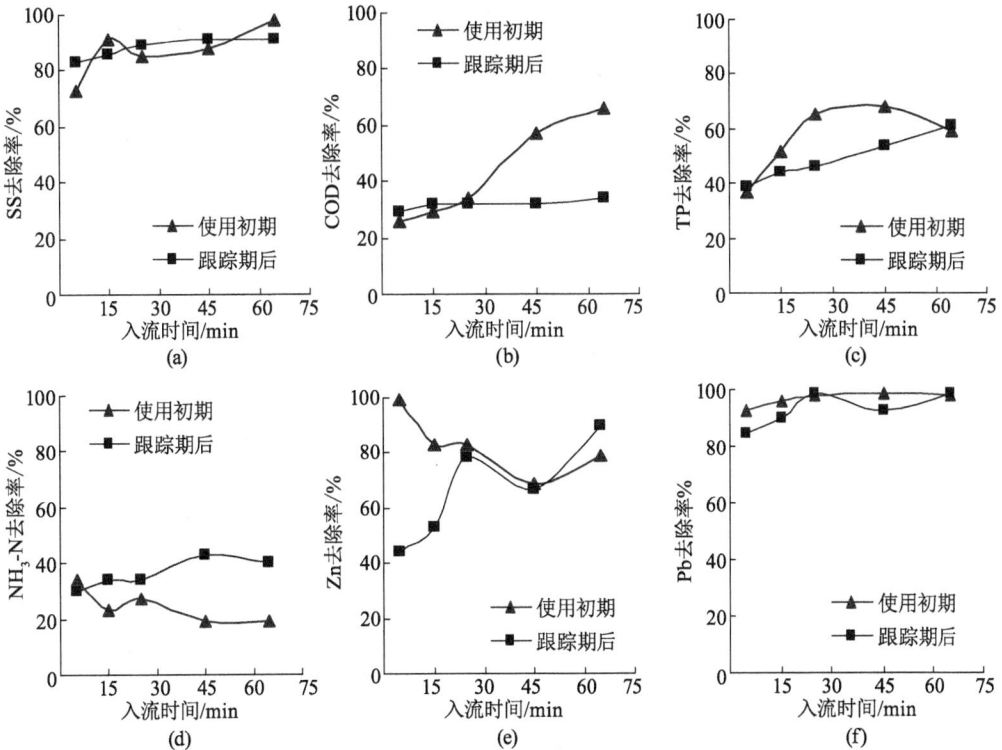

图 6 不同入流时间污染因子去除率

由图 6 可知,对于植草型双层滤料系统,在固定水力负荷和进水水质时,随着入流时间的延长,系统对各污染物净化率总体表现为先增加后降低到某一范围并趋于稳定。系统放置 35 d 后,黑麦草长势良好。使用一段时间后,双层滤料系统对污染物 SS、COD、氨氮、Pb 的净化作用更加稳定,对这些污染物的去除率维持在 10% 的变化范围内;随入流时间的延长,系统对重金属 Zn 的去除率波动性增长,对 TP 去除率呈现逐渐增长趋势;同时使用一段时间后,系统对氨氮的净化效果较使用初期明显,但对 COD 的控制率不如使用初期。

2.2.5 污染物赋存状态对净化效果的影响

对径流水样中污染物赋存状态分析,85% 以上的磷为悬浮态,90% 以上的 TN 为溶解态。A、B、C 三种系统对 Pb、SS 净化效果最好,其次是 Zn、TP,这与污染物在径流中的赋存状态有关,Pb、SS、TP 及一部分 Zn 主要以悬浮态存在。植草系统中,悬浮态污染物 SS、TP 去除率波动范围分别为 5%～8%,8%～12%,Pb、COD、Zn 的去除率波动在 11%～27% 范围内,溶解态氨氮、TN 去除率波动范围为 13%～26%,表明系统对悬浮态污染物的净化稳定性高于溶解态,溶解态污染物随径流流动,与介质层及滤料接触时间较悬浮态短。

3　结　语

(1) 新型生态渗滤系统去污能力随着水力负荷增大而下降,随入流时间的延长先增强后减弱到某一范围并趋于稳定,对氨氮的净化效果较初期明显,但对 COD 的去除效果不如使用初期。

(2) 陶粒系统对重金属 Pb、Zn 的去除效果较好,沸石系统对 TN 的净化效果较明显,植草型系统对污染物的去除率高于无草系统,对氮化物去除稳定性提高。

(3) 适当增加滤料填筑厚度、延缓径渗流速度,可以有效地提高系统对污染物的去除率。

(4) 生态渗滤系统对悬浮态污染物的净化稳定性较溶解态高。

参考文献

[1] Field R,Pitt R E. Urban storm-induced discharge impacts: US Environmental Protection Agency research program review[J]. Lwa Publishing,1988,22.

[2] Zorpas A A,Kapetanios E,Zorpas G A,et al. Compost produced from organic fraction of municipal,solid waste,primary stabilized sewage sludge and natural zeolite[J]. Journal of Hazardous Materials,2000,77(1−3):149−159.

[3] Nguyen M L. Retention and subsequent nitrification of waste water ammonium in natural New Zealand zeolites. Proc. UNEP: For Life on Earth-Int. Regional Conf. Murdoch University,Perth Australia,1997.

[4] 陈辉霞,刘翔. 沸石渗滤床在城市初期雨水径流污染控制的应用研究[J]. 环境工程学报,2012,6(2):519−522.

[5] Bouwer E J,Crowe P B. Biological processes in drinking water treatment[J]. Journal American Water Works Association,1988,80(9):82−93.

[6] Sakadevan K,Bavor H J. Phosphate adsorption characteristics of soils,slags and zeolite to be used as substrates in constructed wetland systems[J]. Water Research,1998,32(2):393−399.

[7] Vymazal J,Brix H,Perfler R,et al. Removal mechanisms and types of constructed wetlands[J]. 1998:17−66.

[8] 冯绍元,侯立柱,丁跃元,等. 多层渗滤介质系统去除城市雨水径流有机污染物[J]. 环境科学学报,2008,28(6):1123−1130.

[9] 陶霞. 城市道路初期雨水快速处理技术研究[D]. 北京:清华大学,2010.

[10] 徐丽花,周琪. 不同填料人工湿地处理系统的净化能力研究[J]. 上海环境科学,2002,21(10):603−605.

[11] 钱睿智. 扬州市短历时暴雨强度公式参数推求[J]. 江苏水利. 2013(3):40−41.

[12] 康爱红,李涛,丁泽民,等. 我国道路雨水径流污染特性及控制措施进展[J]. 内蒙古农业大学学报:自然科学版,2013(6):188−192.

基于节能环保的大孔隙沥青混合料性能研究

王亚奇

（镇江市公路管理处　镇江　212008）

摘　要　大孔隙沥青路面具有优越的排水性、全天候的抗滑性和不良气候条件下更好的可视性等优点，符合现代节能环保、以人为本的新设计理念，有着广阔的研究和发展前景。本文在国内外对大孔隙沥青混合料已有研究成果的基础上，采用 SK 高黏改性沥青，对节能环保型的大孔隙沥青混合料的低温抗裂性、高温稳定性、排水特性、抗滑特性进行了研究，分析了 SK 高黏改性沥青运用于节能环保路面的可行性。

关键词　节能环保　SK 高黏改性沥青　大孔隙　低温抗裂性　高温稳定性

0　引　言

目前我国处于城市化迅速发展阶段，硬化地表覆盖率急剧提高。不透水地面铺装严重地破坏了城市地表土壤的生物环境，改变了大自然原有的生态环境，城市建筑、道路、广场等设施代替了森林、绿地和田野，形成了"城市荒漠"。而城区硬化地面常常出现雨水蓄积和地表径流现象，这种情况下非透水性铺装无疑会加重城市排水系统的压力，它是很多城市夏季产生城区内涝（城市型洪水）的重要因素。

大孔隙沥青路面优越的排水性、全天候的抗滑性、优良的降噪性和不良气候条件下更好的可视性[1-3]，既兼顾了人类活动对于硬化地面的使用要求，又能通过自身性能接近天然草坪和土壤地面的生态优势减轻城市硬化地面对大自然的破坏程度，透水性地面铺装以下的动植物及微生物的生存空间得到有效的保护，满足自然环境的可持续发展的要求，因而很好地体现了"与环境共生"的可持续发展理念，有着广阔的研究和发展前景。

本文在国内外对大孔隙沥青混合料已有研究成果的基础上，采用 SK 高黏改性沥青，通过 OGFC-13 的级配确定大孔隙沥青混合料的目标空隙率为（20±1）％，在此基础上对节能环保型的大孔隙沥青混合料的低温抗裂性、高温稳定性、排水性、抗滑性等性能进行研究，分析大孔隙沥青混合料运用于节能环保路面的可行性。

1　原材料性能

1.1　原材料

沥青的技术性能对沥青混合料性能有重要影响，不同孔隙率的沥青混合料需要使用不同品质的沥青。沥青应满足以下几点要求：① 应与集料表面有较好的黏附性；② 具有较小的针入度和较高的软化点；③ 应有较好的抗裂性，避免沥青面层低温开裂。本文对大孔隙沥青混合料性能试验选用 SK 高黏度沥青，沥青的主要试验指标见表 1，集料技术指标见表 2。

表 1　SK 高黏改性沥青性能

试验项目	PG 等级	针入度指数（PI）	延度（5 ℃/cm）	软化点/℃	韧性/（N·m）	60℃黏度/（Pa·s）	闪点
试验指标	PG76-28	0.935	75.3	88	39	1 480 000	287
技术要求		≥−0.2	≥30	≥60	≥20	≥200 000	≥230

表 2　集料技术指标

试验项目	压碎值	视密度/（g/cm³）	吸水率/%	洛杉矶磨耗损失量/%	对沥青的黏附性	针片状含量
试验指标	10.5	2.74	0.9	22	4 级	4.2
技术要求	≤28	≥2.50	≤2.0	≤30	4 级	≤15

1.2　混合料的级配

国内对 OGFC-13 沥青混合料级配的研究已有一定的工程实例作为支撑，路面性能稳定，亦是学者研究大孔隙沥青路面的常用级配，故本研究采用 OGFC-13 矿料级配，(20±)1% 目标空隙率[4-5]，并以现行《公路沥青路面施工技术规范》(JTG F40—2004)规定的级配范围中值为目标级配，合成的矿料级配见图 1。在此级配和目标空隙率下，通过谢伦堡析漏试验和肯塔堡飞散试验，并结合马歇尔试验，最终确定大孔隙沥青混合料的最佳油石比为 4.7%。

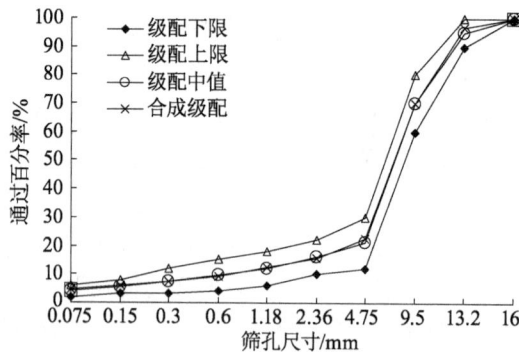

图 1　大孔隙沥青混合料级配图

2　大孔隙沥青混合料性能

2.1　低温抗裂性

采用低温弯曲试验评价大孔隙沥青混合料的低温性能。每种沥青混合料分别采用由轮碾法成型的车辙试验板切制成长(250±2.0) mm，宽(30±2.0) mm，高(35±2.0) mm 的棱柱体小梁［其跨径为(200±0.5) mm］，试验温度为−10 ℃，加载速率为 50 mm/min。沥青混合料低温弯曲试验结果见表 3。

表3 沥青混合料低温弯曲试验结果(-10 ℃)

材料类型	空隙率/%	应变/10^{-3}	抗弯拉强度/MPa	劲度模量/MPa
普通改性沥青	20.9	3.5	3.8	1 086
SK 高黏改性沥青	20.3	1.7	8.2	4 823

由表3可知,采用 SK 高黏改性沥青的大孔隙沥青混合料的劲度模量是普通改性沥青混合料的 4.4 倍,具有良好的低温抗裂性。

2.2 高温稳定性

采用 60 ℃的高温车辙试验评价沥青混合料的高温稳定性能。依据《公路工程沥青及沥青混合料试验规程》(JTJ052—2000)要求,将沥青混合料成型为 300 mm×300 mm×50 mm 的板式试件,在 60 ℃温度下在同一轨道上,以轮压为 0.7 MPa 的实心橡胶轮进行一定时间的反复碾压,形成辙槽,以辙槽深度(总变形量)RD 和动稳定度 DS(每产生 1 mm 辙槽所需的碾压次数)评价沥青混合料的抗车辙能力(见表4)。

表4 不同沥青混合料车辙试验结果(60 ℃)

材料类型	空隙率/%	动稳定度/(次/mm)
AC13 沥青混合料	4.5	3 579
普通改性沥青	20.2	2 871
SK 高黏改性沥青	20.3	4 426
技术要求		≥3 000

由表4可知,采用 SK 高黏改性沥青的大孔隙沥青混合料的动稳定度是密集配 AC13 沥青混合料的 1.2 倍,是普通改性大孔隙沥青混合料的 1.5 倍,具有良好的高温稳定性。

2.3 排水性能

大孔隙沥青混凝土的透水性能是保证路面结构排水性能的重要指标,本研究采用路面透水仪来测定大孔隙沥青混合料碾压成型试件的透水系数,以检验该混合料的透水性能。路面透水仪分为上部和下部,上部盛水量筒由透明有机玻璃制成,容量 600 mL,上有刻度,量筒通过支架与下部底座连接,底座下方开口内径 ϕ150 mm,外径 ϕ165 mm。试验时将装满水的透水仪用密封材料黏结在车辙板试件上,确保水不会从底座与密封材料间渗出;试验开始时,读取水面 100 mL 下降到 500 mL 段所需的时间 t,试验共 3 块车辙板试件,每块试件进行 3 次试验。试验结果见表5。

大孔隙沥青混合料透水系数

$$c_w = \frac{V_2 - V_1}{t_2 - t_1} \times 60 \tag{1}$$

式中,c_w 为混合料试件的渗水系数,mL/min;V_1 为第一次读数时的水量(通常为 100 mL),mL;V_2 为第二次读数时的水量(通常为 500 mL),mL;t_1 为第一次读数时的时间,s;t_2 为第二次读数时的时间,s。

表 5　混合料渗水系数测试结果

项目	渗水量/mL	渗水时间/s	渗水系数
A	400	4.11	5 831
B	400	4.00	6 000
C	400	4.09	5 868
平均值	400	4.07	5 899
技术要求	400	≤6.7	≥3 600

由表 5 可知,空隙率为 20.3% 的 SK 高黏改性沥青大孔隙沥青混合料具有很强的透水性能。将 SK 高黏改性沥青大孔隙沥青混合料铺筑在道路表面时,雨水能够较快地沿大孔隙沥青混合料内部连通空隙排出路表,从而减少水溅、水雾等现象,保证驾驶员的行车安全。

不透水路面只能依靠表面汇水系统及城市排水管网排除地表降雨,在暴雨时这种地面径流急剧增高,很快出现峰值,流量急升急降。透水性铺装地面由于自身良好的透水性能,能有效地缓解城市排水系统的泄洪压力,径流曲线平缓,其峰值较低,并且流量也是缓升缓降,这对于城市防洪是有利的。

2.4　抗滑性能

车辆行驶的道路上,要求沥青面层的表面具有良好的抗滑性,特别是在潮湿多雨的地区,面层应具有优良的构造深度,以消除雨大高速行车后的水雾、轮胎的水漂现象,保证行车的安全性[6]。

本文使用摩擦系数仪检测混合料的抗滑性能。在已经成型的 300 mm×300 mm×50 mm 的车辙试件上,采用英国 ELE-6000 型便携式摆式仪按照《公路路基路面现场测试规程》(JTJ059—95)中有关方法测定其摆值。试验结果见表 6。

表 6　摆值测试结果

沥青混合料	试验条件	摆值 BPN				均值	技术指标
大孔隙沥青混合料	干燥	87	83	89	85	86	≥45
	湿润	65	65	60	62	63	
AC13	干燥	62	63	64	62	63	≥45
	湿润	53	51	51	52	52	

由表 6 可知:

(1) SK 高黏改性沥青大孔隙沥青混合料干燥条件下的 BPN 值在 80 以上,远超过《公路路面验收规范》中高速公路的摆值应大于 45 BPN 的要求;此外,即使是在湿润的条件下,其 BPN 值也在 60 以上,抗滑性能优异,足以保证在雨天等不良气候条件下安全行车。

(2) 常见的沥青混合料在干燥条件下的摩擦系数一般在 64 左右,而大孔隙沥青混合料在湿润条件下的摩擦系数为 63,这说明大孔隙沥青混合料与密级配沥青混合料相比,具有更好的表面抗滑性能,能够保证雨天车辆行驶的安全。这也正是排水性沥青混合料的优点之一。

3　结　语

本文以 SK 高黏改性沥青大孔隙沥青混合料为研究对象,结合国内外大孔隙沥青混合料研究经验,对 SK 高黏改性沥青大孔隙沥青混合料的性能进行了研究,结论如下:

(1) SK 高黏改性沥青大孔隙沥青混合料劲度模量和动稳定度分别是普通改性大孔隙沥青混合料的 4.4 倍和 1.5 倍,具有良好的低温抗裂性和高温稳定性。

(2) SK 高黏改性沥青大孔隙沥青混合料具有优良的排水性能,将大孔隙沥青混合料铺筑在道路表面时,雨水能够较快地沿大孔隙沥青混合料内部连通空隙排出路表,从而减少水溅、水雾等现象,保证驾驶员的行车安全。

(3) SK 大孔隙沥青混合料具有良好的表面抗滑性能,尤其是湿润条件下的仍具备较高的摩擦系数,保证了雨天行车的安全性和舒适性。

参考文献

[1] McDaniel R,Thornton S W D. Field evaluation of a porous friction course for noise control [R]. Washington D. C. :Transportation Research Board,2005.

[2] Bolzan P E,Nicholls J C,Huber G A. Searching for superior performing porous asphalt wearing courses[R]. Washington D. C. :Transportation Research Board,2001.

[3] 苗英豪,王秉纲.沥青路面降噪性能研究综述[J].中外公路,2006,26(2):65—68.

[4] 严军,叶奋,黄彭等.排水沥青混合料透水性能的评价研究[J].公路交通科技,2002,19(6):35—37.

[5] Kandhal P S. ,Mallick R B. Open-graded friction course:state of the practice [R]. NCAT Report,1999.

[6] 刘清泉.路面防滑机理与应用研究[D].南京:东南大学,2000.

灌入式复合路面路用性能研究综述

王亚奇 丁文胜 管亚舟 王鹏

（镇江市公路管理处 镇江 212008）

摘 要 近年来,灌入式复合路面在交叉路口、货运通道等车辙病害严重路段应用越来越多。由于灌入式复合路面室内成型过程相对复杂,本文介绍了室内试验标准化作业流程,并提出了灌浆饱满度这一指标来评价室内成型效果。同时本文对灌入式复合路面水稳定性、高温稳定性和低温稳定性进行了对比分析,并对灌入式复合路面路用性能进行了详细分析,并提出应用建议,为灌入式复合路面的进一步推广提供参考。

关键词 灌入式复合路面 成型方法 路用性能

0 引 言

灌入式复合路面(又名半柔性路面)是近些年应用于重载交通条件下交叉路口、货运通道等渠化交通严重路段的一种新型路面结构形式,用以解决频繁发生车辙病害的问题。该路面是将一定级配的刚性水泥砂浆通过一系列工艺填充至骨架空隙型的基体沥青混合料(空隙率达 20%~25%)中,通过水泥砂浆的凝结固化复合形成一种新型的介于柔性路面与刚性路面之间的路面结构形式,由于基体沥青空隙中填充的刚性水泥砂浆能改变原有沥青路面在高温状态下易发生变形的特性,从而达到路面抗车辙的目的。为了全面验证灌入式复合路面路用性能,本文通过室内对比试验,对不同类型的灌入式复合路面进行室内高温性能、低温性能、水稳定性能评价,以分析灌入式复合路面综合路用性能,为后期推广应用提供基础。

1 混合料性能试验方案

混合料性能研究采用对比试验的方法进行。试验按照两种常用最大公称粒径(19 mm,13.2 mm),分别采用不同的胶结料(SBS 改性沥青、70# 道路石油沥青)形成灌入式复合路面混合料,再与采用相同 SBS 改性沥青和集料的 SBSAC-13 或 SBSAC-20 共计 6 种沥青混合料进行对比研究,以全面了解灌入式复合路面混合料的性能。

本文主要从沥青混合料高温性能、低温性能、水稳定性能和疲劳性能等方面对比研究其路用性能(见表1)。

表 1　混合料性能试验内容汇总

混合料类型	路用性能	试验方法	获得的试验数据
SBS-GRAC-13、70#-GRAC-13、SBSAC-13 和 SBS-GRAC-20、70#-GRAC-20、SBSAC-20	水稳定性	浸水马歇尔试验、冻融劈裂试验	残留稳定度、强度比
	高温稳定性	车辙试验	动稳定度
	低温抗裂性	低温小梁弯曲试验	极限弯拉应变、劲度模量

2　混合料成型方法研究

灌入式复合路面混合料是一种特殊的混合料,分为基体沥青制作、灌入材料制作、灌入材料填充等多个步骤,成型过程相对复杂,因此在室内成型试验中,须对试件进行标准化作业,以减少试件成型质量对试验结果的影响。

(1) 灌浆饱满程度

室内成型试件时,须对灌入式复合路面混合料的灌浆饱满程度(简称灌浆饱满度)进行检测,以评价灌注材料填满基体沥青混合料的饱满程度。通过研究,灌浆饱满度为

$$V_g = \frac{(m_2 - m_1)}{\rho(V \times V_v)} \times 100$$

式中,V_g 为灌浆饱满度,%;m_1 为灌浆前试件质量,g;m_2 为灌浆后试件质量,g;ρ 为灌入体密度,g/cm³;V 为试件体积,cm³;V_v 为基体沥青空隙率,%。

(3) 试件成型要求

由于灌入式复合路面混合料成型涉及基体沥青成型、灌入材料生产、灌浆、养生等多个步骤,每个步骤都对后期灌入式复合路面混合料性能有较大影响,因此灌入式复合路面混合料试件按下列步骤成型:

① 基体沥青成型按照《公路工程沥青和沥青混合料试验规程》相关试验要求进行成型试件,成型前须对试模进行称重。

② 基体沥青成型后,静置至试件完全冷却后,并采用体积法测试基体沥青空隙率,满足相关要求后,将试件连同试模一起准备进行灌浆试验。

③ 根据灌入材料设计结果,按比例拌制灌入材料。

④ 将试件连同试模置于振动台上,将灌入材料按照先中间后周边的原则倒入试件,倒入的灌入材料高度与试模边齐平为止,开启振动台 30 s 进行振动灌浆,振动后重新倒入灌入材料重复振动灌浆过程,直至灌入材料无明显高度变化为止。将试件表面多余的灌入材料清洗后,称量试件灌入前后质量变化,计算出试件的灌浆饱满度,对灌浆饱满度不合格的试件作废处理。

⑤ 满足相关要求的试件需在标准养护条件下(温度(20±1)℃,湿度 90%)养护 7 d方可进行相关性能试验。

3　混合料性能试验

1) 水稳定性试验

目前,国内水稳定性试验应用最为广泛的是浸水马歇尔试验和冻融劈裂试验,其中浸水马歇尔试验较简单,尽管区分度较低,但残留稳定度可作为对比值分析其水稳定性;

冻融劈裂试验的饱水过程包括真空饱水、冻融和高温水浴,可模拟路面在不同条件下实际水稳定情况。因此,本文采用冻融劈裂试验和浸水马歇尔试验来评价灌入式复合路面混合料水稳定性。各种混合料水稳定试验结果见表 2。

表 2 不同混合料的冻融劈裂试验结果

混合料类型	浸水马歇尔试验		冻融劈裂试验	
	灌浆饱满度 平均值/%	残留稳定度(S_0)/%	灌浆饱满度 平均值/%	劈裂强度比/%
SBS-GRAC-13	97.4	94.2	96.3	85.3
70#-GRAC-13	96.9	93.2	96.7	83.9
SBSAC-13		90.3		87.7
SBS-GRAC-20	96.7	95.1	96.9	85.2
70#-GRAC-20	96.9	96.4	96.2	84.9
SBSAC-20		90.6		90.5

灌入式复合路面混合料在残留稳定度试验中,各值明显高于常规 SBS 沥青混合料。而在冻融劈裂试验中,其试验各值低于常规 SBS 沥青混合料。通过分析发现,出现这种情况的原因与试验条件有一定的关系,混合料在残留稳定度试验中,需要浸入 60 ℃恒温水浴 48 h,由于灌入沥青混合料在高温和高湿的环境下,水泥砂浆强度得到加强,一定程度上抵御了灌入式复合路面混合料中基体沥青在高温和高湿条件下黏结效果的衰减,这也可以从另一个角度说明该种混合料的水稳定较好。而在冻融劈裂试验中,需要真空保水后在−18 ℃条件下静置 16 h,这一冻融循环条件对水泥砂浆的强度造成较大幅度的影响,使得灌入式复合路面混合料的冻融劈裂强度比有所下降。

2)高温稳定性试验

研究中,采用常见的车辙试验作为灌入式复合路面混合料高温稳定性的评价方法,检测结果见表 3。

表 3 不同级配混合料的动稳定度试验结果

混合料类型	灌浆饱满 度/%	动稳定度/(次/mm)	
		测试值	平均值
SBS-GRAC-13	96.4	11 700	
	96.7	14 500	13 600
	97.1	14 600	
70#-GRAC-13	96.5	12 900	
	96.7	13 350	12 500
	96.2	11 250	

续表

混合料类型	灌浆饱满度/%	动稳定度/(次/mm)	
		测试值	平均值
SBSAC-13		4 960	
		5 520	5 130
		4 910	
SBS-GRAC-20	96.3	11 500	
	97.1	11 900	11 240
	96.9	10 320	
70#-GRAC-20	97.3	12 000	
	96.2	10 900	11 700
	96.5	12 200	
SBSAC-20		5 100	
		4 770	4 960
		5 010	

试验结果表明,灌入式复合路面混合料由于灌入材料的加入,改变了原沥青混合料的在高温状态下易发生变形的性质,大幅度提高了混合料的高温性能,且优于常规 SBS 改性沥青混合料;由于在混合料中,灌入材料的硬化主要起到抵抗变形的作用,而胶结料对抗车辙贡献相对较小,这使得采用两种不同胶结料的灌入式复合路面混合料高温性能相差不大。

3)低温性能

沥青路面除了高温稳定性、水稳定性性能以外,低温性能也是重要的性能指标。尤其是灌入式复合路面中加入了刚性的水泥砂浆,使得整体成为一种半刚性的材料,评价其低温抗裂性能对灌入式复合路面的使用寿命具有积极意义。本文采用我国常用的低温小梁弯曲试验来研究灌入式复合路面混合料的低温性能,通过规定温度和加载速率时混合料弯曲破坏的力学参数——破坏弯拉应变来评价其低温抗裂性能,试验温度 -10 ℃,试验结果见表 4。

表 4　不同级配混合料的小梁弯曲试验结果

混合料类型	灌浆饱满度/%	最大荷载/kN	抗弯拉强度/MPa	劲度模量/MPa	破坏应变/με
SBS-GRAC-13	97.1	1.29	10.66	3 910	2 441
70#-GRAC-13	96.2	1.17	9.55	4 213	2 022
SBSAC-13		1.09	8.90	3 415	2 957
SBS-GRAC-20	96.3	1.07	9.26	3 866	2 339
70#-GRAC-20	96.7	1.03	8.70	3 920	2 010
SBSAC-20		0.97	8.39	3 117	2 434

试验结果表明,灌入式复合路面由于其自身特点,刚度增加,这使得其与 SBS 改性沥青混合料相比具有较高的抗弯拉强度,但破坏弯拉应变小,且劲度模量大,表明灌入式复合路面混合料的低温抗裂性能不如常规 SBS 改性沥青混合料;尽管灌入式复合路面混合料低温性能不如 SBS 改性沥青混合料,但是其破坏弯拉应变仍然满足规范要求,这表明,灌入式复合路面混合料仍然具有一定的低温抗裂性;同时试验表明,采用 SBS 改性沥青的灌入式复合路面混合料低温性能略高于采用 70# 道路石油沥青的灌入式复合路面混合料。因此,在应用中采用 SBS 改性沥青的灌入式复合路面混合料能一定程度改善灌入式复合路面混合料的低温性能。

4 结 语

通过对室内试验的归纳总结,文中对灌入式复合路面室内成型试验的方法及标准进行了探讨,保证了其室内成型效果,同时通过混合料性能对比试验对灌入式复合路面的应用提出以下建议:

(1)灌入式复合路面具有良好的抗水损、抗车辙性能,因此应用于车辙频发的路段能起到较好的抗车辙效果。

(2)灌入式复合路面的低温性能相对较弱,因此在冬季温度较低地区,灌入式复合路面适宜应用于中、下面层;同时基体沥青胶结料采用改性沥青能一定程度上提高路面低温抗裂性,进一步提高路面使用寿命。

参考文献

［1］王素勤,林绣贤,楼海洋.新型路面的复合材料[J].华东公路,1989(2):76－81.

［2］杨宇亮,张肖宁,王树森,等.半柔性混合料的设计与性能研究[J].山东交通学院学报,2003,11(3):32－36.

［3］杨宇亮.半柔性混合料的设计与研究[D].哈尔滨:哈尔滨建筑大学,1999.

［4］刘益群.半柔性路面混合料性能的试验分析[J].上海市政工程,1999(3):24－29.

浅析抗冰冻沥青混凝土路面施工技术控制

严维成

(江苏省镇江市路桥工程总公司　镇江　212000)

摘　要　本文从抗冰冻沥青砼原材料的准备、配合比设计、混合料拌合及摊铺、后期养护等,全面阐述分析抗冰冻沥青砼路面的施工技术控制方法和要点。

关键词　抗冰冻沥青砼路面　配合比　拌合　摊铺　碾压　养护

0　引　言

国民经济的发展带动了公路事业的迅猛发展,公路行车安全要求也越来越高,然而由于近年来冬季极端恶劣天气的影响,使得道路行车安全受到很大挑战,因此对道路的抗冰冻性能提出了新的要求。镇江市五凤口高架工程项目就抗冻沥青路面的施工技术进行了专门的课题研究,针对施工过程中的技术控制要点、方法进行了全面分析。

1　准备工作

1.1　原材料技术要求

1.1.1　沥青

抗冰冻混合料采用 SBS 改性沥青,其技术要求见表1。

表1　SBS改性沥青技术要求

检测项目		技术要求	试验方法
针入度(25 ℃,100 g,5 s)/10 mm		60～80	T0604
针入度指数 PI		≥−0.4	T0604
延度(5 cm/min,5 ℃)/cm		≥30	T0605
软化点/℃		≥55	T0606
运动黏度(135 ℃)/(Pa·s)		≤3	T0625/T0619
闪点/℃		≥230	T0611
溶解度/%		≥99	T0607
弹性恢复(25 ℃)		≥65	T0662
贮存稳定性离析,48 h 软化点差/℃		≤2.5	T0661
TFOT 残留物	质量变化/%	≤±1	T0610/T0609
	针入度比(25 ℃)/%	≥60	T0604
	延度(5 cm/min,5 ℃)/cm	≥20	T0605

1.1.2 粗集料

采用石质坚硬、清洁、不含风化颗粒、近似立方体颗粒的碎石,粒径大于 4.75 mm 的石灰岩集料;选用反击式破碎机轧制的碎石,严格控制细长、扁平颗粒含量,以确保粗集料的质量。集料质量应从源头抓起,派专人进驻集料加工厂,对不合格的集料不得装车、装船。粗集料技术要求见表 2。

表 2　粗集料质量技术要求

检验项目	单位	技术要求
石料压碎值	%	≤26
洛杉矶磨耗损失	%	≤28
表观相对密度	t/m³	≥2.6
吸水率	%	≤2.0
对沥青的黏附性		≥5 级
坚固性	%	≤12
针片状颗粒含量	%	≤15
其中粒径大于 9.5 mm	%	≤12
其中粒径小于 9.5 mm	%	≥18
水洗法<0.075 mm 颗粒含量	%	≤1.0
软石含量	%	≤3.0

注:1 个或以上破碎面为黄色节理面的集料颗粒含量应不大于 5%。

1.1.3 细集料

采用坚硬、洁净、干燥、无风化、无杂质并有适当级配的人工轧制米砂,不能采用山场的下脚料。细集料规格见表 3。

表 3　细集料规格

检测项目	单位	技术要求
表观相对密度	g/cm³	≥2.5
坚固性(>0.3 mm 部分)	%	≥12
含泥量(小于 0.075 mm 的含量)	%	≤3
砂当量	%	≥60
亚甲蓝值	g/kg	≤25
棱角性(流动时间)	s	≥30

1.1.4 石屑

石屑选用采石场破碎石料时通过 4.75 mm 或 2.36 mm 筛孔的筛下部分。采石场在生产石屑的过程中应具备抽吸设备。石屑规格见表 4。

表 4 石屑规格

规格	公称粒径/mm	通过下列筛孔(mm)的质量百分率/%						
		4.75	2.36	1.18	0.6	0.3	0.15	0.075
S16	0~3	100	80~100	50~80	25~60	8~45	0~25	0~15

1.1.5 填料

填料宜采用石灰岩碱性石料经磨细得到的矿粉。矿粉必须干燥、清洁,矿粉质量技术要求见表 5。拌合机回收的粉料不能用于拌制沥青混合料,以确保沥青上面层的质量。

表 5 矿粉质量技术要求

检测项目		单位	技术要求
表观密度		t/m³	≥2.50
含水量		%	≤1
粒度范围	<0.6 mm	%	100
	<0.15 mm	%	90~100
	<0.075 mm	%	75~100
外观			无团粒结块
亲水系数			<1
塑性指数			≤4

注:亲水系数宜小于 0.8。

1.2 下卧层的检查与清扫

(1) 检查下卧层的完整性。对下卧层局部质量缺陷(如严重离析和开裂等及油污染造成松散)应按规定进行修复。

(2) 对下卧层表面浮动矿料或杂物应清扫干净。

(3) 铺筑面层前,对下卧层表面应进行彻底清扫,清除纹槽内泥土杂物,风干后均匀喷洒黏层沥青,纯沥青含量为 0.25 kg/m²,黏层沥青喷洒后应进行交通管制,禁止任何车辆通行和人员踩踏,不粘车轮时才可摊铺面层。

2 配合比设计

2.1 基础混合料(不含抗冻剂)

根据当地的经验和规范,可设计出常用的不含抗冻剂的密级配表面层混合料。我们推荐使用富含粗骨料的密级配沥青混凝土,它具有较大的宏观纹理。优化基础混合料的矿料级配及油石比,使马歇尔试件的空隙率为 2%~2.8%,2%~2.5%则更佳,因为加入抗冻剂后混合料的黏度变大,马歇尔试件的空隙率还会提高 0.5%左右,因此可考虑将含有抗冻剂颗粒的混合料成型温度提高 5~10 ℃。

2.2 抗冻剂添加量

抗冻剂添加量可根据具体情况进行调整。添加抗冻剂时采用外掺法。常用的添加量是在 100 g 的沥青混合料中加入 5.5 g 的抗冻剂。而在交通车辆稀少(100 辆/天)的道路上可采用高达 7.0％的掺量。

2.3 颗粒级配

颗粒大小范围是 0.1～5.0 mm，毛体积密度为 1.85 g/cm³，即 5.5％的抗冻剂在混合料中占有约 7.8％的体积。在工厂拌合抗冻剂的过程中，一部分抗冻剂颗粒可能会被搅拌破碎，这会导致细颗粒含量增高。为了正确分析由于添加抗冻剂对混合料空隙率的影响，在设计生产配合比时从搅拌锅中取样进行马歇尔试验，若马歇尔试件空隙率仍在 2％～3％范围内，一般不需要减少矿粉及细集料用量；若空隙率小于 2％，则须适当减少矿粉及细集料用量，调整后的配比须满足马歇尔试件空隙率在 2.3％～2.8％范围内的要求。

2.4 沥青含量

暴露于路表面的抗冻剂颗粒经雨水冲刷后会流失，路表的构造深度会增加。因此，含抗冻剂的混合料沥青含量通常要比基础混合料高 0.2％～0.5％；对沥青含量较高的 SMA 路面也可通过增加细集料含量保持沥青用量不变。

3 混合料的生产

3.1 抗冻剂添加方式

设备添加方式：如果拌合设备上配有可供路丽美使用的下料仓，须将路丽美以松散的状态放置在料仓中，添加时抗冻剂必须连续地加入强制式搅拌缸中。应尽量避免使用螺旋输送系统传送，因为这种方法会导致抗冻剂颗粒大量破碎。如果不得不使用螺旋输送系统，螺杆长度不应长于 2 m(2 yds)，且仅用于横向输送。在任何情况下，抗冻剂均不能通过加热干燥滚筒。

人工添加方式：在拌合设备没有可供路丽美使用的下料仓的情况下，通常只能采用人工投料的方式来完成抗冻剂的添加。为了便于现场人员操作，需要准备一个与拌合仓门高度一致的水平平台，或采用滑坡式装料斗将每次拌合所需要的路丽美材料推送到拌合仓内，或采用传送带进行投料，传送带直接和拌合缸相连。将规定数量的抗冻剂放置在传送带上，操作室发出投料信号后传送带开始投料。

3.2 抗冻剂的添加时间

先拌合含沥青的基本配料，然后再添加抗冻剂，添加时间不超过 4 s。

3.3 最终拌合时间

总的拌合时间与常规混合料的拌合时间没有太大变化。但是，必须保证拌合时间足够，使得所有的抗冻剂颗粒都能均匀裹覆上沥青，也就是说，拌合到在混合料中看不见白色的颗粒为止。一旦抗冻剂都加入混合料中，余下的混合时间不得超过 10 s。

3.4 混合温度

根据抗冻剂的类型决定拌合温度，高温型的拌合温度控制在 260 ℃以内，而普通型的混合温度在任何时候都不得超过 170 ℃。若超出了限制温度，抗冻剂会释放出结晶水，顷刻间导致混合料体积膨胀并发生浮动。

3.5 混合料在储仓中的保存

通常，拌制好的混合料保存在筒仓中不会出现什么问题，但是如果混合料中加入特殊添加剂，如炉渣填料或含水敏感材料，筒仓可能会发生堵塞现象。为了消除疑虑，可在储仓中进行试验或直接将混合料卸于卡车上。

4 混合料摊铺与压实

4.1 铺筑路表面要求

铺筑表面必须干燥、清洁,满足通常要求的平整度,无裂缝和不透水,在极端情况下须铣刨出一个新层面。如在桥面上须仔细检查每层铺装层,尤其是排水系统。为了使下承层获得适当的结合力,必须洒布 $300\sim500$ g/m² 的阳离子乳液或者粘贴 $150\sim200$ g/m² 的防水黏结材料。不得在下雨天进行摊铺作业,施工时空气温度不应低于 10 ℃(50 ℉)。

4.2 摊铺温度

摊铺温度取决于所使用沥青的类型:可与常规混合料温度保持一致。根据以往经验,普通沥青混合料摊铺机后面的料温为 $140\sim155$ ℃(270~310 ℉),而改性沥青混合料铺路机后面的料温为 $160\sim175$ ℃。

4.3 压实要求

为了防止水分渗入未压实的路表面,在第一次压路机碾压时不得喷水。如果在第一遍碾压时使用钢轮压路机,则可采用植物油涂抹钢轮。有些项目在路表洒上石屑,则石屑应在终碾前压入路面。如果水分渗入了未压实的路面,可能会把抗冻剂溶解后流入底层。在开始阶段,这可能会加强和延长抗冻剂的活性,且不必要地延长表面冲洗的时间。

4.4 纵向接缝

整个路幅尽可能采用一台摊铺机一次铺筑完成。否则,使用两台摊铺机成梯队作业。当不能这样做时,应切割冷纵向接缝边缘并涂敷黏层沥青,对纵向接缝进行仔细压实,计算后铺混合料必需的压实高度(对于第二幅摊铺必须充分提升熨平板的高度)。如果纵向接缝处理不好,则接缝在通车时可能裂开。由于抗冻剂在自然环境下会不断淋溶,已出现的纵缝将会随时间的推移变得更清晰可见,并逐渐发展。因此强烈建议在纵缝碾压完成后的当天,对该部位 15 cm(6 英寸)宽的范围进行密封处理。

5 摊铺后养护

在通车前,必须扫除或冲洗掉松散颗粒,以避免滚珠效应。如果没有滚压骨料或者路表面显示严重的潮湿外观,则必须用溢水(可在路表流淌的水)冲洗。在碾压过程中路表面上部 $1\sim3$ mm 的抗冻剂颗粒将会被压碎,在初期导致抗冻剂碎粒在路表积聚较多且增加了活性,路表外观会显得很潮湿。在数日之内用溢水将路表残留的抗冻剂碎粒冲洗几遍后,可防止抗冻剂碎粒随雨水流淌到毗邻的路面上。建议对整个新铺路面冲洗两遍。第一遍,仅使用少量水(1 kg/m²)尽可能溶解路表抗冻剂碎粒。在 $15\sim30$ min 内,第二遍用水(4 kg/m²)冲洗路表。有条件时可用压力水进行冲洗,但是最重要的是保证水的用量。如果天气干燥,抗冻剂活性太高,则需重复冲洗数次。在路面通车 $2\sim6$ 周后,当车轮将路表粗骨料上的沥青磨损,路表将不再泛潮。一旦路面沥青磨损后,就没必要再进行冲洗。

参考文献

[1] 张超,郑南翔,王建设. 路基路面试验检测技术[M]. 北京:人民交通出版社,2004.

〔2〕周爱军.道路工程施工实用便携手册[M].北京:机械工业出版社,2008.

〔3〕交通部公路科学研究院.公路路基路面现场测试规程.北京:人民交通出版社,2008.

〔4〕中华人民共和国交通运输部.公路工程沥青及沥青混合料试验规程.北京:人民交通出版社,2011.

探讨抗车辙型半硬层路面的应用

程祖辉　管亚舟　王军　丁文胜

（镇江市公路管理处　镇江　212008）

摘　要　在道路交叉口、公交站台等车辙频发的路段，采用半硬层路面是一种比较理想的解决方法，该路面结构能防止车辙病害发生。本文探讨了抗车辙型半硬层路面的力学特性、路用性能、施工工艺等，对提高路面的安全性，延长路面的使用寿命，以及改变道路周边环境具有重要的现实意义。

关键词　半硬层　抗车辙　技术指标　路用性能

0　引　言

车辙是沥青路面较为常见的病害之一，特别是公路交叉口、公交站台等渠化交通严重的路段及矿区、港口等重载车多的路面车辙病害更为严重，同时危及行车安全。

半硬层路面是基于半硬层复合路面的一种新型路面，是指在基体沥青混合料（空隙率高达 20％～28％）路面中，灌注以水泥砂浆等形成的介于水泥刚性路面和沥青柔性路面之间的路面形式。其通过骨料之间的相互嵌挤作用和灌注式水泥胶浆共同形成材料强度，有效提高了路面抵抗荷载作用的能力，具有良好的抗变形能力和抗车辙性能。

目前，国内对半硬层路面的研究处于起步阶段，没有相关的施工规范和技术经济指标。因此本文开展抗车辙半硬层路面研究，综合研究其力学特性、路用性能、施工工艺等，以提高路面的安全性、延长路面的使用寿命，对改变道路周边环境具有重要的现实意义。

1　工程概况

243 省道与长香路红绿灯交叉口及 241 省道丹徒区黄墟的红绿灯交叉口，由于交通量较大及重载交通的影响，路面产生严重的车辙病害，每年均须投入养护资金进行维护。2012 年底应用半硬层路面进行修复，至 2014 年 10 月仍未产生车辙病害，效果良好，具有广泛的应用前景。

2　半硬层混合料设计

抗车辙型半硬层混合料是采用先成型基体沥青混合料，再将填充材料灌入其中而形成的一种复合型混合料，因此设计中包括基体沥青混合料设计、灌入材料设计和灌入基体后半硬层混合料性能验证 3 个部分。本文在参考已成功应用超过 30 年的日本抗车辙型半硬层混合料相关研究成果的基础上，结合我国开级配抗滑表层（OGFC）设计方法，开展抗车辙型半硬层混合料相关设计研究。

2.1 基体沥青混合料设计

2.1.1 级配范围确定

考虑到公称粒径越大,所需的沥青用量越少,而抗车辙型半硬层混合料空隙率需达到 20% 以上,所需沥青用量较少,若采用过大粒径的集料将进一步减少沥青用量,影响基体混合料的黏结性能,经过多次试验,总结出抗车辙型彩色半硬层路面(BYAC-13,BYAC-20),级配范围见表 1。

表 1 抗车辙型半硬层路面基体沥青混合料级配范围

筛孔尺寸/mm（混合料类型）	通过质量百分率/%	
	BYAC-13	BYAC-20
26.5	—	100
19.0	—	90～100
16.0	100	60～90
13.2	90～100	30～60
4.75	10～30	7～24
2.36	5～22	
0.6	4～15	
0.3	3～12	
0.15	3～8	
0.075	1～6	
路面结构层厚度/cm	4～5	6～10

2.1.2 最佳沥青用量的确定

现行规范中,确定沥青混合料最佳沥青用量的方法是马歇尔试验法,并通过浸水马歇尔试验、车辙试验等检验其路用性能。由于基体沥青混合料的特点与开级配抗滑表层(OGFC)较为相似,故参考 OGFC 的设计方法确定基体沥青混合料的最佳沥青用量。为此,在设计基体沥青混合料最佳沥青用量时,通过不同沥青用量试配,并采用谢伦堡沥青析漏试验和肯塔堡飞散试验进行验证的方法来确定最佳沥青用量,并检验其马歇尔稳定度等指标。

2.1.3 基体沥青混合料指标要求

为了保证设计好的基体沥青混合料具有良好的性能,达到基体沥青混合料骨架—空隙结构要求,需对基体沥青性能进行相关验证,以保证基体沥青混合料性能。通过试验,确定了空隙率、稳定度、析漏和飞散试验基体沥青混合料的关键指标的性能要求(见表 2)。

表 2   基体沥青混合料指标要求

性能指标	单位	技术要求
击实次数	次	双面 50
空隙率(采用体积法进行测试)	%	20～28
马歇尔稳定度	kN	>3.0
流值	0.1 mm	20～40
谢伦堡沥青析漏试验	%	≤0.3
肯塔堡飞散试验	%	≤25

2.2   灌入材料设计

抗车辙型半硬层路面的灌入材料通常由胶结料、细集料和水配制而成。在本项目中,灌入材料采用水泥砂浆,其中胶结料为普通硅酸盐水泥、细集料采用矿粉和细砂,灌入材料用水泥砂浆技术指标要求见表 3。

表 3   灌入材料用水泥砂浆技术指标要求

指标	单位	要求
流动度	s	10～14
抗折强度(7 d)	MPa	≥2.0
抗压强度(7 d)	MPa	10～30

2.3   抗车辙型半硬层混合料性能验证

对抗车辙型半硬层混合料进行性能验证,以保证该混合料具有良好的性能(见表 4)。

表 4   抗车辙型半硬层混合料技术指标要求

指标		单位	要求
灌浆饱满度		%	≥96
稳定度		kN	≥9
性能验证	动稳定度	次/mm	≥10 000
	残留稳定度	%	≥85
	冻融劈裂强度比	%	≥80

3   车辙型半硬层混合料路用性能研究

3.1   抗水损害性能

采用冻融劈裂试验和浸水马歇尔试验共同评价抗车辙型半硬层混合料抗水损害性能。各种混合料水稳定试验结果见表 5、表 6。

表 5　不同混合料的残留稳定度性能试验结果（一）

混合料类型	灌浆饱满度平均值/%	马歇尔稳定度/kN	浸水马歇尔稳定度/kN	残留稳定度(S₀)/%
SBS-BYAC-13	97.4	23.3	21.9	94.2
70#-BYAC-13	96.9	20.4	19.0	93.2
SBSAC-13		12.8	11.7	90.3
SBS-BYAC-20	96.7	22.9	21.8	95.1
70#-BYAC-20	96.9	19.7	19.0	96.4
SBSAC-20		11.4	10.3	90.6

表 6　不同混合料的残留稳定度性能试验结果（二）

混合料类型	灌浆饱满度平均值/%	未冻融劈裂强度/MPa	冻融后劈裂强度/MPa	劈裂强度比/%
SBS-BYAC-13	96.3	1.025 0	0.874 3	85.3
70#-BYAC-13	96.7	0.987 7	0.828 7	83.9
SBSAC-13		0.643 8	0.564 6	87.7
SBS-BYAC 20	96.9	0.997 2	0.849 6	85.2
70#-BYAC-20	96.2	0.910 3	0.772 8	84.9
SBSAC-20		0.543 3	0.491 7	90.5

由表 5、表 6 可知,抗车辙型半硬层混合料残留稳定度试验结果明显高于常规 SBS 沥青混合料。而在冻融劈裂试验中,其试验数据低于常规 SBS 沥青混合料。通过分析可知,出现这种情况的原因与两种试验的条件有一定的关系,混合料在残留稳定度试验中,需要浸入 60 ℃恒温水浴 48 h,由于灌入沥青混合料中,水泥浆在高温和高湿的环境下砂浆强度得到增强,一定程度上抵御了抗车辙型半硬层混合料中基体沥青在高温和高湿条件下黏结效果的衰减,这也可以从另一个角度说明该种混合料的水稳定性比较好。而在冻融劈裂试验中,混合料需要真空保水后在−18 ℃条件下静置 16 h,这一冻融循环条件对水泥砂浆的强度造成较大幅度的影响,使得抗车辙型半硬层混合料的冻融劈裂强度比有所下降。尽管 2 种试验对抗车辙型半硬层混合料的试验结果有一定的影响,但是结果均能满足相关要求,这表明抗车辙型半硬层路面具有良好的抗水损害性能。

3.2　高温性能

采用车辙试验作为抗车辙型半硬层混合料高温稳定性的评价方法。试验数据见表 7。

表7　不同级配混合料的动稳定度试验结果

混合料类型	灌浆饱满度/%	动稳定度/(次/min)	
		测试值	平均值
SBS－BYAC-13	96.4	11 700	13 600
	96.7	14 500	
	97.1	14 600	
70#-BYAC-13	96.5	12 900	12 500
	96.7	13 350	
	96.2	11 250	
SBSAC-13		4 960	5 130
		5 520	
		4 910	
SBS-BYAC-20	96.3	11 500	11 240
	97.1	11 900	
	96.9	10 320	
70#-BYAC-20	97.3	12 000	11 700
	96.2	10 900	
	96.5	12 200	
SBSAC-20		5 100	4 960
		4 770	
		5 010	

抗车辙型半硬层混合料高温稳定性明显高于常规SBS改性沥青混合料。由于灌入材料的加入改变了原沥青混合料的在高温状态下易发生变形的性质,大幅度提高了混合料的高温性能。

3.3　低温抗裂性

我国一般采用低温小梁弯曲试验来研究沥青混合料的低温性能,通过规定温度和加载速率时混合料弯曲破坏的力学参数——破坏弯拉应变来评价沥青混合料的低温抗裂性能,试验温度-10 ℃。试验结果见表8。

表8　不同级配混合料的小梁弯曲试验结果

混合料类型	灌浆饱满度/%	最大荷载/kN	抗弯拉强度/MPa	劲度模量/MPa	破坏应变/με
SBS-BYAC-13	97.1	1.29	10.66	3 910	2 441
70#-BYAC-13	96.2	1.17	9.55	4 213	2 022
SBSAC-13		1.09	8.90	3 415	2 957

续表

混合料类型	灌浆饱满度/%	最大荷载/kN	抗弯拉强度/MPa	劲度模量/MPa	破坏应变/με
SBS-BYAC-20	96.3	1.07	9.26	3 866	2 339
70#-BYAC-20	96.7	1.03	8.70	3 920	2 010
SBSAC-20		0.97	8.39	3 117	2 434

分析低温小梁弯曲试验结果可知,抗车辙型半硬层混合料低温性能不如 SBS 改性沥青混合料,但是其破坏弯拉应变仍然满足规范要求,这表明,抗车辙型半硬层路面混合料仍然具有较好的低温抗裂性。

3.4 抗剪性能

直接剪切试验能近似地模拟纯剪切应力状态,比较符合路面的实际情况,可以用来评价沥青混合料的抗剪切性能,剪切数据见表 9。

表 9 混合料剪切试验数据汇总

混合料类型	灌浆饱满度/%	20 ℃混合料最大剪切力代表值/kN	灌浆饱满度/%	60 ℃混合料最大剪切力代表值/kN
SBS-BYAC-13	96.4	20.2	96.3	19.3
70#-BYAC-13	96.1	19.9	97.2	20.2
AC-13		11.2		4.7
SBS-BYAC-20	96.3	18.4	96.8	17.6
70#-BYAC-20	96.8	18.2	96.3	16.4
AC-20		10.9		4.0

通过分析各类型混合料的直剪试验,结果表明:灌入材料的加入直接提高了抗车辙型半硬层混合料抵抗剪切变形的能力,且各种温度条件下抗车辙型半硬层混合料的抗剪能力明显高于常规 SBS 改性沥青混合料。因此,抗车辙型半硬层路面具有更高的抗变形能力。

3.5 疲劳性能分析

采用 UTM 机进行疲劳性能试验,单向无侧压,模具使用劈裂试验的夹具,各类级配混合料的劈裂疲劳试验结果见表 10。

表 10 不同级配混合料的劈裂疲劳试验结果

级配类型	劈裂强度/MPa	应力水平/%	循环次数/次	累积变形/mm	备注
SBS-BYAC-13	1.25	30	11 876	1.747	破坏
		50	7 799	1.537	破坏
		70	3 215	1.627	破坏
70#-BYAC-13	1.17	30	8 790	1.987	破坏
		50	4 535	1.724	破坏
		70	2 100	1.554	破坏

级配类型	劈裂强度/MPa	应力水平/%	循环次数/次	累积变形/mm	备注
AC-13	0.71	30	15 000	2.217	未破坏
		50	10 342	2.133	破坏
		70	5562	1.995	破坏
SBS-BYAC-20	1.13	30	10 567	1.543	破坏
		50	6 547	1.729	破坏
		70	2 778	1.633	破坏
70#-BYAC-20	1.02	30	7 943	1.547	破坏
		50	3280	1.477	破坏
		70	1910	1.392	破坏
AC-20	0.64	30	13 000	2.052	破坏
		50	9 750	2.103	破坏
		70	3 662	1.987	破坏

通过分析各类型混合料的疲劳试验结果表明：① 半硬层混合料疲劳性能低于 SBS 常规沥青混合料，这是由于混合料中加入了刚性的灌入材料，半硬层混合料强度增加，也在一定程度上降低了混合料的抗疲劳性能。② 由于半硬层混合料中基体沥青主要起到支撑骨架的作用，因此采用黏结效果更好的 SBS 改性沥青作为基体沥青混合料，能有效地提高半硬层的抗疲劳性能。

4 抗车辙型半硬层路面施工工艺

抗车辙型半硬层路面是将作为灌入材料的水泥砂浆均匀地填充至大空隙的基体沥青混合料中形成的路面，是一种刚柔并济的新型路面结构形式，但该路面施工工艺相对复杂。抗车辙型半硬层路面主要施工流程：基体沥青混合料生产与铺设—水泥砂浆生产—水泥砂浆的灌入—表面处理—养生—上面层铺设或开放交通。

5 抗车辙型半硬层路面经济效益分析

抗车辙型半硬层路面，由于基体沥青混合料中沥青用量少，且混合料约 25% 的体积由价格相对便宜的水泥砂浆填充，因此抗车辙型半硬层路面材料成本较低。计算表明，采用抗车辙型半硬层路面能节约 20%～30% 的成本，并有效延长路面服务周期，减少后期养护费用，具有更加明显的经济优势。

6 结 语

本文通过对半硬层路面抗车辙防治方法的研究及应用发现，半硬层路面能有效地减少干线公路交叉口路面车辙病害，提高公路使用年限和服务质量，节省路面的维护成本，具有较大的经济效益和社会效益。

参考文献

［1］秋明.半刚性面层复合材料路用性能试验研究[J].公路与汽运,2005(5):40.

［2］凌云,黄立葵,黄冰,等.灌注式水泥——沥青混合料设计与路用性能［J］.中南公路工程,2006(6):65－68.

［3］丛培良,吴少鹏,磨炼同,等.水泥沥青复合式混凝土配比设计与性能研究［J］.公路交通科技,2006(6):49－52.

［4］肖立,杨华.树脂改性半刚性复合材料路用性能试验研究［J］.湖南交通科技.2006(3):10－13.

微钻孔排水在沥青路面层间水处置中的运用

许云峰

（江苏省太仓市公路管理处　苏州　太仓　215400）

摘　要　本文结合实例,介绍了微钻孔排水在沥青路面层间水处置中的运用,通过对层间水形成、发展及微钻孔治理层间水效果的持续观察,分析了微钻孔排水在层间水治理方面的最佳时机。

关键词　层间水　微钻孔排水　结构层　唧浆　裂缝

0　引　言

沥青路面层间水是影响沥青道路使用寿命的主要因素之一,由于层间水产生前期路面无明显病害,故不易被发现,只有病害发展到路面裂缝渗水、唧浆、坑槽时才会被查觉,故一旦发现层间水应及时治理,治理不及时会导致结构层浸水损坏,严重影响道路使用寿命。层间水主要有下渗和侧溢两种产生原因,一般是外界水通过路面空隙、裂缝或道路结构边界渗入路面结构层之间产生的。

1　层间水产生及发展

1.1　层间水分类及产生原因

层间水主要存在于沥青与水稳层之间,水稳层与水稳层之间及水稳层与灰土之间等道路结构层之间,产生的原因主要有下渗和侧溢两种。下渗是指地表水通过青骨料之间的孔隙或路面裂缝渗入结构层间。侧溢是指由于道路两侧绿化带土壤长期处于水饱和状态,土壤中的饱和水通过沥道路边界的细小缝隙逐步渗溢到结构层之间。

1.2　层间水在道路运营期间的表现及发展

协星路位于苏州市太仓,属于东部沿海雨水较多地区,2010 年建成通车,双向四车道,中间由 2 m 宽绿化带进行隔离,主要道路结构形式为:两层 18 cm 水稳层(8+4) cm 沥青面层。局部路段路肩绿化带高于路面。

1) 层间水形成后沥青路面变化情况

协星路开通 1~2 年后,纵向地势较低的位置出现横向裂缝,发现裂缝后及时采取了灌缝、贴缝等措施进行养护,继续运营一段时间后,其他段落陆续产生裂缝,原处置过的裂缝周边出现细小支缝,灌缝料或贴缝带周边仍有渗水或唧浆现象,部分灌缝料、贴缝带直接脱落或移位。随着病害的不断发展,裂缝渗水、唧浆处逐步发展成为沉陷、松散,甚至形成坑槽(前期病害表现见图 1、图 2)。

图 1　唧浆

图 2　坑塘、渗水

2）层间水形成后道路结构层之间的情况

对协星路唧浆、渗水段落沿裂缝方向进行沥青面层铣刨，铣刨后上层水稳层表面存在松散及较粗的不规则裂缝（见图 3），水稳层裂缝与沥青表面裂缝无对应关系，水稳层裂缝向四周扩散，铣刨 10 min 后即有层间水渗出（见图 4）。

图 3　面层铣刨后水稳裂缝

图 4　铣刨后快速渗水

继续向下铣刨处置，横向沿裂缝方向铣刨宽 1 m、深 18 cm 上层水稳，下层水稳表面无明显裂缝及松散现象（见图 5），铣刨后第二天，坑槽内有大量层间水渗出（见图 6）。

图 5　铣刨一层水稳

图 6　铣刨一天后

清除渗出的层间水，沿裂缝方向挖除下层水稳，并将中隔带至土路肩路面全部挖通，开挖后灰土层表面非常潮湿，未发现灰土松软及不成形的现象，继续对灰土开挖，发现灰土含水率相当高，挖出的灰土非常潮湿，且灰土层与水稳层之间不断有水渗出（见图 7）。

图7 灰土层与水稳层之间有水渗出

（3）对应段落中隔带开挖情况

对该开挖路段的中隔带进行开挖，发现该路段中隔带防水层比较简易，且存在破损现象，中隔带开挖出来的泥土非常潮湿，且中隔带底部存在积水现象（见图8）。

图8 中隔带底部存在积水现象

2 层间水成因及分析

从形成和发展看，下渗型层间水普遍存在于各个地区，主要是由于沥青面层空隙率过大或者面层裂缝处置不及时而导致雨水下渗形成，如果不及时把层间水排除并进行路面封闭处理，一旦经历冬季冻融或重型车辆反复碾压，极易产生唧浆、沉陷、坑槽等病害。由于此类层间水，形成原因单一，且层间水的水量较少，只要及时对孔隙率大的路面进行表面封闭处理，采取灌缝、贴缝等养护措施及时封闭路面裂缝，下渗型层间水在早前是比较容易治理及预防的。

侧溢型层间水普遍存在于雨水较多且路基标高较低的东南沿海地区，一般是由于中隔带防水不到位，或路侧绿化带高于路面，加上该地区雨季持续时间较长，导致道路两侧绿化带内的土壤长期处于水饱和状态，土壤内的饱和水逐步通过结构层边界渗溢到结构层内形成的。由于侧溢型层间水形成后，渗水量大，且来源不确定，养护处置难度较大。侧溢型层间水往往最先产生的位置为该路段纵坡的低点，具体渗水位置和渗水源头不容易找到，可能是病害位置的中隔带渗水，或边隔带渗水，也有可能是其标高较高路段层间水通过纵坡渗溢到该处。所以简单重做病害路段中隔防水或病害路段路肩开设边沟无法根治该类层间水，只有全路段开挖边沟、重做中隔带防水才能阻断层间水的渗溢。

根据对协星路层间水的观察，并结合下渗和侧溢两种层间水的分析，协星路层间水主要是侧溢产生的,大部分层间水来自中隔带土壤。经过观察,该处道路层间水已经发展到了中期,水稳层已经出现了发散型裂缝及松散损坏,单一阻断渗水,已无法完全消除路面病害,只有先进行基层加固处理,再进行层间水处置,才能彻底消除层间水问题。

3 处置措施及效果

为降低养护投入成本,协星路层间水处置改变了以往开挖翻修基层+设置防水或边沟阻隔层间水的处置方案,采用了微钻孔排水疏导层间水+地聚合物注浆加固基层的处置方案。

先对路面唧浆、坑槽路段进行地聚合物注浆加固,确保基层承载力符合要求,再进行微钻孔排水。微钻孔排水,是通过人为设置排水管道,帮助道路疏导、排出结构层内的层间水,使层间水无法停留在结构层内,从而防止冻融及重型交通碾压导致道路损毁的技术手段。

对存在层间水的道路,必须及早处置,在唧浆或裂缝渗水位置,采用 DN90 实壁管从灰土层内沿裂缝方向由道路一侧横向钻至中分带,再由钻机竖向钻孔至 DN90 实壁管管底,采用透水土工布包裹碎石回填竖向孔,保证中分带及层间水通过竖向孔排入 DN 实壁管,管道排入两侧新建雨水井再排入河道。断面图及平面图分别见图 9、图 10。

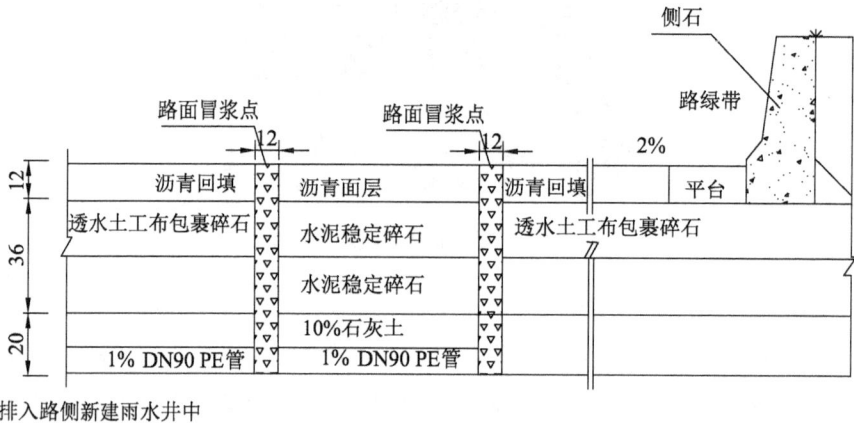

图 9 路面排水断面图

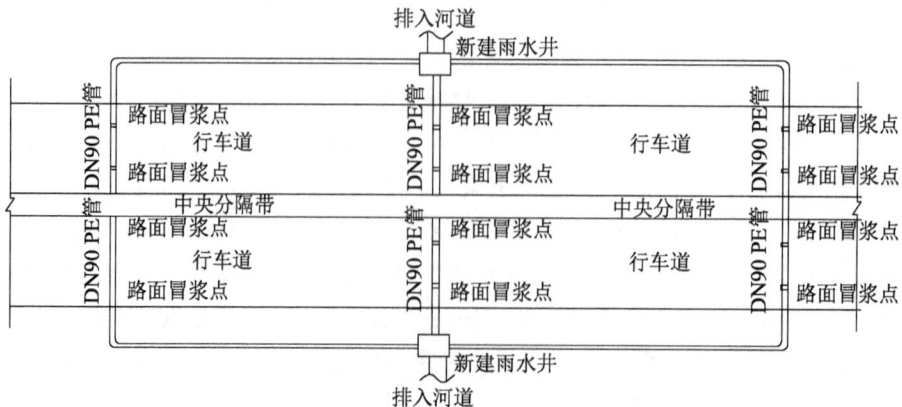

图 10 路面排水平面图

3.1 处置方案

在裂缝对应的路肩位置开挖基坑,深度不超过 1.5 m,人工清底,基坑深度控制为设计管道深度以下 30 cm。开挖尺寸为 1.2 m×3.4 m。

基坑施工完成后,钻机根据原设计标高,调整高低与角度,相关辅助设备调试就位。钻机采用微孔定向水钻机,钻机开钻前先开启注水泵,在完成第一根钻杆钻进后,再次检查钻机的角度。若发生偏离应及时进行调整,直至保持要求的钻机姿态。按照设计及现场情况,确定钻进长度,钻进长度必须超过原定长度的 50 cm,以保证之后竖向钻孔的顺利施工。钻进到达设定长度后,回退钻杆,回退过程中若发现有卡顿现象,应再次注水,在卡顿位置再次钻进,以保证成孔完整。钻进过程不得出现磕头现象,一旦发生磕头现象,应立即进行调整,始终保持钻杆以上扬趋势钻进,这样才能保证基层积水的顺利排出。注水泵采用高压水泵,注水压力为 0.2~0.3 MPa。钻机开钻前必须先开启注水泵,钻进完成后,冲洗成孔不得少于 1 min。排浆采用普通污水泵排出,基坑内设置集水坑,及时排出基坑泥水即可。

钻孔完成后进行清孔并布管,管材采用 DN90 mm HDPE 实壁管,接口采用热熔焊接。布管应在钻进完成后立即施工,长时间不布管会导致成孔塌陷,不能顺利完成布管施工。管头位置采用土工布封死,以免布管时有泥浆流入。竖向管道定位采用月蚀导向仪,根据设计、现场情况测定管道轴线、深度。竖向钻孔采用小型勘探钻机施工,按照测定的管道轴线和深度,调整钻机水平、垂直度,以保证钻进点位的正确性。竖向钻孔钻机深度应超过微孔定向管的 10 cm。竖向钻孔完成的同时,向竖向孔内注水,若横向管能正常通水,说明竖向孔与横向管已顺利打通。由于管道测定会存在一定的偏差,故会发生竖向孔与横向管不能百分百打通的情况,若发生此情况,应再次进行定位钻孔,直至顺利通水。竖向孔填充采用土工布灌滤水碎石填至离路面 10 cm,剩余 10 cm 采用沥青混凝土填充至路面平(施工流程见图 11)。

3.2 处置效果观察及分析

对协星路唧浆路段进行微钻孔处置,利用竖向管集流,横向管排水,帮助道路将中隔侧溢至结构层之间的水排除。协星路唧浆路面 2015 年进行了微钻孔排水改善项目,并对部分基层已损坏的路段采用地聚合物注浆的方式改善基层状况,再利用微钻孔改善排水。

处置后对该路段进行了持续观察,在雨水较多的时候,部分微钻孔边井内会有清水渗出,部分边井内出现泥浆沉积。对应边井清水渗出的路面无明显病害,道路整体情况良好。泥浆沉积的边井对应路面竖向孔位置出现唧浆情况,个别出现了沉陷坑槽等病害(见图 12)。

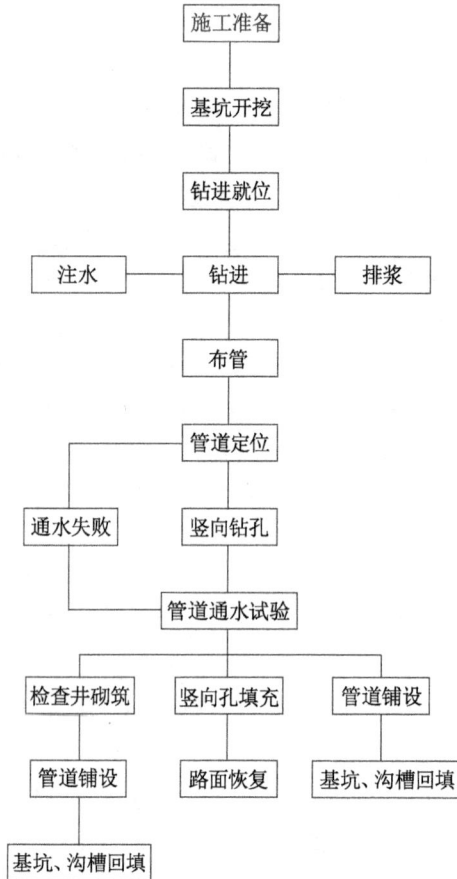

图 11　施工流程

图 12　沉陷坑槽病害

　　对再次出现唧浆或边井泥浆沉积的路面进行开挖，发现路面基层损坏严重，部分横向微钻孔管道堵塞，微钻孔处置必须确保基层未发生严重破损，基层在重荷载情况下无松动现象，排水管道通畅，才能真正发挥微钻孔排水疏导的作用。

4　结　语

　　道路一旦出现层间水，如不及时排除，就会出现各种水毁病害，且经常会发生沥青路面修补耐久性差、屡修屡坏的情况，随着修补次数的增加，沥青路面病害越来越严重，到最后小修保养无法彻底消除病害，只能通过大中修重修或翻修基层才能消除病害。

　　层间水产生后，路面病害会有一个逐步发展的过程，只有抓住病害产生前期，路面尚未出现唧浆,即基层还未出现破损或松散时,采取措施排除层间水,才能保证道路的使用寿命。

因此在道路养护过程中,一定要抓住层间水治理的有效时机,运用微钻孔排水可以较大程度地降低成本,减少对路面及道路两侧绿化的破坏。而微钻孔排水一定要注意基层的损坏程度,一旦发现基层损坏,则必须采取注浆等基层补强措施,这样才能发挥微钻孔排水的效果。

参考文献

［1］胡国祥,李静,田为海,等.沥青路面唧浆病害的产生原因与防治措施[J].武汉工程大学学报,2011,33(11):59－61.

［2］刘松,曹林涛.沥青路面水损坏原因及预防措施[J].交通科技,2006(2),214.

绿色街道设计导则在"公路"向"街道"改造中的应用

——以常熟珠海路、深圳路综合改造为例

顾天奇　周雨濛　徐乃云　许威　包渊秋

（悉地(苏州)勘察设计顾问有限公司　苏州　215125）

摘　要　本文以常熟深圳路改造为例，介绍城镇化进程中改造的重难点，以及运用绿色街道设计导则对其进行改造的原则和具体做法，并重点就道路功能定位的确定、绿色街道的概念构成、道路断面、景观绿化、海绵城市、公交体系构建等展开论述，指出"公路"在向"街道"转变中，应从以往关注机动车通行、工程性设计，向全面关注人的交流方式、整体空间环境设计进行转变。

关键词　常熟　街道设计导则　绿色街道　海绵城市

0　引　言

《中共中央国务院关于进一步加强城市规划建设管理工作的若干意见》(2016)中明确"城市土地置换，旧城改造，市政设施提升""优化存量、提升现状"将作为今后一段时间的城市建设工作重心。作为绝大部分城市服务功能的载体，街道改造将是其中最重要的环节之一。而《国家新型城镇化规划(2014—2020 年)》规定，至 2020 年，全国常住人口城镇化率将达到 60％左右，比 2012 年增长约 8％，越来越多的城市外围区域正经历城市功能的转变，原来的郊区公路，也逐渐被纳入城市建设用地范围成为"街道"。如何在"公路"向"街道"的转变中体现"绿色街道"理念，实现"绿色街道"功能，具有普遍而实际的意义[1]。本文以苏州常熟深圳路的改造实践为例，给出街道设计导则指导下的"绿色街道"改造解决方案。

1　深圳路改造背景及现状问题

常熟珠海路、深圳路位于常熟高新产业园(见图 1)，作为常熟西北边缘的一个片区，在历次总规划中该区域均以工业为主，辅以适当的居住商业配套。至今已形成以出口加工企业厂区为主的城市面貌，其用地开发模式和交通模式较为粗放。

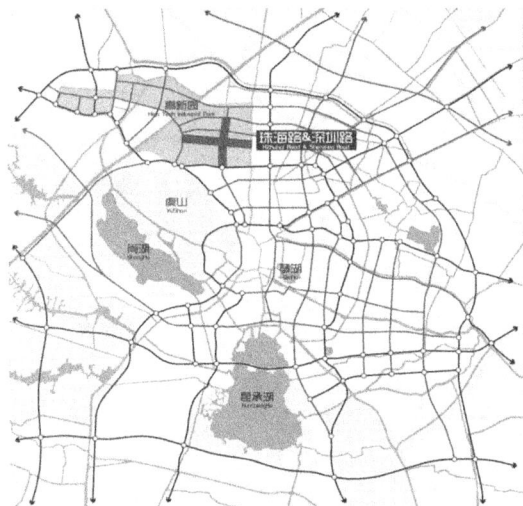

图 1 常熟高新园区位图

而在本轮城市总体规划和产业布局调整中,高新产业园与常熟重点打造的高铁片区相连,且与中心城区仅北三环快速路一路之隔,其定位不断提高,规划也相应调整,相应的控规调整后(见图 2),高新园推进了一系列退二进三的用地置换更新,目前已经初步在珠海路、深圳路沿线形成了商业、居住、公建等相对高端业态雏形。万达商业综合体、隆盈商业广场、常熟北部医院、游文中小学等项目已陆续启动或建成。

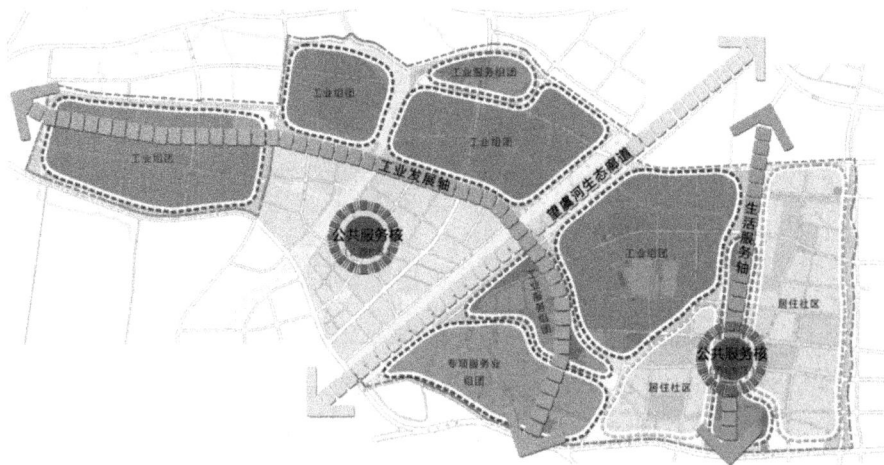

图 2 常熟高新园规划结构图

作为高新园中轴线和规划明确的生活服务、景观绿化轴线,珠海路、深圳路形成于 20 世纪 90 年代,最初作为联络高新园与 G204,余东侧片区沟通的联络通道,为双向 4 车道规模,随着城市扩张,后陆续增加了两侧的侧分带和慢车道,人行道未实施。对比其规划定位,现状和目前控规中深圳路、珠海路存在以下问题:

1)断面分配绿量不足,难以打造景观效果

现珠海路、深圳路在有人行道的路段一般为 25 m 道路红线,侧分带 2 m 有少量中型乔木(见图 3)。控规断面 40 m,同样只有 2 m 侧分带,不足以形成较强的门户景观效果。

珠海路虽较之略宽,但是规划同样存在侧分带偏窄,无中分带的问题。

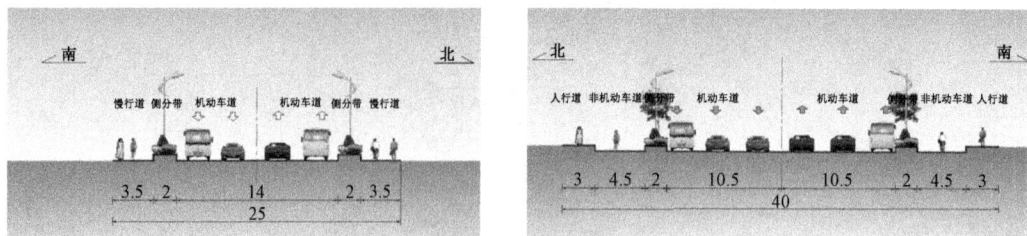

图 3　珠海路、深圳路现状标准横断面

2)公共交通服务薄弱,绿色出行不易改善

珠海路、深圳路公交停靠站平均间距约 1 km,对于想形成商业、市民活动轴线的城市主轴来说,服务覆盖明显不足。且公交站点进口设站,与社会车辆在交叉口转向存在相互干扰;公交站点周边缺少换乘设施,公共自行车及社会自行车停车点位不足,相关的设施陈旧,缺少智能化信息服务(见图 4)。相关的上位规划也暂时缺失,对道路改造的指导性意见有限。

图 4　珠海路、深圳路沿线公交站点分布

3)沿线绿化呆板,缺少与规划/在建地块的协调统一

深圳路人行道无行道树,侧分带行道树以香樟为主,人行道与商业联系的界面以停车为主,较为消极呆板,缺少统一且协调的街道绿化(见图 5)。

图 5　珠海路现状航拍

4）硬质道路材料沿用较多，路面径流系数较大

目前深圳路以传统道路铺筑材料为主，渗透系数较小，地面径流较大（见图6）。随着沿线用地开发，以往沿线大量绿地逐渐萎缩，城市防洪排水存在一定压力。

图6　深圳路现状路面

5）相关交通标准较高，道路建设用地粗放

以道路交叉口为例，目前交叉口转弯半径过大（见表1），深圳路与深圳路交叉口路缘石的转角半径为 $R=25$ m，不利于车速降低，增加了交叉口安全隐患，与沿线商业业态慢行优先的定位不符，同时也不利于土地的集约开发。深圳路现状路面见图7。

表1　交叉口转角红线圈曲线半径

交叉口转转弯半径/m	交叉口转角红线圈曲线半径/m									
	R_1	R_2	R_3	R_1	R_2	R_3	R_1	R_2	R_3	R_1
	25	20	25	15	20	15	20	10	15	10
面积差/m²	193			343			150		256	107

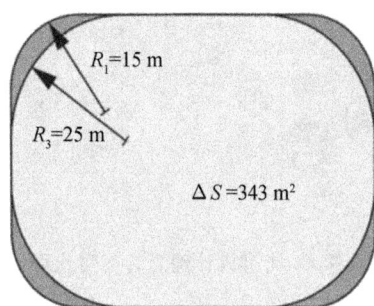

图7　深圳路现状路面

2　绿色街道的理念基础及目标

在《上海街道设计导则》（2016年），以及《伦敦街道设计导则》（2016年）中，"绿色街道"已有较为统一明确的定义。其中在《上海街道设计导则》中，对街道设计制定了4个目标，其中之一即为绿色街道，其内涵为：促进土地资源集约、节约，倡导绿色低碳，鼓励绿色出行，增进居民健康，促进人工环境与自然环境共存，具体主要涵盖了土地的集约利用，绿色出行，生态种植和以雨水径流控制为主的绿色技术（见图8）。

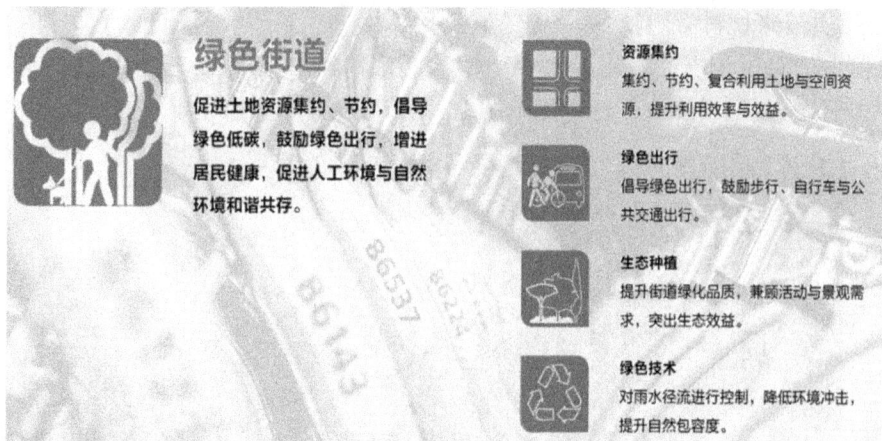

图 8　绿色街道设计理念

通过绿色街道理念和技术的引入,街道设计导则最终想实现如下 4 个方面的转变(见图 9):

① 从机动车通行向全面关注人的交流方式转变;

② 从道路红线管控向街道空间管控转变;

③ 从工程性设计向整体空间环境设计转变;

④ 强调交通向促进城市街区发展转变。

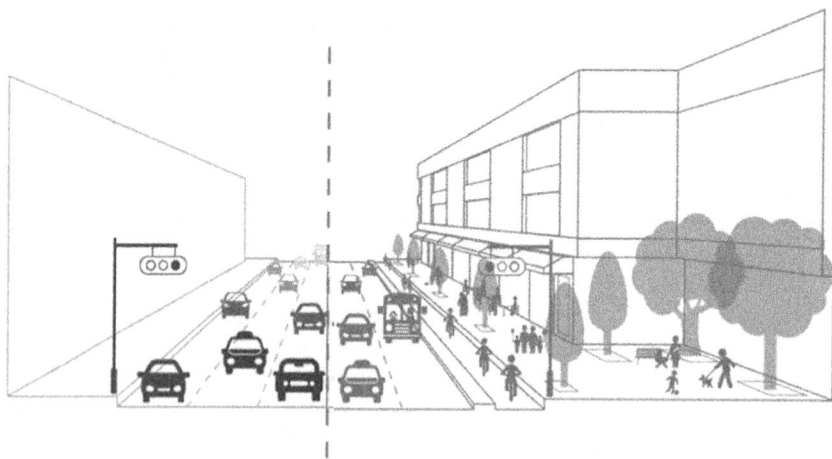

图 9　街道设计理念转变对比图

3　绿色街道设计导则的应用实践

结合街道设计导则中的理念和技术手段,在对常熟珠海路、深圳路的改造中,主要对其断面布置、公共交通、街景绿化、海绵城市技术及用地集约方面做出如下调整和优化。

3.1　断面优化调整

以深圳路为例,对其进行定位再分析后,发现存在如下特点:

① 道路服务能力有限:4 km 长的道路西起东山路、东至海虞北路,贯通性不强。

② 替代道路众多:城铁片区联系的规划通道在 3 km 内共有 7 条,片区衔接的替代道路较多。

③ 东段存在瓶颈：高新园界内深圳路规划为双向 6 车道，进入东侧城铁片区的深圳路 30 m，两侧小区围墙已建，其定位退化为次干路，4 条车道。

④ 6 车道宽度受限：由于深圳路沿线多处地块已经出让，40 m 红线突破难度较大。而在大量公交港湾站点及交叉口渠化段落，为保证机动车道渠化宽度，人行道和侧分带会大量压缩，局部段落人行道不足 2 m。

基于上述原因，将深圳路车道从控规的 6 车道调整为 4 车道，断面空间重新分配（见图 10）。在有限的空间内给予慢行和绿化更多空间。现状管线也可以部分保留。

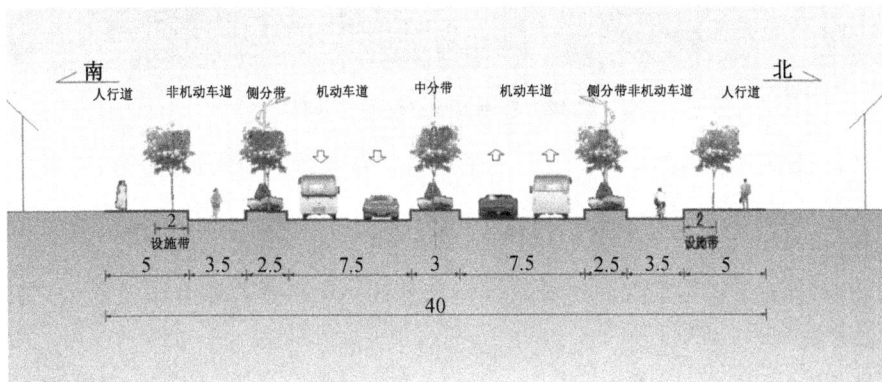

图 10　深圳路优化断面

3.2　公交完善

全线加密公交站点，项目范围内公交的 500 m 覆盖提升至 90%。统一公交设置标准，在有条件的情况下，全部结合出口渠化设站。此外，公交站点周边全部布设公共自行车停靠点，方便最后一公里换乘，并预埋管线，预留智能公交设施建设可能（见图 11）。

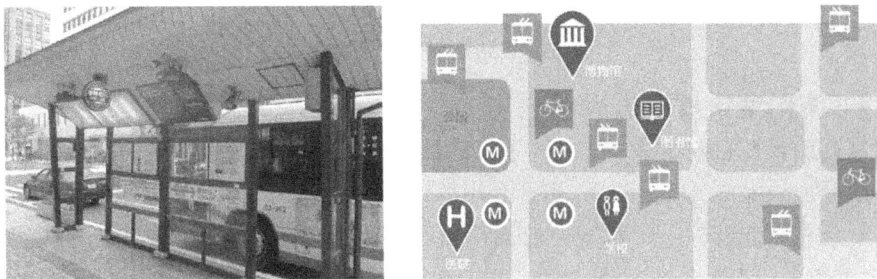

图 11　智能公交建设示意图

3.3　与周边业态相符的生态种植

常熟气候冬冷夏热，以悬铃木为代表的落叶乔木树冠较大，夏季能够提供有效遮阴，落叶后冬季阳光可以照入街道空间，形成斑驳树影，提升环境体验。

道路红线内的景观植物营造效果要求通透、规整。因此行道树的种植以落叶乔木为主，遵循简洁明快的设计风格，彰显整洁的植物空间，在具有仪式感的乔木衬托下，突显建筑的气质。

方案采用国槐、银杏等地区常用的落叶乔木，点缀配合地区常用花树，突出街区特征，提高可识别性（见图 12）。

图 12　沿线商业广场绿化效果

此外,在建筑退线、交叉口转角范围景观植物营造效果为线性、多彩、热烈。广场空间以多种颜色的花灌木为主,注重颜色的变化,在四季均有观赏效果。植物选择以金森女贞、金边黄杨、南天竹、红花檵木为主。

此外,对大量沿街建筑立面也做景观绿植处理。道路界面结合建筑界面,构造全方位的绿色景观效果(见图 13)。

图 13　沿线立面景观营造效果

3.4　海绵城市技术的运用

虽高新园片区目前绿地较多,但是大量的新建项目已经启动。珠海路、深圳路两侧已经有部分地块实施到位。随着硬化面积的增多,在两条道路的规划中,也考虑利用建筑退线的绿化宽度(2～5 m)构建道路两侧雨水花园。配合道路本身的透水铺装,实现海绵城市“渗蓄滞排”的要求(见图 14)。

图 14　海绵技术应用原理

3.5 技术参数调整，节约土地资源

针对在用地集约方面存在的若干问题，对两条道路的相关技术标准进行总结梳理，高新园片区根据安全街道设计理念，路缘石半径建议取规范低值（见表2）。缩短行人过街距离，引导机动车减速行驶。

表2 路缘石转弯半径推荐值

右转弯计算行车速度/(km/h)		30	25	20	15
路缘石转弯半径/m	无非机动车道	25	20	15	10
	有非机动车道	20	15	10	5

较小的交叉口转弯控制，实质上也是从"公路-快速机动车通行"向"街道-人的全方式出行"转变的一种体现。

4 展 望

本文主要结合"绿色街道"理念和街道设计导则，集中阐述"公路"向"街道"转变过程中绿色街道设计需重点关注的内容和设计思路，具有一定的借鉴推广价值。

因街道设计导则以本地化、精细化设计为目标，因此个性问题需结合用地条件、工程条件、经济条件具体分析，诸如海绵城市各项技术的应用尤其需要慎重，不建议盲目铺开推广。

街道的改造提升，最终实现第2部分阐述的4项转变，不单单依靠绿色街道应用，还应综合考虑街道的安全、活力、智能等因素。

参考文献

［1］林拓，［日］水内俊雄.现代城市更新与社会空间变迁：住宅、生态、治理［M］.上海：上海古籍出版社，2007.

［2］何帅.我国大中城市扩张进程中干线公路纳入城市范围相关问题研究［D］.西安：长安大学，2012.

［3］上海市规划和国土资源管理局.上海城市设计导则［S］.

［4］Transport for London. Streetscape Guidance 2009：A Guide to Better London Streets［R/OL］. http://www. tfl. gov. uk/corporate/publications-and-reports/streets，2009.

［5］顾天奇，高欣，薛长松，等.快速城镇化进程下公路市政化改造的关键技术问题研究——以苏州市312国道姑苏区段改造为例［J］.中国市政工程，2015(2)：4-6.

［6］吴才锐.浅谈面向海绵城市的城市道路设计［J］.江苏城市规划，2016(6).

沥青路面研究与应用绿色技术进展

姚 凯

(上海浦东路桥建设股份有限公司 上海 201210)

摘 要 温拌沥青混合料、胶粉改性沥青混合料及沥青混合料再生技术是沥青路面工程领域绿色技术的主要代表,本文系统地介绍与分析了这些绿色技术的特点、研究与应用现状,不仅有利于这些技术的大规模推广和应用,还可提供一定的参考和支持。

关键词 温拌 胶粉改性 再生 研究 应用

0 引 言

改革开放以来,我国道路工程建设发展迅速,至 2012 年底全国公路里程数达 423.8 万 km(见图 1),铺装路面和简易铺装路面公路里程超过 280 万公里,其中沥青混凝土路面有 57 万公里,占 20% 以上[1]。

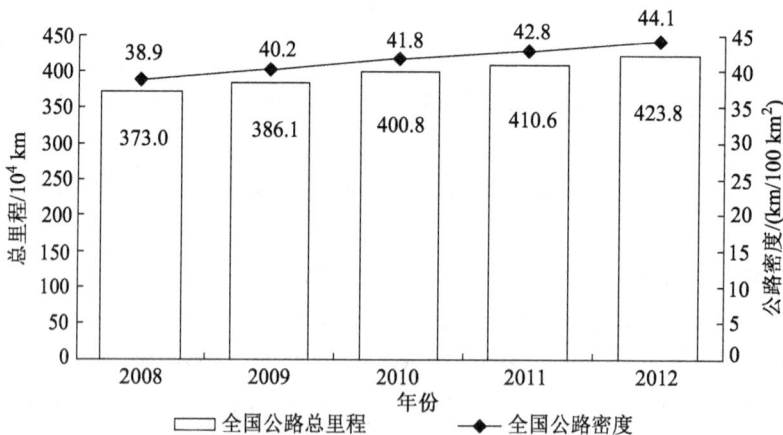

图 1 2008—2012 年全国公路总里程与公路密度

近年来,沥青路面取代水泥混凝土路面成为我国公路铺装主力军的趋势日益彰显,且我国市政道路大部分的改、新、扩建路面工程均采用了沥青混合料路面。然而,传统沥青路面工程项目为社会和经济发展做出积极贡献的同时,不仅消耗了大量燃料、矿料、石化制品等能源和矿产,而且产生了粉尘、沥青烟、噪音等污染(见图 2),尤其在大中型城市,这种污染现象表现得更为突出。显然,这与中国共产党第十八次全国代表大会报告提出的"把生态文明建设放在突出地位,融入经济建设、政治建设、文化建设、社会建设各方面和全过程,努力建设美丽中国,实现中华民族永续发展"的国家战略和社会对环境保护的迫切愿望严重冲突,可见沥青路面在我国持续发展面临着严峻的形势。因此,转变观念,研究和应用绿色环保型沥青路面技术,是助推沥青路面技术革新、加快沥青路面工程项目发展和建设步伐及扩大沥青路面生存空间的根本方式。

图 2 沥青混合料生产过程

发达国家在 20 世纪 40—50 年代就开始研究和应用将绿色技术应用于沥青路面工程项目,经过几十年的研究与应用,已经将诸如胶粉改性沥青混合料、温拌沥青混合料及沥青混合料冷再生等多种典型绿色技术成熟且广泛地应用于各种沥青路面工程项目,取得了减少污染物排放、节约资源等良好的社会、经济及环保效益。相比发达国家,我国开展沥青路面绿色技术研究与应用比较晚,到目前为止,研究较为成功且在一些工程项目中得到应用的绿色技术种类不多,基本上以温拌沥青混合料、胶粉改性沥青混合料、沥青混合料再生等技术为主。

目前我国已经处于室内研究、试验段中试和工程项目成熟应用的绿色技术种类很多,总体上可分为节能减排型和资源再生型两大类。其中"节能减排技术"以温拌沥青混合料技术为代表,胶粉改性和沥青混合料再生等技术则是"资源再生技术"发展的主要领域。本文将介绍、分析并总结以温拌、胶粉改性、沥青混合料再生等为主要代表的绿色技术的国内外研究和应用情况,为我国道路工程和环境保护领域的研究与工作人员提供参考和借鉴。

1 温拌沥青混合料技术

在道路工程建设中,沥青混合料的生产和应用是能源消耗与环境污染的大户。德国研究数据表明,每生产 1 t 热拌沥青混合料须消耗 8 L 燃料油。我国的测试数据表明,在生产和铺装过程中,热拌沥青混合料排放出 2.6 mg/m 的二氧化碳(CO_2),104 mg/m 的一氧化碳(CO),151 mg/m 的氮氧化物(NO_x),以及 5.6 mg/m 的烟尘等废气[2-3]。使用热拌沥青混合料的负面影响就是环境破坏、能源浪费和人的生存圈缩小,这与我国发展绿色可持续道路背道而驰。一种绿色环保的新型沥青混合料——温拌沥青混合料,不仅兼具热拌沥青混合料和冷拌沥青混合料的优点(见表 1),而且拌合与摊铺温度比传统的热拌沥青混合料低 30 ℃以上,可以大大降低能源的消耗,减少对周围环境和施工人员的危害(见图 3),同时又能保持与热拌沥青混合料基本相同的使用品质。

表 1　3 种典型 SBS 改性沥青混合料拌合与施工工艺对比[4-5]

项目	工艺		
	热拌	温拌	冷拌
拌制与施工温度	拌合:170~185 ℃ 摊铺:≥160 ℃ 初碾:≥150 ℃	拌合:140~155 ℃ 摊铺:≥130 ℃ 初碾:≥110 ℃	环境温度 (-30~50 ℃)拌制与施工
应用范围	各等级道路路面	各等级道路路面	三级及三级以下公路路面
优点	工艺、设备及技术成熟,路用性能良好,成本低	工艺、技术相对成熟,设备因技术种类而异,性能较好,节能环保	可存储、无需加热,节能环保
缺点	能耗大;产生沥青烟气、粉尘等污染物	成本相对热拌高	成本高、路用性能差,养护时间较长
应用规模	大范围应用	发达国家应用较广泛,我国也有部分地区推广和应用	主要用于路面修补,且修补量小

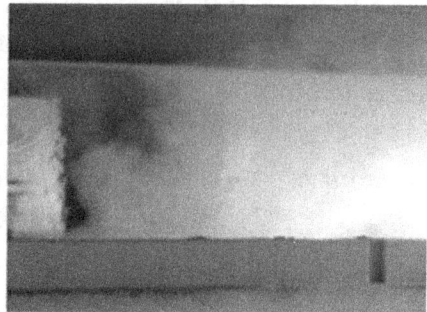

(a) 温拌出料　　　　　　　　　　(b) 热拌出料

图 3　温拌沥青混合料与热拌沥青混合料的出料过程

1.1　技术特点

相比传统热拌沥青混合料,温拌沥青混合料的制备与铺装更加节能、环保、方便,路用性能也更优。国内外大量的室内和现场研究资料表明,相对于热拌沥青混合料,温拌沥青混合料优点较多,详见表 2。

表 2　温拌沥青混合料优点

优点	介绍
节约能源	混合料拌合温度从 160 ℃(改性沥青 180 ℃)降至 120 ℃(改性沥青 150 ℃),可降低能源消耗 30% 左右
保护环境	大大减少拌合厂与铺筑现场周围有害气体、烟雾及粉尘等的排放,减少对环境的污染和对人身体健康的损害
生产设备损耗低	由于生产温度降低,相应降低混合料在生产过程中对钢铁制生产设备的损耗,延长设备使用期,降低设备维修成本
缩短开放交通时间	降低摊铺温度,可在较冷天气时施工,降低了对天气的依赖性,从而延长了施工季节;铺好后冷却到可通车温度的时间较快,缩短了开放交通的时间

优点	介绍
改善路用性能	相对低温拌合与施工,大大减轻沥青老化的程度,能够使沥青更久地保持其弹性和抗疲劳性能,提高沥青的耐久性,进而改善沥青混合料的路用性能
适用范围广	适用于密级配沥青混凝土(AC)、沥青玛蹄脂碎石(SMA)、开级配排水式沥青磨耗层(OGFC)等类型的沥青混合料,也适用于再生、彩色、大粒径及浇注式沥青混合料

1.2 研究与应用

从 20 世纪 90 年代中期发展至今,温拌沥青混合料技术已经历了从试验路段到大规模应用,由简单一元化到精细多元化的过程,取得了令人惊喜的效果与成果,具体情况见表 3。

表 3 国外温拌沥青混合料技术发展过程[6-7]

时间/年	对象	试验与实践
1995—1999	Shell & Kolo-Veidekke	1996 年进行现场试验,1999 年建试验路段,春季、夏季跟踪测试 WAM 的性能
2000	Harriscn & Christodulaki	第一届国际沥青路面会议上第一次提出了 WMA;第二届欧洲沥青国际会议大力宣传和推广了 WAM
2001—2003	日本和欧洲多国	大规模使用 WAM,产量由 8 000 t 增加到 30 000 t
2002—2003	美国沥青路面协会(NAPA)美国沥青技术研究中心(NCAT)	考察、研发温拌技术,首次研究和应用表面活性平台温拌技术,三大主流温拌技术体系形成
2005—2006	美国沥青技术研究中心(NCAT)	对 Aspha-Min,Sasobit,Evotherm 三大代表性温拌剂开展综合性室内外研究工作,并提出了相应的技术报告
2007—2008	NCHRP	研究温拌沥青混合料技术的配合比设计,实施温拌沥青混合料的施工性能、气体排放和路用性能研究

根据美国国家沥青铺装联合会(NAPA)统计,美国 2009 年的温拌沥青混合料使用量为 1 920 万 t,而 2010 的温拌沥青混合料用量增长为 4 760 万 t,增长率为 148%。温拌沥青路面也逐步在我国的一些地方得到大规模推广和应用。2010 年北京实现新建路面的30% 为沥青路面,2011 年为 60%,2012 年为 100%,成为全球第一个新建路面全部采用温拌沥青路面的城市,四川映日路、青海德令哈公路等路面工程均采用了温拌沥青路面形式[8]。总体上,温拌沥青混合料在国内外的应用规模和范围呈现逐步增长的趋势。

2 胶粉改性沥青混合料技术

2.1 技术背景

废旧轮胎长期露天堆放,不仅占用大量土地,而且极易滋生蚊虫传播疾病,一旦引发火灾,污染极其严重。废旧轮胎在翻新、再生胶过程中会产生挥发性有机污染物,废轮胎焚烧可能产生二噁英、呋喃、多环芳烃及重金属等污染物。近年来,欧美及日本等世界主要发达国家的轮胎年报废量不断攀升,日本 2007 年报废 1.02 亿条,在 2007 年,美国年报废轮胎量就达到了 2.99 亿条,近 300 万 t,待处理 1.88 亿条,约 102 万 t;德国 2007 年报废量约为 54.6 万吨[9-11]。进入 21 世纪以来,我国每年报废轮胎量不低于 150 万吨,并且以 10% 的速度增长[12],2006 年废旧轮胎量就达到 1.6 亿条,2009 年更是增至 1.9 亿条[13]。根据有关统计与预测,目前我国废旧轮胎的产量持续增加,表 4 详细列举了有关研究人员对我国废旧轮胎量的预测[14]。

表 4　我国轮胎年报废量统计与预测

年份	条数/万条	重量/万吨
2011	33 814.56	252.76
2012	37 336.15	284.51
2013	41 067.13	318.56
2014	45 007.08	355.56
2015	49 455.59	393.66

若将废弃轮胎应用于资源消耗量大的沥青路面工程,不仅消纳了大量固体废弃物,且用胶粉改性混合料铺筑的沥青路面比普通沥青路面更耐用,产生裂纹少,耐候性更好,遇严寒天气也不易结。据相关分析,用废胶粉改性沥青铺设一条双向高等级公路,每公里路面可消耗 1 万条废旧轮胎制成的废胶粉。

2.2　研究现状

自 20 世纪 60 至 70 年代以来,美国、法国、英国、南非等国家先后开展了橡胶沥青和橡胶沥青混凝土的应用研究。以美国为首的发达国家对胶粉改性沥青及其混合料的研究起步早、研究连续,成果和实践经验较丰富。南非对胶粉沥青的应用门类全、技术成熟。据了解,目前南非 60% 以上的道路沥青使用橡胶沥青[15]。而且他们认为,对于超重轴载的环境,使用橡胶粉改性沥青混凝土尤为有利[8]。我国对胶粉改性沥青的研究起步于 20 世纪 80 年代初,但由于受到各种条件的限制,进展较为缓慢,相关研究成果及铺筑试验路较少。直到 2001 年,交通部公路科学研究所主持了交通部西部科研项目——废旧橡胶粉用于筑路的技术研究,才对橡胶沥青及胶粉沥青混合料的路用性能及力学特性开展了全面、系统的试验研究。

2.3　应用现状

到 20 世纪末,美国铺设的废胶粉改性沥青路面已超过 1.1 万 km[16]。此外,日本、俄罗斯、加拿大、瑞典、韩国、芬兰等亦成功地将废胶粉改性沥青用于修建高速或高等级公路。自 1982 年以来,我国江西、四川、辽宁等地也都尝试着铺设废胶粉沥青路面,经多年实践考察,效果良好。目前,新疆、宁夏、云南、河南等地在筑路中也先后使用废胶粉。近年来,中国每年修建公路须消耗多达 200 万～300 万 t 的沥青,公路维护保养所消耗的沥青还不包括在内。若在沥青中掺入 15% 的废胶粉,则每年可消耗废胶粉 30 万～45 万 t[17-18]。这样既不用进口昂贵的 SBS 改性沥青,又疏通了废胶粉的消费渠道,使中国国内自有资源得到充分利用,扶持了废胶粉生产企业的发展,促进了废旧轮胎的回收和利用。

3　沥青混合料再生技术

3.1　技术特点

沥青混合料再生利用是指通过翻挖、回收、破碎、筛分等工艺过程,将须翻修或废弃的旧沥青路面材料与再生剂、新集料、新沥青材料等按一定比例重新拌合,形成具有一定路用性能的再生沥青混合料。沥青混合料再生技术具有以下几个方面的优点:① 节约道路建筑材料;② 节约建设成本;③ 利于环境保护。

3.2　研究与应用

美国于 20 世纪 20 年代最早开始研究和应用该技术,到 20 世纪 80 年代末,该技术所生产和应用的沥青混合料量占全美国公路所用沥青混合料总量的 50%[19]。德国、日本、芬兰、法国等国家的再生技术研究与发展也极为迅速,所占比重与日俱增。我国在该技术领域的研究始于 20 世纪 70 年代,据统计,到 1986 年,全国累计铺筑再生沥青混合料 600 km[20],由于自 20 世纪 90 年代开始,我国公路行业进入大规模建设阶段,原有旧沥青路面体量小,再生技术无法满足大规模建设的需求,因此,再生技术的研究与推广基本处于停滞状态。直至近些年来,我国经济发达地区,如东部沿海地区在大规模建设时期修建的大批沥青路面已经或超过服役年限,翻修或废弃的旧沥青混合料体量极大,又推动了我国沥青混合料再生技术的研究与应用,且随着我国城镇化建设的逐步推进和成型,沥青混合料再生技术的研究与应用将迎来一片广阔的天地。

4　结　语

通过对温拌、胶粉改性及沥青混合料再生技术 3 种主要绿色技术的特点、研究及应用现状的介绍与分析,不难发现,国内外已经对这些技术进行了较为全面的研究及应用,取得了良好的社会和环境效益,但受性能、成本、技术成熟度等因素的制约,相对传统沥青路面技术,这些技术应用的规模相对小,尤其在国内,应用规模不大。因此,道路与环保领域的工作与研究人员要进一步研究、推广和应用上述绿色技术,并获得有关政策的扶持。

参考文献

[1] 中华人民共和国交通运输部. 中国交通运输统计年鉴 2011[M]. 北京:人民交通出版社,2012.

[2] 徐世法. 高节能低排放型温拌沥青混合料的技术现状与应用前景[J]. 公路. 2005(7):195—197.

[3] 孙大权,王锡通,汤士良,等. 环境友好型温拌沥青混合料制备技术研究进展[J]. 石油沥青,2007,21(4):54—57.

[4] 《公路沥青路面施工技术规范》(JTG F40—2004)[S].

[5] 温拌沥青混合料路面技术规程(DG/TJ08—2083—2011)[S].

[6] Brian D PLJWell. The international technology scanning program warm mix asphalt scan summary report[R]. Washington D. C.:Federal Highway Administration, US Department of Transportation, 2007.

[7] Jamshidi A, Hamzah M O, You Z. Performance of warm mix asphalt containing sasobit : state-of-the-art[J]. Construction and Building Materials, 2013,38(0):530—553.

[8] Sasol Wax Americas Inc. Sasobit in warm mix asphalt application 9 years of global successes[A]. World of Asphalt Conference,2006:8—16.

［9］宋科,何唯平,赵欣平,等.温拌沥青技术的发展概述［N/OL］.中国沥青网, 2012-11-28［2015-06-25］,http：//www.sinasphalt.com/news/2012 — 11/in-fo52179.htm.

［10］孙新.美国各州针对废轮胎处理的政策法规［J］.中国橡胶,2008,24(19)：12—18.

［11］张晓.2002 年日本废轮胎利用情况［J］.橡胶科技市场,2003,24(4)；32.

［12］陈云信.废旧轮胎的低温热解冷淬碎化的研究［D］.天津：天津大学,2007.

［13］白木,周洁.生产胶粉：废旧轮胎回收利用的方向［J］.原材料,2003,3(4)：12—16.

［14］任志伟,孔安,高全胜.我国废旧轮胎的回收利用现状及前景展望［J］.中国资源综合利用,2009,4；12—15.

［15］刘景洋,乔琦,昌亮,等.轮胎使用年限及我国轮胎报废量预测研究［J］.中国资源综合利用,2011,4；34—37.

［16］杨芸波,宋世海.橡胶沥青碎石封层的应用技术［J］.内蒙古科技与经济.2008 (20)；121—123.

［17］刘军,王健,熊茂春,等.胶粉改性沥青在高温多雨地区的应用［J］.施工机械 & 施工技术,2008(7)；40—42.

［18］路凯冀,周成昀,曾蔚,等.胶粉复合改性沥青混凝土在钢桥面铺装中的应用研究筑［J］.路机械与施工机械化,2007,22(2)；33—36.

［19］庾晋,白杉.废旧轮胎回收利用现状和利用途径［J］.化工技术与开发,2003,32 (4)；43—49.

［20］叶勤.沥青混合料厂拌热再生综合技术研究［D］.南京：东南大学,2008.

"长寿路面"在智慧城市的落实和在香港的实践

聂志光

（香港特别行政区政府路政署研究拓展部）

关键词 智慧城市 信息化管理 剩余寿命 长寿路面 弹性疲乏 路况指数

0 引 言

城市是现代生活的主要集中地。在当今知识与科技高速发展、环保意识充分提升的年代，以"充分利用新科技及其带来的启发，让其系统、运作和服务得到改善、提升和可持续发展"作为特征的智慧城市，理所当然是城市发展的主要方向。

道路是城市设施的重要一环，智慧城市的概念自然也涵盖了道路设施的管理，例如，地下管线和路灯管理、交通讯号监控、路面和泊车监测等，道路交通信息化管理往往吸引着大部分规划者的注意力；在信息科技年代，上述各个方面的信息化管理的确值得业界高度关注，然而，假使忽略了道路结构硬件设计的优化和可持续发展，那么付诸其他方面的努力，效果也会大打折扣。

要让道路网络在智慧城市中发挥应有的作用，就必须保证道路硬件结构达到适当的服务水平，保证道路的通行不会因维修护养而过分受阻；而维修产生的废料，也应当在可持续发展的原则下适当运用，才符合智慧城市的理念。因此，在设计及维修护养道路时，除了表面的成本效益外，服务水平及可持续性也是关键的考虑因素，而长寿路面策略的实施，正是其中重要的一环。

1 路面寿命的理论概念

传统的路面理论认为，交通负荷所造成的拉伸和压缩应变的反复循环，最终会导致路面的结构破坏。主要的破坏模式包括：① 沥青层底部由于弹性疲乏而破裂；② 路基下的泥土出现永久变形。较厚的路面设计虽然可以减少沥青物料承受的应变，进而延长路面结构的使用寿命，但是，当设计寿命完结后，反复重铺道路面层难以有效地维持路面的服务功能，整个路面结构的掘起重建是不可避免的。

20世纪90年代初，路政署委托工程顾问公司，就香港的路面结构状况和设计进行研究。顾问公司主要以落锤式弯沉仪（FWD）检测香港各主要道路的路面结构状况，然后按传统理论进行分析，以甄别出缺乏"剩余寿命"的路段，并建议全面深挖重建这些路段。路政署按顾问公司的建议在多个路段进行了路面重建。然而，随着城市的高速发展，道路网络的交通负荷不断加重，深挖重建的路面复修模式越来越难得到社会的接受，更遑论配合智慧城市的发展。

20 世纪末,长寿路面的概念渐趋成熟。来自不同国家的案例研究显示,路面的服务寿命,有时更多地受制于由表面裂缝或车辙而导致的自上而下的破坏,而不是传统理论所认定的自下而上的模式。部分研究的结论是,有足够厚度且构建良好的路面结构,并不容易因为弹性疲乏而产生自下而上的破坏;只要保养得宜,及时防止路面病害深入蔓延,上述路面可以享有很长的结构寿命。进入 21 世纪,长寿路面的规范更被纳入部分先进国家的指引文件中(如英国《道路及桥梁设计手册》中的 HD26/06 及 HD30/08)。

2 传统理论破坏模式的验证

参考外国的研究结果,路政署在 2001 年对 15 个曾经被分析为缺乏剩余寿命但未能重建的路段进行重新审视,并将其一般服务水平及维修需求与另外 18 个已于 20 世纪 90 年代重建的路段进行比较,结果发现分别只属轻微。

研究结果显示,单纯依赖 FWD 及传统分析推断路面结构剩余寿命的方法似乎过于保守,导致偏差的可能原因包括:

(1)剩余寿命的估算基于有限的实验室测试结果,并以过度的外推法判断沥青材料在弹性疲乏方面的长期性能;

(2)沥青路面衰败的数学模型未能准确反映沥青材料逐渐变化的情况。

在研究"长寿路面"这个新观念在香港的适用性的过程中,我们一方面借鉴不同国家的经验和想法,同时进行了一系列的现场状况调查及保养频率分析,结果发现,在绝大部分现存的道路上未出现明显的结构性破损;通过合理周期的表、中面层处理,足以将建成超过四五十年的路面的服务素质保持在满意的水平。另外,在评估不同保养方法的效益及其社会成本后,我们总结出一个重点:深挖路面大型重建,在香港一般情况下既不需要也不符合成本效益,沥青路面的保养策略及研究发展应聚焦到表、中面层物料的施工速度及耐用性上。

基于上述研究结果,路政署建议在香港设计新路面时采用长寿路面的概念,并致力适时适当护养已建的路面,以尽量避免大型的深挖重建工程。护养措施包括裂缝填充、面层的刨重铺、表层加厚加固等。以香港现时一般刨机械的能力,处理不大于 11 cm 的刨重铺工程,可于晚间非繁忙时间分段完成,尽量减少在繁忙时间对道路交通的滋扰。SBS 改性沥青的广泛使用及高黏沥青的开拓,为道路面层更新提供了较多针对交通荷载的符合成本效益的方案选择,而局部的深挖重建应视为特别而非一般采用的手段。

根据香港境内不同沥青厚度路面所搜集的表现数据、结构状况及保养记录,加上与香港理工大学合作进行的路面结构的应力应变等分析,我们厘定了适用于本地的长寿路面结构厚度的规范值,将其用作设计新建路面的参考,相关的设计指引亦已在 2013 年中旬做出修订(参照路政署道路建造指引 RD/GN/042)。根据该指引,在设计主要道路的柔性路面时,沥青结构层的总厚度不应小于 35 cm。

3 环保理念

可持续发展是智慧城市的重要原则之一,环保理念在智慧城市的建设中当然不可或缺。香港每年由道路维修所产生的旧沥青物料数以十万吨计,为解决沥青物料弃置的问题,路政署一直研究如何循环再用这些旧沥青物料,以减少对公众填料库的负荷。自2003 年开始,在所有新道路维修及保养合约内,均加入了使用回收沥青混合料的条款,列明在路基沥青物料中容许加入不多于 15% 的回收沥青混合料。

为进一步使用回收沥青混合料,路政署在 2005 年与香港理工大学合作,探讨在道路的磨耗层使用回收沥青物料的可行性。研究结果显示,全新沥青物料与加入 15% 回收沥青的混合料表现相当,使用加入 15% 的回收沥青混合料的工艺自此推广至沥青路面的所有结构层。

2008 年,引进了现场热再生技术,作为沥青路面维修护养的另一选项。借鉴国内外的先进经验,路政署使用一台配有加热功能部件的流动机械,在短时间内将损毁沥青路面表层原地加热、软化和翻松,继而混入适量新物料,再重新压实。此方法一方面可循环使用路面的原有沥青物料,减少建筑废料,同时,以热能软化代替传统机械式破碎路面的维修方法,亦可减少工程产生的噪音。这项富有环保理念的路面维修技术,可为白天交通繁忙而晚上对噪音敏感的区域提供更合宜的施工方案。考虑到热再生技术暂时未能广泛应用在多孔沥青表层,以及使用大型连续施工机组对市区交通构成的影响,目前在香港使用的是独立式的热能修路机,其应用也暂时局限在小于 100 m^2 的路面复修工程。

4　环保理念与长寿路面策略的协调与矛盾

从原则方向及长远效益来看,"长寿路面"是一个可持续的发展策略,它与环保理念并无矛盾,但若充分体现"长寿路面"的效益,则需要在技术层面采取恰当的措施,而环保理念在某些特定的情况下需要有更细致的诠释。

如前所述,路政署一直与大学合作研究,探求增加回收物料在沥青路面的百分比,经过与香港理工大学更深入的合作研究后,回收沥青物料在磨耗层的最高含量,已由开始时的 15% 逐步提高至 30%。但研究结果同时显示,当循环物料的成分超越物料总质量的 15% 时,沥青物料的弹性疲乏抵抗能力会受到较明显的影响;由于弹性疲乏抵抗能力是路基主要性能的重要影响因素之一,会影响整个路面结构的耐用性,为了"长寿路面"的实现,香港现时把回收物料在路基中百分比限制在 15% 之内。

由于实际车流量及重型车辆成分的差异,不同段落的道路往往容易出现程度不同的局部损坏。经年累月按实际需要进行的路面维修重铺工程,加上公共管线机构对其地下设施更新维修而进行的道路工程,渐渐把原本均一的路面物料,换上不同年份甚至不同类别的沥青物料。在典型的市区道路网中,此情况甚为普遍。换言之,沥青老化程度亦经常出现局部的变化,给沥青循环再用带来不明朗的因素,特别在应用现场热再生技术时,施工队难以准确决定再生剂所需的分量,导致热再生路面的耐用性能受到影响。基于沥青老化程度的不确定性,在规划路面的再生复修时,只好倾向保守。

至于快速公路上的多孔摩擦层,基于物料强度及操作需求等考虑,香港暂时尚未就其维修应用循环物料及热再生工艺做出规定。路政署会按循序渐进的方式,逐步扩大循环物料及热再生工艺在香港的使用,同时继续留意国内外在应用循环路面物料及热再生工艺方面的发展,以便将先进的研究成果与实践经验尽早引入香港。

5　路面病害监控

在追求长寿路面的实践中,除了设计及施工需要优化外,路面病害的紧密监控和及时维修,以避免路面结构的深层损害,也是对道路工程专业的重要挑战。

香港在 20 世纪 90 年代开始尝试建立一套系统性及量化的路面巡查机制,以期形成更客观、更科学化、更具有预测能力的路面管理新模式。由于当时缺乏本地相关的人力资源和专业知识，主要的开发工作是外判于跨国顾问公司，并引入国外的系统在香港使用，其中包括 20 世纪 90 年代的 MARCH（maintenance assessment rating and costing for highways）和后期的 UKPMS（united kingdom pavement management system）。经过一段时期的实践发现，这个做法长远而言缺乏弹性，尤其在系统设计上难以做出本地调校和有针对性的改良。此外，外判机制程序既繁琐，巡查工作又涉及海外特定资格的巡查员和特制的资料收集机，导致整个流程从实地巡查、数据分析、结果汇报，到落实安排保养工程当中，出现了颇大的时间差距，大大减低了巡查结果的参考价值。

为贯彻长寿路面策略和适合部门整体迈向科学化资产管理的步伐，路政署于 2010 年自行制订一套适合本地路面状况的参考指数计算方法并建立相关的计算机系统，以落实至所有区域。在量化的路面病害管理下，每个百米长的路段都有一个路况指数，并每半年更新一次，以供保养人员参考。

信息科技在智能城市发展中的广泛应用，特别是地理信息系统的一日千里，让护养人员能更有效地记录及量化病害，并将结果应用于路面管理系统中，让资源的应用分配更科学化。

在路面巡查方面，检查人员已配备了电子地图和记录程序的电子手持设备，记录病害的种类、位置、大小等数据。输入的数据可通过计算机快速上载到地理信息系统内，以进行数据分析及计算道路网络的路况指数。该方法有效地提高了路面巡查的工作效率。

保养人员可通过内部网络以地图界面检阅整区或个别路段的路况指数，相关系统能有效地显示需要注意的区域。保养人员可检索和分析存储在该系统的数据，以确定资源分配及规划道路维修工作的优先次序。

6　交通流量和轴重的监控

落实长寿路面的一项工作是把路基底部在轴重作用下的应变限制在一个很小的数值范围内（部分研究认为，路基底部在轴重作用下不容许出现大于 $70\ \mu\varepsilon$ 的应变），要在实际运作中达到这个目的，就要对路面行驶汽车的轴重进行适当监控。不同种类的 WIM（Weigh-in-Motion）称重桥为监控单位提供了技术工具，因此也是智能城市建设的应有装备。如果因经济发展，个别路段的流量或轴重不可避免地超出原先设计的规范，有关单位就应在路基遭到损毁前实施适当的补强措施；如果路面厚度不能增大，就需要考虑把原来的磨耗层甚至基层以弹性模量较大的材料（如使用 SBS 改性沥青或高黏沥青的沥青砼）取代。在特殊情况下，可能需要考虑加设专门设计的土工格作为额外的补强。

7　沥青材料的监控

除轴重和路面厚度外，沥青物料的弹性模量也直接影响沥青层底部的应变，而沥青油的品质当然也直接影响路面的耐用性。现时香港使用的沥青油一般相当于 PG64 及 PG76 两级，在沥青物料质量监控方面，除了在沥青厂对沥青油和集料进行定期抽样化验，以及在工地采样做沥青油含量、压实度和集料配合比等较简单的化验外，考虑到从施工样本抽提沥青油进行抗剪试验的高昂费用，路政署以往较少就工地沥青材料进行沥青油的抗剪试验；为加强这方面的监控，路政署近年与香港理工大学合作研发了一套试验程序，用简易方法从工地样本套取沥青油进行黏度试验，以间接方法确保道路建设和保养的施工材料达到规范要求的抗剪强度。由于该方法简单快捷,化验施工物料中沥青油抗剪强度的效率得以显著提高。

8 展 望

总括而言,为迎接道路建设及保养在发展智慧城市过程中将要面对的挑战,必须在工程技术和设计理念方面与时俱进,长寿路面的策略在这个过程中应当得到充分重视和落实,并贯彻于道路的设计、施工、病害监控、维护和复修等各方面,而高新科技的应用则为长寿路面在智能城市的落实提供了更稳固的技术基础。在计算成本效益时,应以全生命周期为基础,并把牵涉的社会成本适当量化以供参考。面对时代的挑战,让我们国内外同业携手并肩,追求更卓越的明天。

桥隧工程

实用型结构安全监测系统在系杆拱桥的应用

李波　马尚

(1.中设设计集团股份有限公司道桥新技术研究中心；

2.江苏省扬州市公路管理处　扬州　225002)

摘　要　当前普通干线公路桥梁养护检评工作主要依赖人工,且对桥梁全面检查间隔周期长,桥梁服役状态信息准确性及实时性不能完全满足养护现代化的需求,而国内已有结构监测系统主要针对跨江跨海特大型桥梁布置,投入繁巨,并不适用于普通干线桥梁。本文基于普通干线公路系杆拱桥实际特点提出了实用型结构安全监测系统建设方式,并在某省道上1～52 m系杆拱桥布置完成了安全监测系统。实践表明,实用型桥梁安全监测系统的建设能有效帮助养护工作者实时跟踪桥梁服役状态。

关键词　公路桥梁　系杆拱桥　安全监测　人工养护

0　引　言

当前桥梁运营结构安全管理评价的工作措施包括人工养护及健康监测两个方面。普通干线桥梁运营安全主要依靠人工养护来保障,人工养护保障体系的测试手段虽然有了长足的发展,但这类方法所固有的缺陷却依然存在[1-3]：① 不能掌握结构的整体受力状态；② 不能获取结构外部作用环境；③ 工作周期较长,信息时效性难以保障；④ 检查结论主要依靠技术人员的知识储备及工程经验,主观性较强。国内已有的健康监测系统主要针对跨江海特大跨桥梁开展专项研究而布置,对应的健康监测系统庞大、投入繁巨。桥梁结构作为安全冗余度较高的体系,健康监测的实际应用效果差强人意[4-7]：① 对桥梁结构局部损伤的识别定位效果欠佳；② 相关监测数据的发掘利用有待进一步深化。如何充分发挥人工养护及健康监测的作用,使其为桥梁运营安全保驾护航做出更大的贡献是业界需要面对的重大问题。

1　系杆拱桥在养护工作中面临的问题及对策

1.1　系杆拱桥养护困境

一方面,系杆拱桥结构轻型、造型别致、构件用料合理、桥墩不承受水平推力,在保证桥下通航净空要求的前提下有效减小桥面标高,减小桥面标高过渡引桥总长,是普遍认为的一种经济桥型,并被广泛应用。另一方面,系杆拱桥作为外部静定、内部多次超静定的受力结构,其传力路径主要为"桥面板—横梁—系梁—吊杆—拱肋",传力路径相对较为单一,构件设置冗余性不足,一旦某一主要受力构件发生破坏,就有可能导致结构的连续垮塌,造成严重的安全责任事故,因此有必要对此类桥梁开展安全监测,以实时了解桥梁服役状态,保障人民群众的出行安全。

在系杆拱桥实际养护工作中,日常巡查等常规养护检查深度及技术力量相对薄弱,对于可能危及结构安全的潜在病害判别不足,而这些问题往往需要等到定期检查或结构详细检查才能较好地得到解决。但一般而言,较为详细全面且深入的定期检查周期不短于 1 年,而依照跨江海长大桥梁健康监测案例布置结构监测系统经济代价过于庞大而显得不切实际。

1.2 问题的解决思路

虽然桥梁运营期的安全保障措施包含桥梁监测及人工养护,但是当前的桥梁结构监测系统大多在桥梁运营前期就已经独立建立,而桥梁人工养护相关工作往往参照现行规范自成一家。这就导致桥梁监测系统与日常的桥梁养护管理互相游离,并不能充分发挥各自的潜在价值。实际上,桥梁监测系统与人工养护可以满足信息融合对信息冗余及互补性的要求,如桥梁监测系统对结构局部损伤不敏感的问题可以通过日常养护人工识别较好地解决,而日常养护数据信息不具有实时连续等问题也可依托桥梁监测系统寻求解决方法。

针对上述问题,本文认为,在桥梁养护过程中应充分发挥桥梁人工养护体系及在线实时监测系统的优势,在实际工作中以实用型桥梁安全监测系统信息化手段作为补充信息与人工巡检数据融合分析。

2 实用型桥梁安全监测系统

2.1 实用型桥梁安全监测系统特征

实用型桥梁安全监测系统相对于跨江海长大桥梁健康监测系统而言有以下几点不同:

(1)监测主体对象不同。实用型桥梁安全监测系统主要针对一般单孔跨径不大于 200 m 的桥梁,桥梁建设规模相对于跨江海长大桥梁而言较小。

(2)系统建设目标不同。当前很多健康监测损伤分析技术仅在简单自由度体系中有相对可观的实验效果。但由于桥梁本身结构冗余度大的特点,相关桥梁结构健康损伤状态预警往往难以取得理想的应用效果。因此,实用型桥梁安全监测系统不宜通过实时监测数据"逆过程"反演分析获取结构损伤预警状态。

(3)系统所含监测项目更为精炼实用。实用型桥梁安全监测系统针对结构实际受力特征选取了可能影响结构安全且相对容易获取的关键指标作为监测项目。

(4)系统建设费用极大降低。由于监测项目的精炼,实用型桥梁安全监测系统软硬件建设规模明显缩小,因此在养护经费有限的情况下也能有效开展工作。

简而言之,实用型桥梁安全监测系统以结构安全关键参数进行实时监测为目标,通过数据采集分析获取关键参数异动状态,并结合桥梁现场人工检查结果确定桥梁安全状态,为桥梁结构量身打造针对性养护方案。

2.2 桥梁安全监测系统设计

设计结构安全系统主要解决监测项目选择及监测测点布置两个问题。实际处理过程中采取的措施如下:

(1)以桥梁事故为出发点,针对系杆拱桥损毁的诱因提炼对应监测项目,然后统计分析服役桥梁已发生结构病害的分布、发生原因及对结构安全的危害程度,最后根据具体桥梁病害分布及桥梁易损点分析,适当选取对应桥梁监测项目。

（2）以结构实际受力特征为基础,根据具体监测桥梁人工检查结果优化布置桥梁测点位置,对于重点关注的病害布置监测测点专门跟踪。

2.3 辅助决策的信息融合工作机制

监测项目设计时已经考虑到目标桥梁自身病害特征,因此可以认为,传感元件跟踪的病害具有一定的代表性,由传感元件获取的监测数据对技术状况的修正考虑放在"桥梁部件技术状况评定"这个层次,根据监测到的病害发展变化速度的结果,修正桥梁主要部件的评定标度:"发展缓慢""发展较快"。对应主要部件评定标度、修正值分别为"0""+1"。

2.4 服务于人工养护的结构安全监测预警机制

监测预警是桥梁实施监测的主要目的之一,是预防工程事故发生、确保结构运行安全的重要措施。通过预警机制的建立,对影响桥梁安全的重要参数及时判别,如超重车过桥、应力超过控制阈值等,启动针对性的人工养护,在必要时启动针对结构的特殊检查,以确保桥梁安全。

预警机制主要包括预警原则方法及预警后养护管理措施。预警原则主要指不以单一测点单一指标进行预警。预警后,先进行人工干预分析确定预警性质及原因,确认预警性质后安排现场人员确认甚至启动特殊检查。

3 工程介绍

3.1 桥梁概况

新通扬运河大桥位于 264 省道扬州江都市内,设计荷载等级为公路Ⅰ级。该桥主桥上部结构为 52 m 系杆拱桥,引桥为 20 m 预应力混凝土空心板梁。全桥跨径组合为:(3×20)m+52 m+(3×20) m,桥梁全长 178.24 m,单幅桥面行车道宽 10.75 m。系杆拱桥矢跨比为 1/5.1,每片拱肋设置 9 根刚性吊杆,吊杆间距为 5 m,吊索由 48φ7 高强钢丝组成,采用 DM7-48 墩头锚,锚头埋置于梁、拱内,采用 C50 微膨胀砼封锚。钢丝与外套管间压注 M40 水泥浆,两层外套钢管间填充细石砼。拱肋采用混凝土箱形截面,高 1.3 m,宽 1.1 m,全桥拱肋间共设 3 道横撑。系梁采用混凝土箱形截面,高 1.5 m,宽 1.1 m。主桥采用支架现浇方式施工(见图 1)。

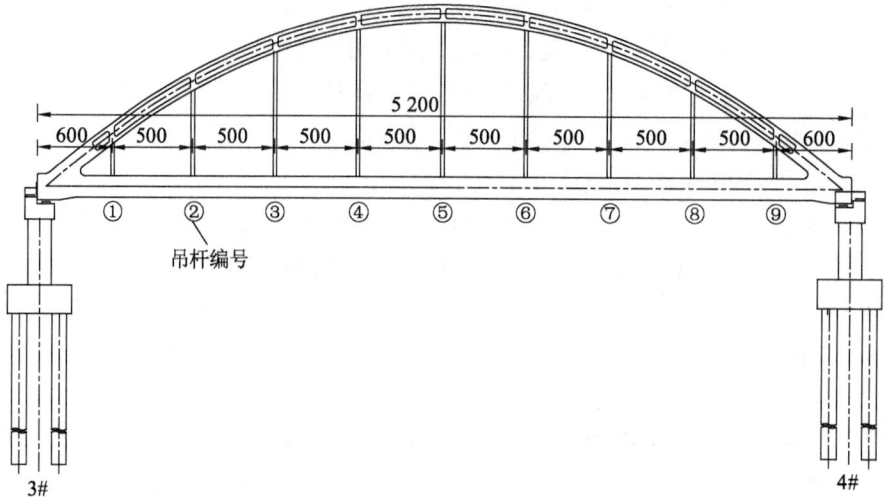

(a) 主桥立面图

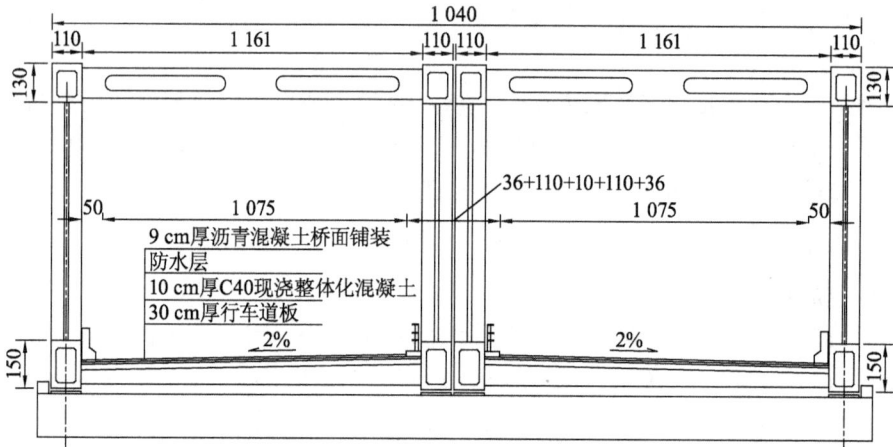

(b) 主桥横断面图

图 1 主桥立面、横断面图(单位:cm)

3.2 桥梁安全监测系统的布置

根据同类型刚性吊杆系杆拱桥常见结构整体受力相关病害的统计结果,对结构整体受力性能影响较大的典型病害主要包括吊杆锚头锈蚀滑丝、吊杆混凝土空洞及桥面板裂缝等。同时该桥承载交通任务相对繁重,交通车辆中大型车辆比例偏高。

综合考虑桥梁结构计算结果、同类桥型、该桥实际典型病害发生发展情形及人工日常巡查工作特点,确定其安全监测项目包括典型环境腐蚀、交通荷载、结构变形、结构应变及温度分布等。

通过修正的有限元仿真模型计算,按照计算值及桥梁实际详细检查结果选定安全监测测点布置位置。全桥共布置结构变形监测测点 8 个,结构应力及温度分布传感器 32 个,吊杆锚头环境腐蚀测点 4 个,并在南岸侧桥头布置交通荷载监测系统 1 套(见图 2、图 3)。

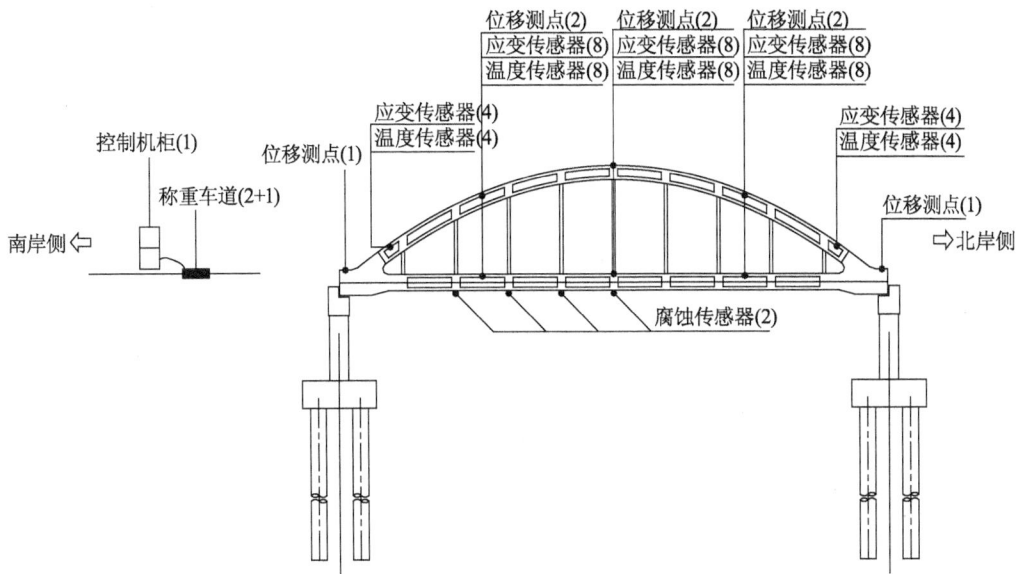

图 2　安全监测系统设计

图 3　现场实施照片

3.3　监测系统的应用效果

新通扬运河大桥结构安全监测系统数据按照黄、橙、红三级预警,自 2015 年 9 月安装调试完成以来已经正常运行近两年时间。在此期间发出黄色预警 600 余次,集中于车辆荷载对结构影响及应力限值预警,现场人工核实对应信息基本符合实际情况。截至目前,系统数据分析显示结构变形在合理区间以内,下锚头服役环境未见泛潮积水等明显恶化情况,结构内力及应力响应虽偶有超出设计值状态,但结构荷载响应仍在结构承载能力以内且保有一定安全富余。截至目前,结构安全监测系统未发出橙色及红色高等级预警,结构服役状态未见危害结构的异常现象(见图 4)。

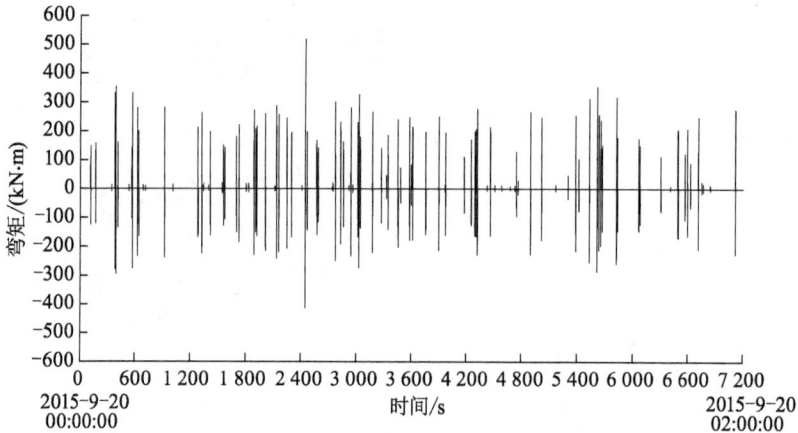

图 4　东北侧拱肋四分点截面弯矩时程曲线

4　结　语

（1）实用型桥梁安全监测系统以跟踪结构安全状态关键指标为目的，整个系统简洁、经济、实用，可以实现需要重点关注的普通大跨桥梁日常养护实际需求，结合人工巡查系统确定结构实际服役状态。

（2）以新通扬运河大桥为工程案例，详细介绍了实用型桥梁安全监测系统在系杆拱桥中的设计建设及运营使用情况，对旨于桥梁养护现代化、信息化的人工养护体系及结构监测系统的信息融合进行了有效探索。实践表明，实用型桥梁安全监测系统的建设能有效帮助养护工作者实时跟踪桥梁服役状态。

参考文献

［1］柴干，万水，钱振东，等.桥梁养护管理系统的设计与开发［J］.公路交通科技，2008，25(3)：84－87.

［2］刘延芳，周泳涛，鲍卫刚.桥梁结构养护方案优先排序方法研究［J］.公路，2013(4)：201－204.

［3］Priyo Suprobo，Faimun，Arie Febry. Infrastructure health monitoring system (SHM) development，a necessity for maintenance and investigation［J］. International Journal of Engineering and Technology Development，2013,1(3)：2337－3180.

［4］李爱群，丁幼亮，王浩，等，桥梁健康监测海量数据分析与评估——"结构健康监测"研究进展［J］.中国科学：技术科学，2012,42(8)：972－984.

［5］张启伟，周艳.桥梁健康监测技术的适用性［J］.中国公路学报，2006，19(6)：54－58.

［6］郭健，孙炳楠.桥梁健康监测中的关键性问题和损伤识别方法［J］.公路，2006(4)：108－116.

［7］魏新良，王震洪.桥梁健康监测技术发展现状及趋势分析［J］.铁道工程学报，2008(9)：44－47.

［8］中华人民共和国行业标准.公路桥涵养护规范(JTG H11－2004)［S］.北京:人民交通出版社,2004.

［9］中华人民共和国行业推荐性标准.公路桥梁技术状况评定标准(JTG/T H21－2011)［S］.北京:人民交通出版社,2011.

［10］中华人民共和国行业推荐性标准.公路桥梁承载能力检测评定规程(JTG/T J21－2011)［S］.北京:人民交通出版社,2011.

［11］Harry W S, Kevin S C. In-service monitoring for improved maintenance and management of DelDOTs bridges［R］. Department of Civil and Environmental Engineering University of Delaware,2012.

237 省道北澄子河大桥吊杆更换施工技术探讨

孙晓震[1]　赵士耀[2]

（1.高邮市公路管理站　高邮　225600；2.江苏华通工程检测有限公司　南京　210000）

摘　要　本文介绍了江苏省高邮市 237 省道淮江公路北澄子河大桥全桥吊杆更换的施工技术，着重介绍临时兜吊系统的加工、安装和使用，原吊杆割除工艺及新吊杆安装、张拉及索力调整。正确运用拱桥吊杆更换施工工艺，对该类桥梁的后期养护监管具有重要意义，而把这些好的施工工艺普及开来，无疑也是广大桥梁养护管理人员不可推卸的责任。

关键词　兜吊系统　吊杆更换　索力调整

0　引　言

1）概述

北澄子河大桥位于 S237 淮江公路高邮段，设计桩号为 K6＋919.0，桥梁中心线与河道中心桥夹角为 90°，桥跨布置为(3×25＋50＋1×25)m，桥梁全长 156.1 m，主桥采用 50 m 跨系杆拱(系杆尺寸为 1.80 m×1.25 m(高×宽)，系杆拱矢高 10.5 m，矢跨比 1/4.571，抛物线线形，均为箱形截面)，拱肋、系杆、横梁、风撑均采用预制安装。两侧引桥采用 25 m 后张法预应力混凝土空心板梁，钻孔灌注桩基础，桥梁宽度 17.0 m；设计荷载：汽车-20 级，挂车-100 级。主桥吊杆为刚性吊杆，内侧钢管内为 12φj15.24 钢绞线，灌注 C40 水泥砂浆，内侧钢管与外侧钢管之间灌注 C40 微膨胀混凝土。锚具采用 OVM15-12 型锚具，配套张拉千斤顶型号为 YCW250B。吊杆施工时先灌注好内、外侧钢管间的混凝土，然后安装张拉吊杆。

2）维修加固方案

吊杆检测结果：通过下锚头检测，发现 3 个锚头存在部分钢绞线回缩现象，分别为西侧 3#、西侧 6# 和西侧 8#；6 个锚头存在沿钢绞线滴水现象，分别为西侧 3#，5#，7#，8#，9# 和东侧 8#；部分锚头钢绞线表面潮湿；存在部分封锚混凝土未充实等现象。上锚头埋深均大于设计文件要求，除 E1 外，封锚混凝土均潮湿，甚至积水，钢绞线有不同程度的锈蚀。西侧 W3，W6，W8 吊杆有钢绞线回缩现象，其中 W8 号吊杆 7 束钢绞线回缩(共 12 束)，其中两个夹片完全脱落，已严重影响桥梁的安全运营。

维修加固方案：更换本桥的全部刚性吊杆，采用柔性吊杆(平行钢丝拉索＋上下钢拉杆组合吊杆)。

1 交通和航道管制

由于本桥梁吊杆更换须封闭桥面交通,因此在进场后按照规定的格式和程序向交警、路政部门提出申请报批手续,同时完善交通标志标牌,采取相应的安全保证措施后才能进行施工。本桥梁更换吊杆作业时,需要占用部分航道,对通航造成一定的影响,因此在开工时需要向航道、海事管理部门申请水上、水下施工作业报批手续,完善通航标志、标牌、信号灯,且符合有关部门的要求后,方可施工。

2 支架搭设

2.1 脚手架方案

对于吊杆更换施工,采用直接在桥面上搭设钢管支架及施工平台的方案。

脚手架搭设方案、技术措施及注意事项:① 按杆件搭设顺序和规定方案进行;② 扣件拧紧程度适当;③ 搭设中及时与结构拉紧或采用临时支撑;④ 随时校正杆件的垂直和水平偏差;⑤ 未完成脚手架在每一收班时保持架子稳定;⑥ 连接大横杆的对接扣件,开口应向架子内侧,螺栓向上;⑦ 装螺栓时应将根部放下,保持适当的拧紧程度,一般要求扭力矩控制在 30~40 N·m,最大不超过 59 N·m;⑧ 拆除时严格遵守顺序:由上而下,先绑的后拆,后绑的先拆,一般先拆栏杆、脚手板和剪力撑,后拆小横杆、大横杆和立杆。

2.2 吊架方案

对于航道通航的桥梁,也可采用悬挂吊架的施工方法:通过桥梁泄水孔及适当位置植筋,设置吊钩作为吊点,通过悬挂的钢丝绳传力至工字钢框架,形成整体式施工平台。吊架高度距桥面下缘尺寸为 1.2 m,经海事、航道管理部门审批后最终确定。

3 吊杆更换施工方案及技术要点

3.1 新吊杆构造形式

主桥原吊杆为刚性吊杆,采用12ϕ15.24钢绞线,预埋钢管内径为 ϕ92 mm,外径为 ϕ102 mm,钢管壁厚 5 mm。新吊杆采用的结构形式为:平行钢丝成品索＋钢拉杆组合吊杆,索体采用平行钢丝,锚具采用冷铸墩头锚,吊杆在拱肋及系梁内部分改为钢拉杆,钢拉杆与索体之间采用连接头连接,连接头连接拉杆外螺纹和钢绞线锚具的外螺纹。上下钢拉杆采用 40CrNiMoA 合金钢。

3.2 施工方案及技术要点

吊杆更换施工采用临时吊杆替代原有吊杆,通过临时吊杆张拉、旧吊杆割除转移原有吊杆内力。在新吊杆安装就位以后,通过新吊杆张拉、临时吊杆卸载,将原吊杆内力转移到新吊杆上,完成吊杆更换施工。

吊杆更换顺序:西 8#、西 3#、西 6# 为首批更换吊杆,即存在重大安全隐患的吊杆首先更换,确保结构安全;其他吊杆更换顺序根据厂家供货顺序灵活安排。更换原则:左右中心反对称更换,最后更换 1#,9# 吊杆。吊杆更换完毕后,对新吊杆的索力进行测定,如有必要,对全桥索力进行调整,调整的原则是与设计索力值尽量接近。

4 施工平台安装

吊杆更换施工过程主要包括施工平台及临时吊杆安装、旧吊杆拆除、新吊杆安装和新吊杆索力调整等。更换施工工作平台主要包括放置临时吊杆系统的拱上工作平台、系梁底工作平台。

4.1 拱肋楔形块浇筑

拱肋工作平台设置于原吊杆两侧附近（见图 1），顶面水平，用 C50 邦得士混凝土现场浇筑。首先对楔形块所在位置拱肋顶面表面进行凿毛处理，并在拱顶植筋，植筋选用 HRB335 级钢筋，绑扎楔形块钢筋网后，浇筑楔形块混凝土，养护至设计强度。

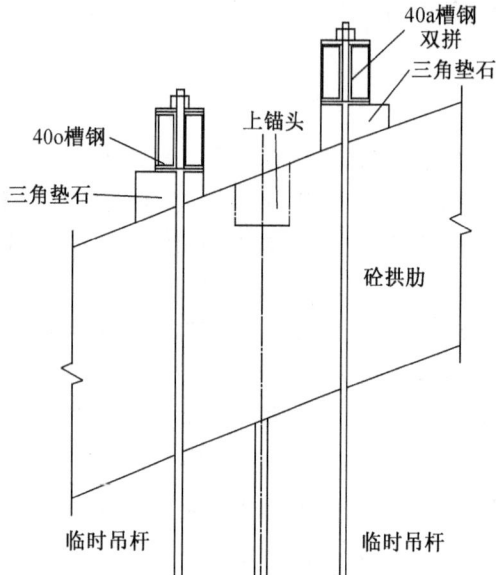

图 1　拱肋工作平台设置

4.2 扁担梁制作安装

临时兜吊系统中的扁担梁由两根槽钢双拼，并用钢板将两根槽钢焊接，作为临时兜吊系统的上扁担和系梁底部的下扁担，焊接完成后用卷扬机或吊车进行吊装，工人配合，完成组装。

在吊杆更换过程中，拱肋和系杆的荷载全部由临时兜吊系统承担，故扁担梁及其精轧螺纹钢在整个吊杆更换过程中起着举足轻重的作用，必须确保各部分的强度及刚度，方能保证结构安全和施工安全。

4.3 临时吊杆安装

临时吊杆采用在拱顶张拉的方式（见图 2），用 4 根 φ32 精轧螺纹钢作为临时吊杆，临时吊杆安装时需要在扁担上再安装一块钢垫板，以分散应力。两根槽钢之间用钢板焊接连接，对应临时吊杆位置钢板开孔，以便临时吊杆穿过。临时吊杆安装前首先需要在桥面上钻孔，钻孔的直径为 6 cm，以确保精轧螺纹钢能穿入。然后将精轧螺纹钢从扁担梁开孔处穿入，在上下扁担梁上安装钢板垫板，并用特制的螺帽固定。精轧螺纹钢之间用特制的连接器连接，单个连接器的承载力为 60 T，确保吊杆更换全过程中结构安全。

临时吊杆安装步骤及注意事项：

（1）上下扁担梁表面保持水平，扁担梁与砼结合处铺 5 mm 厚橡胶垫，确保扁担梁与砼接触面受力均匀。

（2）张拉千斤顶预紧整个临时吊杆系统，注意确保临时吊杆均匀受力。

（3）全程监督三角垫块、扁担梁、精轧螺纹钢的变形情况,发现问题及时处理。

4.4 旧吊杆拆除

本桥拟采用分阶段、不等步长的方式拆除各根原有吊杆,以结构变形为主、理论吊杆内力为辅的控制方式,确保旧吊杆拆除过程结构安全。

具体思路:在结构变形未超过理论计算数值或限值的情况下,张拉临时吊杆至预定的分步张拉内力;在结构变形超过理论计算值时,停止临时吊杆张拉,待分析原因并确定相应解决措施后继续进行吊杆更换工作。

本桥原吊杆采用 12φ15.24 钢绞线,初步拟定割断原吊杆工作的步长为 4,3,2,2,1,即按照 4 根、3 根、2 根、2 根、1 根的步长顺序和对应吊杆内力张拉临时吊杆和割断原有吊杆内的钢绞线;对于存在明显钢绞线内缩的吊杆,采用逐根割断方式。

（1）在高于桥面 1.5 m 左右位置,沿吊杆高度方向 50 cm 范围切开原吊杆外的内外钢套管、清理干净钢绞线外水泥砂浆,注意不要损伤内部钢绞线;由于本桥吊杆外套管理论上应存在压力作用,切割钢管时尽量采用气焊方式缓慢切割。

（2）在清理干净的钢绞线上安装索夹,夹持钢绞线预割开位置的上下两端并确保有效连接,防止钢绞线突然崩断导致事故发生。

（3）按预定方式张拉第一级临时吊杆内力,张拉过程实时观测结构变形情况,待第一级张拉到位后,用气焊方式割除预定根数的原有钢绞线。

（4）按既定方式逐级张拉临时吊杆,割断原有钢绞线,直至该吊杆的全部钢绞线切割完成,割除桥面和拱肋底面外露的钢管和钢绞线。本桥旧吊杆拆除时,先选一根吊杆作为首件工程,以积累经验。

（5）拆除系杆顶面至拱肋底面间的刚性吊杆,凿开已割断吊杆上下锚固端封锚混凝土,采用冲击钻、水钻、风镐等小型工具配合人工的方式（期间,通过首件质量论证才确定）从系梁顶面和拱肋底面凿挖预埋管道内的水泥砂浆,凿挖到一定深度后,逐根张拉钢绞线以拔除。

（6）对原锚具、锚垫板进行除锈和阻锈处理。

（7）原预埋钢管加长至高于系梁顶面和拱肋底面 15 cm。

4.5 新吊杆安装

（1）在原吊杆锚具锚垫板上安装吊杆锚具的预埋垫板。

（2）现场测量上、下锚垫板间距离,确定新吊杆的下料长度。

（3）利用起吊设备将新吊杆装入吊杆孔,穿装新吊杆,同时套好配套的吊杆外护管,上紧新吊杆上下锚头。

（4）按照计算确定的分级张拉方式,逐步、缓慢张拉新吊杆和卸载临时吊杆,直至临时吊杆将全部吊杆力转移给新吊杆,吊杆内力全部转移后,吊杆超张拉 5%,持荷 2 min后锚固新吊杆。在此过程中应全程监测更换吊杆处拱肋和系梁标高,确保其变化在设计控制范围之内,并全程监测新吊杆内力。

（5）新吊杆张拉到位后,拆除上下吊点,预埋管内灌注防腐油脂,以防渗水和腐蚀,外部加装锚头罩和防水罩,锚头罩、防水罩和锚垫板应进行防腐处理。

4.6 吊杆索力调整

吊杆更换完成后,吊杆内的吊杆力不可避免的会与理论状态有所偏差。在吊杆更换完成后,根据实测各吊杆内力与设计确定的成桥恒载下的目标索力偏差,确定合理的调索步骤、各索索力调整量值,进行各吊杆的索力调整,完成吊杆减振装置安装等,最终完成桥梁吊杆更换。

5 施工监控要点

根据大桥结构受力特点和吊杆更换施工方案,主要对大桥吊杆更换施工过程进行监控,并将更换吊杆施工过程进行主要的施工阶段划分如下:① 安装施工平台、支架等;② 切断旧吊杆;③ 新吊杆安装及张拉;④ 吊杆张拉力调整;⑤ 每阶段桥面标高、线型测量。

在吊杆更换施工过程中,其具体监测内容包括拱肋受力及变形、吊杆受力情况、拱肋横撑受力、桥面标高、结构病害发生和发展情况。

新型黏结剂及止水剂高压灌浆在梁体修护中的应用

翁雪屹　陈锋

（江苏省交通工程集团有限公司　镇江　212000）

摘　要　桥涵等结构物施工常因施工环节控制不严、施工人员疏忽大意而导致结构物有不同类型、不同程度的质量缺陷，严重影响结构物的外观质量及寿命。本文结合某运河桥梁实例，简要介绍 Sikadur-31SBA 黏结剂及单液型聚氨酯止水剂在桥梁修补止水处理技术中的应用，对以后桥涵构造物类似的弊病修护有一定的参考价值。

关键词　桥涵构造物　质量缺陷　止水修护　新型黏结剂止水剂

0　引　言

某运河特大桥采用主梁预制悬拼工艺施工，全桥合拢通车后发现该桥 5# 及后续相邻块段箱梁内出现滴水现象（见图 1、图 2）。经检查，该组箱梁原始资料及记录控制到位无异常。经现场检查，确定滴水现象主要存在于由于集中降雨后雨水透过桥面防水层侵入梁体内没有修补到位的施工洞和施工拼缝底缘。

经业主及监理单位同意，项目部针对以上情况拟采用环氧砂浆封堵压水泥浆和 Sikadur-31SBA 黏结剂封堵与单液型聚氨酯止水剂高压灌浆两种方法进行梁体止漏修护。由于弊病处于箱梁顶板位置，经现场试验，环氧树脂流动性大，难于凝固，而普通压浆不易防渗止漏且容易污染梁体、难以清洗，经对比最终采用新型黏结剂封堵与单液型聚氨酯止水剂高压灌浆的方法进行止水处理。

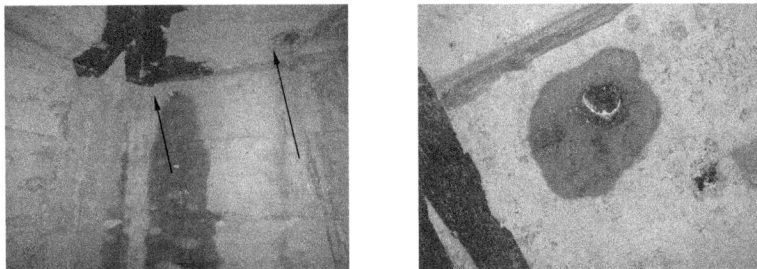

图 1　施工吊装孔渗水点

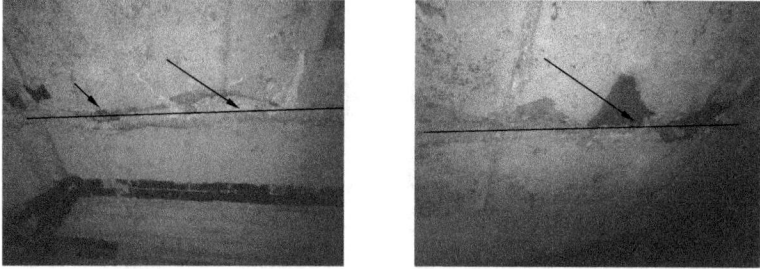

图 2　施工拼缝渗水点

1　施工原理

先用高强度的 Sikadur-31SBA 黏结剂封堵补强，然后打入止水针头，进行高压灌浆堵漏。利用机械的高压力（高压灌浆机），将化学灌浆材料注入混凝土空隙中，当液体遇到混凝土中的水分便迅速分散、乳化、固结，这样的固结弹性体填充混凝土所有裂缝，将水流完全地堵塞在混凝土结构体之外，以达到止水堵漏的目的。高压灌浆止水原理见图 3。

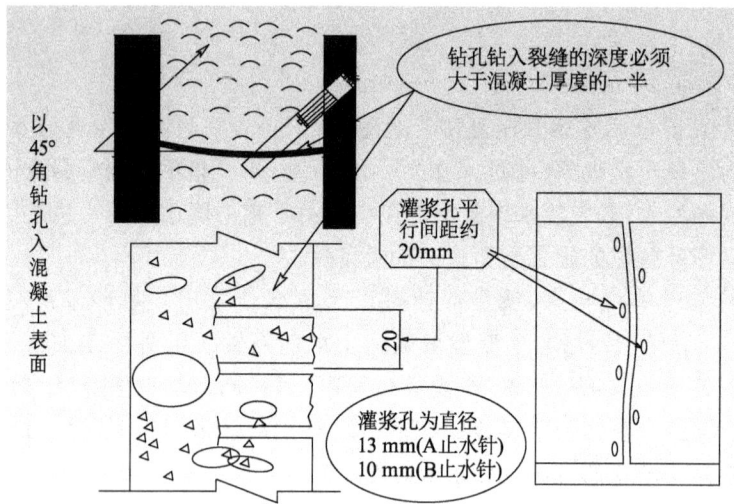

图 3　高压灌浆止漏原理

2　材料性能指标

单液型聚氨酯注浆液性能指标说明见表 1、表 2，其检验标准及报告见表 3、表 4。

表 1　HX-668（疏水性）止水剂物性指标

参数	技术标准
比重（25 ℃）	1.1
黏度（25 ℃）/(MPa·s)	200～350
与水混合比（质量比：UPC-03/水）	40/1
硬化泡体密度/(g/cm³)	0.15～0.26

参数	技术标准
膨胀率/%	15～20 倍
混合时间(与 2% 水混合)/s	20～40
上升时间/min	3
硬化时间/min	20
操作温度/℃	0～50

表 2　HX-669(亲水性)止水剂物性指标

参数	技术标准
比重(25 ℃)	0.95～1.25
黏度(25 ℃)/(MPa·s)	200～350
与水混合比(质量比:UPC-203/水)	1/20～1/15
弹性胶体密度(25 ℃)/(g/cm³)	0.75～1.05
膨胀率/%	15～35 倍
混合时间(与 400% 水混合,25 ℃)/s	≥1 500
诱导凝固时间(25 ℃)/s	25～85
操作温度/℃	0～50

表 3　HX-668(疏水性)止水剂检验报告

序号	检验项目名称	标准要求单项评定	检验结果	单项评定
1	外观	产品为均匀的液体、无杂质、不分层	符合	合格
2	密度/(g/cm³)	≥1.05	1.10	合格
3	黏度/(Pa·s)	≤$1.0×10^3$	$0.9×10^3$	合格
4	凝胶时间/s	≤800	300	合格
5	不挥发物含量/%	≥78	82	合格
6	发泡率/%	≥1 000	2 500	合格
7	抗压强度/MPa	≥6	10	合格

表 4　HX-669(疏水性)止水剂检验报告

序号	检验项目名称	标准要求单项评定	检验结果	单项评定
1	外观	产品为均匀的液体、无杂质、不分层	符合	合格
2	密度/(g/cm³)	≥1.00	1.06	合格
3	黏度/(Pa·s)	≤$1.0×10^3$	$0.6×10^3$	合格
4	凝胶时间/s	≤150	28	合格
5	遇水膨胀率/%	≥20	50	合格
6	包水性(10 倍水)/s	≤200	35	合格

续表

序号	检验项目名称	标准要求单项评定	检验结果	单项评定
7	不挥发物含量/%	≥75	80	合格
8	发泡率/%	≥350	480	合格

3 主要特点及应用范围

Sikadur-31SBA粘接剂是特别为拼装式桥梁黏接设计的无溶剂、双组分、触变性高强环氧黏接剂,主要用于拼装式桥梁的构件拼装,可以迅速黏结大型桥梁构件,抗拉及抗压强度全面超过构件本身的强度,特别适用于构件补强。其主要特点如下:

(1) 可在潮湿或湿润基面施工。

(2) 固化不受高温环境影响。

(3) 固化后无收缩。

(4) 高强度、高弹性模量。

(5) 施工方便、立面和顶面施工无流淌。

(6) 组分颜色差异明显,易于控制混拌质量。

采用的单液型聚氨酯注浆液为HX668(疏水性)和HX669(亲水性)两种,其主要特点如下:

(1) 黏度低,与水接触立刻起化学反应而发泡膨胀。

(2) 高膨胀率、超结构弹性胶体补强、韧性佳、低收缩。

(3) 与基材黏着力特强且抗化学性佳。

(4) 与正常纯水接触的区域亦可使用。

(5) 适用于单液高压灌浆。

应用范围:主要适用于混凝土结构渗水止漏补强工程,如地下室、梁板、二次施工缝、地铁、隧道、大坝、连续壁、小蜂巢、空窝、伸缩缝、环片、后浇带裂缝等止漏工程;地盘改善、港湾工程、楼板加固工程等。

4 具体施工工艺及质量要求

4.1 施工准备

(1) 对梁体弊病进行全面检查,做好统计。

(2) 选试验点,检查修补效果并确定浆体用量。

(3) 通电通水,组织协调机具设备和人员、材料等进场。

(4) 施工前安全技术交底。

4.2 渗水点及施工缝凿毛

将渗水点周边混凝土凿开,清除内部填塞物并用吹风机吹掉灰尘和混凝土残渣。对施工缝开V形槽,深度3～5 cm,凿除松散部分,露出新鲜混凝土,吹出残渣、浮灰;对于开口大、比较深的施工缝,凿除顶板两边的混凝土面,使其齐平,并清除浮渣。

4.3 封堵处理

封堵前确保目标干燥、无浮灰,施工缝先采用Sikadur-31SBA混合剂进行封堵(见图4),然后进行压浆,堵漏补强。面积较大的槽口等用高强度水泥砂浆填抹,若漏水,则打止水针头进行压浆。

图 4　凿毛机具及 Sikadur 胶水

4.4　高压灌浆止漏施工

4.4.1　施工机具

施工用机具主要为高压灌注机和电钻机。

高压灌注机是一部使用在结构物灌注中的专业机种,有超高压力,不需要气压源且质量轻,可以解决施工者携带笨重机械的不便,是专业止水施工的最佳选择(见图 5)。

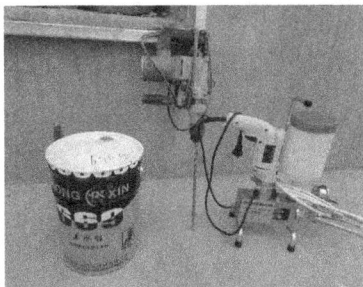

图 5　钻孔机及单液型高压灌浆机

4.4.2　使用材料

(1) 止漏材料;

(2) SDS 定点钻头:一种钻孔切入点稳定、不易弯曲的冲积钻头;

(3) 止水针头:灌注用耐高压针头,固定于钻孔处,便于注入止漏材料。

4.4.3　操作步骤

1) 电钻钻孔

按混凝土结构厚度,在裂缝最低处左或右 5～10 cm 处倾斜钻孔至结构体厚度之一半深,循序由低处往高处钻,钻至最高处再一次性埋设止水针头,由于一般结构缝理属不规则状态,故需要特别注意钻孔时须沿缝的方向两侧交叉钻孔。孔距应按实际情况而定,以两孔注浆后浆液在裂缝处能交汇为原则,一般刚开始时孔距以 20～30 cm 为宜;孔径的大小,应按配套的止水针头大小而定。

2) 埋止水针头

止水针头为配套部件,是浆液注入裂缝内的连接件,埋设时应用工具紧固,并保证针头的橡胶部分及孔壁在未使用前干燥,否则在紧固时容易引起打滑。将黑色橡胶那头埋在里面,埋进去后用 T 形套筒把止水针头拧紧,拧的过程中,黑色橡皮会膨胀,从而固定针头。试点及止水针埋设见图 6。

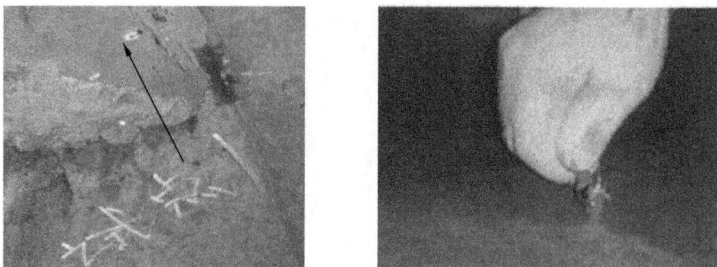

图 6　止水针头埋设

3）开始注浆

把浆料倒在料杯中，插上插头，启动电钻，打开开关阀，把枪头对着料杯，排除管内空气。关掉开关阀，盖上料杯盖，启动电钻加压，压力打到 300～400 MPa 时，牛油头与止水针头对接，打开开关阀，开始注浆（见图 7）。

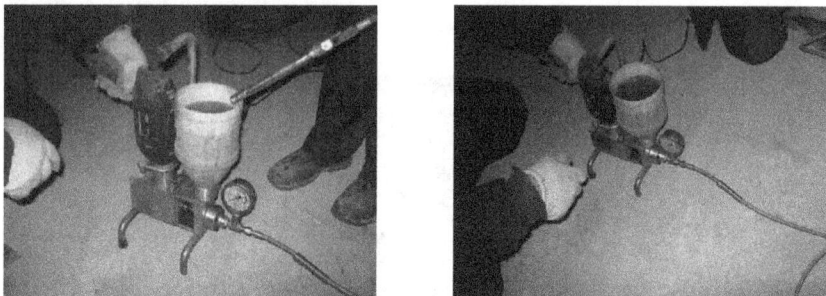

图 7　注浆准备

4.4.4　注意事项

压浆目标物主要分为两大类：一类为吊装孔、吊筋孔；另一类为施工缝。

1）吊装孔及吊筋孔压浆

在孔洞侧斜向上 45°打入止水针头，拧压膨胀到位。对于漏水的孔洞，先压单液型亲水性发泡剂，紧接着压单液型疏水性发泡剂。稳压 2～5 min，拆除压浆管，待完全固化后敲除止水针头，用砂浆修补压浆口。

对于干燥无水型孔洞，直接灌压单液型疏水性发泡剂即可。稳压 2 min 左右，拆除压浆管，待完全固化后敲除止水针头，用砂浆修补压浆口。

2）施工缝底缘压浆

施工缝长度≤30 cm，按向上 45°打设 1 根止水针头进行压浆即可；若缝长在 30 cm以上，为防止缝过长而无法保证缝隙内部通畅及单个针头堵塞无法正常工作等，要求每间隔 20～30 cm 沿缝交错布置 1 根止水针头。

3）注浆饱满

针头四周有浆液溢出，说明目标物浆体已注好。轻轻往右旋枪头，牛油头与针头脱离，继续注下一个针头（见图 8）。

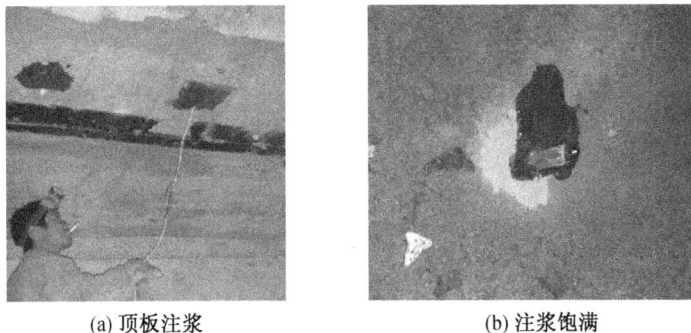

(a) 顶板注浆   (b) 注浆饱满

图 8　梁体注浆

5　现场应用效果

现场通过使用 Sikadur–31SBA 黏结剂封堵施工孔洞及施工缝,对目标物进行封堵补强。同时,通过采用单液型聚氨酯止水剂高压灌浆,使固结弹性体填充混凝土所有孔洞及拼缝,将水流完全地堵塞在混凝土结构体之外,较好地达到止水、堵漏、补强的目的。

经现场复查,修复后的目标箱室未出现渗水现象。修护工作也得到了业主的验收、认可。

6　结　语

Sikadur 黏结剂封堵补强与单液型聚氨酯止水剂高压灌浆止漏的方法,有效达到了构造物止漏、补强的效果,保证了工程施工质量,可为以后桥涵或其他构造物类似的缺陷修护提供一定的借鉴。

参考文献

[1] 路桥集团第一公路局.公路桥涵施工技术规范(JTJ 041−2000)[S].北京:人民交通出版社,2000.

[2] 混凝土结构加耐久性修复与防护技术规程(JGJ/T 259−2012)[S].

[3] 上海红信保温防水材料说明书.

桥面抗冰冻材料研究

廖芳龄

（江苏中设集团股份有限公司　无锡　214072）

摘　要　本文分析了冻结缓解剂的作用机理、技术性质，探讨了掺加不同比例的冻结缓解剂的沥青混合料的冻融效果，得出至少掺有 5% 的冻结缓解剂才能有效地防止路面冰冻的结论。通过对比添加了冻结缓解剂的沥青混合料与道路石油沥青混合料的路用性能可知：随着冻结缓解剂的加入，沥青混合料的低温抗裂性能、抗水损害能力均得到提高；高温稳定性稍有降低，但仍高于规范要求；冻结缓解剂对沥青混合料的抗疲劳性能及抗老化特性并无显著影响。

关键词　冰冻缓解剂　沥青混合料　路用性能

0　引　言

我国大部分地区在冬季都存在冰冻现象，冰冻天气道路结冰导致抗滑能力不足而引发的行车安全问题一直是困扰交通部门的难题，寻求科学有效的抑制冻结技术成为近年来研究的热点。在道路体系中，由于桥梁或架于水面之上，或跨线高架，不能吸收大地热量，调查结果显示桥面温度通常低于与其相衔接的路面 2～3 ℃，因此在负温情况下，桥面往往较路面先产生薄冰层，甚至在路面未冻结的情况下，桥面已经存在薄冰层，造成安全隐患。而且对于高速行驶的车辆，从无冰层的路面到薄冰层的桥面过渡正是交通事故高发段，在薄冰层的桥面上司机没有谨慎驾驶意识，极易发生交通事故，这不仅给人们的生命财产安全造成巨大损失，同时也对车辆和道路交通设施造成巨大破坏，降低了道路的运输效率，给客货运输造成极大不便。因此，桥面抗冰冻技术的研究尤为重要。

目前对抑制桥面积雪结冰的方法主要有撒布融雪药剂、机械清除等。撒布融雪药剂虽能够较彻底地清除冰雪，但效率低且费用高，作业时影响车辆通行及行车安全，除此之外，盐类融雪剂容易腐蚀破坏道路结构，对环境，特别是对淡水生物会造成严重污染。机械清除的方法每年都需要投入大量的人力、物力，也存在着影响交通的问题[1-2]。

而主动除冰雪技术则不存在以上这些问题。目前主动除冰雪技术的研究已成为热门课题，但国内的应用和深度研究较少。本文通过在沥青混合料中掺加不同剂量的冻结缓解剂，通过与改性沥青混合料的对比试验，研究冻结缓解剂沥青混合料的路用性能，包括高温、低温、抗水损害性能，抗疲劳性能及抗老化性能[3-4]，达到桥面抗冰冻效果的最佳掺量。

1　冻结缓解剂机理分析

冻结缓解剂有助于沥青路面在一定期限的冬季雨雪天气中除冰融雪，通过减少融雪剂的使用量来降低融雪剂中的盐分对沥青路面、对环境的危害及污染。冻结缓解剂可以使沥青路面与冰雪变得松散,在它们之间形成不冻结的水,降低冬季除雪的难度,节省路面的养护时间。

冻结缓解剂是使用特殊的施工工艺将氯化物包裹于多孔的火成岩中形成的多孔结构材料。经过对其组成结构的研究,得出冻结缓解剂的除冰融雪原理:被包裹的氯化物可通过该材料的多孔结构析出,降低路表面积雪的冰点,冰雪转化为液态水或者水蒸气即可排出路面,达到除冰融雪的效果。氯化物析出后多孔材料的体积保持不变,避免了混合料因有效成分析出造成空洞的危害(见图 1)。

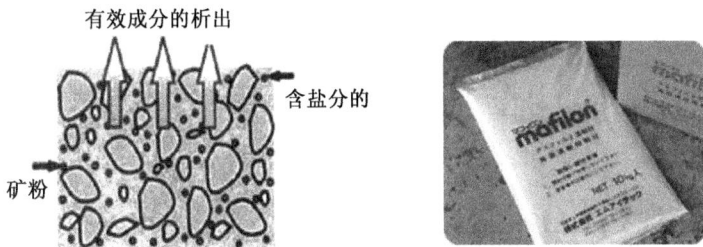

图 1　路面融冰雪原理示意图与冻结缓解剂实物图片

2　冻结缓解剂的技术性质分析

为了解冻结缓解剂的主要成分,对其进行能谱分析[5-8]。其中,图 2 为冻结缓解剂扫描电镜图像。表 1 为能谱分析结果。

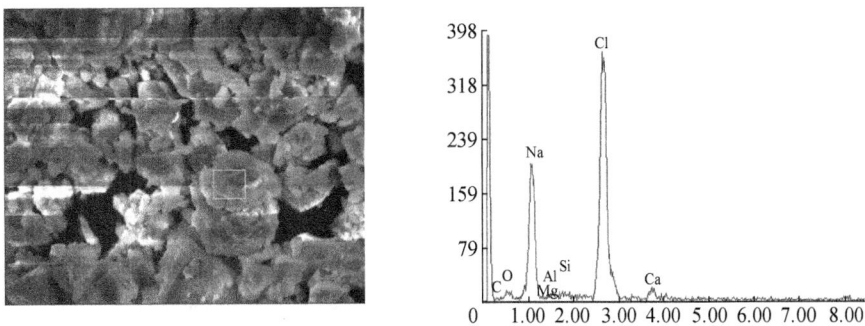

图 2　冻结缓解剂扫描电镜图像

表 1　冻结缓解剂能谱分析结果

功能团	质量比/%	体积比/%
C K	11.30	22.72
O K	7.09	10.71
Na K	28.33	29.76
Al K	1.15	1.03
Si K	1.21	1.04
Cl K	47.39	32.29
Ca K	2.69	1.62
Mg K	0.84	0.83

由图 2 可知,冻结缓解剂成分扫描图谱中有两个主峰,分别对应元素 Na^+ 和 Cl^-;表 1 也说明,Na^+ 和 Cl^- 的质量比和体积比远高于其他元素,即 Na^+ 和 Cl^- 是构成冻结缓解剂的主要成分。

对冻结缓解剂进行溶水质量变化试验,试验结果见表 2,含水率试验结果见表 3。

表 2 冻结缓解剂溶水质量变化试验结果

试验样品	冻结缓解剂＋盘重＋滤纸/g	盘重/g	滤纸/g	溶水烘干后冻结缓解剂质量/g	原冻结缓解剂质量/g	质量损失/g	损失质量百分比/%
先烘干料再试验	496.0	455.8	5.8	34.4	100	65.6	65.6
	498.4	457.7	6.0	34.7	100.1	65.4	65.3
采用自然状态材料试验	414.9	378.1	4.2	32.6	100	67.4	67.4
	497.1	459.3	5.6	32.2	100	67.8	67.8

表 3 冻结缓解剂含水率试验结果

冻结缓解剂＋盘重/g	溶水烘干后冻结缓解剂质量＋盘重/g	盘重/g	质量损失/g	原冻结缓解剂质量/g	含水率/%
550	548.2	453.2	1.8	96.8	1.9
550	547.9	447.8	2.1	102.2	2.1

由试验结果可看出:

(1) 试验材料自然状态的含水率为 2%。

(2) 冻结缓解剂的主要成分是氧化硅、氯化钠、氯化镁、氧化钙等。根据化学原理,结合化学分析用电子能谱法分析结果,减少的质量是由于缓解剂中可溶于水的成分(Na^+、Cl^-、Mg^{2+})溶解,通过滤纸过滤掉了,这也是该材料能够遇雪释放的原理。该试验表明,冻结缓解剂中的有效成分(Na^+、Cl^-、Mg^{2+})约占总质量的 65%。

3 冻结缓解剂抗冰冻效果分析

为了探讨冻结缓解剂掺量与温度的关系,采用室内马歇尔抗冰冻试验:用冻结缓解剂替换沥青混合料中的矿粉,并将冻结缓解剂的含量控制在矿料质量的 3%,4%,5%,6%,每组试验的试块 6 个,首先将试件真空饱水 15 min,其次在常压饱水 0.5 h,分别放置于 -2,-4,-5,-6 ℃ 的冻融环境中[9],上覆饱含水的海绵,持续冰冻 24 h,观察不同含量相同温度、不同温度相同含量的冻融效果,统计于表 4。

表 4 不同条件下的抗冻效果

冻结缓解剂掺量/%	不同温度下的冰冻情况/℃			
	-2	-4	-5	-6
3	未冻	结冰	结冰	结冰
4	未冻	结冰	结冰	结冰
5	未冻	未冻	未冻	结冰
6	未冻	未冻	未冻	结冰

结果表明,掺量 3%,4% 的试件在 -2 ℃ 环境下是不结冰的,在 -4,-5,-6 ℃ 的冻融环境中是结冰的;而掺量 5%,6% 的试件在 -5 ℃ 环境下是不结冰的。

研究表明,氯盐溶液的浓度越高,冰点降低幅度越大。当路面温度达到 -2 ℃ 时,冻结缓解剂可以从路面析出,以降低冰点使路面不结冰;若路面气温为 -5 ℃ 以上时,至少需要含有 5% 的冻结缓解剂才能使路面化冰;当路面温度低于 -5 ℃ 时,路面仍然会结冰,气温回升至 -5 ℃ 以上时,则能较快融雪化冰。

为了进一步确认冻结缓解剂的冻融效果,本文分别对不掺加冻结缓解剂和冻结缓解剂掺量分别为 3%,5% 的马歇尔试件的冻融效果进行对比试验验证。

试验方法:将海绵充分浸水后,与饱水的马歇尔试件放入 -5 ℃ 冰箱中冰冻 24 h,查看海绵与试件表面的冻结情况。试验结果见图 3 至图 5。

图 3　不添加冻结缓解剂的冻融情况

图 4　冻结缓解剂掺量 3% 的冻融情况

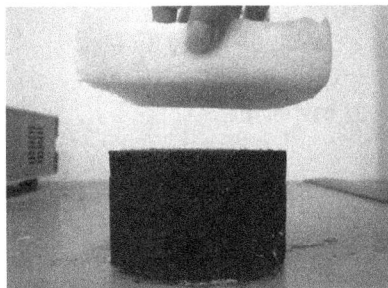

图 5　冻结缓解剂掺量 5% 冻融情况

由图 3 至图 5 可以看出,没有掺加冻结缓解剂和掺加 3% 冻结缓解剂的试件和海绵已经冻结在一起,掺加 5% 冻结缓解剂的试件和海绵是完全分离的,没有产生冰冻现象。

由此可知,冻结缓解剂对路面抗冰冻有一定的作用,但只有达到一定的掺量才有明显的效果,经试验证明,至少掺有 5% 掺量的冻结缓解剂才能有效地防止路面冰冻。

4　抗冰冻沥青混合料路用性能研究

本次配合比设计所用集料、矿粉及沥青自施工现场采集,集料为辉绿岩和石灰岩,矿粉的技术指标满足《公路沥青路面施工技术规范》(JTG F40—2004)要求,沥青为物产瑞丰 SBS 改性沥青,用冻结缓解剂替代全部矿粉,对 AC-13C 进行掺冻结缓解剂改性沥青混合料目标配合比设计。混合料合成级配见表 5。

表 5　混合料合成级配

筛孔/mm	16	13.2	9.5	4.75	2.36	1.18	0.6	0.3	0.15	0.075	矿粉/%	MFL/%
未参加冻结缓解剂通过率/%	100.0	98.3	73.5	37.5	24.5	19.3	16.7	13.8	9.4	4.9	5.0	0.0
掺加冻结缓解剂通过率/%	100.0	98.3	73.5	37.5	24.5	19.3	16.7	13.8	9.4	4.9	0.0	5.0

确定了沥青混合料合成级配后,依照《公路沥青路面施工技术规范》(JTG F40—2004)中的规定,进行马歇尔试验[10-11],确定最佳沥青用量。试验结果表明,在相同的级配条件下,采用冻结缓解剂替换矿粉,对沥青混合料的最佳油石比并没有太大的影响。最终确定的改性沥青混合料的最佳油石比与掺加冻结缓解剂的沥青混合料的最佳油石比均为 5.0%。

4.1　高温稳定性

本文采用车辙试验作为掺加冻结缓解剂沥青混合料高温稳定性的评价方法。

由图 6 可以看出,在油石比(5%)相同的情况下,掺加冻结缓解剂会降低混合料的动稳定度,这说明冻结缓解剂的掺入会使混合料的高温稳定性略为降低。不掺冻结缓解剂时的动稳定度为 4 820 次/mm,掺冻结缓解剂的动稳定度为 4 411 次/mm,减少了409 次/mm,这说明冻结缓解剂的掺入虽然降低了混合料的高温稳定性,但影响不大,且掺加冻结缓解剂的动稳定度值 4 411 次/mm 大于要求的数值 3 000 次/mm 仍能很好地满足混合料高温稳定性的要求。

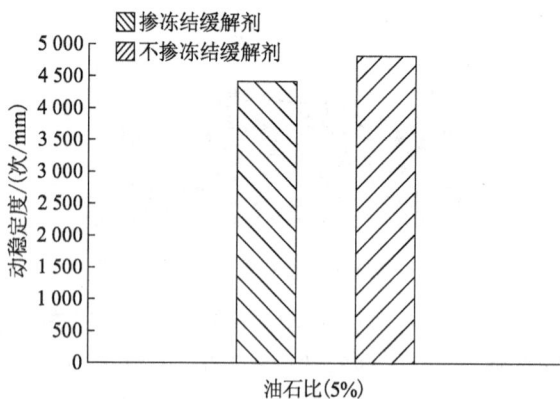

图 6　混合料动稳定度比较

4.2　低温抗裂性

目前我国通常采用低温小梁弯曲试验来评价沥青混合料的低温性能,通过测试在规定温度和加载速率下,沥青混合料弯曲破坏的力学参数——破坏弯拉应变来评价沥青混合料的低温抗裂性能,试验温度为 -10 ℃。

由低温弯曲试验结果可知(见图 7),在低温条件下,油石比相同时,掺有冻结缓解剂沥青混合料的破坏弯拉应变较高,说明冻结缓解剂的加入赋予沥青混合料一定的低温柔性。

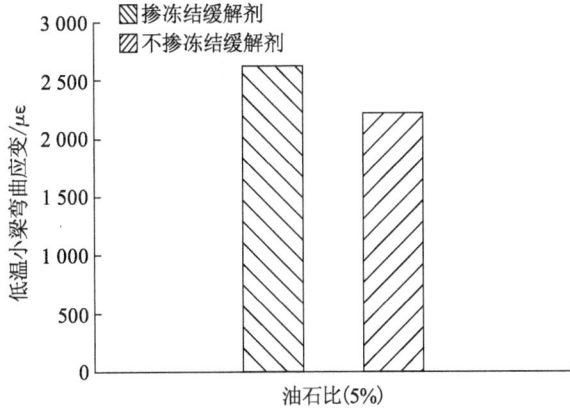

图 7　低温性能试验结果

没有掺加冻结缓解剂的小梁试件在－10 ℃的环境下性能变化较大,即温度过低使得试件塑性降低,脆性增加。而掺加冻结缓解剂的小梁试件塑性降低较小,脆性增加亦不明显,故在规定的加载速率下,掺加冻结缓解剂的小梁试件的弯拉应变高于不掺的情况。

4.3　抗水损害能力

本文采用冻融劈裂试验和浸水马歇尔试验共同评价掺加冻结缓解剂沥青混合料抗水损害性能(见图 8、图 9)。

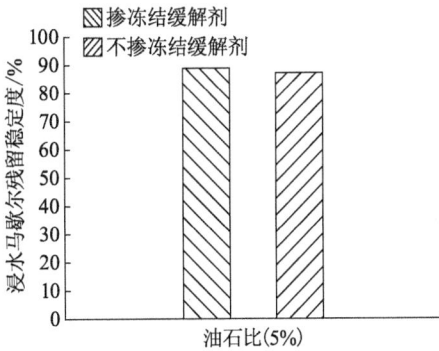

图 8　浸水马歇尔试验结果

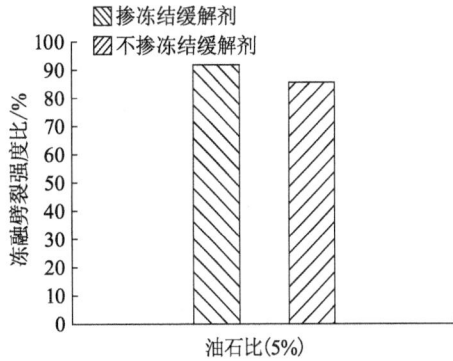

图 9　冻融劈裂试验结果

从图 8、图 9 可以得出,掺加冻结缓解剂沥青混合料的冻融劈裂强度比和浸水马歇尔强度均高于无冻结缓解剂的沥青混合料,说明随着冻结缓解剂的加入,沥青混合料的水稳定性得到了提高。

由于冻结缓解剂具有抗冻效果,冻融试验结束后的试块内部并没有出现结冰现象,故而没有出现内部结冰在试块内部产生膨胀应力的情形,结果是掺加冻结缓解剂的混合料比未掺冻结缓解剂的沥青混合料浸水马歇尔残留稳定度和冻融劈裂强度比要高。

4.4　抗疲劳性能

本文采用 UTM 机进行疲劳性能试验、动态蠕变试验。其中,劈裂试验荷载最大值试验结果见表 6,疲劳试验结果见表 7,试验结果对比见图 10。

表 6　沥青混合料劈裂强度试验结果

冻结缓解剂掺量/%	劈裂强度(15 ℃)/MPa
0	1.784
4	1.793
5	1.762
6	1.778
7	1.766

表 7　混合料劈裂疲劳试验结果

冻结缓解剂掺量/%	应力比	循环次数/次	永久变形/mm	备注
0	0.4	6 791	2.675	破坏
4	0.4	6 982	2.669	破坏
5	0.4	6 891	2.673	破坏
6	0.4	6 790	2.695	破坏
7	0.4	6 833	2.658	破坏

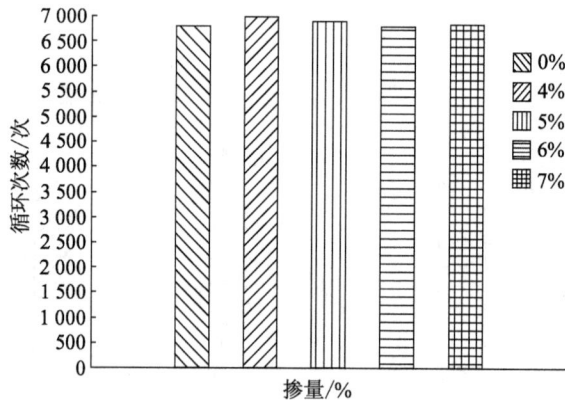

图 10　混合料疲劳性能比对图

由表 7 和图 10 可以看出,掺加冻结缓解剂的沥青混合料疲劳性能没有太大变化,且不同冻结缓解剂掺量的沥青混合料疲劳性能也没有明显区别。因此,冻结缓解剂对沥青混合料的疲劳性能基本上没有影响。

4.5　抗老化性能

本文采用长期烘箱加热法进行老化试验,将试件置于(85±3)℃烘箱中,连续加热 5 d,关闭烘箱,打开烘箱门,经自然冷却不少于 16 h 至室温,再进行疲劳试验。

劈裂试验荷载最大值试验结果见表 8,疲劳试验结果见表 9,试验结果对比见图 11。

表8 沥青混合料长期老化后劈裂强度试验结果

冻结缓解剂掺量/%	劈裂强度(15 ℃)/MPa
0	1.536
4	1.523
5	1.512
6	1.538
7	1.526

表9 混合料长期老化后劈裂疲劳试验结果

冻结缓解剂掺量/%	应力比	循环次数/次	永久变形/mm	备注
0	0.4	4 726	2.875	破坏
4	0.4	4 882	2.868	破坏
5	0.4	4 791	2.853	破坏
6	0.4	4 690	2.881	破坏
7	0.4	4 633	2.864	破坏

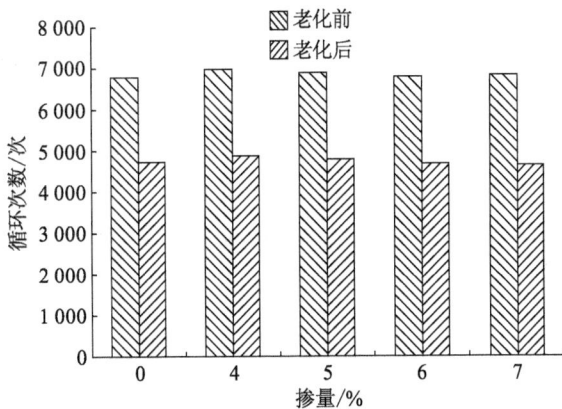

图11 混合料长期老化后疲劳性能比对图

由表9和图11可以看出,与老化前相比,不同掺量的沥青混合料疲劳试验循环次数都减小了2 000次左右,约30%,掺加冻结缓解剂的沥青混合料经老化后,疲劳性能与道路石油沥青混合料没有太大差别,且不同冻结缓解剂掺量的沥青混合料疲劳性能也没有明显区别。因此,冻结缓解剂对沥青混合料的老化性能基本上没有影响。

5 结 语

(1)在油石比相同的情况下,冻结缓解剂的掺入使混合料的高温稳定性稍有降低,但仍高于现行规范的要求。

(2)掺有冻结缓解剂沥青混合料的破坏弯拉应变较高,说明冻结缓解剂的加入赋予沥青混合料一定的低温柔性。

(3)掺加冻结缓解剂的沥青混合料的冻融劈裂强度比和浸水马歇尔强度均高于无冻

结缓解剂的沥青混合料,说明随着冻结缓解剂的加入,沥青混合料的水稳定性得到了提高。

（4）沥青混合料疲劳试验结果表明,掺加冻结缓解剂对混合料的疲劳性能及抗老化没有明显影响。

通过以上科学试验可以看出,掺加冻结缓解剂的混合料不仅具有良好的路用性能,而且具有抗冰冻的效果,掺有 5% 的冻结缓解剂能防止在 −5 ℃气温下路面结冰,解决冰冻天气道路结冰引发的行车安全问题。但由于抗冰冻沥青混合料中用冻结缓解剂替代矿粉,造价比普通沥青混合料要高,因此在南方地区道路上不大面积推广使用,仅在跨河桥梁和城市高架桥沥青桥面的表面层。实践证明,与普通沥青桥面相比,掺量 5% 的冻结缓解剂沥青桥面在气温不低于 −5 ℃时显现出了良好的除冰雪效果。

参考文献

［1］许海彬,周兴山,徐志华,等.道路抗冰冻固化稳定材料的研究[J].石油工程建设.1995(3):7−9.

［2］彭永恒,王敏,张家平.自应力除冰雪沥青混合料的应用[J].黑龙江大学自然科学报,2006,23(3):391−395.

［3］张玉宏,英勇,松根.超宽沥青混凝土路面面层施工工艺及质量控制研究[J].公路,2003(8),50−52.

［4］杨建明,杨仕教,熊韶峰,等.旧沥青路面再生研究的现状与工艺[J].南华大学学报(理工版),2003,17(1):11−15.

［5］唐志伟,陈志锋.储能热垫材料研究及产品开发[J].化学工业与工程技术,2006,27(5):14−17.

［6］钟学明,肖金辉,邓安民,等.相变材料及其在贮热中的应用[J].江西化工,2003(4):27−32.

［7］张寅平,胡汉平,孔祥冬,等.相变贮能—理论和应用[M].合肥:中国科学技术大学出版社,1996.

［8］Carmonna F. Conducting filled polymers[R]. Solid State Commu,1989,157(1):461−469.

［9］陈仁升,康尔泗,吴立宗,等.中国寒区分布探讨[J].冰川冻土,2005,27(4):469−475.

［10］艾长发.高寒地区沥青混凝土路面行为特性与设计方法研究[D].成都:西南交通大学,2008.

［11］李超.相变材料对沥青混合料温度与性能的影响研究[D].西安:长安大学,2010.

装配式钢管混凝土绿色隧道探讨

黄俊[1] 战福军[2] 李海光[3] 史培新[4] 张忠宇[1]

(1.苏交科集团股份有限公司 南京 210017;

2.南京联众建设工程技术有限公司 南京 211200;

3.金华市公路管理局 金华 321012;4.苏州大学 苏州 215131)

摘 要 本文针对目前我国公路隧道复合式衬砌厚度大,施工速度慢,施工质量难以保证,后期病害频发等现状,提出一种新型的装配式钢管混凝土公路隧道衬砌结构。该结构结合钢管和混凝土两种材料的受力优点,形成一种承载力强,塑性和韧性高的隧道衬砌;通过工厂预制,规模化生产,现场装配的施工方法,具有施工速度快,施工功效高等优点。计算分析表明:该结构受力性能好,能有效地减小现有复合式衬砌的厚度,可在新建隧道的支护和既有隧道加固和维修等方面推广使用,具有良好的经济和社会效益。

关键词 公路隧道 衬砌 装配式 钢管混凝土

0 引 言

我国幅员辽阔却山脉纵多,山地和重丘占近75%的国土面积。据统计,截至2015年年底,全国公路隧道已有14 006处,达1 268.39万m[1]。目前,我国公路隧道基本采用新奥法施工。新奥法以充分利用围岩自身承载能力为核心思想,通常采用以锚杆和喷射混凝土为主的柔性初期支护结合钢筋混凝土刚性二衬的复合式衬砌,复合式衬砌自身存在厚度大、施工复杂、施工机械要求高、抗裂性能差等诸多材料问题[2]。而且由于隧道自身的运营环境差,容易受不良地质的影响,以及我国隧道较为落后的运营管理现状,导致我国建成的公路隧道衬砌普遍出现变形、开裂、掉块、漏水等病害,严重影响隧道运营的安全性和舒适性,危害国民经济的发展[3]。

通过对在建或运营隧道的病害调研和分析可以看出,隧道衬砌结构的完整性及其是否具备良好的受力性能是控制隧道病害的关键因素[4]。研发新型装配式隧道衬砌结构,建立装配式结构的设计、施工、建造和检测评价技术及标准体系,既是我国山岭隧道大发展的迫切需求,也符合我国"十三五"科技发展规划中关于促进绿色建筑及装配式建筑实现规模化、高效益和可持续发展的要求,具有极大的政治、经济和社会意义。

1 装配式钢管混凝土隧道衬砌

1.1 衬砌形式

钢管混凝土组合式隧道衬砌支护结构由工厂预制的带有弧度的单元钢管及钢板沿隧道洞壁周向和轴向拼装而成,在施工现场使用专用的注浆机械从钢管内部实行混凝土注浆,填充钢管内部及钢管与围岩之间的空隙,形成高强度的钢管和混凝土共同受力体系。

钢管混凝土利用钢管和混凝土两种材料在受力过程中的相互作用,即钢管对其核心混凝土的约束作用,使混凝土处于复杂应力状态之下,从而使混凝土的强度得以提高,塑性和韧性得到改善[5]。同时,由于混凝土的存在,延缓或避免钢管过早地发生局部屈曲,从而可以保证其材料性能的充分发挥[6]。总之,通过钢管和混凝土组合成为钢管混凝土,不仅可以弥补两种材料各自的缺点,而且能够充分发挥二者的优点,这也正是钢管混凝土组合结构的优势所在[7]。该结构纵截面示意图见图1,三维示意图见图2。

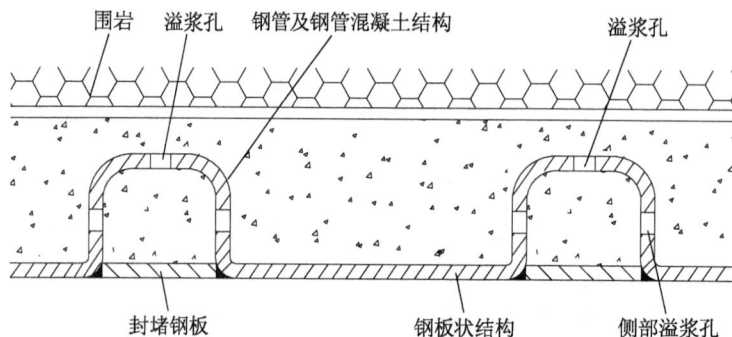

图 1 衬砌结构纵截面示意图

图 2 衬砌结构整体三维示意图

1.2 施工流程

1)确定板片参数及隧道开挖

在设计方案确定后,根据围岩等级及衬砌结构的截面尺寸,确定衬砌结构的各部分参数,包括主钢板、辅助钢板、封堵钢带等厚度、单元板片的尺寸和弧度,凸筋的截面形状及截面尺寸,填充混凝土的强度等级及配合比等[8]。开始施工后,根据隧道衬砌断面尺寸进行围岩的开挖施工,开挖面尺寸略大于衬砌断面尺寸,开挖完成后清除松散围岩并喷射早强混凝土以稳固隧道内表面。

2)板片拼接

待喷射混凝土初凝后即可组织拼装衬砌结构钢结构部分,单元板片的周向和轴向通过板片四周的固定法兰与螺栓进行连接,且连接件不限于螺栓。

3)校正板片

拼装完成后检查衬砌结构中心轴线与设计隧道中心轴线是否一致,如果存在误差,在不损伤衬砌结构的前提下,采用顶、拉等方式校正,以保证衬砌结构的轴向线型顺畅平滑。

4）灌注混凝土

确保线型无明显折弯后固定衬砌结构并注入混凝土,填满凸筋内部及衬砌结构和早强混凝土面之间的空间。混凝土可以根据注浆设备和实际情况掺入一定比例的小石子,小石子的粒径以保证不堵塞注浆设备为原则[9]。

2 参数比选

在进行产品开发过程中,研发单位充分利用钢管混凝土优越的力学性能[10],结合隧道衬砌支护结构的基本需求,并对其性能进行扩展,融入并提高隧道衬砌支护主体结构的整体性能。

根据工程实际,以穿越Ⅳ级、Ⅴ级围岩隧道为例,结合构件预制化生产需要,衬砌管片灌注完混凝土后尺寸宽度为 1 m,厚度为 0.25 m,钢板厚度为 4 mm。截面示意图见图 3。

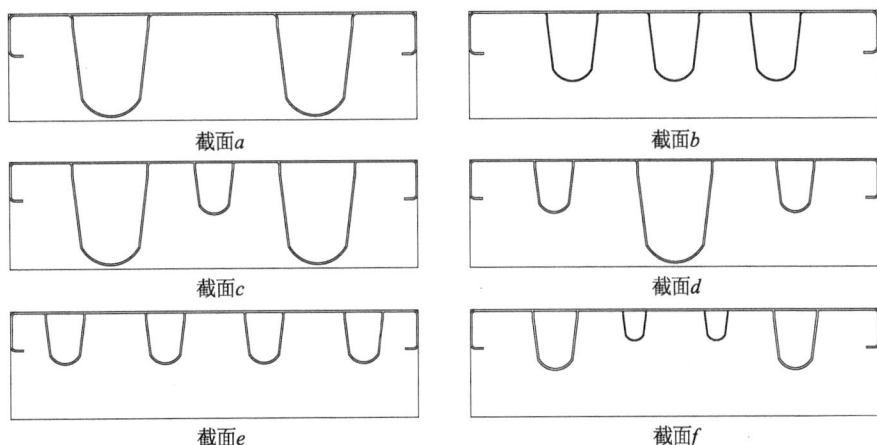

图 3 部分规格产品纵截面示意图

为对各截面进行比选,特对各截面力学性能进行数值计算,还增加传统钢筋混凝土衬砌作为对比组。其中钢筋混凝土衬砌配筋设置:配筋率 0.6%(上下两侧配筋,各0.3%),钢筋中心离混凝土边缘距离 4 cm。为便于对比,各类结构所使用混凝土等级皆为 C30,各规格衬砌结构力学参数见表 1。

表 1 各规格衬砌结构力学参数一览表

计算量	单位	传统支护结构	截面 a	截面 b	截面 c	截面 d	截面 e	截面 f
等效惯性矩(I)	m^4	1.35×10^{-3}	1.82×10^{-3}	1.70×10^{-3}	1.84×10^{-3}	1.78×10^{-3}	1.73×10^{-3}	1.72×10^{-3}
等效面积(A)	m^2	0.26	0.31	0.30	0.31	0.31	0.31	0.30
混凝土抗压强度设计值 C30(σ)	MPa	15	15	15	15	15	15	15
设计弯矩(M)	kN·m	162	203	185	205	194	186	185
混凝土模量(E)	GPa	30	30	30	30	30	30	30

续表

计算量	单位	传统支护结构	截面 a	截面 b	截面 c	截面 d	截面 e	截面 f
EI	kN·m	4.06×10^4	5.46×10^4	5.11×10^4	5.52×10^4	5.33×10^4	5.20×10^4	5.17×10^4
EA	kN	7.80×10^6	9.20×10^6	8.94×10^6	9.38×10^6	9.18×10^6	9.17×10^6	9.04×10^6
EI 较传统支护结构增长率			34%	26%	36%	31%	28%	27%

经过数值计算可见,钢管混凝土衬砌结构相较于等厚度的传统衬砌结构力学性能有较大幅度的提升,对于各截面之间的横向比选,以满足承载能力为前提,尽量减少钢材使用量,降低工程成本,从各类型截面钢材所占面积百分比方面考虑,优选截面 b 规格,钢材所占面积百分比约为 3.42%。

3 结构验算

根据《公路隧道设计规范》(JTGD—70—2004)中的相关规定及 Ⅳ 级、Ⅴ 级围岩下深埋、浅埋隧道等多种工况中的最大荷载,结合工程实际,设定安全系数为 1.53,确定各等级围岩最不利荷载,见表 2。对初步比选出来的截面类型进行有限元分析,模拟其在实际施工过程中的应力应变特征,对其承载性能进行验证并确定相关参数。

表 2 围岩垂直压力和水平压力

围岩等级	垂直均布压力/kPa	水平均布压力/kPa
4	417.95	101.49
5	631.06	227.55

通过试算不同的衬砌厚度、钢管厚度、混凝土强度,结合隧道工程设计规范要求,本着安全性、经济性的原则,装配式隧道支护衬砌结初步设计参数确定为:钢管壁厚 4 mm,混凝土等级为 C40 的 0.25 m 厚的衬砌管片。

现对截面 b 型衬砌结构在Ⅳ级、Ⅴ级围岩下有限元验证结果详细说明如下(以 12 m 洞径的单洞隧道为例)。

3.1 截面 b 型衬砌结构在Ⅳ级围岩下计算结果

该衬砌结构应用于Ⅳ级围岩下时可代替原有传统支护结构的初支及二衬。使用 ANSYS 有限元分析软件,结合实际工况,完成网格划分,约束施加,接触设置后得出结果见图 4 至图 6。

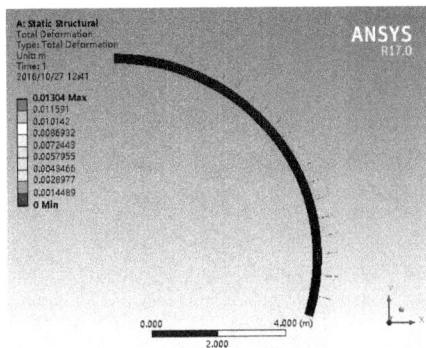

图 4　衬砌结构变形云图

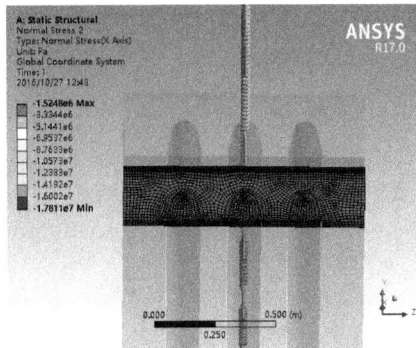

图 5　衬砌结构危险截面上混凝土正应力云图

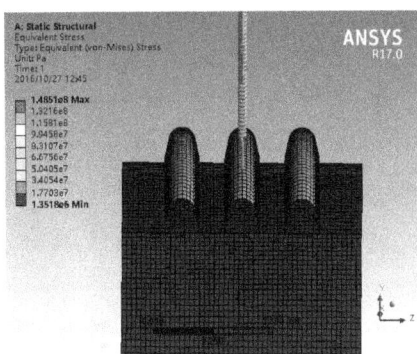

图 6　衬砌结构危险截面钢构件的等效应力云图

根据《公路隧道设计规范》，Ⅳ级围岩的容许隧道水平收敛为 0.15%～0.5%隧道直径（对应直径为 12 m 的隧道为 1.8～6 cm），而由图 4 可知，截面 b 型衬砌结构最大变形为 1.30 cm。由图 5 可以看出，截面 b 型衬砌结构最大压应力为 17.81 MPa，小于 C40 混凝土抗压设计强度要求（19.1 MPa）。由图 6 可以看出，截面 b 型衬砌结构危险截面上钢结构上的等效应力为 148.51 MPa，小于 Q235 钢的屈服极限（235 MPa），支护结构承载能力主要三项指标皆满足规范要求。

3.2　截面 b 型衬砌结构在 V 级围岩下计算结果

该衬砌结构应用于 V 级围岩下时，设计取代原有二衬支护结构，根据《公路隧道设计规范》（JTG—D70—2004）中关于初期支护及二次衬砌合理分担释放荷载的规定[11]，设定本结构作为二衬支护结构承担 70%的释放荷载，模型建立同上，结果见图 7 至图 9。

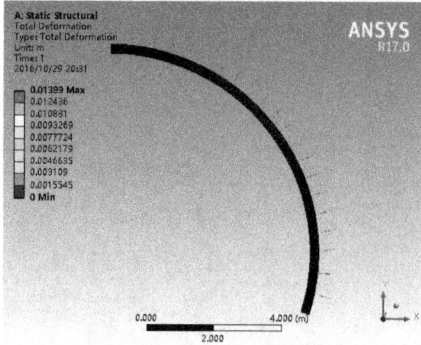

图 7　衬砌结构变形云图

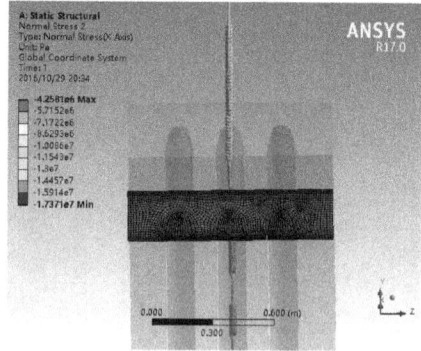

图 8　衬砌结构危险截面上混凝土正应力云图

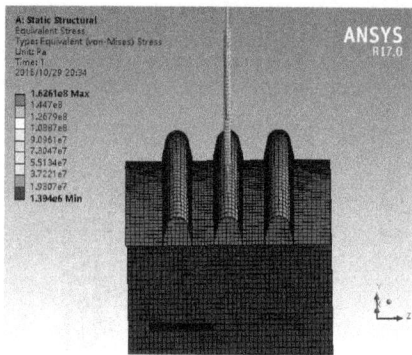

图 9　衬砌结构危险截面钢构件的等效应力云图

根据《公路隧道设计规范》V级围岩的容许隧道水平收敛为 0.2%～0.8%隧道直径（对应直径为 12 m 的隧道为 2.4～9.6 cm），而由图 7 可知，截面 b 型衬砌结构最大变形为 1.40 cm。由图 8 可以看出，截面 b 型衬砌结构最大压应力为 17.37 MPa，小于 C40 混凝土抗压设计强度要求（19.1 MPa）。由图 9 可以看出，截面 b 型衬砌结构危险截面上钢结构上的等效应力为 162.61 MPa，小于 Q235 钢的屈服极限（235 MPa），支护结构承载能力主要三项指标皆满足规范要求。

所以，该衬砌支护结构在Ⅳ级围岩下代替原有初支及二衬支护结构，在 V 级围岩下代替原有二衬支护结构是可行的。

4　建筑产业化前景分析

目前传统的隧道衬砌厚度偏大，特别是Ⅳ级、V级围岩条件下衬砌厚度都要达到 0.7 m 以上，开挖量及钢筋混凝土量较大，而且隧道运营过程中，衬砌容易出现开裂、承载力不足等病害，需要进行加固，而隧道病害修复过程中，需要中断隧道运营，施工工效低，对交通影响大。

而采用钢管混凝土衬砌支护结构符合当前装配式结构和绿色公路建设的理念，具有较高的经济和社会价值。

4.1　利于提高隧道施工工效

装配式衬砌利用耐候型波纹钢本身作为模板，不需要制作专用台车，降低了台车应用成本；该衬砌取消混凝土内的钢筋，不需要进行钢筋绑扎，降低了工人劳动强度，提高了施工速度,利于提高施工质量。

4.2　利于降低隧道运维成本

该衬砌最外侧为耐候型波纹钢,具有较好的整体性、延性,在衬砌表面无裂缝等渗漏水通道,即使在内部混凝土出现裂缝的情况下仍能保证隧道具有较好的行车环境。

4.3　利于快速加固和维修

该衬砌采用工厂预制、现场安装和注浆的施工方法,可实现隧道衬砌的快速维修,对于缩短维修引起的隧道运营中断具有重要意义。

由此可见,钢管混凝土衬砌支护结构在用于新建隧道的衬砌支护施工及病害隧道的维修和加固等方面具有良好的市场前景。

5　结　　语

数值计算及有限元分析结果显示,钢-混组合式隧道衬砌支护结构将钢板和混凝土两种材料有机地结合为一体,并充分发挥各自的特点和优势,较传统的钢筋混凝土衬砌支护结构厚度可减薄 $40\%\sim50\%$,各项力学指标提升 $25\%\sim41\%$,具有更为良好的力学性能。本着技术上可行、经济上合理的原则,初步确定使用钢管厚度为 0.004 m,混凝土等级为 C40 的 0.25 m 厚的衬砌管片可在 Ⅳ 级围岩下可代替原有初支及二衬,在 Ⅴ 级围岩下可代替原有二衬进行隧道支护。

该产品既可以应用于隧道施工阶段作为整体或部分支护结构,减少隧道渗透漏水等病害,也可以应用于隧道维养阶段的加固和修复,具有良好的市场前景,但是因其相比于传统钢筋混凝土衬砌造价略高,且尚未形成设计规范、施工标准,以及配套的质量验收标准,起始阶段不易被施工单位及业主接受,所以如何降低这方面的风险将是后续研究的重点。

参考文献

[1] 张素磊.隧道衬砌结构健康诊断及技术状况评定研究[D].北京:北京交通大学,2012.

[2] 约瑟夫·阿卜杜勒·瓦希德·曼索尔(Yousif Abdulwahid Mansoor).隧道衬砌腐蚀后强度研究[D].成都:西南交通大学,2013.

[3] 陈东柱.高速铁路隧道衬砌裂缝病害及其整治措施研究[D].长沙:中南大学,2012.

[4] 杨进.隧道衬砌质量评价与探地雷达无损检测模型试验研究[D].长沙:长沙理工大学,2008.

[5] 钟善桐.高层钢管混凝土结构[M].哈尔滨:黑龙江科学技术出版社,1999.

[6] 韩林海.钢管混凝土结构——理论与实践[M].北京:科学出版社,2004.

[7] 陈宝春.钢管混凝土拱桥设计与施工[M].北京:人民交通出版社,1999.

[8] Johnson R P. Some research on composite structures in the U. K. 1960—1985. Proc. of an Engineering Foundation Confer. on Steel-Concrete Composite Structures, ASCE. Irsee, 1996, 15—25.

[9] Roik E H K. Review of the development of composite structures in Germany.

Proc. of an Engineering Foundation Confer. on Steel-Concrete Composite Structures，ASCE. Irsee，1996，55－74.

［10］刘威.钢管混凝土局部受压时的工作机理研究［D］.福州：福州大学,2005.

［11］公路隧道设计规范（JTG－D70－2004）［S］.

大跨径钢桥疲劳开裂研究综述

姜竹生

（江苏省交通运输厅工程质量监督局 南京 210004）

摘 要 本文主要介绍了江苏省在钢桥建设中的成就及发展现状，并针对我国大跨径钢桥疲劳开裂问题，分析了钢桥疲劳开裂机理及成因，依据现有研究成果及相关检测资料，分析总结了大跨径钢桥疲劳裂纹的分布规律及开裂特征，给出了典型的疲劳开裂细节。

关键词 钢桥 疲劳 机理 分布特征

0 引 言

20 世纪 90 年代以来，随着社会经济的快速发展及交通需求的不断提高，中国相继建成和建设了一大批大跨径的钢桥。大跨径钢桥要求具有自重轻、强度高、地理环境适应力强等优点，而钢箱梁受力性能优越，作为大跨径钢桥的主要截面之一得到了广泛应用。但钢箱梁构造复杂，局部应力集中较大，在车辆荷载反复作用下，疲劳问题较为突出[1-3]。

自 1971 年英国 Severn 桥出现疲劳裂纹的报道以来，法国、日本、荷兰[4]、美国等陆续出现了钢箱梁桥面板疲劳开裂的情况。而随着桥梁服役年限的增加，我国早期建设的一批大跨径钢桥也不同程度地出现了疲劳开裂问题，如广东虎门大桥[5]、厦门海沧大桥[6]等。

钢桥早期疲劳裂纹难以发现，疲劳裂纹的进一步扩展将对结构受力、桥面铺装等产生不利影响，严重时可能导致桥梁倒塌事故。自钢桥疲劳开裂问题引起关注以来，国内外学者围绕钢桥的疲劳开裂与维护开展了一系列研究：Irwin[7] 提出了应力强度因子 K 的概念，以描述疲劳裂纹尖端应力的奇异性，并一直沿用至今；Paris[8] 建立了著名的 Paris 公式，以描述循环荷载作用下裂纹扩展的基本规律；Fisher[9] 则进一步将 Paris 公式用于工程实践，并通过大量疲劳试验表明应力幅是影响疲劳的主要因素；Yamada[10]，Kim[11] 等开展了一系列钢桥疲劳维护方面的工作，取得了一定的研究成果；国内学者项海帆[12]、钱冬生[13] 等编译、撰写了一系列国外有关钢桥疲劳的研究成果，为国内相关研究提供了一定的参考。长安大学王春生[14,15] 等开展了正交异性钢桥面板足尺试件的疲劳试验及钢箱梁冷维护技术方面的研究，取得了一定的研究成果。河海大学吉伯海[16,17] 等开展钢箱梁不同构造细节局部试件的疲劳试验，并针对疲劳开裂的预防与维护技术进行了相应的研究。尽管如此，钢桥疲劳机理、影响因素等十分复杂，仍有许多问题尚待解决。钢桥疲劳问题已成为我国钢桥维护领域面临的主要工作之一。

1 钢桥发展现状

1.1 我国钢桥发展现状

我国的钢桥建设虽有 100 多年的历史,但早期修建的钢桥大部分由外国人设计和建造。新中国成立后,我国钢桥建设取得了较大的发展。20 世纪 90 年代以后,随着国民经济的高速发展,钢桥的发展突飞猛进,材料、工艺、制造、架设等多项技术实现了历史性突破[18,19]。我国已建成近百座大跨度钢箱梁或钢桁梁桥,截至目前世界跨径排名前十的已建斜拉桥和悬索桥中,约有一半位于中国,这说明我国大跨径钢桥建设规模和数量已处于世界前列。

与此同时,相比于欧美、日本等发达国家,我国的钢桥建设起步较晚,钢结构桥梁在所有桥梁数量中的占比不足 1%,而法国、日本、美国等国家的钢结构桥梁占比分别为85%,41% 和 35%。其中,日本在钢结构建筑用钢的品种开发、系列化及标准化方面一直处于世界领先水平,其耐候、耐火、抗震及减震等建筑用钢的发展取得了较大的成就。由此可见,我国虽然在钢桥建设方面规模不断扩大、技术不断提升,但与发达国家的钢桥发展水平仍存在差距,尤其是钢桥的标准化设计、精细化制造和施工及科学化管养等方面,使得我国钢桥运营期间的病害问题相对较为严重[20,21],影响钢桥品质。

1.2 江苏钢桥发展现状

江苏省地处中国大陆东部的沿海中心,得天独厚的地理位置造就了江苏在桥梁建设上的特殊成绩。截至 2015 年,中国的主要大跨径钢桥位于江苏省的约占一半,如江阴大桥、泰州大桥、苏通大桥、南京长江二桥等。江苏省不仅注重钢桥大力建设,也不断追求钢桥养护管理水平的提升,其中大跨径钢桥的长期管养基础为我省管养水平的提高提供了丰富的经验,同时也提供了重要的科学研究平台。近几年我省不仅制定了钢桥建设养护管理制度,配备专业建设养护人员及设备,而且在养护管理工作方面的资金投入也给予大力支持。这些有利因素使得江苏省建立了较为完善的桥梁建设、养护、管理化平台[22,23],由此成为我国的桥梁大省。

2 钢桥疲劳开裂机理

钢桥的疲劳开裂与其材料自身的疲劳开裂机理密不可分。在循环荷载作用下,钢材的晶体组织受到不均匀的局部滑移作用而产生微裂纹,且大多数萌生于材料的孔洞、熔渣、气泡、夹杂等不连续区域。随着微裂纹继续扩展,在尖端附近的滑移带内发生形变,通过剪切脱粘而形成新的裂纹面,进而使微观裂纹继续发展、合并,形成宏观的疲劳裂纹。而对于钢桥疲劳开裂成因而言,除了微观机理外,钢桥的构造特征、结构受力等宏观因素也是重要成因,大致分为以下 4 个方面[24-26]:

(1)车辆荷载。正交异性钢桥面板影响线较短,应力循环次数多,是导致疲劳开裂最为直接的外部因素。同时,由于国内超载现象严重,更加剧了疲劳损伤的进一步发展。

(2)构造特征。钢桥面板构造复杂,截面几何突变部位较多,应力集中现象较为严重,在车轮荷载作用下,局部细节始终处于高应力循环状态,是疲劳开裂危险部位。国内外早期设计的钢桥钢板厚度较薄,使得局部应力过大[27,28],在运营过程中不同程度地出现疲劳开裂问题。另外,由于前期设计经验不足,使得钢桥局部构造设计不合理,比如早期钢桥面板的横隔板厚度、间距、过焊孔形状等方面的设计不合理,部分钢桥面板由此产生疲劳开裂[29-31]。

（3）焊接质量。大跨径钢桥焊缝众多，焊接工作量庞大，且焊接细节复杂，施焊的难度较大，焊接过程中难免会出现气孔、咬边、夹渣、弧坑裂纹等缺陷，品质难以保证，影响结构疲劳强度。同时，焊接也会产生残余应力，不利于焊缝的正常受力。相关研究表明，多数疲劳裂纹萌生于焊缝位置[32,33]。

（4）其他因素。除了常规的因素外，钢桥的疲劳开裂还与温度荷载[34,35]、腐蚀病害[36]、人为机械损伤等因素有关。

3 钢桥疲劳开裂规律

3.1 分布特征

大跨径钢桥的疲劳裂纹分布与其自身结构体系存在一定的相关性。对于大跨径钢箱梁桥而言，疲劳裂纹检测结果表明，其纵桥向的易疲劳部位一般集中在靠近主塔的1/4跨左右位置，与理论研究中位移、内力振动响应最大位置相符；横桥向的易疲劳部位主要集中在慢车道及重车道位置，主要是因为该位置车辆荷载大，对局部受力及疲劳性能不利[37]。

由于大跨径钢桥的疲劳性能与其桥型有很大关系，而桥型种类复杂多样，现有的数据资料难以全面地概括不同桥型的疲劳损伤部位，需要进行更进一步的深入分析。

3.2 开裂细节

疲劳开裂会降低构造细节的承载力，对结构耐久性造成严重损害。钢桥疲劳开裂细节大致分为三类，包括钢桥连接部位结点疲劳细节、正交异性钢桥面板疲劳开裂细节及缆索、锚箱疲劳开裂细节。

（1）钢桥连接部位结点疲劳细节。在荷载反复作用下，连接部位结点容易发生疲劳损伤，主要开裂细节包括以下几类：钢盖梁端部焊缝，主要特点在于裂纹萌生于焊缝处，沿腹板向上扩展；主梁腹板加劲肋焊缝，裂纹起源于横向加劲肋与主梁腹板焊接处的上部，沿着对角向下发展；纵向加劲肋拼接焊缝部位，裂纹大致沿着腹板向上或向下扩展。图1所示为横梁与纵梁的连接疲劳裂纹细节，疲劳裂纹主要产生在连接处的螺栓孔部位，严重时会引起结点断裂。

（2）正交异性钢桥面板疲劳开裂细节。正交异性钢桥面板内易产生疲劳裂纹的位置主要可以分为以下三类（见图2）：一是纵肋对接焊缝部位，主要特点在于当U肋下翼缘板裂透后，裂纹就会沿着纵肋腹板对接焊缝向上扩展，直到纵肋全部断裂；二是纵肋与顶板焊缝部位，容易形成难以检测的隐蔽裂纹，潜在危害性大；三是横纵联结系焊缝或母材部位，主要分布在横隔板与顶板、纵肋、纵隔板、相邻横隔板之间焊缝部位，以及横隔板开孔部位。

（3）缆索及锚箱疲劳开裂细节。缆索由于腐蚀、桥梁反复振动等因素，疲劳裂纹容易在腐蚀点位处产生，图3所示为疲劳失效导致的主缆断丝[38]。锚箱疲劳裂纹主要发生在加载板的下方、支承板表面、支承板和主梁腹板的熔透焊缝处，以及支承板、锚板的加劲肋角焊缝处，见图4。

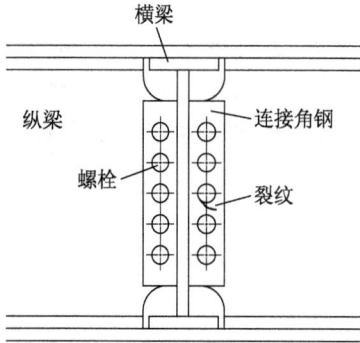

图 1　横梁与纵梁的连接疲劳裂纹细节

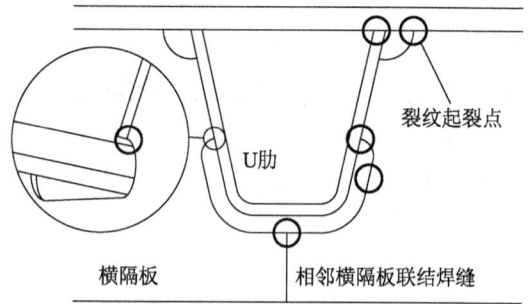

图 2　横纵连结系焊缝或母材疲劳细节

图 3　主缆断丝

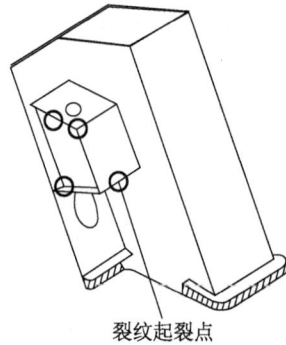

图 4　锚箱的裂纹分布

4　结　语

大跨径钢桥作为主要的交通枢纽,对我国交通的快速发展起到积极的作用,承担着跨江、跨河、跨谷的重任,已成为我国高速公路规划和建设中的重要组成部分。与此同时,大跨径钢桥的疲劳问题一直困扰着众多桥梁工作人员和养护管理人员。国内外针对钢桥疲劳开裂已经开展了广泛的研究,并取得了重要的成果,但是针对每一种特定裂纹的具体开裂原因,目前仍难以进行合理有效的解释。因此,继续开展钢桥疲劳研究工作,明确每种裂纹真实开裂原因对于科学地开展钢桥维护工作具有重要的指导意义。

参考文献

[1]吉伯海. 我国缆索支承桥梁钢箱梁疲劳损伤研究现状[J]. 河海大学学报：自然科学版,2014,42(5)：410-415.

[2]王春生,冯亚成. 正交异性钢桥面板的疲劳研究综述[J]. 钢结构,2009(9)：10-13.

[3]中国公路学报编辑部. 中国桥梁工程学术研究综述·2014[J]. 中国公路学报,2014,27(5)：1-96.

[4]De Jong F B P. Overview fatigue phenomenon in orthotropic bridge decks in the Netherlands[C]//2004 Orthotropic bridge conference,Sacramento,2004.

[5]徐伟,张肖宁,涂常卫. 虎门大桥钢桥面铺装维修方案研究与工程实施[J]. 公路,2010,5：67-71.

［6］梁肇伟. 厦门海沧大桥钢箱梁的装配焊接［J］. 钢结构，2001，16(3)：3－6.

［7］Irwin G R. Structural aspects of brittle fracture［M］. Applied Materials Research,1964, 3:65－81.

［8］PARIS P C, ERDOGAN F. A critical analysis of crack propagation laws［J］. Journal of Basic Engineering，1963，85：528－534.

［9］Fisher J W. Fatigue and fracture in steel bridges：case study［M］. John Wiley Sons，1984.

［10］Yamada K, Ishikawa T, Kakiichi T. Extending fatigue durability by closing crack surface［J］. Journal of Japan Society of Civil Engineers A1，2009，65(4)：961－965.

［11］Kim I T, Park M H, Cheung J H. Applicability of hammer-peening treatment for fatigue life improvement of fatigue damaged weld joints［J］. 2013. 17(3)：48－55.

［12］John W F. 钢桥疲劳设计解说［M］.钱冬生译，北京：人民铁道出版社，1980.

［13］John W F. 钢桥的疲劳和断裂［M］.项海帆，史永吉，潘际炎，等译,北京：中国铁道出版社，1989.

［14］王春生，付炳宁，张芹，等. 正交异性钢桥面板足尺疲劳试验［J］. 中国公路学报，2013，26(2)：69－76.

［15］王春生，翟慕赛，唐友明. 正交异性钢桥面板冷维护技术及评价方法［J］. 中国公路学报，2016，29(8)：50－58.

［16］周致远,吉伯海,杨沐野,等. 正交异性钢桥面板顶板竖向加劲肋焊接接头疲劳性能试验研究［J］. 土木工程学报，2016,49(2)：69－76.

［17］吉伯海. 袁周致远，刘天箌，等. 钢箱梁疲劳裂纹钻孔止裂修复的影响因素［J］. 江苏大学学报：自然科学版，2016，37(1)：97－102.

［18］潘际炎. 中国钢桥［J］. 中国工程科学，2007，9(7)：18－26.

［19］张井春，徐庆旋. 日本钢桥概况及中国钢桥的应用与发展［J］. 北方交通，2013(9)：57－61.

［20］姜竹生，瞿涛，吕磊，等. 钢箱梁典型病害分析及其检测与维护技术研究［J］. 防灾减灾工程学报，2011，31(5)：572－577.

［21］曾志斌. 正交异性钢桥面板典型疲劳裂纹分类及其原因分析［J］. 钢结构，2011，26(143)：9－15.

［22］王敬民，陈雄飞，樊叶华. 江阴大桥工程养护实践与体会［J］. 现代交通技术，2010，7(s2)：282－285.

［23］樊叶华，陈雄飞. 江阴大桥养护管理信息化研究［J］. 中国交通信息化，2010，10：135－138.

［24］金玉泉. 桥梁的病害及灾害［D］. 上海:同济大学，2006.

［25］张允士，李法雄，熊锋，等. 正交异性钢桥面板疲劳裂纹成因分析及控制［J］. 公路交通科技，2013，30(8)：75－80.

［26］Ono S, Hirabayashi Y, Shimozato T, et al. Fatigue Properties and Retrofitting of Existing Orthotropic Steel Bridge Decks[J]. Doboku Gakkai Ronbunshuu A，2009，65(2):335－347.

[27] 赵欣欣. 正交异性钢桥面板疲劳设计参数和构造细节研究[D]. 北京:中国铁道科学研究院，2010.

[28] 唐亮，黄李骥，刘高. 正交异性钢桥面板横梁弧形切口周边应力分析[J]. 公路交通科技，2011，28(6):83－90.

[29] Miki C. Fatigue damage in orthotropic steel bridge decks and retrofit works[J]. International Journal of Steel Structures，2006，6(4): 255－267.

[30] 王问笔. U 肋构造及横隔板开孔形式对正交异性钢桥面板疲劳性能的影响[D]. 长沙:西南交通大学，2015.

[31] 曾勇，向中富，于福，等. 大跨度悬索桥钢加劲梁典型病害及维修策略[J]. 重庆交通大学学报(自然科学版)，2012，31(s1):700－703,709.

[32] 陈开利. 正交异性钢桥面板的疲劳裂纹处治[J]. 世界桥梁，2016(1):70－76.

[33] 吉伯海，赵端端，傅中秋，等. 车轮荷载下钢箱梁疲劳构造细节应力等级评定[J]. 河海大学学报(自然科学版)，2014(5):416－421.

[34] 缪长青，史长华. 大跨悬索桥扁平钢箱梁温度梯度与温度影响研究[J]. 中国科学:技术科学，2013(10):1155－1164.

[35] 王晓涛. 正交异性钢桥面板疲劳裂缝分析[D]. 北京:北京交通大学，2014.

[36] 郭春华，任伟平. 焊接钢桥结构细节疲劳裂纹成因及解决对策[J]. 铁道建筑，2011，4: 18－21.

[37] 路巍. 钢管混凝土拱桥病害分析及改造加固研究[D]. 西安:长安大学，2011.

[38] 田志强，闫昕，赵玉贤，等. 钢塔斜拉桥病害分析[J]. 公路交通科技(应用技术版)，2012，10: 12－15.

预应力孔道压浆质量无损检测新技术

宋闽江　毛益佳

（江苏东交工程设计顾问有限公司　南京　210000）

摘　要　一种基于冲击弹性波理论的预应力孔道压浆无损检测方法,可以对注浆缺陷进行定位检测,通过不同注浆密实度下冲击弹性波反射时间的不同,判断注浆孔道的密实性。本文经过实际应用并开孔验证,冲击弹性波法能有效地对预应力孔道压浆密实度进行判断。

关键词　预应力　孔道压浆质量　无损检测

0　引　言

预应力混凝土梁在现代桥梁工程中得到了极其广泛的应用,其孔道压浆饱满度在很大程度上决定了预应力混凝土桥梁的承载力和耐久性。但是,目前一直缺乏有效的检测技术及标准,使得预应力孔道压浆的施工质量无法得到有效检测。根据东南大学交通学院桥梁与隧道研究所(2004)提出的报告[1],在沪宁高速公路扩建工程中锡澄运河大桥、新兴塘大桥、北兴塘大桥和锡北运河大桥结合拆除工程,对梁板孔道压浆饱满度进行了实体验证,在总数 8 000 多个调查点中,完全密实的比例仅有 39%,而全空(未压浆)的比例则高达 13%。

本文所研究的基于冲击弹性波的检测技术是目前比较先进的无损检测方法之一,在实体箱梁验证试验中取得了满意的效果。

1　冲击弹性波技术的原理

定位测试所用的冲击回波法(IEEV)是沿着孔道的上方或侧方,以扫描的形式连续测试(激振和受信),测点的间距一般为 0.2 m,每点敲击 1 次,通过反射信号的特性来测试管道内灌浆的状况。当管道灌浆存在缺陷时,激振的弹性波在缺陷处会产生反射,同时从底部反射回来的弹性波的传播时间也会比灌浆密实的地方长,见图 1。

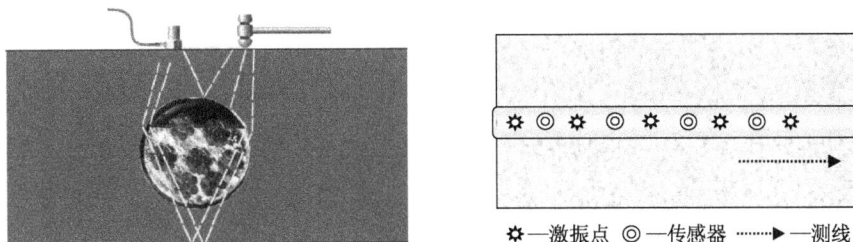

✿—激振点 ◎—传感器 ┅┅▶—测线

图 1　灌浆密实度的定位测试

2 灌浆质量判断标准

2.1 缺陷分类

根据长期的工程经验和验证结果大致可将缺陷分为 4 种(见图 2)。

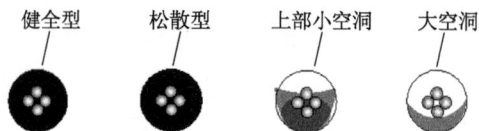

健全型　松散型　上部小空洞　大空洞

图 2　缺陷的类型示意

(1) 松散型:灌浆料强度和刚性较低,较为松散,但能仍对钢绞线起到保护作用;

(2) 空洞型:有空洞,容易侵入空气和水,可以分为小规模空洞和大规模空洞。

2.2 灌浆率判断标准

为了对定位测试的结果进行量化,特引入注浆率指数 D。当灌浆饱满时,$D=1$,而完全未灌时 $D=0$;定义孔道压浆质量健全时权重为 1,松散型权重为 0.5,上部小空洞权重为 0.5、大空洞权重为 0。其中,N_J 代表健全测点数;松散型测点数为 N_S;上部小空洞测点数为 N_X;大空洞测点数为 N_D;M 为总测点数,因此灌浆率可表示为

$$D=\frac{N_J\times 1+N_S\times 0.5+N_X\times 0.5+N_D\times 0}{M}$$

一般情况下,注浆率大于 0.95,该孔道注浆质量为优;0.9~0.95 为良;低于 0.9 就应该考虑处理。处理缺陷时可依据孔道缺陷类型进行判断,具体依据见表 1。

表 1　缺陷处理参照

缺陷类型	缺陷长度	处理的必要性
松散型缺陷(不密实)	—	一般不必处理
小缺陷	20 cm 以下	一般不必处理
	超过 20 cm	处理
大缺陷		处理

3 现场检测

3.1 检测对象

检测的对象(见图 3),为 30 m 预制箱梁,设计强度 C50,端部腹板厚度为 18~25 cm,预应力孔道为 ϕ55 mm 的金属波纹管,注浆龄期不短于 7 d。检测范围为两端端头 0~5 m,检测点距为 20 cm。

图 3 预制箱梁

3.2 检测仪器

本次测试采用的设备是一台 SBA-HTF 型号的孔道灌浆密实度质量检测仪（见图 4），采样精度为浮点插值补偿至 24 位，采集频率 0～500 kHz。

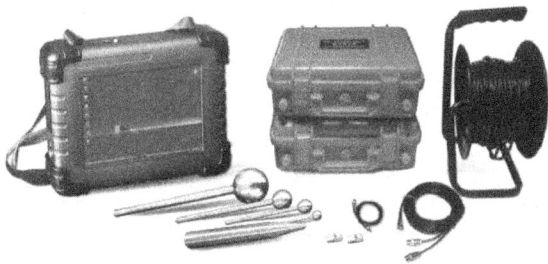

图 4 SBA－HTF 型孔道灌浆密实度质量检测仪

3.3 测线的布置

现场测线布置时，选取较易出现压浆不密实的进浆口和出浆口的端部 5 m 范围，测线上每个点的间距为 20 cm，每条测线均沿波纹管方向布置，见图 5。

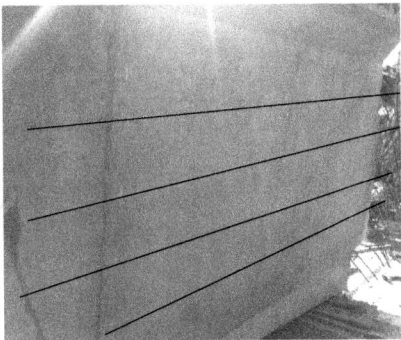

图 5 测线的布置

4 检测结果及分析

选取了某在建干线公路工程，对混凝土预制箱梁的腹板共 5 根预应力管道进行测试，测试结果为根据弹性波反射时间绘制的等值线图（见图 6），对每条管道图像进行分析后，选择缺陷梁腹板开孔进行验证。通过分析图 7 和图 8 中测线的等值线图可以看出，

N_1 左和 N_1 右 2 个孔道测线反射时间与标定图相比明显滞后,由此判断这 2 个孔道存在较大缺陷。

现场通过开孔对缺陷进行验证,发现两个孔道端头 0～0.8 m 范围内存在空洞,其中 N_1 左的钢绞线已经出现锈蚀迹象,见图 9。

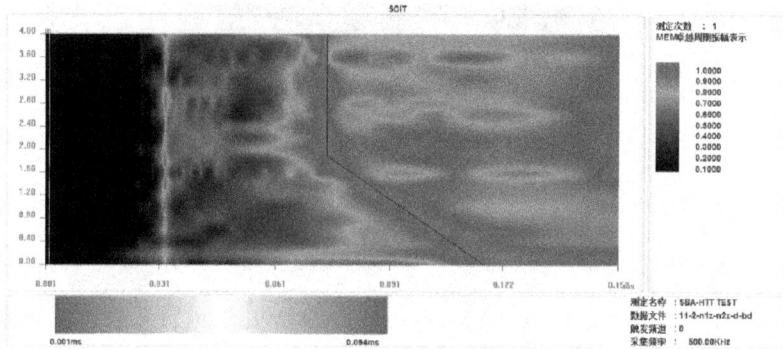

图 6   标定数据(完全密实)

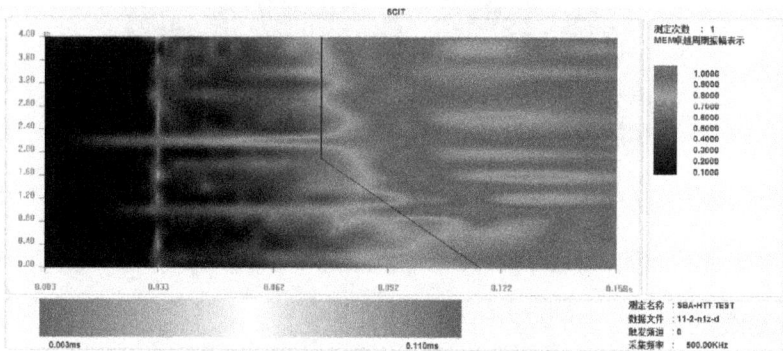

图 7 N_1 左孔道(端头 0～0.8 m 存在灌浆不密实)

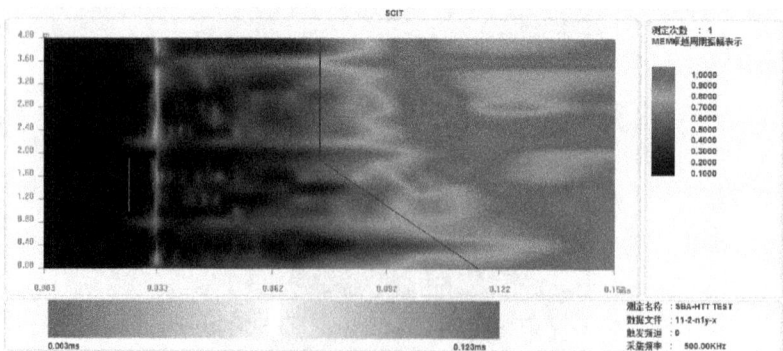

图 8 N_1 右孔道(端头 0～0.8 m 存在灌浆不密实)

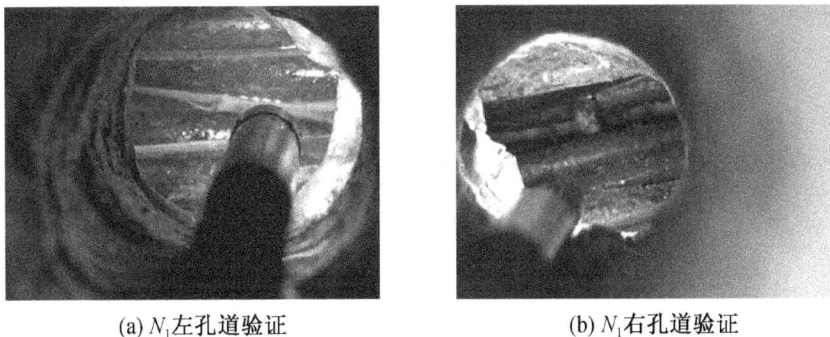

(a) N_1左孔道验证   (b) N_1右孔道验证

图9　孔道验证

5　结　语

基于冲击弹性波的预应力孔道压浆质量无损检测方法是一种简单、快速、可靠的检测方法,与其他检测方法相比,在检测金属波纹管时更具优势。目前,预应力孔道压浆质量检测在国内还没有完整的规范,冲击弹性波法在检测的分辨率方面还需进一步研究。

参考文献

[1] 叶见曙,张峰. 预应力混凝土连续箱梁调查研究报告[R].东南大学交通学院桥梁与隧道研究所,2004.

[2] Sansalone M,Street W. 冲击-回波法及其现场型仪器在砼结构无损检测中的应用[C]. 土木工程无损检测国际会议译文集,1997.

[3] 辛公锋,王兆星,刘家海,等. 箱梁预应力孔道压浆密实性检测技术研究[J].公路交通科技,2010,27(9):114−121.

基于薄层沥青铺装的既有桥梁
混凝土桥面改造技术研究

张辉　潘友强　张志祥

（江苏中路工程技术研究院有限公司　南京　211805）

摘　要　本文提出了一种新型 6 cm 厚薄层沥青铺装的既有桥梁混凝土桥面改造技术，最大限度地减小了铺装结构改造对桥梁承载能力造成的负担，通过室内试验对水性环氧材料、高弹改性沥青混合料及 U-Pave 混合料进行了评价。工程应用表明，此桥面铺装结构工程应用效果良好，采用薄层铺装结构满足桥梁恒载条件，提升了桥面的路用性能，可供同行借鉴。

关键词　桥面铺装改造　薄层沥青铺装　水性环氧防水黏结层　高弹改性沥青 U-Pave 磨耗层

0　引　言

截至 2012 年底，我国的公路桥梁和城市桥梁已分别建成 71.3 万座和 5.8 万座[1]，但受限于沥青材料技术的约束，早期国内建设的桥梁多为水泥混凝土铺装。相比沥青铺装，水泥混凝土铺装在抗滑、平整度、耐久性等行车舒适性、安全性方面存在较大程度的不足[2]。随着国家相关规范标准及用户对路面性能要求的提高，水泥混凝土铺装在一定程度上已经无法满足使用要求，因此，进行沥青铺装改造将成为未来水泥桥面改造的主流。

然而，目前国内既有桥梁混凝土桥面改造技术处于起步阶段，相关研究较少[3-6]。目前桥面铺装改造多为直接加铺 8～12 cm 的沥青，然而传统 8～12 cm 铺装对桥梁结构造成较大的承载负担，加铺层在满足使用要求的情况下应尽量轻薄。因此，本文在桥梁结构安全和承载能力满足要求的基础上，重点研究薄层沥青加铺技术，提出了一种新型既有桥梁的混凝土桥面薄层铺装改造技术方案，即 3.5 cm 厚高弹 SMA＋2.5 cm 厚 U-Pave 薄层铺装结构，同时探究了该铺装结构的路用性能，并在宁连高速新沂河大桥桥面改造工程中运用。

1　水泥混凝土桥面薄层铺装改造结构设计

作为桥面改造的重要部分，沥青铺装层必须具有足够的强度及良好的变形能力，并且需满足抗裂、抗磨耗、抗冲击等要求，并应提供良好的平整度，以保证行车舒适性[7]。考虑到单层的薄层铺装界面抗剪性能要求较高，易发生推移病害，所以本文采用了独创的 3.5 cm 厚高弹改性沥青 SMA13＋2.5 cm 厚 U-Pave10 超薄磨耗层的双层铺装结构设计,并优选自主研发的水性环氧沥青作为防水黏结层,提高铺装黏结性能、抗剪性能及防水性能。

1.1 水性环氧防水黏结层

防水黏结层作为铺装结构的一部分,应具有良好的黏结性能,以保证在交通荷载作用下铺装与桥面板能够协调变形;应具有良好的防水性能,以减轻铺装与桥面板之间的水损坏。目前我国使用的防水黏结层主要有热喷改性沥青、热喷橡胶沥青和水性环氧沥青等(见图1),但改性沥青和橡胶沥青的总体性能一般,施工工艺复杂,且较难满足薄层铺装结构所要求的层间抗剪性能。

(a) 热喷橡胶沥青   (b) 热喷SBS改性沥青   (c) 水性环氧沥青

图 1　几种常用的防水黏结层材料

因此,本文选用自主研发的新型混凝土桥面水性环氧防水黏结材料,采用常温撒布工艺,相对传统的改性沥青和橡胶沥青材料具有更高的黏结强度,可防止发生剪切推移,且有良好的防水抗渗性能,并对桥面板微裂缝有进一步封闭修复功能。

1.2 铺装面层设计

在满足桥梁结构承载能力的基础上,提出基于桥面标高 6 cm 的桥面改造方案,即直接加铺 3.5 cm 高弹沥青 SMA13＋2.5 cm U-Pave,实现桥面平整度的改善,且本方案不对原桥面进行铣刨,消除了原桥面钢筋水泥混凝土铺装结构的影响,且相比传统 8～12 cm 的铺装结构,采用 6 cm 薄层铺装节能环保,具有优良的社会经济效益。

本文设计的 3.5 cm 高弹改性沥青铺装下面层作为防水调平层,作用为保护下层水泥混凝土桥面,为上面层提供良好的基面,并与 U-Pave 超薄磨耗层共同实现平整度的整体改善。

而 U-Pave 超薄磨耗层是一种新型高性能薄层铺装,采用特殊级配设计、改性沥青＋复合增效剂的新型铺装技术。同时从改善施工和易性、级配及结合料等方面创新,实现了 2.5 cm 厚薄层铺装结构的高性能及可施工性,造价较低且易于养护(见图2)。

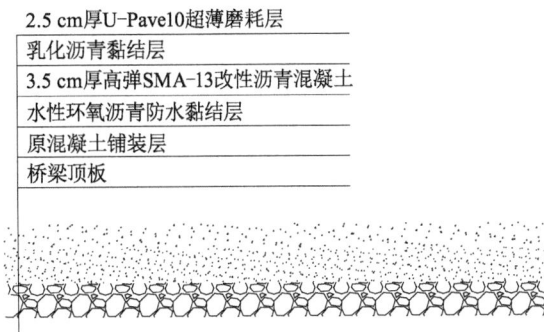

图 2　既有混凝土桥面薄层沥青铺装改造结构示意

2 材料性能研究

2.1 水性环氧防水黏结材料

参照《水泥混凝土桥面水性环氧沥青防水黏结层施工技术规范》(DB32/T 2285—2012)对水性环氧沥青进行了拉拔试验和剪切试验,剪切试验和拉拔试验分别用来评价防水黏结层的剪切强度和黏结强度。

1) 剪切试验

模拟实际工况成型复合件剪切试验试件,尺寸为 50 mm 厚水泥混凝土＋3.5 mm 厚高弹改性沥青混合料,层间水性环氧沥青撒布量为 1.0 kg/m²。试验温度分别为 25,40,60 ℃。

2) 拉拔试验

分别成型复合件拉拔试验试件和附着力拉拔试验试件。其中复合件拉拔试验试件与剪切试验试件相同,附着力拉拔试验不铺设高弹改性沥青,层间水性环氧沥青撒布量为 1.0 kg/m²,试验温度分别为 25,40,60 ℃。

试验结果见图 3。

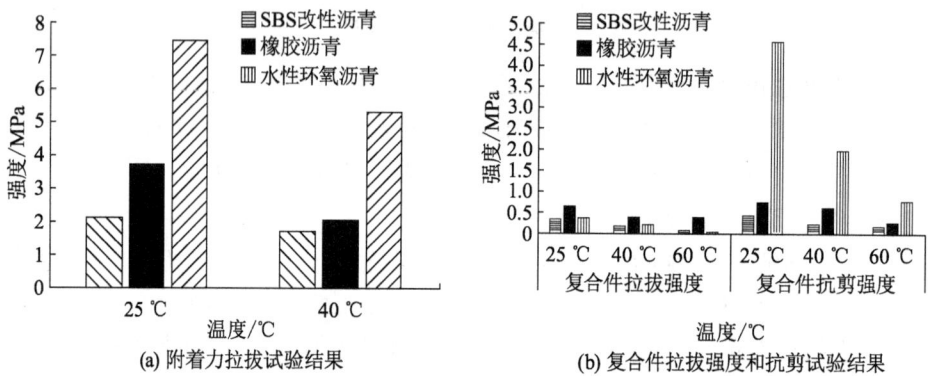

图 3　几种常见防水黏结材料试验结果

结果表明,水性环氧沥青常温下抗剪强度达到 4.58 MPa,而 SBS 改性沥青、橡胶沥青材料的抗剪强度分别为 0.47 MPa 和 0.75 MPa。当温度上升至 60 ℃时,其抗剪强度仍优于常温下 SBS 改性沥青和橡胶沥青,说明水性环氧沥青具有良好的抗剪强度,能适应薄层铺装的抗剪要求。附着力拉拔强度水性环氧沥青材料明显优于其余材料,复合件拉拔强度与其余材料相差不大,均满足规范要求。

2.2 高弹改性沥青混合料

1) 沥青混合料配合比设计

根据《公路沥青路面施工技术规范》(JTG F40—2004)进行混合料配合比设计,设计级配见表 1。

表 1　SMA-13 混合料合成级配及范围

级配范围	通过下列筛孔(方孔筛,mm)的质量百分率/%									
	16.0	13.2	9.5	4.75	2.36	1.18	0.6	0.3	0.15	0.075
上限	100	100	75	36	30	26	20	16	14	11
下限	100	90	50	22	18	16	12	10	8	7
合成级配	100	93.3	60.5	27.1	22.0	18.2	15.2	13.0	11.6	9.8

2) 高弹改性沥青混合料性能试验

本文试验材料选取自主研发的高弹改性沥青,玄武岩集料,目标空隙率 4.0%,最佳油石比为 6.1%。参照《公路工程沥青及沥青混合料试验规程》(JTG E20—2011)对高弹改性沥青混合料进行性能试验,并将试验结果与普通 SMA-13 混合料进行对比,结果见表 2。

表 2　高弹改性沥青 SMA-13 与普通 SMA 试验结果

检测项目	技术要求	普通 SMA-13	高弹改性沥青 SMA-13
马歇尔稳定度/kN	8.0	9.68	16.44
残留稳定度/%	≥85	85.3	86
劈裂强度比 TSR/%	≥80	83.0	83.6
动稳定度试验/(次/mm)	≥3 000	5 673	9 416
低温弯曲试验/$\mu\varepsilon$	≥3 000	4 305	3 153

结果表明:在马歇尔水稳定性试验中,高弹改性沥青 SMA 的马歇尔稳定度达到 16.44 kN,是普通 SMA 的 170%,高弹改性沥青 SMA 残留稳定度为 86%,略高于普通 SMA。这表明,高弹改性沥青有较好的抗重载能力,并且较普通 SMA 有较好的抗水损害性能。高弹改性沥青的 TSR 略高于普通 SMA,表明高弹改性沥青具有较好的抗裂性能。动稳定度试验中,高弹改性沥青 SMA 的动稳定度达到 9 416 次/mm,是普通 SMA 的 165%,表明高弹改性沥青有良好的高温稳定性。

2.3　U-Pave 超薄磨耗层

1) U-Pave10 混合料配合比设计

根据《公路沥青路面施工技术规范》(JTG F40—2004)进行 U-Pave10 混合料配合比设计,设计级配见表 3。

表 3　U-Pave10 混合料合成级配及范围

级配范围	通过下列筛孔(方孔筛,mm)的质量百分率/%								
	13.2	9.5	4.75	2.36	1.18	0.6	0.3	0.15	0.075
上限	100	100	54	36	30	24	20	12	8
下限	100	90	40	20	16	10	7	6	4
合成级配	100	98.3	49.0	29.8	21.7	15.5	11.2	9.2	7.1

（2）U-Pave10 沥青混合料性能试验

本文选取 SBS 改性沥青,玄武岩粗集料和石灰岩细集料,目标空隙率 4.9%,最佳油石比为 5.4%。参照《公路工程沥青及沥青混合料试验规程》(JTG E20—2011)对 U-Pave10 沥青混合料进行性能试验,并将试验结果与普通 AC-10 混合料对比,结果见表 4。

表 4　U-Pave10 混合料与普通 AC-10 混合料试验结果

检测项目	指标	U-Pave10	AC-10
马歇尔稳定度/kN	≥8.0	14.2	10.5
残留马歇尔稳定度/%	≥85	89.1	83.2
冻融劈裂试验残留强度比/%	≥80	84.7	83.5
动稳定度/(次/mm)	≥6 000	10 022	6 491

结果表明,U-Pave 10 混合料性能优于普通 AC-10 沥青混合料。U-Pave 马歇尔稳定度值为普通 AC-10 混合料的 135%。这表明相比于普通 AC-10 混合料,U-Pave 具有较好的承重性能。其中动稳定度 U-Pave10 达到 10 022 次/mm,远高于普通 AC-10 混合料,这表明 U-Pave 混合料具有良好的高温稳定性。

3　工程应用及效果

本文依托于宁连高速新沂河大桥桥面铺装改造工程,针对新沂河大桥目前平整度不足、桥面裂缝较为普遍的现状,为了提升桥面平整度水平,提高行车舒适性及安全性,提出了直接加铺 6 cm 双层沥青薄层铺装的方案,并于 2015 年 8 月起,对水泥混凝土桥面进行铺装改造,主要工序包括水性环氧沥青防水黏结层撒布,高弹改性沥青混合料铺设及 U-Pave 超薄磨耗层铺设等(见图 4)。

(a) 水性环氧沥青撒布　　　(b) 高弹改性沥青混合料施工　　　(c) U-Pave磨耗层施工

图 4　薄层沥青铺装改造施工

3.1　水性环氧防水黏结层撒布

对原有桥面进行抛丸整平,并进行清扫,然后人工撒布水性环氧沥青防水黏结层,撒布速率 100 m²/min,要求撒布均匀一致。撒布过程中,采用称重法控制撒布量,要求撒布量控制在 0.9~1.1 kg/m²,实测撒布量为 1.05 kg/m² 左右。

3.2　高弹改性沥青混合料施工

高弹改性沥青混合料采用拌合楼拌合,在拌合过程中需控制拌合温度,其中沥青加热温度在 175 ℃左右,集料温度在 200 ℃左右。采用走平衡梁的方式控制平整度,搭接处走滑靴,最低摊铺厚度按 3.5 cm 控制。

3.3 U-Pave10磨耗层施工

U-Pave10沥青混合料同样采用拌合楼拌合,考虑到U-Pave为薄层铺装,因此须精确控制拌合温度,其中沥青加热温度165~175 ℃,集料加热温度175~185 ℃,混合料出厂温度170~180 ℃。

3.4 工程效果

自2015年8月对新沂河桥面改造至今,薄层沥青铺装使用情况良好,未出现明显病害,有效地改善了桥面铺装平整度等路用性能,提高了行车舒适性和安全性(见图5),为省内乃至全国同类工程提供了良好的借鉴。

(a) 新沂河桥原桥面状况   (b) 桥面改造后状况

图5 新沂河大桥桥面改造前后效果

4 结 语

本文针对新沂河大桥存在的桥面平整度不足、裂缝等损害较普遍的现状,研究了既有桥梁混凝土桥面薄层铺装改造技术,得出主要结论如下:

(1)采用2.5 cm U-Pave超薄磨耗层+3.5 cm高弹改性沥青混合料的铺装结构,并对水性环氧沥青防水黏结层、高弹改性沥青等关键材料进行探究,形成整套的既有桥梁混凝土桥面薄层铺装改造技术,施工工艺成熟,可为国内外同行提供借鉴。

(2)水性环氧防水黏结层作为一种新型材料,具有良好的性能,适用于超薄面层间的黏结层。

(3)高弹改性沥青混合料较普通沥青混合料具有良好的抗重载性能、抗裂性能和耐疲劳性能,适用于混凝土桥面改造的下面层。

(4)U-Pave超薄磨耗层作为一种新型高性能薄层铺装,实现了2.5 cm厚薄层铺装结构的高性能及可施工性,最大程度地减小了桥面铺装对桥梁结构造成较大的承载负担,造价较低且易于养护。

(5)通过设置3.5 cm厚高弹改性沥青防水调平层,与2.5 cm厚U-Pave超薄磨耗层共同实现平整度的整体改善,可大幅降低风险。

参考文献

[1]中国公路学报编辑部.中国桥梁工程学术研究综述·2014[J].中国公路学报,2014,27(5):1—96.

[2]黄晓明.水泥混凝土桥面沥青铺装层技术研究现状综述[J].交通运输工程学报,2014(1):1—10.

[3]唐艺.桥面加载铺装对桥梁结构的影响研究[D].重庆:重庆大学,2014.

［4］季节,张志新. 旧水泥混凝土桥面改造施工工艺的探讨[J].北京建筑工程学院学报,2004,1(20):18—20.

［5］陈正茂,操太林. 桥面铺装改造对桥梁安全影响研究[J]. 工程与建设,2008,3(22):382—384.

［6］贺志勇,张肖宁,王端宜,等. 旧水泥混凝土路面加铺沥青混凝土面层勘测设计[J]. 中南公路工程,2006,4(31):83—85.

［7］于颖. 水泥混凝土桥桥面铺装受力机理分析[D].重庆:重庆交通大学,2008.

矿粉对桥梁高强混凝土施工期
抗裂性能影响试验研究

谢利宝[1]　沈德建[2,3]

(1. 江苏省交通运输厅工程质量监督局　南京　210001;

2. 河海大学土木与交通学院　南京　210098;

3. 江苏省建筑物裂缝控制工程技术研究中心　南京　210098)

摘　要　高强混凝土在桥梁工程中应用越来越广泛,矿粉在桥梁高强混凝土中也应用广泛,但目前部分使用矿粉的桥梁工程混凝土出现了开裂现象。高强混凝土由于较低的水灰比引起较大的早期自收缩,早期自收缩受到约束时会产生拉应力,当拉应力超过实时抗拉强度,就会发生开裂现象。桥梁混凝土的早期开裂伴随着温度、收缩、徐变和约束的共同作用。本文使用温度应力试验机研究矿粉掺量对混凝土早期抗裂性能的影响,结果表明,高强混凝土的徐变和应力储备随着矿粉掺量的增加而减小,自收缩及开裂风险随着矿粉掺量的增加而增加。因此,当工程中采用矿粉高强混凝土时,需要在施工前做相应的抗裂性能试验,避免在施工期出现混凝土开裂现象。

关键词　高强混凝土　施工期　抗裂性能　矿粉

0　引　言

混凝土是使用最广泛的建筑材料之一,随着社会的发展,高层建筑物越来越普遍,建筑物的结构形式也越来越复杂,对混凝土的强度也提出越来越高的要求。美国 20 世纪 70 年代前后兴建起大量的高层建筑,大部分都使用高强混凝土。加拿大 Sherbrooke 市 60 m 跨的人行桥的混凝土抗压强度高达 350 MPa,1990 年建成的马来西亚双塔大厦使用的是 C80 高强混凝土,2002 年建成的香港国际金融中心使用的混凝土强度为 C90,2003 年建成的沈阳远吉大厦使用 C100 高强混凝土。为了满足工程的强度要求,混凝土的水灰比也越来越低。但是高强混凝土在使用中也出现了一些问题,尤其是高强混凝土的早期自干燥导致自收缩增大的现象[1,2]。较大的混凝土自收缩会使混凝土产生的拉应力超过混凝土的早期抗拉强度,从而发生开裂[3,4],使得结构劣化,耐久性降低[5,6]。

矿粉的掺入能够在一定程度上改善混凝土的各种性能,故许多学者对矿粉混凝土的相关性能进行了研究。Tazawa[7]的研究结果显示,当在混凝土中掺入的矿粉的比表面积超过 400 m²/kg 时,增加掺量会使混凝土的自收缩增加,但是混凝土的自收缩会在掺量超过 75% 以后开始减小。Miyazawa[8]研究外加剂对水泥自收缩的影响,结果显示,掺矿粉水泥浆体早期的自收缩会减小,但是后期的自收缩会增大。张树青、杨全兵[9]对矿粉混凝土的自收缩性能进行了相关研究,结果表明,掺入矿粉在相同水胶比时可以减小早期自收缩,但是后期的自收缩会增大;掺加矿粉的混凝土的自收缩较普通混凝土的大,掺量越高,自收缩越大;当矿粉掺量达到 50%,3 天的自收缩会增加 20% 左右,而 90 天的自收缩则会增加 48% 左右。乔艳静、费治华等[10]研究了矿粉掺量对混凝土收缩、开裂性能的影响,结果表明,掺矿粉的混凝土试件自收缩值明显要高于不掺任何掺合料的混凝土,掺量增加,自收缩增大。大部分学者都认为,矿粉的掺入会增加混凝土的自收缩,但是关于矿粉对高强混凝土的早期抗裂性能的研究还不足。

目前,国内外对于高强混凝土的抗裂研究主要是通过圆环法、平板法及开裂试验架法,但是这几种方法的缺点也非常明显。例如,圆环法的约束度是变化的,而且不可控,也无法考虑混凝土的温度变形对早期抗裂性能的影响[11];平板法的约束不均匀,而且裂缝的产生没有规律性,无法精确地评价混凝土的早期抗裂性能[12];开裂试验架法也无法对混凝土的约束度进行控制,而且无法模拟混凝土的早期温度历程[13]。Kovler[11]在前人的基础上改进了温度应力试验机,并通过温度应力试验机评价了混凝土的早期抗裂性能,使约束试件和自由试件得到了混凝土的早期徐变。温度应力试验机的约束度是可控的,可以模拟实际结构中的约束过程。国内外关于评价混凝土抗裂性能的指标有很多,但是并没有一个统一的指标,Springenschmid[14]采用开裂温度作为评价混凝土早期抗裂性能的指标。

本文利用温度应力试验机对掺有矿粉的高强混凝土的早期自收缩及抗裂性能进行了研究,对比了矿粉掺量分别为 0%,20%,35%,50% 的高强混凝土在绝热温升条件下的早期自收缩及抗裂性能,得出了相关的规律。

1 试验概况

1.1 试验装置

本次研究使用温度应力试验机(TSTM)开展试验,图 1 所示的温度应力试验机能同时进行单轴约束试验和自由变形试验,自由变形试件不受约束[15-18]。温度应力试验机可以通过控温系统进行不同养护温度条件下的混凝土测试。试件的有效截面为 150 mm × 150 mm,试件两头为楔形,约束及自由试件的有效长度为 1 500 mm。通过控制器进行试验控制及数据的采集,温度应力试验机示意图及实物见图 1。

温度应力试验机包含两个楔形模板、加热冷却系统、荷载传感器、位移传感器及温度传感器。混凝土浇筑后,立即将温度传感器插入约束试件和自由试件中以监测混凝土内部的温度发展历程。温度应力试验机的两个模板中都布有循环水管,通过液体的循环加热降温对试件进行控温,这样可以通过温度应力试验机实现变温养护或恒温养护试验。温度应力试验机(TSTM)的养护方法有温度匹配养护、绝热温升和恒温养护模式,匹配模式是将实测结构中混凝土的温度历程或者使用分析软件分析出来的温度场模拟结果作为 TSTM 里的温度参数,通过温控系统对混凝土温度进行跟踪控制,使得混凝土试件的温度发展过程与实际结构相同,模拟实际结构中混凝土的应力及变形发展规律;绝热温升是模拟大体积混凝土中心的温度历程;恒温养护是通过水管对模板中混凝土的温度进行控制,使其维持在一个恒定值。

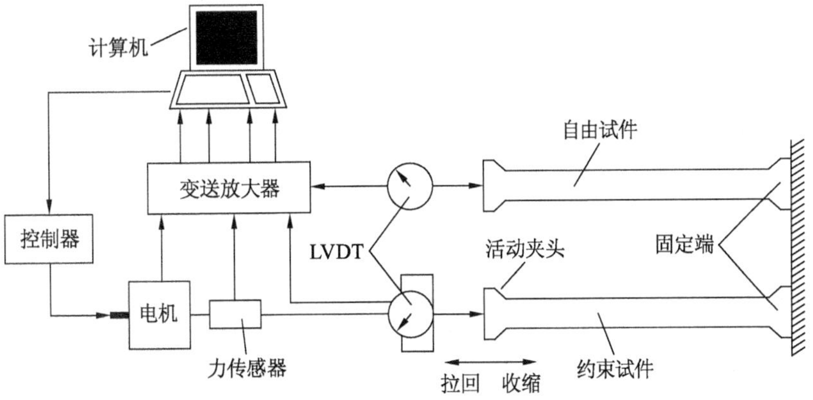

(a) 示意图

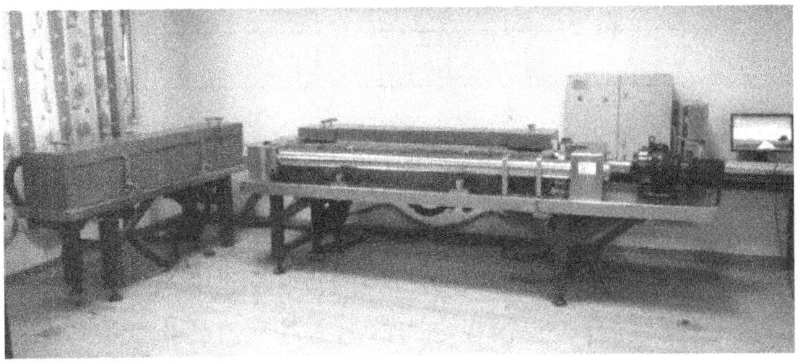

(b) 实物图

图 1　温度应力试验机示意图及实物图

　　温度应力试验机中约束试件的模板被固定在一个水平框架上,约束试件一端被固定,而另一端可以自由活动。活动夹头端通过一个固定在约束架上的高精度位移传感器($\pm 0.1~\mu m$)量测试件变形,当约束变形超过预先设置值时,步进电机就会对试件进行拉或压,使得约束试件保持原长度不变,实现 100% 的约束度。约束试件与步进电机之间连有荷载传感器,可以实时测量完全约束状态下试件的应力发展状况,从而采集到约束试件在相应温度历程下的应力发展过程。自由试件的大小、外形均与约束试件相同,其一端也是固定在约束架上,另一端可以自由变形。自由变形端通过固定在约束框架上的高精度位移传感器 LVDT 实时量测相应温度历程下的自由变形,还可以结合约束试件中测得的约束变形,计算出混凝土在压应力及拉应力状态下的徐变及松弛性能。同时,可以通过试验机获取混凝土早期的拉或压弹模、热膨胀系数等参数。在确定热膨胀系数后,可以计算温度变形,用温度变形和自由变形做比较,其差值即为非温度变形,包括自生收缩和干燥收缩。温度-应力试验实质上是一种仿真试验:温度仿真——可采用实际结构内部温度曲线养护;约束仿真——模拟实际结构受约束工况;过程仿真——从混凝土试件浇筑开始至开裂。

　　混凝土浇筑后,开启试验机自动记录数据,每分钟记录一次。温度应力试验机相比较于圆环法等方法的优点在于可以在浇筑完成后立即记录数据。

　　在模板上预先铺一层塑料薄膜以减小模板与试件之间摩擦阻力对约束度的影响。将搅拌好的混凝土直接浇筑进约束试件自由试件的模板中,浇筑振捣后立即用薄膜密封防止水分蒸发。随后盖好上模板,插入温度传感器以实时监测试件芯部温度。打开试验机软件,选择试验模式。试验机自动记录数据,直至试件断裂。

1.2 试验原材料及力学性能

本试验采用的是高强混凝土,原材料如下:水泥采用中联普通硅酸盐水泥 42.5,试验未加入其他掺合料,细骨料采用建筑河砂,粗骨料采用普通建筑石子,粒径级配良好。本文所采用的水灰比为 0.33,试验用材料配合比及相关工作性能见表 1。

表 1 矿粉混凝土配合比

工况	水胶比	水	水泥	矿粉	砂	石	减水剂
GS00	0.32	173	541.0	0	625	1 111	4.328(0.8%)
GS20	0.32	173	432.8	108.2	625	1 111	4.599(0.75%)
GS35	0.32	173	351.6	189.4	625	1 111	4.599(0.75%)
GS50	0.32	173	270.5	270.5	625	1 111	4.599(0.70%)

1.3 试验过程

试验过程中,保持室温恒温,以减小温度变化对约束架自身变形的影响。通过温度传感器量测到实时混凝土试件芯部温度,通过控制系统可以控制保温模板的温度,以保持试件所处的养护环境与其芯部温度相同,这样试件即处于设定的养护温度条件下,即绝热温升条件。混凝土试件与控温模板之间的温差控制在 ±0.5 ℃ 以内,绝热温升条件下温升达到最高点后,保持最高温度 36 h,随即通过控温模板对试件进行强制降温。蔡跃波选取以 1~5 ℃/h 的速率对循环介质进行强制降温,直至试件断裂。尹自立在绝热温升养护模式下采用 1 ℃/h 的降温速率。Barrett 在研究内养护对高掺量的粉煤灰混凝土的抗裂性能影响时选用的降温速率为 2 ℃/h。综合考虑,本次研究降温速率控制为 0.75 ℃/h,直至试件断裂,试验自动停止。

2 试验结果及分析

2.1 早期自收缩

国内外的研究表明,混凝土的早期自收缩的发展绝大部分在浇筑后 48 h 以内完成,因此,本文只研究前 80 h 内的混凝土自收缩值。从图 2 可以看出,矿粉掺量为 0% 的高强混凝土在第 80 个小时的自收缩值是 −211 $\mu\varepsilon$;矿粉掺量为 20% 的高强混凝土在第 80 个小时的自收缩值是 −251 $\mu\varepsilon$;矿粉掺量为 35% 的高强混凝土在第 80 个小时的自收缩值是 −323 $\mu\varepsilon$;矿粉掺量为 50% 的高强混凝土在第 80 个小时的自收缩值是 −360 $\mu\varepsilon$。

由图 2 可以看出,随着矿粉掺量的提高,高强混凝土的自收缩值也会增加,因此不利于高强混凝土的早期抗裂性能。张树清对矿粉混凝土的自收缩性能的研究表明,掺矿粉可以减小混凝土早期自收缩,但是后期的自收缩会增大,且矿粉掺量越高,后期自收缩增加越大;当矿粉掺量达到 50%,3 天的自收缩会增加 20% 左右,而 90 天的自收缩则会增加 48% 左右。Miyazawa 等的研究结果显示,掺矿粉水泥浆体早期的自收缩会减小,但是后期的自收缩会增大。梁文泉、王信刚等研究了矿粉掺量对混凝土收缩的影响,结果表明,不掺矿粉混凝土的自收缩值明显比较低。乔艳静、费治华等研究了矿粉掺量对混凝土收缩、开裂性能的影响,结果表明,掺矿粉的混凝土试件自收缩值明显要高于不掺任何掺合料的混凝土,掺量增加,自收缩增大。刘建忠、孙伟和缪昌文的研究结果显示,随着矿粉掺量增加,自收缩依次增大。

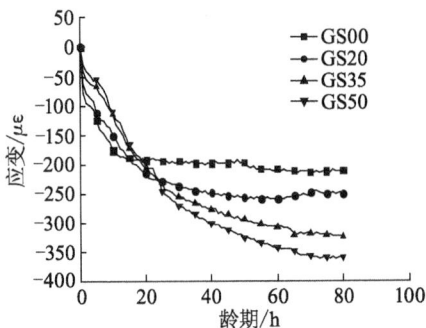

图 2　不同矿粉掺量高强混凝土早期自收缩发展历程

2.2　不同矿粉掺量对高强混凝土早期徐变影响研究

混凝土约束试件应变包括三个部分,分别是弹性应变、自由收缩应变和徐变,即

$$\varepsilon_{total} = \varepsilon_e + \varepsilon_{sh} + \varepsilon_{cr} \tag{1}$$

式中,ε_{sh} 是自由试件应变,由试验直接测得;ε_e 是根据步进电机每个加载循环计算得到的弹性应变增量($\mu\varepsilon$)。

试验采用 100% 的约束程度,约束试件总应变为 0,这样根据式(1)可以计算得到混凝土徐变,如式(2)所示:

$$\varepsilon_{cr} = -\varepsilon_e - \varepsilon_{sh} \tag{2}$$

根据式(2),通过计算得到不同矿粉掺量混凝土 GS00、GS20、GS35 和 GS50 的徐变,见图 3。

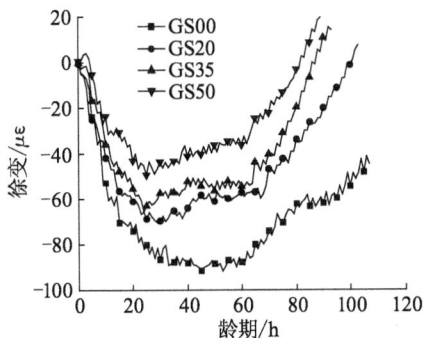

图 3　不同矿粉掺量高强混凝土徐变

从图 3 可知,试件 GS00、GS20、GS35 和 GS50 的最大压徐变分别为 -92,-71,-60,-47 $\mu\varepsilon$,矿粉高强混凝土最大压徐变随着矿粉掺量的增加逐渐减小。和 GS00 相比,GS20、GS35 和 GS50 徐变分别减小了 22.8%,34.8%,48.9%。

2.3　早期抗裂性能评价

试验是基于温度-应力试验机进行的,和平板法、圆环法等传统抗裂性能研究方法相比,温度-应力试验机法综合考虑了诸多影响因素,如温度、湿度、约束程度等,而且温度-应力试验法在监测混凝土早期性能发展方面具有突出的优势,因为温度-应力试验法会

获得许多混凝土早期抗裂性能的评价参数,常用参数如下:

(1) 开裂温降。开裂温降是指混凝土开始降温时的温度和开裂时温度的差值。开裂温降直观地体现了混凝土对于温度变化的敏感程度,开裂温降越大,表明混凝土对早期温度变形的敏感程度越小,抗裂性能越好。

(2) 室温应力。混凝土在室温条件进行搅拌合浇筑,水泥水化释放出大量的水化热,混凝土温度快速升高,试件发生膨胀,由于试件受到约束,因此在试件内部产生压应力。当试件温度上升到最大值后,对试件进行恒温养护,过一定时间后对其降温,当试件的温度再次下降到室温时,温度变形带来的影响基本消除,但是混凝土受到自收缩变形等影响,内部的应力一般不是 0,而是约束产生的拉应力,将此时混凝土内部的应力定义为室温应力。室温应力反映了混凝土试件在受到约束条件时温度恢复至室温时的受力状态。室温应力具有较大的意义,因为试件在室温时浇筑,温度上升然后下降恢复到室温,这个时候试件的温度变形为 0,试件内部的应力状态只有自受到约束的条件下产生的收缩变形在。

(3) 开裂应力。开裂应力指的是试件在断裂瞬间混凝土内部的应力状态。开裂应力的大小直观地表现了混凝土的抗裂性能。

(4) 应力储备。应力储备综合了室温应力和开裂应力两项参数,其表达式为

$$应力储备＝(开裂应力－室温应力)/室温应力 \tag{3}$$

不同试件的应力储备见图 4。

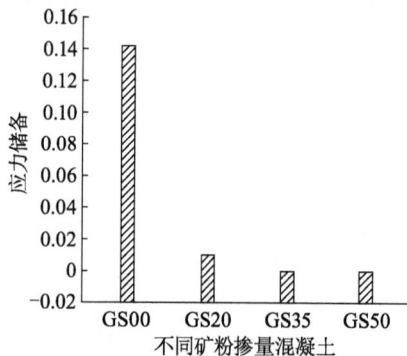

图 4　不同矿粉掺量高强混凝土应力储备

应力储备越大,混凝土早龄期抗裂性能越好。研究中将混凝土浇筑于温度-应力试验机的温控模板内,浇筑后试件所处温度环境由试验机进行控制,这样室温应力为降温阶段试件温度降至浇筑温度时的应力。从图 4 中可以看出,不同矿粉掺量混凝土试件 GS00、GS20、GS35 和 GS50 的应力储备分别为 0.142,0.010,0,0。和矿粉掺量 0％的 GS00 试件相比,矿粉掺量 20％的应力储备显著减小,掺量 35％和 50％的应力储备为 0,这说明矿粉的掺入对高强混凝土的早期抗裂不利。

(5) 开裂风险评价标准。ASTM(ASTM C 1581-04)提出了开裂风险评价的两个标准参数——有效开裂时间(从开始降温至开裂)和开裂应力发展速率。基于上述两项参数,Kovler等在采用圆环法研究混凝土早龄期抗裂性能时提出了综合性的开裂风险评价标准,即

$$\varphi = \frac{S}{t_\sigma} \tag{4}$$

式中,φ 为开裂风险评价标准;S 为应力发展速率;t_σ 为圆环混凝土试件从干燥到开裂的时间。

高强混凝土试件 GS00、GS20、GS35 和 GS50 应力发展速率分别为 1.64,1.75,1.92, 1.95 MPa/d,从开始降温到开裂的时间分别为 56.4,43.6,28.1,25.2 h。将相应参数代入公式(1),得到各组试件的开裂风险评价标准值,分别为 0.698,0.963,1.640,1.857 MPa/d²,见图 5。

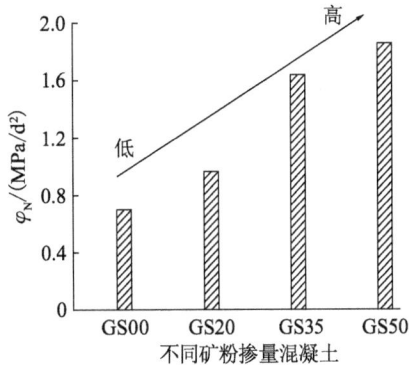

图 5   不同矿粉掺量高强混凝土开裂风险评价标准

从图 5 可以看出,随着矿粉掺量的增加,混凝土开裂风险评价标准值逐渐增大,这说明掺入矿粉对高强混凝土的早期抗裂性能是不利的。相比 GS00,GS20、GS35 和 GS50 的开裂风险分别增加了 38%,135.0%和 166.1%。

3   结论和建议

本文通过温度应力试验机研究了矿粉高强混凝土在温度、收缩、徐变和约束共同作用下的抗裂性能,主要结论和建议如下:

(1)高强混凝土自收缩随着矿粉掺量的增加而增加;从自收缩的角度看,矿粉掺量越高对高强混凝土早龄期抗裂性能越不利。矿粉掺量为 0%,20%,35%,50%时的高强混凝土在第 80 个小时的自收缩值分别为 $-211,-251,-323,-360~\mu\varepsilon$。

(2)高强混凝土的徐变随着矿粉掺量的增加而减小。矿粉掺量从 0%增加到 20%, 35%,50%时高强混凝土的徐变分别为 $-92,-71,-60,-47~\mu\varepsilon$,分别减小了 22.8%, 34.8%,48.9%。

(3)高强混凝土的应变储备随着矿粉掺量的增加而减小。矿粉掺量为 0%,20%, 35%,50%时高强混凝土的应力储备分别为 0.142,0.010,0,0。当矿粉掺量达到 35%以上时,应力储备为 0。因此,矿粉掺量通常应低于 20%。

(4)高强混凝土的开裂风险随着矿粉掺量的增加而减小。矿粉掺量为 0%,20%, 35%,50%时高强混凝土的开裂风险评价标准值分别为 0.698,0.963,1.640,1.857 MPa/d²,即随着矿粉掺量增加,混凝土开裂风险评价标准值逐渐增大,这说明掺入矿粉对高强混凝土的早期抗裂性能是不利的。

因此,从提高混凝土抗裂性能的角度,在桥梁工程混凝土施工中使用矿粉时,一定要确定合理的用量,掺量尽量控制在 20%以下,宜在施工期开展温度应力试验机抗裂性能试验,避免施工期开裂现象。

参考文献

［1］Persson B. Self-desiccation and its importance in concrete technology[J]. Materials and Structures,1997,30(199):293－305.

［2］Wei Y，Hansen W. Tensile creep behavior of concrete subject to constant restraint at very early ages[J]. Journal of Materials in Civil Engineering,2013,25(9):1277－1284.

［3］Riding K，Poole J，Schindler A，et al. Quantification of effects of fly ash type on concrete early age cracking[J]. ACI Materials Journal,2008,105(2):149－155.

［4］Bentz D，Peltz M. Reducing thermal and autogenous shrinkage contributions to early age cracking[J]. ACI Materials Journal,2008,105(2):414－420.

［5］Sugiyama T，Bremmer T W. Effects of stress on gas permeability[J]. ACI Materials Journal,1994,91(5):443－450.

［6］Gerard B，Marehand J. Influence of cracking on the diffusion properties of cement－based materials：Part 1：Influence of continuous cracks on the steady－state regime[J]. Cement and Concrete Research,2000,30(1):37－43.

［7］Tazawa E. Autogeneous shrinkage caused by self desiccation in cementitious material[J]. Int. cong. on the Chemistry of Cement New Deli，1992:712－718.

［8］Tazawa E I，Miyazawa S. Influence of cement and admixture on autogenous shrinkage of cement paste[J]. Cement ＆ Concrete Research，1995，25(2):281－287.

［9］张树青,杨全兵.矿粉馄凝土的自收缩性能[J].低温建筑技术,2004(3):1－3.

［10］乔艳静,费治华,田倩,等.矿渣、粉煤灰掺量对混凝土收缩、开裂性能的研究[J].建材世界,2008，28(4):90－92.

［11］张涛.混凝土早期开裂敏感性的影响因素研究[D].北京：清华大学，2006.

［12］Soroushian P，Mirza F，Alhozaimy A. Plastic shrinkage cracking of PP fiber reinforced concrete[J]. ACI Materials Journal,1995,92(5):553－560.

［13］Carlson R W，Reading T J. Model study of shrinkage cracking in concrete building walls[J]. ACI Structural Journal,1988,4:395－403.

［14］Springenschmid R P. Thermal cracking in concrete at early ages[C]. In：Springenschmid R，eds，1995.

［15］Kovler K，Igarashi S，Bentur A. Tensile creep behavior of high strength concretes at early ages[J]. Materials and Structures,1999,32(5):383－387.

［16］Lura P，Van Breugel K，Maruyama I. Effect of curing temperature and type of cement on early-age shrinkage of high-performance concrete[J]. Cement and Concrete Research,2001,31(12):1867－1872.

［17］Cusson D，Hoogeveen T. An experimental approach for the analysis of early-age behavior of high-performance concrete structures under restrained shrinkage

[J]. Cement and Concrete Research,2007,37(2):200—209.

[18] Shen D J，Jiang J L，Shen J X. Influence of prewetted lightweight aggregates on the behavior and cracking potential of internally cured concrete at an early age[J]. Construction and Building Materials,2015,99:260—271.

高黏高弹 SMA-10 沥青混合料
用于钢桥面铺装的碾压工艺探讨

闫国杰

(上海浦东路桥建设股份有限公司　上海　201210)

摘　要　本文结合合肥南薰门钢桥面铺装试验段工程,探讨高黏高弹 SMA-10 沥青混合料钢桥面铺装碾压工艺,对比了振动碾压和非振动碾压对压实度的影响,并通过路面构造深度和横向力系数测试,分析复压过程胶轮压路机对该种级配沥青混合料路面质量的影响。研究表明,在采用胶轮压路机情况下,该种高黏高弹 SMA-10 沥青混合料通过合适的静碾工艺可以获得规定的压实度;采用胶轮压路机时,沥青面层具有更好的抗渗水性能,静碾结合胶轮的方案是该种沥青混合料钢桥面铺装的最佳碾压工艺。

关键词　高黏高弹　钢桥面铺装　静碾　胶轮压路机

0　引　言

钢桥面铺装是高等级路面铺装的一个难点,工程应用较多的铺装技术有浇筑式沥青混凝土铺装、环氧沥青混凝土铺装、双层 SMA 铺装、下层浇筑＋上层 SMA 铺装和 ERS 铺装等。根据上海地区的中小跨度钢桥面铺装工程效果来看,双层高黏高弹 SMA 铺装技术是其中应用较为成功的技术之一,该技术 2006 年首次应用在上海同济路 SW 钢桥面匝道上,目前已在上海地区 20 多座钢桥、国内 30 余座钢桥上得到应用。双层 SMA 铺装技术,顾名思义,包括两层高黏高弹 SMA 沥青混合料,其技术原理为:利用高黏高弹 SMA 沥青混合料优异的高温抗车辙性能、低温抗裂性能和抗剪切性能,赋予双层 SMA 沥青混合料结构良好的变形性能。该种铺装技术具有成本低,生产过程可控性强,以及采用直投式生产模式等优点,使其在推广和应用方面具有较大优势。

与高黏高弹 SMA-13 沥青混合料相比,高黏高弹 SMA-10 沥青混合料因其集料种类少,原材料均匀性的细小变动将影响级配的稳定性,故要严控原材料质量。此外,还须制定适合该种混合料的碾压工艺,通过末端控制路面质量。本文结合合肥南薰门桥面铺装试验段工程,探讨高黏高弹 SMA-10 沥青混合料桥面铺装碾压工艺,对比振动碾压和静压对压实度的影响,并通过路面构造深度和横向摩擦系数等试验,分析复压过程胶轮压路机对该种级配沥青混合料的影响。

1　原材料类型和组成

高黏高弹 SMA-10 沥青混合料中的 0～3 mm 细集料由石灰岩轧制而成,5～10 mm

的粗集料由玄武岩轧制而成,矿粉采用石灰岩中的强基性岩石经磨细制成,且都符合《公路沥青路面施工技术规范》(JTG F40—2004)要求,稳定剂选用聚酯纤维。

基质沥青:金陵石化70#;高黏度改性剂:上海浦东路桥沥青材料有限公司生产的直投式高黏度改性剂 RST。室内采用如下工艺进行沥青结合料制备:将 RST 与少量基质沥青(约为 RST 体积的 2/3)混合并加热至 150 ℃,RST 熔融于沥青且呈糊状时,搅拌均匀并加温至 180 ℃后,逐次添加沥青,直至规定添加量,最后使用高速剪切机(即乳化机,5 000 rad/min)匀化剪切 3 min。RST 掺量为沥青结合料质量的 9.5%,制得的沥青结合料技术指标应符合《RST 直投式高黏度沥青路面应用技术规程》要求,具体见表 1。

表 1 沥青结合料技术指标和要求

指标	单位	技术要求	测试结果
针入度(25 ℃,100 g,5 s)	0.1 mm	40~60	48
延度(5 ℃,5 cm/min)	cm	≥30	36.4
软化点 $T_{R\&B}$	℃	≥80	84.6
动力黏度(60 ℃)	Pa·s	≥50 000	132 000
运动黏度(135 ℃)	Pa·s	≤3	2.93

2 沥青混合料试验

2.1 热仓料筛分和级配设计

根据目标配合比设计结果取热仓料,即 1#(0~3)、2#(3~5)和 3#(5~10)三挡热仓料,对热仓料筛分,并按《公路沥青路面施工技术规范》(JTG F40—2004)要求设计级配,合成级配见图 1。

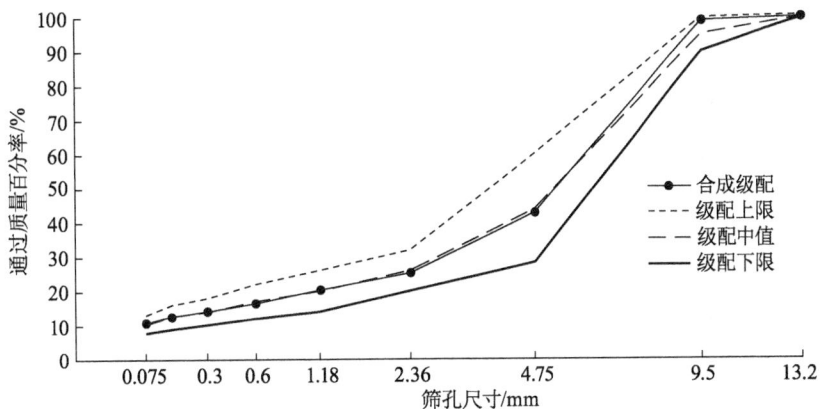

图 1 合成级配曲线图

2.2 最佳沥青用量确定

按 JTG E20—2011 进行马歇尔试验,沥青混合料拌合温度为 180 ℃,击实温度为 160 ℃,击实次数为双面各 50 次。最终确定沥青最佳用量为 6.1%,改性剂 RST-B 掺量为沥青结合料的 9.5%,聚酯纤维添加量为沥青混合料质量的 2.5‰。

1) 高黏高弹 SMA-10 沥青混合料马歇尔体积指标(见表 2)

表 2　马歇尔体积指标

试验项目	击实次数/次	空隙率/%	实际密度/(g/cm³)	理论密度/(g/cm³)	矿料间隙率VMA/%	沥青饱和度VFA/%	稳定度/kN
SMA-10	正反各50 次	3.50	2.376	2.462	17.8	80.41	8.4
设计要求	正反各50 次	3~4			≥16.5	75~85	≥6.0

2) 高黏高弹 SMA-10 沥青混合料配合比设计测试指标(见表 3)

表 3　沥青混合料配合比设计测试指标

检验项目	技术要求	试验结果
车辙试验动稳定度/(次/mm)	≥3 000	6 075
冻融劈裂强度比/%	≥80	92.2
−10 ℃弯曲试验破坏应变/$\mu\varepsilon$	≥2 500	3 100

综上所述,该种高黏高弹 SMA-10 沥青混合料性能符合技术要求,可作为试验段生产的依据。

3　碾压工艺探讨

试验段制定 4 种碾压方案,具体见表 4。

表 4　碾压方案和路面质量检测结果

序号	方案内容	路面质量验收结果				
		压实度/%	渗水系数/(mL/min)	构造深度/mm	横向力系数SFC60	验收结论
方案 1	初压:0.5 遍静碾;复压:3 遍静碾;终压:静碾收光	94	69	0.9	61	不合格
方案 2	初压:0.5 遍静碾;复压:3 遍静碾,1 遍胶轮;终压:静碾收光	99.1	不渗水	0.7	62	合格
方案 3	初压:0.5 遍静碾;复压:3 遍振动碾压;终压:静碾收光	98.5	59	0.8	68	合格
方案 4	初压:0.5 遍静碾;复压:3 遍振动碾压,1 遍胶轮;终压:钢轮收光	99.6	不渗水	0.7	62	合格

由表 4 可知,方案 2、方案 3 和方案 4 的碾压工艺下,该种高黏高弹 SMA-10 沥青混合料可以获得满足设计要求的压实度、渗水系数和构造深度等技术指标。

对比表 4 中方案 1 和方案 2 可知,该种沥青混合料采用静碾压实工艺时,想要获得满足设计要求的压实度(≥98%,与实验室的标准密度相比),必须在复压阶段采用 1 遍胶轮碾压工艺。

对比方案 3 和方案 4 可知,当复压阶段采用振动碾压时,无论胶轮使用与否,碾压质量都符合设计要求;当在复压阶段采用胶轮时,路面具有更好的渗水系数指标,这是因为胶轮的揉搓作用使路面压实度提高的同时,沥青玛蹄脂更好地包裹表面粗集料。

图 2 和图 3 分别是不采用胶轮的碾压方案 3 和采用胶轮的碾压方案 4 下的路面图,从图 3 可知,胶轮的使用没有造成沥青玛蹄脂在表面的结团,这说明通过合理的级配设计,该种沥青混合料可以实现胶轮碾压而不出现表面胶浆结团的现象,该种碾压工艺可赋予路面沥青混合料更好的性能指标;且从表 4 中可知,采用胶轮时,构造深度和横向力系数指标仍满足设计要求(设计要求:构造深度≥0.55 mm,横向力系数 SFC60≥54)。

图 2　碾压方案 3 路面表观图　　　　图 3　碾压方案 4 路面表观图

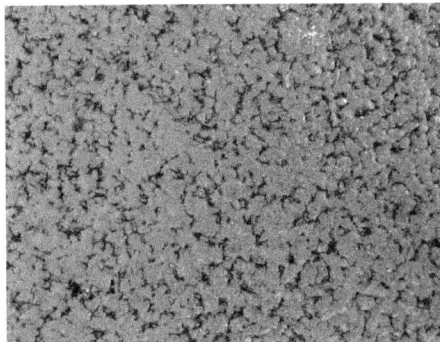

综上所述,为防止钢桥面铺装时,振动碾压造成沥青层与桥面黏结不足,造成沥青层推移等病害出现,同时考虑铺装后沥青层具有满足设计要求的压实度和渗水系数指标,确定方案 2 是最优的碾压方案。

4　结　语

(1) 当 RST 改性剂掺量为 9.5% 时,该种高黏高弹 SMA-10 沥青混合料具有满足设计要求的性能指标。

(2) 可通过合理的级配设计,使复压阶段采用胶轮时表面胶浆不会出现结团现象,同时沥青层具有满足设计要求的构造深度和横向力系数指标。

(3) 该种高黏高弹 SMA-10 沥青混合料在桥面上铺装时,采用方案 2"初压 0.5 遍静碾,复压 3 遍静碾+1 遍胶轮"的碾压工艺时,路面压实度和渗水系数等性能指标满足设计要求。

参考文献

[1] 宫北辰,吕得保,孙秀东. SMA 车辙试验碾压次数的探讨[J]. 公路,2013(8):271—274.

[2] 李汉光,高英,余文斌. 沥青混合料压实特性及沥青路面碾压遍数确定[J]. 东南大学学报(自然科学版),2011(1):186—189.

大数据驱动的桥梁安全评定和维修决策技术

张大伟[1]　凌宏伟[1]　杨春[1]　马晓刚[1]　欧进萍[2]

(1.上海浦东建筑设计研究院有限公司　上海　201204;

2.哈尔滨工业大学　哈尔滨　150090)

摘　要　安全评定和维修决策是桥梁结构科学管理的关键环节,桥梁实时健康监测及各种人工检测收集到的大数据为安全评定和维修决策提供必要的基础数据。通过分析桥梁大数据的种类和特征,给出了基于大数据挖掘的评定荷载构建、结构模型修正、安全评定和多目标优化决策技术。本文以上海长青路川杨河系杆拱桥的管理系统为例,介绍了桥梁智能化管理系统的主要功能,体现了安全评定和维修决策技术对提升桥梁管理水平的重要作用。

关键词　桥梁管理　安全评定　维修决策　大数据　健康监测

0　引　言

桥梁在长期运营过程中会反复承受汽车的磨蚀、冲击,并长期遭受暴雨、洪水、风沙、冰雪、日晒、冻融等各种自然因素的侵蚀和破坏,特别是我国交通量和重型汽车的不断增加,加上设计和施工留下的缺陷,以及由于建筑材料本身的性能劣化,导致桥梁的使用功能和行车服务质量日趋劣化,甚至影响桥梁结构的安全性和耐久性。

随着我国交通路网的不断完善,桥梁建设的技术和速度飞速发展。据统计,截至2015 年我国桥梁数量有 77.92 万座,其中特大桥 3 894 座,大桥 79 512 座,总里程达27 513 km。但由于我国大多数桥梁的运营条件比较恶劣,如今大约 30% 的桥梁技术状况评级为 3~4 类,约 15% 的桥梁不满足通行能力要求,桥梁坍塌或损毁事故平均每年发生 10 余起。未来,桥梁的安全问题和维修养护问题将面临严峻挑战。

上面统计数据表明,我国的劣化桥梁数量已经比较庞大,然而一个很现实的问题就是国家每年用于桥梁维修养护的资金非常有限。如果一座具有安全隐患的桥梁没有得到及时维修,则很可能酿成桥毁人亡的安全事故;相反,如果一座安全度富余较高的桥梁仅因外观缺陷而被过度地维修,则造成资金浪费。这种维修资金分配不合理的情况在目前的桥梁管理中时有发生,归根结底主要有两个原因,一是对桥梁的安全性和技术状况评定不准确,二是缺少一种科学的维修决策手段。

那么,如何才能做到准确的安全评定和科学的维修决策呢? 一方面需要研究安全评定和决策的理论方法;另一方面需要收集和掌握大量的基础数据,包括桥梁的运营环境荷载数据、材料特性数据、结构病害和损伤数据、桥梁的荷载作用响应数据、交通路线和流量数据、桥梁维修养护的单价成本等。这些数据是应用安全评定和维修决策技术的必要条件。当前,用于桥梁监测和检测的传感器、仪器设备类型丰富,数据采集、网络通信、系统开发等技术也非常成熟,具备了推动桥梁安全评定和维修决策技术应用的条件。

综上所述,大数据驱动的桥梁管理是未来的发展趋势,安全评定和维修决策技术将在桥梁管理中发挥越来越重要的作用。

1 桥梁的大数据

桥梁的安全评定和维修决策需要大量的基础数据作为支撑。某些数据在时间跨度上非常大,需要连续采集几年或者十几年;某些数据在空间范围上非常大,需要收集大量同类型桥梁的相关数据。这些基础数据具备大数据的"4V"特征:数据体量大(Volume)、种类繁多(Variety)、流动速度快(Velocity)和价值密度低(Value),见图1。

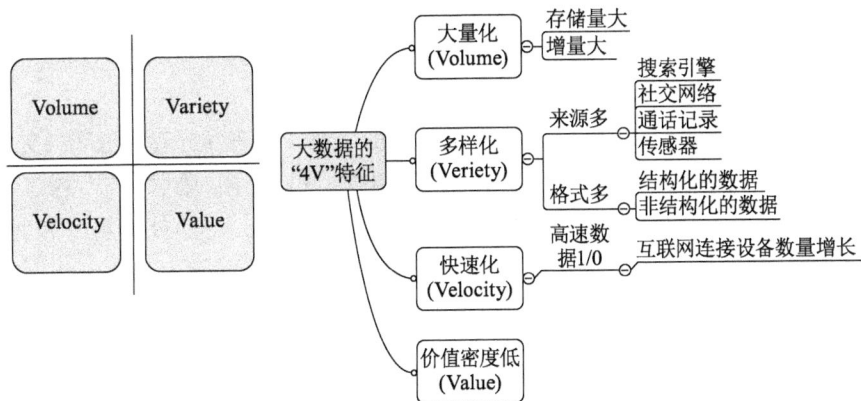

图1 大数据的基本特征

具体来讲,桥梁安全评定和维修决策,以及桥梁综合管理需要以下几方面的基础数据。

1.1 桥梁健康及环境监测数据

桥梁健康及环境监测数据是指运营状态下桥梁结构响应和力学状态及附加环境的数据综合。一般包括:① 荷载监测传感器所获得的荷载数据;② 结构静、动力反应监测传感器所获得的内力、加速度响应数据;③ 几何监测传感器所获得的表面形态数据;④ 环境监测传感器所获得物理化学环境数据;⑤ 信号检测传感器所获得的信号密度数据。

1.2 数值模型及模拟计算数据

桥梁的数值模型是指从设计、施工、运营各阶段所建立的关于桥梁的计算机数据文件,包括桥梁结构相关的 CAD 图纸、BIM 模型、有限元模型及桥梁风险评估所需的火灾、船撞、爆炸、地震、重车、环境的数值模型。通过对数值模型的模拟计算,可以获得桥梁在不同荷载或风险下的响应数据,这类数据可视作实测数据的一种模拟及外推,具备客观参考意义,为安全评定和决策分析提供支持。

1.3 人工采集及性能评价数据

人工采集及性能评价数据是一种人类通过自身体验和主观能动分析所获得的对桥梁运营状况的一种理解。根据《公路桥涵养护规范》,我国桥梁检查工作分为经常检查、定期检查和特殊检查,其中特殊检查又分为专门检查和应急检查。根据不同检查力度的工作周期，产生大量的巡检数据、各种性能数据及针对不同结构状况所做出的评价和评定，专家对结构性能做出的评定、大众使用桥梁的体验等。

1.4 规范设定及参数量化数据

规范设定及参数量化数据是根据生产实践过程中人们为了统一主观认知、规范工程行为、数据标准化而制定的量化条件。通过对各类认知的量化，可获得各种材料、构件、病害、评价、行为及空间属性、物质属性、几何大小、疏密、含量的参照标准。具体表现为信息分类、聚类过程的编码及定义。比如钢材或水泥的标号、构件型号、焊接工艺的标准、结构性能可靠度等级、桥梁管养工作的分级、风险评估及相应的灾害等级、专家评价的级别或权值等。

1.5 桥梁维修决策数据

桥梁维修决策数据是指桥梁管理者做出逻辑判断所需的结构性能评级、功能评级、易损性评级、安全指标、结构失效概率、管理成本、用户成本、维修方案等数据。

1.6 桥梁档案及施工维修加固数据

对于运营的桥梁来说，初始的桥梁档案包括桥梁设计过程所产生的图纸、文件、试验数据及报告，以及施工过程所需的项目计划书、招投标书、合同、验收报告、竣工图纸、会议记录、财务报表、人员及企业档案、技术指南、规范文档等。这部分资料将作为桥梁维护的重要参考，并随着桥梁的建成使用，数据不断得到扩充和更新。

2 安全评定与维修决策技术

2.1 桥梁评定荷载构建技术

2.1.1 汽车荷载模型构建技术

运营桥梁所承受的汽车荷载必然与《公路桥涵设计通用规范》给出的汽车荷载设计值存在差异，因此，桥梁的安全评定只有采用实际的汽车荷载模型才能给出准确的评定结果。同时，评定荷载和设计荷载需要在同一个体系框架内，即遵循《公路工程结构可靠度设计统一标准》。

汽车评定荷载也包括车辆荷载和车道荷载两种模型。其中，车辆荷载直接由汽车流的车重统计给出，车道荷载需要在车重和车距统计的基础上通过几种简单结构模型的等效荷载效应反算给出（见图 2）。这几种结构模型包括简支梁、连续梁和无铰拱。等效荷载效应包括弯矩、剪力和轴力。车辆荷载和车道荷载均按 100 年超越概率 5％的概率水准确定。

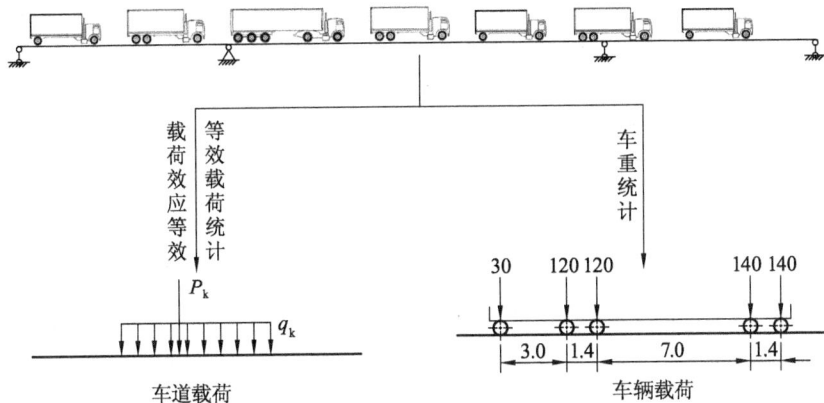

图 2 汽车荷载模型的构建方法示意图

2.1.2 汽车疲劳荷载模型构建技术

汽车疲劳荷载模型是以结构的疲劳累计损伤等效为准则,将不同轴数和轴载的各种车辆转换成统一轴数、轴距和轴重的标准车辆。标准车辆的轴距和轴重只与各种通行车辆的类型及其轴重所占比例及桥梁结构材料的疲劳参数有关,而与具体的结构形式无关。

2.1.3 结构温度模型构建技术

结构温度模型包括构件平均温度和梯度温度两种模型。

平均温度一般采用极值模型。即通过将温度随机过程在时间坐标轴上等分划出多个时段,以每个时段的温度极值(最高值、最低值)作为统计样本,从而获得极值的概率分布。平均温度按 100 年超越概率 5% 的概率水准确定。

梯度温度用于反映结构构件在向阳面和背阴面之间的相对温度差异,可通过在构件同一截面沿高度方向布置多个温度传感器,获取不同位置处的温度,再对多个截面的温差分布进行统计,取概率平均值作为梯度温度标准。

2.2 桥梁结构多尺度模型修正技术

模型修正一般是指结构的有限元计算模型及结构抗力计算模型的修正,它是结构安全评定的关键环节。运营桥梁结构的安全评定和最初的结构设计虽然研究的是同一个结构对象,但初始理想模型和实际结构之间是存在差异的。在桥梁建造之前,关于这座桥梁的所有材料特性和力学特性都存在不确定性,设计计算分析的结构对象是虚拟的、理想化的。而在这座桥梁建成之后,它的所有材料特性和力学特性就已经固化,而且与设计采用的计算参数之间必定存在差异。因此,在做桥梁结构安全评定时,必须对原始的理想模型进行修正。

桥梁的大数据为多尺度的模型修正提供了条件,包括材料强度修正、构件单元模型修正和整体结构的系统参数修正。也只有这种多尺度的修正,才能使修正后的结构模型具有真正的物理力学含义。

2.2.1 材料强度修正技术

材料强度一般通过检测试验予以修正,譬如混凝土的回弹强度测定、钻芯取样强度测定,钢材的表面硬度法强度测定、取样强度测定。另外,钢结构中受反复作用非常频繁的部位,疲劳累计损伤显著,钢材的强度会因疲劳损伤而降低。如果对该部位进行了长期的疲劳监测,或者由监测到的荷载足以计算该部位的疲劳应力谱,则可以根据累计疲劳损伤因子对材料强度进行修正。

2.2.2 构件单元模型修正技术

构件的单元模型修正包括两方面的内容:一是构件的几何尺寸修正,二是构件承载能力的修正。构件的实际几何尺寸与原始设计尺寸或多或少存在差异,可以根据实际测量值修改相应的单元模型。某些比较简单的几何尺寸,譬如构件长度、截面宽度和高度,可以直接对单元的节点、截面参数进行调整;某些不易表达的几何参数,譬如混凝土表面风化、钢结构表面锈蚀导致的截面损失、钢管混凝土的界面脱空等,一般等效地转化为承载能力的削减。

2.2.3 整体结构模型修正技术

即使经过单元层次的精细化修正,结构的整体模型也往往与真实结构存在整体响应上的差异,譬如挠度、模态频率和振型。这种差异一般是由模型的系统参数偏差引起的,包括材料质量密度、弹性模量,以及边界条件等。整体模型修正一般通过优化方法调整材料密度、弹性模量或者边界条件,使计算模态频率和振型与试验模态频率和振型趋于一致。具体的方法比较多,其中柔度法、曲率模态法、模态应变能法和模态参数灵敏度方法最为成熟、应用最广。

2.3 桥梁结构多尺度安全评定技术

桥梁结构的安全评定按方法类别,可分为确定性的承载能力评定方法和随机性的可靠度评定方法;按评定对象,又可分为构件级别的评定和整体结构级别的评定。顾名思义,构件级别的安全评定就是根据结构的几何特征和力学特点将整体结构拆分成若干构件,分而治之,只有当全部构件的安全性都满足要求时,结构才是安全的。构件级别的安全评定既可采用承载能力方法,也可采用可靠度方法。对于诸如简支梁桥这类静定结构,当其中一个构件失效就可以宣布整个桥梁结构失效,构件级别的安全评定也即整体结构层次的安全评定。然而对于系杆拱桥、斜拉桥这类超静定结构,构件的失效并不代表整体结构的失效,它们的安全性应该由极限承载力或者系统可靠度来评定。不过系统可靠度理论中的失效模式搜索及失效模式之间的相关性计算仍是理论界的一大难题,因此,可靠度方法在复杂结构整体失效评定时很少使用。

2.3.1 构件承载能力评定方法

构件承载能力评定方法是一种最简单,也最容易被工程师接受的安全评定方法。这种方法实际上就是结构重分析,计算步骤与传统的设计计算步骤相同,只是输入的荷载采用评定荷载,而非设计荷载,计算模型采用经过修正的有限元模型。构件承载能力评定方法使用应力比 U_c 和强度储备比 ϕ 作为评定指标。

$$U_c = \sigma_a / \sigma_o \tag{1}$$

$$\phi = (F_u^r - f^r)/(F_u^d - F_a^d) \tag{2}$$

式中,σ_a 为构件材料的容许应力;σ_o 为结构重分析得到的构件最大应力;F_u^d 为构件的设计承载力;F_a^d 为构件的设计内力;F_u^r 为构件的实际承载力,f^r 为结构重分析得到的构件内力。

应力比 $U_c \geqslant 1$ 时,构件处于安全状态,而且 U_c 越大,构件的安全富余度越高,容许超载的能力也越强。

强度储备比 $\phi \geqslant 1$ 时,表明构件的实际承载力储备不低于设计承载力储备;$0 < \phi < 1$ 时,表明构件的实际承载力储备小于设计承载力储备;$\phi \leqslant 0$ 时,表明构件已无承载力储备,可视为完全失效。

2.3.2 整体结构极限承载能力评定方法

整体结构极限承载能力是指结构由超静定结构体系转变成静定结构体系时,结构所能承受的极限荷载。结构的失效实际上是由构件逐个失效导致的,因此,求解结构的极限承载能力的过程也就是搜索结构失效模式的过程。这个思路与建筑结构抗震能力 Pushover 分析的思路是完全相通的。

在桥梁结构的运营过程中,结构自重、附属铺装等永久荷载基本上是恒定不变的,因此,结构所能承受的极限荷载通常是指汽车荷载或者地震作用。对于桥梁正常运营状况,主要考察桥梁所能承受的最大汽车荷载,这相当于研究桥梁的极限超载问题;对于地震状况,则主要考察桥梁所能承受的最大地面加速度。

结构的极限承载能力评定可采用整体推进法。整体推进法的思路是:在基本荷载(恒载、温度作用等)的基础上,对结构逐级施加可变荷载,当构件内力达到屈服承载力时,便形成一个塑性铰,当所有构件形成的塑性铰使结构转变成机构时,结构便达到极限状态,相应的荷载即为极限荷载。整体推进法的分析流程见图 3。结构所能承受的极限荷载 F_U 表示成以下形式:

$$F_U = F_B + \lambda \cdot F_L \tag{3}$$

其中,F_B 为基本荷载,F_L 为所研究的可变荷载设计值,λ 为系数。$\lambda \geqslant 1$ 时,表示实际结构所能承受的可变荷载不低于其设计值,有更大的安全储备,反之则表示实际结构的安全储备降低。

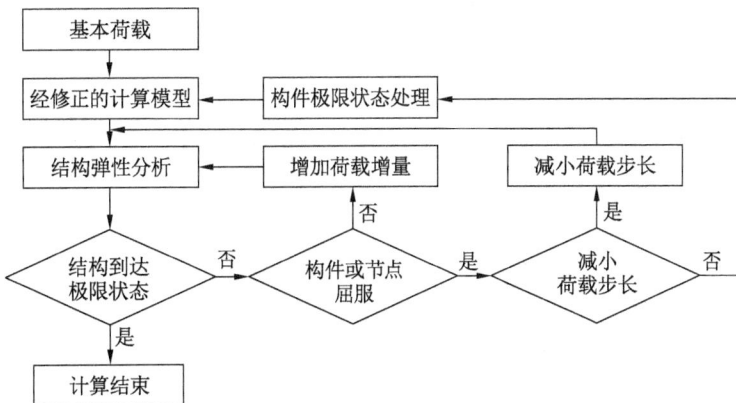

图 3　整体推进法分析流程

2.3.3 构件可靠度评定方法

构件的可靠度评定属于时变可靠度理论范畴,其时变性既包括计算中涉及的各种基本变量的时变性(如抗力及其影响因素的时变性,荷载效应因服役期变化引起的时变性等),还包括结构自身的时变性(如维修加固等)。因此,服役桥梁结构构件的可靠度计算比拟建结构更为复杂。

服役桥梁结构构件的可靠度分析可采用时间离散法,将后续服役期等分成 n 个时段,将后续服役期内的失效概率计算转换成 n 个等时段的串联可靠度问题,采用串联系统失效概率的近似方法求解。

当构件的实际可靠度指标 β 大于等于安全评定目标可靠度指标 $[\beta]$ 时,该构件处于安全状态。对于服役桥梁结构,参考《公路工程结构可靠度设计统一标准》和《民用建筑可靠性鉴定标准》中的相关规定,建议定义服役桥梁结构允许的最小可靠度指标即安全评定可靠度指标为 $[\beta] = 0.85\beta_0$,β_0 为设计基准期 100 年的设计可靠度指标。

2.3.4 桥梁整体技术状况评定方法

以上三种评定方法都是与结构安全性相关的定量评定法,但桥梁作为一种功能性结构,除了安全性外,还需要具备良好的使用性能,以及耐久性能等,而这些性能很难直接量化,只能定性地描述或者间接地定量描述。基于这些客观条件,对桥梁的功能性评价一般采用打分方式的层次分析法,也即《公路桥涵养护规范》和《公路桥梁技术状况评定标准》推荐的方法,而且以安全性为主,使用性能和耐久性能为辅。

但是,目前规范推荐的层次分析法中的评定指标只关注构件的表观病害,未考察构件内在的安全性,导致最终评定结果很难有效地指导桥梁的维修养护。因此,本文提出将构件的承载能力、可靠度及疲劳寿命作为参考评定指标,对按规范方法计算出的构件技术状况评级进行修正,从而实现对整体结构技术状况评级的修正。具体的评定流程见图 4。

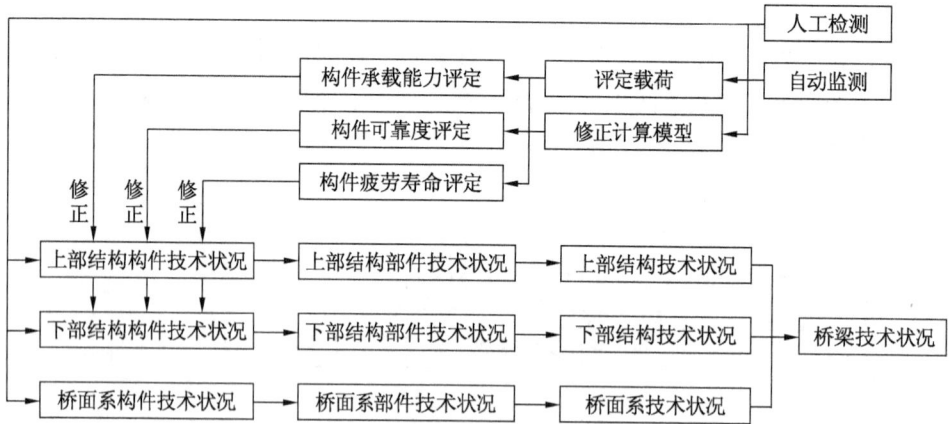

图 4 桥梁技术状况评定流程

2.4 桥梁多目标优化维修决策技术

桥梁维修决策是桥梁管理的最终环节,前面所做的评定荷载构建、结构模型修正和安全评定工作都是为维修决策提供数据支持。维修决策的目的是在改善桥梁的技术状况和节约维修资金之间做出平衡,使桥梁在设计使用年限内既能较好地完成其使用功能,又能最大化地减少养护维修资金。对于单个桥梁而言,维修决策是解决"何时修? 怎么修?"的问题;对于桥梁群而言,维修决策是解决"哪些修? 哪些不修?"的问题,即如何合理分配有限的维修资金的问题(见图 5)。桥梁群的维修决策需要以单个桥梁的维修决策为前提。

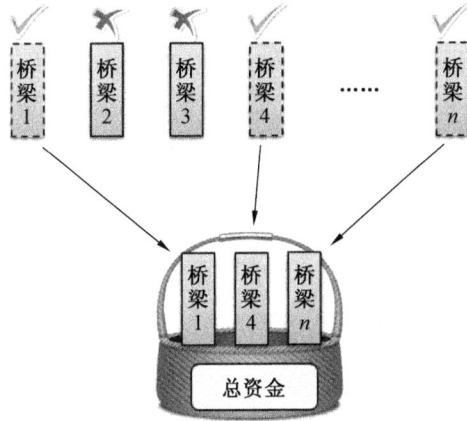

图 5　桥梁群的维修决策概念示意图

单个桥梁的维修决策过程实际上是一个多目标优化问题，一般需要考虑桥梁性能改善、加强交通安全、极端事件防治、管理成本最低和用户成本最低共五个优化目标（见图6）。桥梁性能改善包括技术状况评级和安全指标两个属性；加强交通安全包括功能评级和运营条件评级两个属性；极端事件防治包括超载易损性评级、地震易损性评级和疲劳断裂评级三个属性；管理成本包括初始成本和全寿命成本两个属性；用户成本只考虑全寿命成本属性。

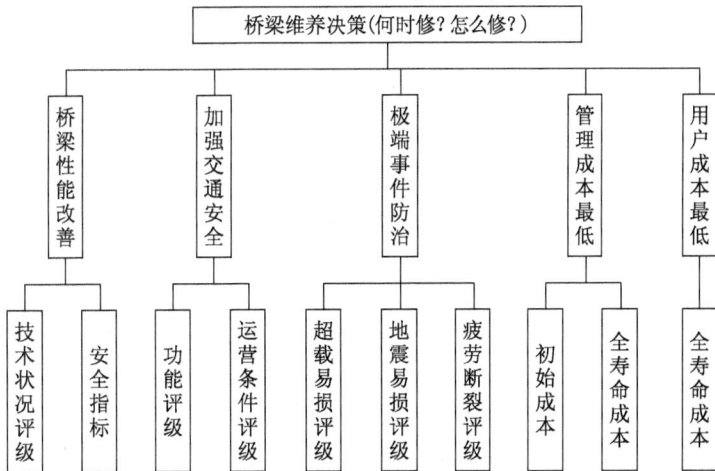

图 6　单个桥梁维修决策目标层次结构

桥梁在使用过程中经历的是一个"建造—自然劣化—维护—自然劣化—维护→…"的循环过程。决策者关心的是如何确定桥梁维护的时间间隔（也即自然劣化时长），使桥梁的效用达到全寿命最优，这样既保障了桥梁的安全和使用性能，又节约了维修资金。因此，作为桥梁维修的决策过程也应遵循这样一种递归循环的方案搜索，最终会形成图7所示的方案决策树。

对于一座实际桥梁，使用年限长达几十年甚至上百年，可能的方案路径非常之多，决策树会变得非常庞大，路径搜索算法就至关重要。这种问题一般可采用"递归—筛选"的优化算法进行求解。

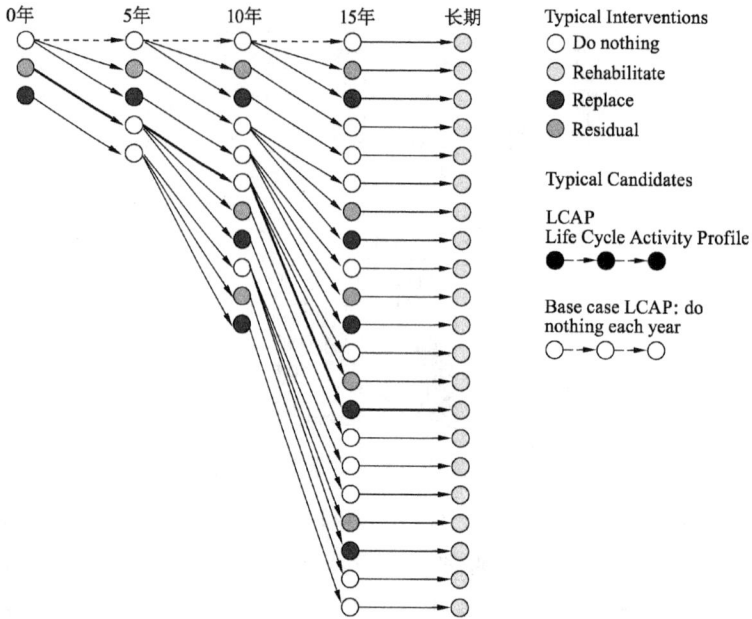

图 7　桥梁维修方案决策树

3　桥梁监测、评定与决策管理系统平台

作为桥梁管理系统,应该不仅仅只有结构基本信息的管理功能,还应包括桥梁实时健康监测、人工检测、数据分析、安全评定与预警、维修决策,以及评估报告生成等功能。下面以上海长青路川杨河系杆拱桥的管理系统为例,对这些功能做简要介绍。

3.1　桥梁结构与监测设备信息管理功能

桥梁结构信息管理功能主要用于管理与结构材料、设计、施工相关的数据,包括基本材料信息、几何尺寸信息、设计技术标准、设计荷载标准、构件截面属性信息及结构荷载效应等数据,见图 8。

图 8　结构信息管理

桥梁监测设备信息管理功能则用于管理健康监测硬件设备的基本信息,包括传感器、信号调理设备、数据采集设备,以及服务器等硬件系统,见图9。

图 9　监测设备信息管理

3.2　数据分析功能

数据分析包括两方面,一是将传感器信号转换成具有工程物理意义的基本数据,譬如将模拟电压信号转换成振动加速度数据,将光波中心波长转换成应变数据;二是在前述基本数据的基础上再做进一步的数据挖掘,譬如概率统计分析,由索式构件的振动加速度反算索张力,由车流的轴重及车距数据构建汽车评定荷载,以及结构模型修正等(见图10)。

构建评定荷载和结构模型修正等数据分析需要较多的人工技术性干预,这部分功能通常放在线下进行。

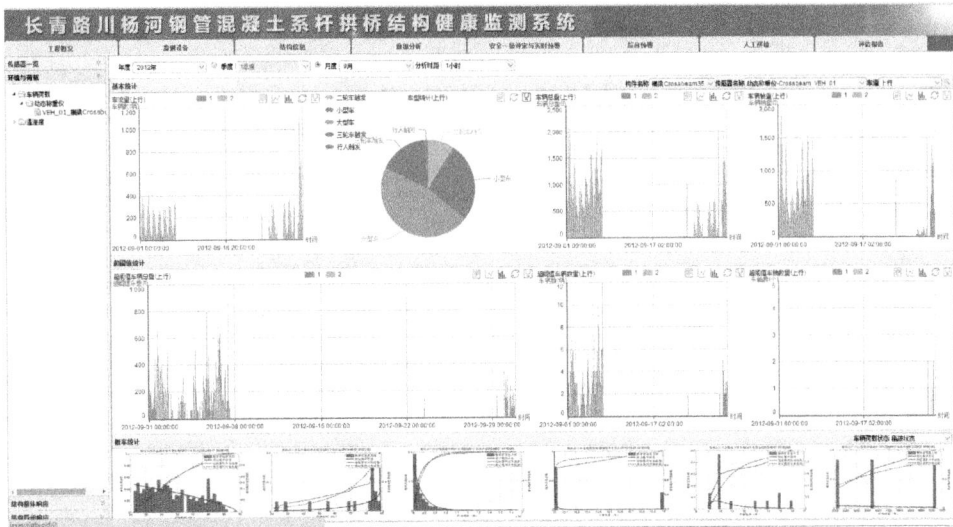

图 10　监测数据分析

3.3　安全评定与预警功能

安全评定按技术复杂程度可分为一级安全评定和二级安全评定。一级安全评定主要指简单快捷的初级评定方法，如前面介绍的应力比方法，这类方法可在线实时评定，并对超阈值事件实时预警，譬如车辆超载评定、索构件张力评定等（见图 11）。二级安全评定则指诸如极限承载能力评定、可靠度评定等这些高级评定方法。这类方法同样需要较多的人工技术性干预，一般放在线下进行。

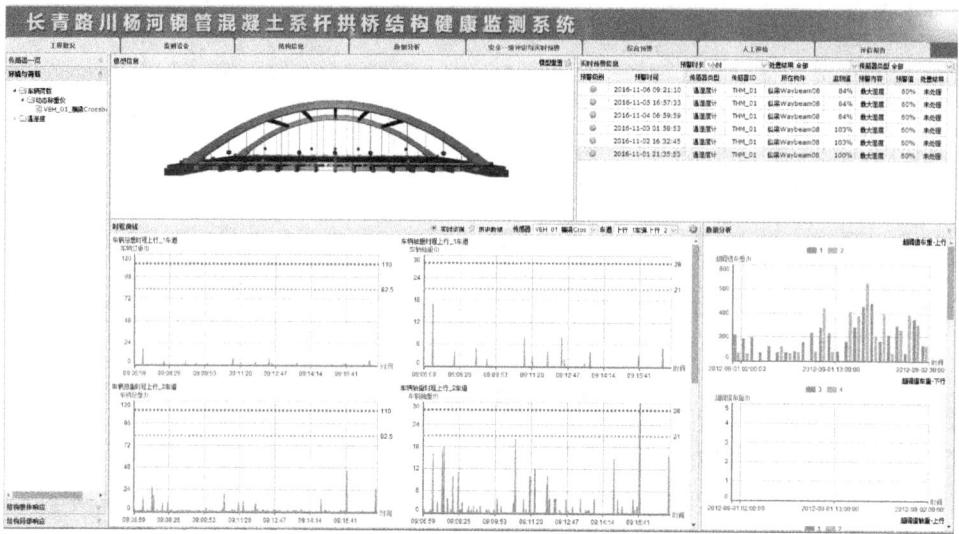

图 11　一级安全评定与实时预警

3.4　人工检测功能

人工检测功能是指依据《公路桥涵养护规范》和《公路桥梁技术状况评定标准》的桥梁病害检测与技术状况评定。系统中设置了规范规定的病害数据库（见图 12），通过与人工巡检设备连接，即可将巡检的病害数据导入系统，并对桥梁的技术状况进行评定。

图 12　桥梁病害数据库与人工检测管理

3.5 维修决策功能

维修决策功能是根据多目标优化决策理论,给出桥梁的最优维修年份预测图,以及维修方案的效用趋势图,并给出桥梁结构部件的技术状况分布预测图,供桥梁管理人员做决策参考(见图13)。

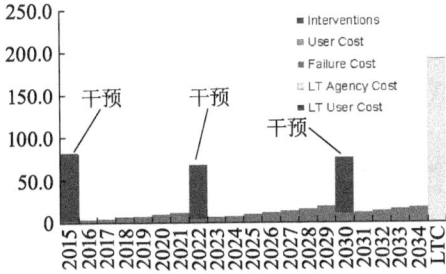

(a) 最优维修年份预测

(b) 维修方案效用趋势

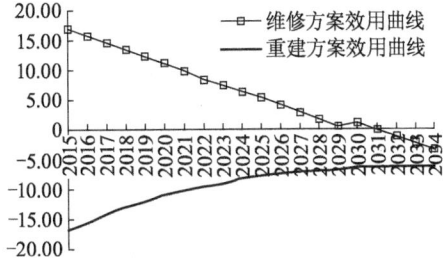

26/3 - Conc Deck/Coatd Bars	62.6
104/2 - P/S Conc Box Girder	84.7
205/2 - R/Conc Column	85.8
215/2 - R/Conc Abutment	85.8
227/2 - R/C Submerged Pile	
303/3 - Assembly Joint/Seal	31.4
310/2 - Elastomeric Bearing	70.7
331/3 - Conc Bridge Railing	64.3

(c) 部件当前技术状况

26/3 - Conc Deck/Coatd Bars	40.6
104/2 - P/S Conc Box Girder	69.8
205/2 - R/Conc Column	73.1
215/2 - R/Conc Abutment	73.1
227/2 - R/C Submerged Pile	
303/3 - Assembly Joint/Seal	8.4
310/2 - Elastomeric Bearing	47.4
331/3 - Conc Bridge Railing	35.9

(d) 部件技术状况预测

图 13 桥梁维修决策示例

3.6 评估报告生成功能

作为智能化的桥梁管理系统,评估报告生成功能必不可少。它可以根据管理人员的需要将数据分析、桥梁病害与技术状况、安全评定与预警,以及维修决策等数据生成月度报告、季度报告或者年度报告(见图14)。

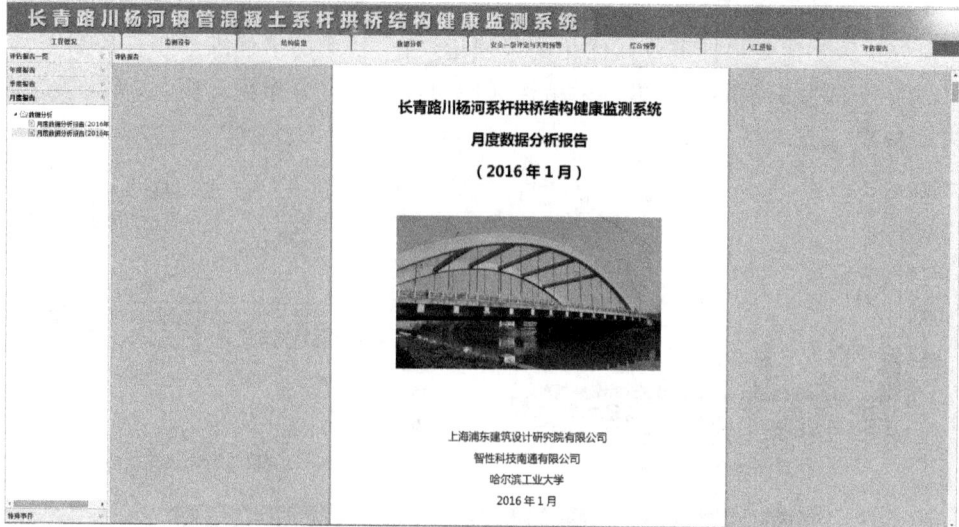

图 14　评估报告生成

4　结　语

桥梁结构长期的环境荷载监测和结构荷载效应监测,以及人工病害检测,为桥梁积累了海量的试验数据。本文梳理了依靠这些大数据的桥梁安全评定和维修决策的技术方法,并介绍了一款集桥梁健康监测、人工检测、数据分析、安全评定、维修决策等多种功能于一体的桥梁管理系统。对推动我国桥梁管理技术的发展具有现实的借鉴意义。

参考文献

[1] 上海浦东建筑设计研究院有限公司. 钢管混凝土系杆拱桥安全评定与维修决策研究报告[R]. 2016.

[2] 公路桥涵养护规范(JTG H11—2004)[S].

[3] 公路桥梁技术状况评定标准(JTG/T H21—2011)[S].

[4] 公路工程结构可靠度设计统一标准(GB/T 50283—1999)[S].

[5] 民用建筑可靠性鉴定标准(GB 50292—2015)[S].

[6] 陈艾荣,潘玥,王达磊,等. 大数据时代的桥梁维护与安全[J]. 上海公路, 2014,1:17—23.

[7] 程辉,钟继卫,梅秀道,等. 基于大数据平台的桥梁安全维护技术研究[J]. 湖南交通科技,2015,41(3):119—123.

养护工程

耐久性含砂雾封层预防性技术应用研究

俞春荣[1]　吉增晖[1]　郑炳锋[2]　朱富万[2]

(1.江苏省扬州市公路管理处　扬州　225000；

2.苏交科集团股份有限公司　南京　211112)

摘　要　本文对含砂雾封层的耐久性能展开研究,通过开发室内耐久性试验,对含砂雾封层耐久性评价指标进行研究,并依托2015年扬州S244与G328段养护工程铺筑耐久性含砂雾封层试验段,应用效果表明:耐久性含砂雾封层能够提供密封效果良好,路面沥青膜得到有效补充,铺筑20个月后,路面的抗滑能力与构造深度逐渐恢复。本文的研究成果有利于提升含砂雾封层的使用寿命,对含砂雾封层预防性养护技术的推广应用具有重要的意义。

关键词　含砂雾封层　耐久性　指标　应用效果

0　引　言

含砂雾封层技术是在传统雾封层技术的基础上,通过掺加细粒砂解决雾封层施工后路面抗滑衰减过大的新型预防性养护技术。除了具有传统雾封层技术封堵微裂缝、固化松散矿料、施工速度快等优点外,含砂雾封层技术还能够提供良好的表面构造,保证车辆行驶安全[1-3];并且含砂雾封层采用冷拌冷铺的施工工艺,施工过程中无废气排放,具有良好的社会效益。但是,目前国内关于含砂雾封层技术尚无统一的技术标准,因此导致含砂雾封层施工后效果参差不齐,也影响了含砂雾封层技术在国内的推广应用[4-6]。本文通过选用市场上常用的含砂雾封层材料进行耐久性研究,并针对耐久性含砂雾封层的路面长期应用效果进行跟踪观测分析,旨在提升含砂雾封层的使用寿命,为含砂雾封层技术的推广应用提供参考。

1　耐久性关键指标研究

从以往含砂雾封层工程应用的效果来看,主要存在两个问题:一是裹覆的细砂过早剥落,导致抗滑衰减较大;二是随着时间推移,路面出现大面积的沥青膜剥落情况。针对传统含砂雾封层耐久性不足的问题,通过开发耐久性评价指标,对含砂雾封层材料的耐久性进行研究。

1.1　耐久性试验方法

参考《公路工程沥青及沥青混合料试验规程》(JTG E20-2011)中T0752湿轮磨耗试验,采用涂布器将含砂雾封层材料均匀地涂布于油毛毡上后进行湿轮磨耗试验(见图1),具体试验步骤如下:

(1)裁剪尺寸为 29 cm×35 cm 的油毛毡,将其放在 50 ℃的烘箱中不低于 10 h。将油毛毡固定在一个平整的基座上,使其无法移动;将油毛毡的长边固定在基座的卡扣上,使油毛毡超出桌子边沿少许,这样可以在涂布时直接刮离油毛毡并使其掉落。

(2)首先,将涂布器的涂布厚度设置为 1 mm,并将涂布器置于油毛毡的上端边沿以下。然后,将 50~100 g 含砂雾封层材料倾倒在油毛毡上(用足够的封层材料来涂布适当面积,满足湿轮磨耗测试需要),匀速拖动涂布器,制作一块平整均匀的试件。最后,将多余的封层材料从油毛毡上直接刮落。

(3)将完成的试件放入 60 ℃的强制通风烘箱,养生 24 h,将养生完的试件称重并记录为 m_1,将试件完全浸泡在 25 ℃水中 3 天。

(4)根据《公路工程沥青及沥青混合料试验规程》(JTG E20-2011)中 T0752 3.2.5 对试件进行测试,然后烘干,最后对烘干后的试件进行称重并记录为 m_2,计算实验结果。

含砂雾封层湿轮磨耗试验以磨耗值 $WTAT$ 来评价:

$$WTAT=(m_1-m_2)/A \tag{1}$$

式中,$WTAT$ 为含砂雾封层材料磨耗值,g/m^2;A 为磨耗头胶管的磨耗面积,$0.034\ m^2$。

图 1　含砂雾封层湿轮磨耗试验

1.2　耐久性关键指标研究

选取目前市场上常用的 5 种含砂雾封层材料,表 1 为这 5 种材料的常规技术指标,由表可以看出,其传统指标难以表征含砂雾封层的耐久性能,因此针对含砂雾封层材料开展耐久性关键指标研究具有重要意义。

表 1　5 种不同含砂雾封层材料的常规技术指标

试验项目		单位	不同类型含砂雾封层材料				
			1	2	3	4	5
黏度(沥青标准黏度 $C_{25,3}$)		Pa·s	18.2	16.1	13.2		
固含量(不含砂)		%	57.0	57.5	52.0	52.1	56.3
蒸发残留物	针入度(100 g,25 ℃,5 s)	0.1 mm	75	174	71		
	软化点	℃	>100	42.5	62.5		
密度(25 ℃)		g/mL	1.23	1.3	1.25	1.2	1.3

采用湿轮磨耗试验,试验结果见表 2。

表 2　湿轮磨耗试验结果

试验结果/(g/m²) 样品编号	1	2	3	4	5
1	73.5	90.1	74.1	73.2	78.7
2	63.6	74.5	66.5	56.9	54.2
3	42.9	75.6	58.7	49.3	60.2
4	61.2	88.9	73.4	69.5	72.3
5	36.2	69.5	53.5	59.6	55.3

采用 SPSS 软件对试验结果进行数据分布分析,分析结果见表 3、图 2 和图 3 所示。

表 3　湿轮磨耗值数据分析

平均数		65.256 0
95% 平均数的置信区间	上限	59.289 7
	下限	71.222 3
标准偏差		14.453 95
最小值		36.20
最大值		90.10
偏度系数		−0.019
峰度系数		−0.776

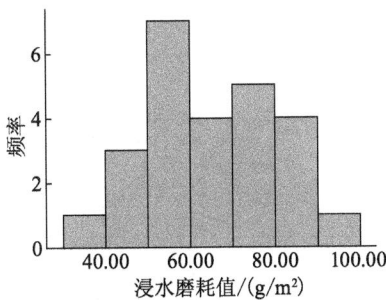

图 2　磨耗值频率分布直方图

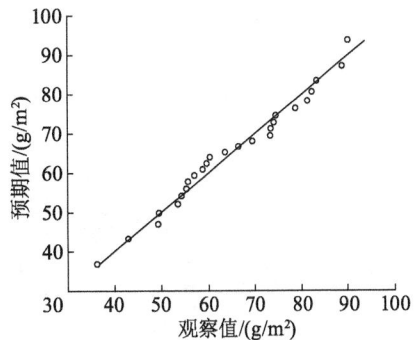

图 3　磨耗值

从图 2 可以看出,湿轮磨耗值分布在 $40 \sim 90$ g/m² 范围内,其中 $50 \sim 60$ g/m² 出现频率最高。此外,从图 3 可以看出,湿轮磨耗值结果近似呈现正态分布,同时根据计算结果,即偏度系数 $=-0.019$,峰度系数 $=-0.776$,二者均小于 1,可以认为该组数据近似正态分布。如果样本的数据量更大,则磨耗值数据应更接近正态分布(65.256 0,14.453 95)。因此,本文结合正态分布理论,对含砂雾封层材料的耐久性指标进行研究。

通过正态分布概率计算,推导出各保证率能够达到的磨耗值数据,见表 4。

表 4　不同保证率湿轮磨耗值要求

湿轮磨耗值/(g/m²)	保证率/%
＜83.8	90
＜77.5	80
＜72.8	70
＜68.9	60
＜65.3	50

对于目前市场所能供应的含砂雾封层材料,其耐久性能差异较大,因此对含砂雾封层材料的耐久性能提出保证率为 60% 的筛选标准,即湿轮磨耗值应小于 $68.9\ \mathrm{g/m^2}$,同时考虑到推广与应用,将该指标调整至 $\leqslant 70\ \mathrm{g/m^2}$。

2　工程应用与长期性能观测

2.1　试验路方案

2015 年 8 月,通过现场调研,选定 S244、G328 扬州段作为含砂雾封层试验路段。车道数均为双向四车道;路面承载能力较好,破损较少,但通车年限较长,路面有一定程度老化,其中 S244 路面表面松散严重,构造深度达到 0.75 mm。根据试验段原路面构造深度的检测结果及实际路面对含砂雾封层材料的吸收情况,分别采用 0.7,0.9 $\mathrm{kg/m^2}$ 的洒布量,具体实施方案见表 5。图 4 是含砂雾封层施工情况。

表 5　耐久性含砂雾封层试验路方案

试验路段	桩号	原路面构造深度/mm	含砂雾封层洒布量/(kg/m²)
G328	K93＋230～K94＋230	0.45	0.7
S244	K29＋700～K29＋950	0.75	0.9

图 4　含砂雾封层施工情况

2.2　试验段性能状况跟踪观测结果

耐久性含砂雾封层试验段通车后,针对试验段的路面表观性能状况进行跟踪观测,主要针对构造深度与摩擦系数进行定期检测,分别采用铺砂法与摆式摩擦仪进行检测。跟踪检测结果见表 6 和表 7。

表 6　构造深度检测结果　　　　　　　　　　　　mm

试验路段	原路面	施工完成后	6月	12月	20月
G328	0.45	0.13	0.19	0.23	0.38
S244	0.75	0.38	0.53	0.61	0.66

表 7　摩擦系数(摆值 BPN)检测结果

试验路段	原路面	施工完成后	6月	12月	20月
G328	45	59	47	48	48
S244	78	63	53	57	62

(1)构造深度

从图 5 可以看出,含砂雾封层施工后路面的构造深度呈先下降、后上升趋势。

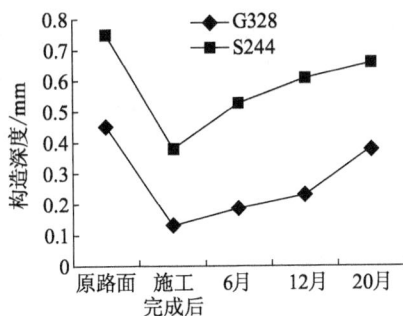

图 5　试验段路面构造深度跟踪观测

(2)抗滑摆值

从图 6 可以看出,含砂雾封层施工后,G328 抗滑摆值呈先上升、后下降,最后逐渐恢复的趋势。这是由于原路面通车时间较长,路面较为光滑,含砂雾封层刚施工完毕时细砂与表面集料黏结,形成粗糙表面,造成抗滑摆值增加;一段时间后,细砂脱落,抗滑摆值衰减,最后路面抗滑逐渐恢复。而 S244 由于原路面抗滑摆值较大,施工后抗滑摆值逐渐下降并稳定恢复。

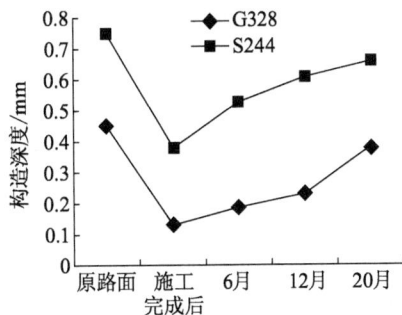

图 6　试验段路面抗滑摆值跟踪观测

综合来看,含砂雾封层技术对于沥青路面松散病害的处治更为有效,适用于原路面构造较好的路面。

2.3　试验段沥青膜覆盖情况评价

采用图像处理软件 Image-pro Plus 对含砂雾封层的磨耗情况进行二值化分析,并采用路面沥青覆盖率指标评价路面沥青膜的覆盖情况,分析结果见图 7。

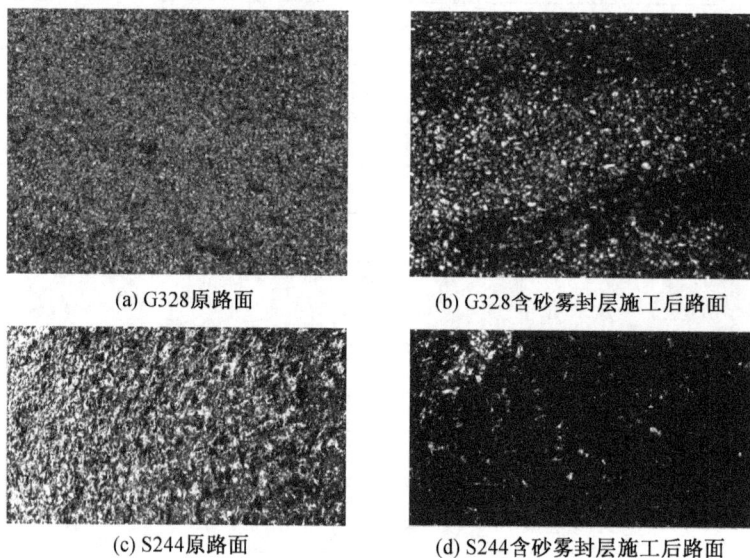

(a) G328原路面　　　　　　(b) G328含砂雾封层施工后路面

(c) S244原路面　　　　　　(d) S244含砂雾封层施工后路面

图 7　含砂雾封层试验段沥青覆盖情况

从图中可以看出,G328 与 S244 原路面沥青膜磨耗严重,沥青覆盖率分别为 28.6% 与 22.2%,表明原路面存在比较严重的沥青膜磨耗情况,集料裸露。经含砂雾封层养护后,沥青膜修复,沥青膜覆盖率为 100%,20 个月后含砂雾封层发生局部磨耗,其中 G328 路段的沥青覆盖率为 74.7%,S244 路段的沥青膜覆盖率为 91.1%,与 G328 段相较而言,S244 段原路面构造明显,含砂雾封层材料填入路面的构造中不易磨耗,表现出较为优异的耐久性能。

3　结　语

本文通过对含砂雾封层耐久性能评价方法及指标进行研究,并结合实体工程进行耐久性含砂雾封层技术的应用,得出以下结论:

(1)开发了含砂雾封层湿轮磨耗试验,提出以湿轮磨耗值≤70 g/m² 作为含砂雾封层材料的耐久性关键指标。

(2)施工完毕后,路面的表面构造深度下降较大,抗滑摆值出现小幅增长;长期跟踪观测结果表明:经含砂雾封层施工后,路面构造深度呈现先下降、后恢复趋势,抗滑摆值则在通车一段时间后呈现下降后又恢复趋势。

(3)试验段通车 20 个月后应用效果表明:耐久性含砂雾封层能够有效补充路面的沥青膜覆盖情况,并且原路面构造大,耐久性能越优异。

(4)综合来看,耐久性含砂雾封层技术能够有效封堵路面的微裂缝、补充表面沥青覆盖、处治松散病害,并且其采用冷拌冷铺的工艺,具有良好的工程效益与节能减排效益。

参考文献

[1]韩民. 沥青路面含砂雾封层在高速公路养护中的应用[J]. 中国新技术新产品,

2011(24):45.

［2］Prapaitrakul N，Freeman T，Glover C J. Analyze existing fog seal asphalts and additives：Literature Review[J]. Asphalt Emulsions，2005.

［3］Zhang J，Luo P，Xu L，et al. Laboratory study on the permeability and skid resistance of asphalt pavement fog seal layer[J]. 2015.

［4］杨明，苏卫国. 预防性养护雾封层措施试验路工程实践[J]. 公路，2006(11)：205－210.

［5］蒋志军. 雾封层技术在沥青路面预养护中应用研究[D]. 重庆:重庆交通大学，2008.

［6］邬惠娟，徐刚. 含砂雾封层技术设计及应用[J]. 公路交通科技(应用技术版)，2015(6).

沥青路面厂拌温再生在养护改造中的应用

徐 希 陈晓天

（1. 仪征市公路管理站 仪征 211400；

2. 扬州天达建设集团有限公司 仪征 211400）

摘 要 沥青路面在服务一定年限后，整体性能逐渐下降，将不再能满足路用要求，但作为路用材料仍有很高的利用价值。通过路面再生，可以使其重新满足路用性能的要求，既可节省大量材料和资金，也可以避免环境污染，实现循环经济发展模式和可持续发展。近年来，沥青路面再生技术在我国的公路建设和养护中逐步推广应用。本文以近几年在干线公路大中修工程沥青下面层采用的厂拌温再生 Sup-20 沥青混合料为例，通过对沥青混合料的配合比设计，探讨沥青路面厂拌温再生混合料的性能特点，并对设计材料的有关性能进行分析。最后总结了在沥青厂拌温再生混合料的生产和施工过程中需要注意的一些要点。

关键词 沥青路面厂拌温再生 资源再利用 环保 配合比

沥青路面厂拌热再生技术是我国近几年应用的比较广泛的沥青再生技术，它将旧沥青路面铣刨、回收、破碎筛分后与再生剂、新沥青、新骨料按一定比例在拌合厂重新拌合成新的沥青混合料，并用于重新铺筑路面；采用沥青厂拌热再生，由于铣刨料的添加，节约了大量砂石、沥青原材料，降低了工程造价，保护了环境。但是热再生在实际运用过程中存在铣刨料添加比例低、再生混合料沥青老化严重、温度提升导致混合料生产过程中有害气体排放量增加的缺点。厂拌温拌技术则在发挥厂拌热再生技术的优势的同时克服其不足，可以降低拌合和施工中的温度，减少铣刨料中旧沥青在生产过程中的二次老化，且能保持与一般热拌料相当的路用性能。

1 沥青厂拌温再生配合比设计

1.1 所用原材料

所用的原材料包括：① 铣刨料（RAP）；② 新集料采用重庆产的石灰岩，安徽天长产的矿粉；③ 石油沥青采用金陵石化南京炼油厂产的70#A 级道路石油沥青。

1.2 设计配合比

沥青厂拌温再生混合料设计的级配范围要求见表1。

表 1　沥青厂拌温再生混合料设计的级配范围要求

混合料类型	下列筛孔(mm)通过百分率/%										
	26.5	19	13.2	9.5	4.75	2.36	1.18	0.6	0.3	0.15	0.075
Sup-20	100	95.7	78.1	59.4	38.1	29.3	21.0	12.9	9.8	7.2	5.2

原沥青路面铣刨料粒径大部分小于 31.5 mm,极少数粒径大于 31.5 mm 的铣刨料基本呈片状且大多由细小颗粒黏结而成,不能作为真正的粗集料使用,因此必须筛除粒径大于 31.5 mm 的铣刨料。最终确定级配方案见表 2。

表 2　级配设计方案

料仓名称及用量/%	下列筛孔(方孔筛 mm)通过百分率/%										
	26.5	19.0	13.2	9.5	4.75	2.36	1.18	0.6	0.3	0.15	0.075
5#仓(17.0)	17.0	11.1	2.2	0.6	0.1	0.1	0.1	0.1	0.1	0.1	0.1
4#仓(15.0)	15.0	15.0	12.5	1.3	0.2	0.1	0.1	0.1	0.1	0.1	0.1
3#仓(11.0)	11.0	11.0	11.0	9.7	0.6	0.1	0.1	0.1	0.1	0.1	0.1
2#仓(10.0)	10.0	10.0	10.0	9.8	6.2	0.2	0.0	0.0	0.0	0.0	0.0
1#仓(20.0)	20.0	20.0	20.0	20.0	19.8	14.1	8.2	6.4	3.7	2.7	1.9
旧料(25.0)	25.0	23.6	21.4	18.6	13.2	9.8	7.4	4.1	2.9	1.7	1.1
矿粉(2.0)	2.0	2.0	2.0	2.0	2.0	2.0	2.0	2.0	2.0	2.0	1.8
合成级配	100	92.7	79.1	62.0	42.1	26.4	17.9	12.8	8.8	6.7	5.0
目标级配	100	93.8	74.7	61.7	42.1	27.2	19.1	14.0	10.3	9.0	5.4

1.3　确定最佳沥青用量

考虑到现场材料的实际情况,分别用 4.0%,4.3%,4.6% 的沥青用量进行旋转压实试验,温拌剂掺量为沥青用量的 3%,路可比抗车辙剂掺量也为沥青用量的 3%,压实次数设定在 $N_{设计}=100$ 次。试验结果见表 3、表 4。

表 3　3 种沥青用量试验结果汇总

沥青用量/%	4.0		4.3		4.6	
最大理论相对密度	2.553		2.542		2.532	
试件编号	1	2	1	2	1	2
高度/mm　8 次	125.5	125.8	123.2	123.3	121.6	121.5
100 次	112.2	112.5	110.7	110.2	108.9	108.8
空气中重/g	4 729.5	4 734.8	4 731.2	4 741.2	4 729.2	4 736.4
水中重/g	2 792.4	2 791.3	2 806.7	2 806.2	2 811.2	2 812.5
饱和面干重/g	4 741.6	4 744.9	4 743.9	4 752.1	4 741.1	4 747.9
毛体积相对密度	2.426	2.424	2.442	2.437	2.450	2.447

续表

试件编号		1	2	1	2	1	2
高度/mm	8 次	125.5	125.8	123.2	123.3	121.6	121.5
	100 次	112.2	112.5	110.7	110.2	108.9	108.8
初始压实度/%		84.93		86.00		86.61	
设计压实度/%		94.99		95.96		96.72	

表 4　3 种沥青用量沥青混合料体积性质

沥青用量/%	在设计压实次数时			矿粉/有效沥青比例	初始压实度/%
	压实度/%	矿料间隙率 VMA/%	有效沥青饱和度 VFA/%		
4.0	94.99	13.42	62.63	1.43	84.93
4.3	95.96	13.18	69.37	1.32	86.00
4.6	96.72	13.11	74.96	1.22	86.61
Superpave 标准		≥13.0	65～75	0.6～1.2*	≤89

注: * 表示当级配通过限制区下方,粉胶比可增加到 0.8～1.6。

　　根据旋转压实试验结果,确定最佳沥青用量为 4.3%(油石比为 4.49%);依据 Superpave 设计方法,得到的 Sup-20 沥青混合料采用最佳沥青用量进行马歇尔击实成型,试验结果汇总于表 5。

表 5　Sup-20 马歇尔试验结果

试验项	试验结果	要求
击实次数/次	正反 75 次	正反 75 次
稳定度/kN	11.46	≥8
流值/0.1 mm	32.9	20～40
空隙率/%	5.07	4.0～6.0
沥青饱和度/%	64.52	60～70
矿料间隙率 VMA/%	14.28	≥13

1.4　水稳定性检验

　　依据室内设计得到的最佳沥青用量为 4.3%,采用 4.3% 的沥青用量成型旋转压实试件,验证该沥青用量下设计混合料在压实次数设定在 $N_{设计}$ 时(本次 $N_{设计}$ 为 100 次)对应的体积性质指标结果,试验结果见表 6;并对设计混合料进行浸水马歇尔试验验证,验证结果见表 7。

表6　设计沥青用量验证试验结果

沥青用量/%	在设计压实次数时			矿粉/有效沥青比例	初始压实度/%	最大压实度/%
	压实度/%	矿料间隙率VMA/%	有效沥青饱和度VFA/%			
4.3	96.01	13.14	69.60	1.32	84.64	97.79
Superpave标准		≥13.0	65~75	0.6~1.2*	≤89	≤98

注：* 表示当级配通过限制区下方,粉胶比可增加到0.8~1.6。

表7　最佳沥青用量浸水马歇尔检验

混合料类型	合计沥青用量/%	新鲜沥青用量/%	马歇尔稳定度/kN	浸水马歇尔稳定度/kN	残留稳定度S_0/%	要求/%
Sup-20	4.3	3.33	11.46	10.27	89.6	≥80

1.5　设计结果

通过以上试验得出,配合比级配为1♯料：2♯料：3♯料：4♯料：粗铣刨料：细铣刨料：矿粉＝16.0%：26.0%：7.0%：25.0%：10.0%：15.0%：2.0%。最佳沥青用量为4.3%(新加沥青用量为3.36%),温拌剂用量为0.129%,通过旋转压实和马歇尔试验验证,其空隙率、VMA、VFA(饱和度)等均能满足要求;由浸水马歇尔和冻融劈裂试验知,该级配抗水害性能良好;由动稳定度试验知,该级配抗车辙性能良好。

2　沥青路面厂拌温再生施工质量控制要点

沥青路面厂拌温再生施工过程中,应注意以下几点:

(1)配合比设计时,应从拌合厂回收沥青路面材料(RAP)料堆取样。取样方法参照《公路工程机料试验规程》(JTJ E42)粗集料料堆取样方法,取样前应去除表面15~25 cm深度范围内的回收沥青路面材料。

(2)不同的回收沥青路面材料(RAP)应分别回收,分开堆放,不得混杂。回收沥青路面材料(RAP)可选用冷铣刨、机械开挖等方式,应减少材料变异。使用回收沥青路面材料(RAP)时应从料堆的一端开始在全高范围内铲料。

(3)温拌厂拌再生混合料应选用间歇式拌合设备进行拌制,拌合设备必须具备回收沥青路面材料(RAP)的配料装置和计量装置,宜使用增加回收沥青路面材料(RAP)烘干加热系统间歇式拌合设备。

(4)回收沥青路面材料(RAP)料仓数量应不少于2个,料仓内的回收沥青路面材料(RAP)含水率不应大于3%。

(5)温拌厂拌再生混合料的摊铺温度不低于125 ℃,混合料开始碾压温度不低于120 ℃,碾压终了温度不低于70 ℃,开放交通的路温拌厂拌再生表温不高于50 ℃

3　结　语

沥青路面温拌技术作为一项技术成熟、应用广泛的新兴路面技术,克服了厂拌热再生技术目前存在的铣刨料掺加比例偏低、高温下沥青老化等应用现状,路用性能优异;实现资源的再利用和可持续发展,具有显著的工程价值和经济效益,适应建设资源节约型、环境友好型社会的要求,具有广阔的前景。

参考文献

［1］俞加川,何忠,赵洲清.温拌及温拌再生沥青混合料技术在路面改造工程中的应用研究[J].低碳世界,2014(04):262—264.

［2］许菲菲,刘黎萍.温拌沥青混合料与热拌沥青混合料性能对比[J].公路工程,2009,34(3):73—76.

［3］邢向阳.温拌沥青混合料若干技术研究[D].西安:长安大学,2010.

厂拌热再生 AC-13 沥青混合料在省道养护中的应用技术研究

王亚奇　丁文胜　管亚舟

（镇江市公路管理处　镇江　212008）

摘　要　为了探索厂拌热再生 AC-13 沥青混合料在省道养护中的应用可行性，本文以 S122 镇江段为工程实例，对厂拌热再生 AC-13 的应用技术进行研究。首先分析了旧沥青混合料的性能，然后在此基础上进行了厂拌热再生沥青混合料 AC-13 的配合比设计，并通过室内试验进行了验证，最后将研究成果在 S122 句容段大修工程中进行了应用。结果表明，厂拌热再生 AC-13 沥青混合料在省道养护中的应用效果良好。

关键词　厂拌热再生　AC-13　省道　沥青路面养护

0　引　言

截至 2016 年年末，我国公路总里程达 469.63 万 km，其中公路养护里程达 459.00 万 km，因此公路养护已经成为目前道路工程中的一个重要工作。路面再生技术因可实现对旧沥青混合料的利用而被工程界广泛关注，成为公路养护的一个重要手段[1-3]。交通运输部 2008 年 4 月颁布的《公路沥青路面再生技术规范》[4]，推动了我国沥青路面再生技术的发展，然而，我国的路面再生技术起步较晚，研究和推广应用的成熟度都有待进一步提升。

沥青路面热再生技术可分为厂拌热再生、就地热再生、厂拌冷再生和就地冷再生 4 种。其中，厂拌热再生是将旧沥青路面经过铣刨、翻挖后运回拌合场，再集中破碎，根据旧混合料性能的变化，掺入不同的热添加材料，然后拌合成符合路面技术性能要求的再生混合料运入施工现场，摊铺并碾压成为新的沥青路面[5-7]。厂拌热再生沥青混合料既能保持和热拌沥青混合料一样的使用品质，又能充分节约能源和保护环境。本研究将结合镇江 S122 干线公路的实际条件，探索厂拌热再生 AC-13 沥青混合料在省道养护中的应用技术。

1　旧沥青混合料性能分析

旧沥青混合料集料性能直接影响热再生过程中新旧集料混合后的性能，而旧沥青混合料由胶结料和集料组成，因此需要对旧沥青混合料胶结料和集料的性能分别进行分析。

1.1 旧沥青混合料的取样

为了对比分析旧沥青混合料的性能,确定适合再生应用的旧料,选取镇江市周边干线公路铣刨的 A、B、C、D 4 种面层铣刨料。其中 A 为 AC-13 SBS 改性沥青路面铣刨料、B 为 AC-13 道路石油路面铣刨料、C 为 Sup-13 道路石油路面铣刨料、D 为 AC-20 道路石油沥青路面铣刨料,且均为破碎筛分后,取最大粒径 16 mm 以下旧料。通过对旧沥青混合料进行研究分析,选取合适铣刨料作为上面层用厂拌热再生旧料。

取样位置主要有原路面、旧沥青混合料的运输车及旧料堆三处。由于旧沥青混合料在铣刨回收的过程中集料会产生二次破碎,故现场取样用于评价铣刨后的混合料存在一定误差。旧料运输车上进行取样时,由于铣刨过程中存在很大的团粒,取样量较大,而且在运输的过程中容易出现离析,降低了取样的代表性。因此,本研究中旧沥青混合料在筛分好的旧料堆中取样,取样采用四分法进行。

1.2 旧沥青混合料胶结料性能

由于沥青路面铣刨过程中并不能将集料与沥青进行分离,因此需要将旧沥青混合料中沥青分离出来进行相关实验,以评价其性能。在本研究中,采用操作简便、回收速度快的阿布森法来回收旧沥青混合料中的沥青,并对其进行三大指标试验,试验结果见表 1。

表 1 旧沥青胶结料试验结果

种类 \ 指标	针入度(25 ℃,100 g,5 s)/ 0.1 mm	软化点(环球法)/ ℃	延度(10 ℃,5 cm/min)/ cm
A	34	77.5	7
B	32	74.5	2
C	28	72.0	6
D	24	67.5	4

为了进一步确定旧沥青胶结料掺配对热再生沥青混合料的性能影响,将旧沥青与新沥青(SBS 改性沥青和 70♯ 道路石油沥青)分别以不同比例混合(旧沥青掺量取 15%,20%,25%,30%)进行三大指标试验,试验结果表明:

(1)新沥青的加入有效改善了旧沥青的性能,随着新沥青的增加,混合后的胶结料针入度增加,软化点降低,延度升高。

(2)混合的胶结料中,当旧沥青比例达到或超过 25% 时,混合胶结料性能下降较快,部分混合胶结料性能不能满足相关要求。

(3)A、B、C、D 4 种旧沥青混合料中,A 型铣刨料与新沥青相容性最佳,各种比例混合后胶结料性能均能满足相关要求。

1.3 旧沥青混合料集料性能

对旧沥青混合料进行离心抽提,去除裹覆在石料上的沥青膜,然后将获得的集料筛分、烘干进行常规石料性质试验。由于旧沥青混合料中集料较细而且涉及筛级较多,因此在试验密度和其他一些性质指标时将集料分挡,这样可以提高试验结果的可靠程度。分挡测得其各项性质指标见表 2。

表 2　旧沥青混合料集料试验结果

旧混合料类型	压碎值/%	针片状/%	坚固性/%	混合料 0.075 mm 通过率/%
A	17.7	6.2	7	10.5
B	18.9	8.2	7	11.5
C	20.4	6.7	9	12.7
D	21.2	9.3	10	12.5
要求	≤20	≤12	≤12	

试验结果表明：

（1）旧沥青混合料 0.075 mm 通过率明显偏高,表明旧料中集料存在一定的细化。集料的细化一方面是由于在铣刨过程中,粗集料在机械的作用下被轧碎,从导致石料出现新的破裂面；另一方面则是由于路面在使用过程中长期受到车辆的碾压。

（2）检测表明,A、B 旧沥青混合料集料性能较好,其满足表面层集料的相关要求。

2　厂拌热再生沥青混合料 AC-13 配合比设计

厂拌热再生沥青混合料设计与常规沥青混合料设计有所不同,其组成设计相对复杂,由新集料、旧沥青混合料、新沥青（必要时添加再生剂）组成。但总体来说,厂拌再生沥青混合料的配合比设计理论及热拌沥青混合料的设计理论及性能要求基本一致,可以参考热拌沥青混合料的设计方法来进行厂拌热再生沥青混合料的设计。参考我国目前热拌沥青混合料的配合比设计采用的马歇尔方法,分别对厂拌热再生沥青混合料的级配和最佳油石比进行设计与确定。

2.1　厂拌热再生沥青混合料 AC-13 级配设计

为了验证旧沥青混合料比例在沥青混合料中的影响,研究中对不同级配、不同旧沥青混合料比例进行了设计。经过设计,具体的级配见表 3,级配曲线见图 1。

表 3　沥青混合料级配设计结果

级配	旧沥青混合料添加比例/%	筛孔尺寸/mm									
		16	13.2	9.5	4.75	2.36	1.18	0.6	0.3	0.15	0.075
AC-13	0	100.0	96.8	75.0	43.9	31.0	22.0	15.2	10.1	7.9	4.7
	15	100.0	96.8	74.9	43.7	30.9	22.4	15.8	10.9	8.2	5.2
	25	100.0	96.8	75.1	43.4	30.1	22.2	15.8	11.1	8.2	5.4

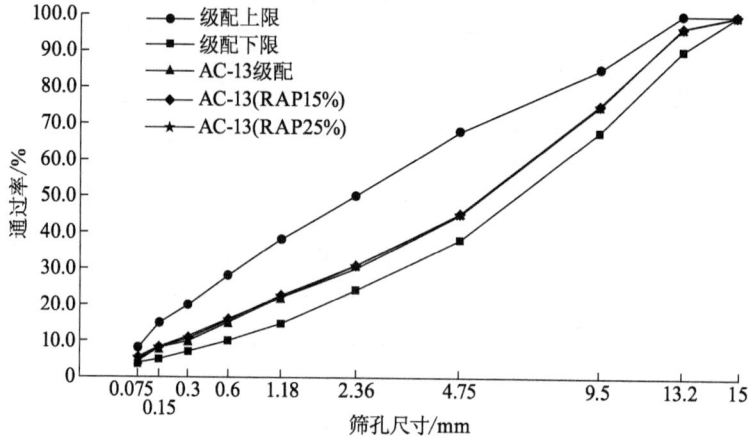

图 1　AC-13 不同旧沥青混合料比例级配曲线图

需要注意的是,在进行再生沥青混合料级配设计时,各个粒径旧集料与新集料之间的比例十分重要,应尽量使各个粒径中新集料占的比例较均匀。

2.2　厂拌热再生沥青混合料 AC-13 沥青用量的确定

由于再生沥青混合料中加入了一定比例的旧料,与普通的热拌沥青相比混合料中的沥青成分增多,故在计算再生矿料的合成毛体积密度及合成相对表观密度时都要考虑旧沥青混合料的影响。但是,厂拌热再生沥青混合料与常规热拌沥青混合料性质一致,因此先按照常规马歇尔设计方法确定不含铣刨旧料的 AC-13 的最佳沥青含量,再按照确定的最佳沥青含量,根据旧料的添加比例及旧沥青混合料中沥青含量来确定新沥青质量[8-9]。根据计算结果,各类再生沥青混合料新加沥青含量见表 4。

表 4　再生混合料新加沥青含量汇总

级配	旧沥青混合料(RAP)添加比例/%	最佳油石比/%	新沥青用量/%
AC-13	0	5.1	4.85
	15		4.35
	25		3.86

采用上述设计级配与最佳沥青用量,采用马歇尔法成型厂拌热再生沥青混合料 AC-13 试件,试验体积指标及混合料性能结果见表 5。

表 5　再生 AC-13 马歇尔试验结果

试验项目	试验结果			规范要求
	AC-13	AC-13(RAP15%)	AC-13(RAP25%)	
稳定度/kN	12.5	13.2	13.9	≥8.0
流值/0.1 mm	32.3	32.4	30.1	20~40
空隙率/%	4.44	4.48	4.24	4~6
沥青饱和度/%	69.3	69.1	70.3	65~75
矿料间隙率(VMA)/%	14.5	14.5	14.3	≥14

试验项目	试验结果			规范要求
	AC-13	AC-13(RAP15%)	AC-13(RAP25%)	
毛体积密度	2.523	2.519	2.524	
最大理论密度	2.640	2.637	2.636	

试验结果表明:在旧沥青混合料比例不超过25%,且合成级配基本相同的情况下,混合料的空隙率、VMA等体积指标基本相同,并未出现明显的变化。考虑到级配、油石比是影响体积指标的关键,而厂拌热再生混合料本质上与热拌沥青混合料相同,并未在级配、油石比上有较大变动,因此,在旧沥青混合料比例低于25%时,可采用与常规沥青混合料相同的体积指标的技术参数进行控制。

3 厂拌热再生 AC-13 的性能验证

为了验证试验采用不同旧料比例(0%,15%,25%)的热再生沥青混合料 AC-13 的性能,从沥青混合料高温性能、低温性能、水稳定性能、疲劳性能和抗剪性能等方面进行了路用性能试验,结果见表6。从对比结果可以发现,掺加旧沥青混凝土的 AC-13 性能与原始 AC-13 的性能相近,部分性能有所提高,且均满足路用性能要求。

表 6 厂拌热再生 AC-13 试验结果

混合料类型		AC-13	AC-13(掺量 15%)	AC-13(掺量 25%)
马歇尔稳定度/kN		12.5	13.2	13.9
残留稳定度/%		91.2	90.2	87.8
劈裂强度比/%		89.6	85.8	83.9
动稳定度/(次/mm)		1 400	1 653	1 813
小梁弯曲(−10 ℃)	强度/MPa	7.51	9.55	10.04
	应变/με	2 866	2 542	2 163
剪切荷载/kN	20 ℃	9.7	11.3	12.2
	60 ℃	4.3	5.4	7.3

4 工程应用

为了进一步验证厂拌热再生 AC-13 的现场使用情况,在 S122 句容段(五里墩—丹徒交界)路面大中修工程 K48+700～K50+900 段进行了厂拌热再生 AC-13 沥青混合料铺设。

4.1 混合料生产

厂拌热再生沥青混合料的生产按照设计生产配合比确定的热料仓比例进行。旧沥青混合料铣刨后先在拌合场进行筛分,筛分后装入热再生料斗中,通过专用提升系统进入热再生拌合系统进行加热,加热温度为 100～110 ℃。现场厂拌热再生混合料生产周期为 60～65 s,其中干拌 10～15 s,然后加入沥青湿拌约 40 s,放料 10 s。从生产的沥青混合料外观看,沥青裹覆得较为均匀,无花白料、无结块和离析现象,见图2。

图 2　厂拌热再生拌合楼生产现场

4.2　混合料施工

（1）厂拌热再生混合料从拌合楼出料后，需运输至施工现场，到场温度需满足施工现场要求。

（2）现场摊铺机采用非接触式平衡梁方式进行厚度控制，摊铺速度为 3.0～3.5 m/min，在整个施工过程中，摊铺机基本做到匀速、不间断摊铺。

（3）现场碾压与常规沥青混合料碾压基本一致，要求不漏压、少压，且碾压过程中沥青混合料没有产生明显推移现象。压实成型后路面表面应整体均匀，表面沥青膜裹覆均匀，不出现石料裸露、沥青黏走的情况。厂拌热再生混合料现场摊铺与碾压见图 3。

图 3　厂拌热再生混合料现场摊铺与碾压

4.3　现场检测

完成试铺工作之后，对试验路进行了压实度、渗水、摩擦系数检测，见图 4。现场检测表明，厂拌热再生 AC-13 路面施工质量较为良好，满足相关规范要求，达到了预期的效果。该路段截至目前使用已超过 3 年，整体使用情况良好，未出现大型病害。

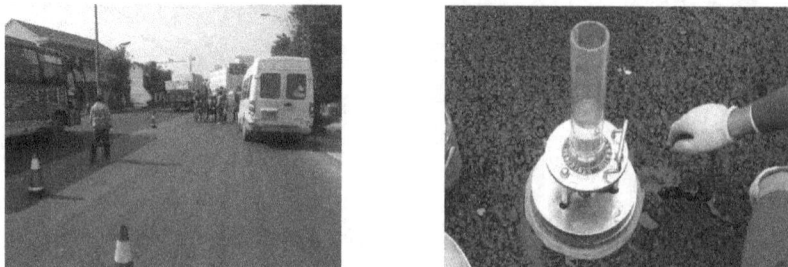

图 4　厂拌热再生混合料现场检测

5　结　语

本文基于 S122 省道大修工程，对厂拌热再生 AC-13 沥青混合料的设计与应用技术

进行了研究,得出如下结论:

(1)当旧沥青掺配比例小于25％时,沥青的性能满足使用要求。AC-13 SBS改性沥青路面铣刨料、AC-13道路石油路面铣刨料的集料满足使用要求。

(2)在旧沥青混合料比例低于25％时,可采用与常规沥青混合料相同体积指标的技术参数进行混合料设计,且所设计的热再生AC-13沥青混合料满足使用要求。

(3)热再生沥青混合料的施工可按普通沥青混合料的施工要求控制,摊铺完成的沥青混凝土路面使用性能良好。

参考文献

[1] 杨平.沥青路面厂拌热再生利用研究[D].长沙:长沙理工大学,2005:63－66.

[2] 熊巍,卢何.热再生沥青混合料的路用性能试验研究[J].公路,2006,(10):191－194.

[3] 李海军.沥青路面热再生机理及应用技术研究[D].南京:东南大学交通运输学院,2005:35－42.

[4] 中华人民共和国行业标准.公路沥青路面再生产技术规范(JTG F41—2008)[S].北京:人民交通出版社,2008.

[5] Hurley G C,Prowell B D. Evaluation of Evotherm for Use in Warm Mix Asphalt[J]. Auburn:NCAT,2006:1－20.

[6] 季节,高建立,罗晓辉,等.热再生沥青混合料的配合比设计[J].公路,2004(03):73－76.

[7] 徐世法,彦彬,季节.高节能低排放型温拌沥青混合料的技术现状与应用前景[J].公路,2005,(7):195－198.

[8] 高艳娥.厂拌热再生沥青混合料设计研究[D].西安:长安大学,2008.

[9] 吕伟民.沥青混合料设计原理与方法[M].上海:同济大学出版社,2001.

公路路面预防性养护技术

丁健伟

（镇江市交通工程建设管理处　镇江　212003）

摘　要　预防性养护一般是指在路面结构强度充足，仅表面功能衰减的情况下，为恢复路面表面的服务功能而采取的一种周期性的养护措施。预防性养护虽然需要投入一定的费用，但却是一种费用效益比最优的养护措施。预防性养护的优势：一是可让状态良好的道路系统保持更长时间，延缓未来的破坏，在不增加结构承载能力的前提下改善系统的功能状况；二是在适当的时间，将适当的措施应用在适宜的路面上。预防性养护的核心思想是要求采用最佳效益的养护措施，强调养护管理的主动性、计划性、合理性。

关键词　预防性　微表处　封层　质量

0　引　言

预防性养护是相对于传统养护（矫正性养护）而言的，现在大多数公路养护指的是传统意义上的养护。传统养护一般是指在公路设施出现明确病害或已部分丧失服务功能的情况下，采取相应的功能性或结构性恢复措施。而预防性养护是指公路养护部门在路基、路面桥涵、隧道及其他公路设施的结构良好或病害、损毁发生初期，即对其进行养护，延缓公路病害、损毁的发生或进一步扩大，从而达到延长公路使用寿命、保持公路完好率、提高公路质量和服务水平、降低公路寿命成本、延长中修或大修期限目的的作业方式。传统养护与预防性养护是有区别的，显然传统养护模式是"头痛医头，脚痛医脚"，这种养护带来两个方面的问题：一是公路设施出现病害后，对其服务功能的影响，导致了社会使用成本的增加；二是错失了公路设施在病害刚出现时可能通过适当处治措施防止或延缓病害发生、发展的时机。而预防性养护则是一种全面的、全方位的养护模式，强调的是治早治小、及时主动养护、超前养护、动态养护，是一种全新的公路养护理念，是改变传统的养护观念和习惯，在公路路况良好或是病害发生初期，即对其进行养护，不让病害向更深层次发展，从而达到延长公路使用寿命、保持公路完好、提高公路质量、降低公路养护成本的目的，它是"预防为主，防治结合"的原则及全面、科学、及时、经常性养护的具体体现。

1　预防性养护新技术

（1）灌封。该技术的主要目的是阻止水分通过已存在的裂缝浸入结构内部，适用于原路面基层和横断面良好的情况，建成 2～4 年柔性基层沥青路面和复合路面（下卧层为水泥混凝土层)。表面病害可能包括:路面纵向、横向原始裂缝,伴随裂缝处的轻微扩展裂缝和松散。密封剂应能很好地将裂缝封闭。灌封这种养护方法需要高质量的材料和良好的施工工艺,使用的密封剂必须是加热时变软而温度降低时又能变硬的热塑性材料。

处理裂缝工作最好在凉爽干燥的气候条件下进行,为了达到较好的黏结效果必须将裂缝清理干净,如使用高压气体喷射设备来清理裂缝内的碎石和粉末等杂物,然后用钢丝刷沿凹槽刷出干净的表面。该技术的使用年限一般为 1～2 年。

(2)同步碎石。同步碎石封层是用专用的同步碎石封层机将碎石和黏结剂(热沥青、改性沥青、乳化沥青等)同步洒铺在路面上,通过自然行车或轮胎压路机的碾压形成沥青碎石磨耗层。它主要作为沥青路面表面处理层使用,也可用于低等级公路的面层施工,使沥青路面的使用寿命延长 10～15 年。该技术具有以下特点:① 良好的防水性;② 良好的附着性和防滑性;③ 良好的耐性和耐久性;④ 良好的经济性;⑤ 可作为低等级公路的过渡型路面,以缓和公路建设资金暂时不足的问题。无论用于道路养护还是作为过渡型路面,同步碎石封层的性价比明显优于其他道路表面的处治方法,从而大大降低了道路的维修养护成本。

(3)雾封层。由于目前高速公路沥青面层事实存在的施工离析或孔隙率过大的现象,即工程先期已有的缺陷、隐患问题,有效地预防路(桥)面因此造成的渗水现象非常必要,而路面雾封层技术是一种很直接、有效和经济的预防性养护措施。雾封层是在沥青面层上喷洒一层薄薄的、高渗透性改性乳化沥青,形成一层严密的防水层将路面封闭,起到隔水防渗、保护路面的功能,最大限度地减少路面的水破坏,加大路面粗细骨料间的黏结力,由此延长路面使用寿命,节约养护资金。雾封层作为一种沥青路面的预防性养护措施,其经济、迅捷,能有效地防止沥青路面的水破坏等特性比较适用于高速公路的特殊养护条件和要求。

(4)稀浆封层。稀浆封层技术是将级配良好的集料(优质细集料和矿物填料)和乳化沥青组成的混合料均匀地洒布在整个路面上。按照矿料级配的不同,稀浆封层可以分为细封层、中封层和粗封层;按照开放交通的快慢,稀浆封层可以分为快开放交通型稀浆封层和慢开放交通型稀浆封层;按照是否掺加了聚合物改性剂,稀浆封层可以分为稀浆封层和改性稀浆封层,摊铺厚度一般为 5～10 mm。

施工前必须进行填缝、唧泥处处治、大坑槽部位的修补等预处理;施工中应注意保持路表面干净,要求选择有棱角、耐用、级配良好的石料,并且拌合前必须清洗干净。应避免在炎热的气候条件下施工,根据乳化剂的类型要保持足够的开放交通的时间,一般需要将公路封闭几小时。在预防性养护的情况下,公路使用年限一般为 2～4 年。

(5)微表处。微表处是采用专用摊铺设备将聚合物改性乳化沥青、集料、填料、水和添加剂等按合理配合比拌合成稀浆混合料并迅速摊铺到原路面上,形成一层与原路面结合牢固,具有良好的抗滑耐磨性能,在摊铺后 1～3 h 内开放交通的薄层(1 cm)结构。目前微表处罩面技术主要是用于建立和恢复道路表面功能,在高速公路路面养护工程中微表处已经成为防水、抗滑、耐磨、耐久的道路表面功能层。随着该施工工艺的规范化、标准化及施工质量的提高和综合成本的降低,微表处在高速公路沥青路面的预防性养护上得到广泛推广和应用。

（6）薄层罩面。薄层沥青混凝土面层是指用摊铺机摊铺和用压路机碾压的单层沥青混合料，可以认为薄面层是"薄磨耗层"与"厚表面处治"之间的一种交叉。薄层罩面在国外发达国家早已进行了研究与应用，法国是国际上采用薄层沥青混凝土路面的代表性国家。在法国，薄沥青混凝土面层（BBM）的定义为：用纯沥青或改性沥青、集料及可能的添加剂（矿质的或有机的）制成的混合料，摊铺厚度在 30～40 mm。在美国，一般认为薄层沥青混凝土的厚度应为 15～30 mm。在我国养护规范中，薄层罩面适用于路面平整度较差、辙槽深度小于 10 mm、路面无结构性破坏，为提高路面表面层服务功能的养护维修措施，也适用于新建公路的磨耗层。薄层罩面用于沥青路面的预防性养护的主要优点：能承受重载交通和高剪应力，表面平整性能好，可被铺成需要的厚度、纵坡度和横坡度，中断交通时间短。

（7）就地热再生。就地热再生是通过现场加热、翻松、混拌、摊铺、碾压等工序，一次性实现旧沥青混凝土路面的就地再生。该技术适用于各种沥青路面的预防性、日常性养护。相对于传统的路面病害处治方式，就地热再生技术极大地提高了修补后新旧路面的结合力，提高了路面修补质量，简化了施工工序，提高了路面养护工作效率，实现了材料的 100％ 利用，节约了能源、材料和土地，保护了环境，符合国家的可持续发展战略；可对裂缝进行比较好的处理，能有效地缓解或解决裂缝问题。

2 微表处理技术

所谓微表处理技术实际上是一种薄层处理技术，即采用专业的机械将聚合物改性乳化沥青、集料、填料、水、添加剂等按照一定的比例进行混合搅拌，形成混合物料铺摊到原有的路面上，形成一层具有较高的抗滑和耐久性的薄层，而且可以随即投入使用。微表处理的技术原理就是利用聚合物改性沥青作为黏合材料，配合相应的集料在摊铺后形成一个新的沥青罩面，其具有较好的防水、抗滑、耐磨损、裂缝填充的效果，可以有效地改善路面的性能，延长使用寿命。该技术适用于处理路面早期损害而形成的抗滑力下降、网状裂缝、松散、麻面、车辙、病害等情况，主要是避免病害进一步加剧而影响道路的深层结构，可以起到一定的养护作用，是一种预防性的养护措施。

微表处理的罩面厚度较小，通常为 5～10 mm，具体可以根据路面的实际情况进行选择，以确定微表处理的结构。而微表处理对下路面结构性损坏是没有效果的，因为微表处理所起到的作用相当于为路面增加一个"涂层"，只能对其表面性能进行改善，而不能起到承载的作用，不具备提高抗应力的能力和补强结构的能力。目前，微表处理技术主要应用于高速公路、机场等沥青路面的修复，以此提高其表面性能。

微表处理技术所具备的优势：① 微表处理技术作为一种表层罩，面因为材料的作用可以与原有的路面完成黏结渗透，具有较好的抗滑、防水性能，同时可以达到耐久平整的表面效果；② 微表处理的工艺简单，施工速度快、成型快、耗时短等；③ 微表处理具有良好的防水效果，可以更好地保护公路的深层结构不受到渗水的影响，常温下就可以施工，节约了能源，具有一定的环保效果，同时降低了工程的造价；④ 具有很好的抗磨性能和防滑性能，增加了路面的颜色对比度，改善了路面的性能，可以有效地延长使用寿命。

3　微表处的施工工艺

3.1　施工准备工作

3.1.1　原路面的准备

（1）微表处为厚度仅为 10 mm 左右的薄层结构，必须要求原路面有足够的强度，否则在行车作用下，微表处会因过大的挠曲变形而出现裂缝，甚至与原路面剥离。在原路面强度不能满足要求时，首先进行补强处理。微表处不能用于道路的补强。

（2）原路面 15 mm 以下的车辙无须处理，可直接摊铺微表处混合料；车辙深度大于 15 mm 时，要用多层微表处混合料将车辙填充，然后再进行微表处罩面；若车辙深度大于 40 mm 时，应采用其他方法处理车辙后再进行单层微表处罩面。

（3）原路面纵、横缝缝宽大于 5 mm 的裂缝，应提前开槽并用特殊的密封胶灌缝处理。

（4）原路面大的拥包等病害要先进行铣刨。

3.1.2　施工前的准备工作

（1）摊铺机标定。微表处摊铺机采用的是体积计量方式，而混合料设计得出的是各组分材料的质量比例，因此需要对摊铺机进行标定。

（2）路面清扫。为了保证微表处与原路面有很好的黏结，原路必须清洁，应把路面上所有遗留的材料、杂草和其他有害物用人工配合道路清扫车清扫干净。

（3）放样划线。为了保证微表处摊铺机行走方向正确，要根据实际摊铺的宽度、路幅，沿摊铺方向划出摊铺机的走向线。

（4）对道路上的各种设施，如井盖、雨水井箅、路缘石等采取保护措施。

（5）交通导流。按照公路安全施工规范放置安全标志，安排专门安全员指挥过往车辆，在安全区内进行施工。

3.1.3　机械设备的准备

要配备足够的设备，并保证其性能完好。

3.2　摊铺

（1）将装好混合料的摊铺机开至施工起点，对准走向控制线，调整摊铺箱，使摊铺箱与路面贴紧。

（2）开动发动机，使拌合器和摊铺槽的螺旋分料器首先转动起来。

（3）打开各材料的控制开关，使各组材料同时进入拌合器中，并当预湿的混合料推移至乳液喷出口时将乳液喷出。

（4）调节螺旋分料器的转动方向，使微表处混合料均匀地分布到摊铺槽中。当材料充满摊铺槽 1/2 左右深度时，驾驶员开动摊铺机，以 1.5～3.0 km/h 速度匀速前进。摊铺时，应保持微表处混合料摊铺量与搅拌量基本一致，速度要均匀，保持摊铺箱中微表处混合料的体积为摊铺箱容积的 1/2 左右。

（5）微表处混合料摊铺完成后，应立即使用橡胶耙进行人工找平。找平的重点：起点，终点，横、纵向接缝及过厚、过薄或不平处，对超大粒径产生的纵向刮痕，应立即人工清除并填平路面。

（6）当摊铺机内任何一种材料用完时，应立即关闭所有材料输送的控制开关，待搅拌缸中的混合料搅拌完,并送入摊铺箱摊铺完成后,通知驾驶员停止前进。最后,提起摊铺箱,将摊铺机移出摊铺现场,查对材料的剩余量。

(7) 现场施工人员应立即将施工末端 1 m 范围内的材料铲除,倒入废料车中,为下步摊铺做好横向接缝准备。用高压水枪清洗摊铺槽,然后将其卸下,并将摊铺机开离施工现场。

(8) 微表处混合料在养护期间内,严禁任何车辆和行人进入,否则将影响微表处的整体外观质量。

3.3 碾压

微表处混合料在破乳成型后,都会有空隙,在自然的行车作用下,可以足够压实将孔隙弥合,但在交通量不多的地方,如停车场、广场及不开放交通的下封层,必须进行碾压。碾压的时机必须掌握好,即刚破乳的沥青微粒,其成膜后性质接近于液体而非固态,此时实施碾压,压实效果最好。选 3～5 t 胶轮压路机从路中开始向外侧扩展碾压,碾压速度控制在 5～8 km/h,来回碾压 3 遍。

3.4 施工质量控制

(1) 天气过于干燥、温度又很高时,对摊铺路面进行洒水,有利于微表处混合料与路面牢固黏结;洒水量控制以路面没有积水为宜,洒水后可立即摊铺微表处混合料。

(2) 接缝处理。因纵向接缝与摊铺方向及路线方向一致,处理方式非常关键,若处理不好将影响微表处的总体外观。尽量把纵向接缝放在划标线的位置上,这样就可以使纵向接缝被标线所覆盖,不影响总体美观。因为目前大多数施工单位使用间歇式摊铺机,摊铺 1 车混合料有 1 道横向接缝,接缝过多也会影响外观及道路平整,所以要尽量减少横向接缝数量。处理的方法就是在摊铺箱下铺一块铁皮,待摊铺车开走后,将铁皮和铁皮上面的混合料一起拿走,在摊铺下一车时,从上一车终点倒回 3 m 左右的距离开始下一车的摊铺。

(3) 表面划痕治理。在摊铺箱中,偶尔有超粒径的石料夹在矿料箱中而卡住搅拌轴或引起其他机械故障,或可能卡在刮皮下,在摊铺表面造成明显的纵向凹槽。为了避免这种现象发生,所有装入摊铺箱的矿料都要过筛,石料堆应放在清洁的经过硬化的地面,不得放在与其他材料相混淆的地方。摊铺时摊铺箱后边跟 2 名工人,注意摊铺箱的情况,发现大颗粒或划痕应立即采取补救措施,用铁锹将刮皮铲起,将大石料或结团清除并刮平。

(4) 脱落掉粒防治。开放交通一段时间后,微表处表面会有轻微掉粒现象发生,属正常现象。若没有掉粒现象,则要考虑是否油石比过大;若掉粒严重,则要考虑是否油石比过小或乳化沥青有质量问题。在气温较低、雨天或破乳前下雨,也容易发生掉粒严重的现象,所以在施工期间要注意天气变化。摊铺中出现漏铺的地方,若用破乳的混合料填补,经过一段时间会出现脱落现象,解决的方法是及时发现漏铺的情况,迅速地用刚拌合好未破乳的混合料修补,用橡胶耙及时刮平。

(5) 加强对微表处混合料的抽样检测。

(6) 加强外观质量控制。微表处施工外观质量要符合以下要求:表面平整、密实,无松散、无轮迹;纵、横缝的衔接平顺,外观色泽均匀一致;与其他构造物的衔接平顺、无污染;表面粗糙无光滑现象。

参考文献

［1］韩宇英．公路工程施工与养护［J］．科技与企业,2013(24):275.

［2］李涌.关于等级公路沥青路面预防性养护决策的研究［J］.科技展望,2014(12): 53.

［3］王娟.浅谈预防性养护技术在公路养护中的应用［J］.现代经济信息,2014(2):422.

［4］陈峰.高速公路沥青路面预防性养护技术分析［J］.中国建材科技,2014(05): 263－265.

［5］朱继荣．关于公路沥青路面预防性养护技术的探讨［J］.科技风,2015(16):141.

公路养护设计新理念

魏云霞

（江苏润通项目管理有限公司　镇江　212005）

摘　要　本文系统阐述了当前在公路养护中存在的问题，提出了公路养护设计新理念

关键词　公路养护　技术需求　养护设计　新理念

0　引　言

经过近 20 年的迅猛发展，我国公路基础设施建设取得了举世瞩目的成就，全国公路总里程已经超过 370 万 km，高速公路超过 6 万 km，四通八达的公路网络，已经成为我国经济和社会发展的重要保障。发达国家的公路发展历程充分证明，随着公路建设逐渐步出高峰期，之后必然会迎来大规模的公路养护时代，而且公路养护是长期、持续和无止境的。

交通运输部公路科学研究院公路养护管理研究中心对于公路养护设计新理念及新技术的研究虽然已经取得一些阶段性的成果，但仍需更准确地把握我国公路养护设计的现状和需求，更深入地了解国外先进的养护设计技术，更科学地构建路面大中修养护设计理论方法，以实现既能完全满足现有的技术需求，又能提升公路养护设计的理论水平，引导我国公路养护设计技术的创新与发展。

1998 年为拉动内需加快发展步伐，开发建第一条高速公路 2006 年达到建设高峰，计划 2020 年完成建设任务（8.5 万 km 国高网），高速公路建设将经历近 30 年的发展周期。与此同时，高速公路养护从无到有，养护需求及养护规模迅速扩大，按照平均 5～10 年的大中修养护周期测算，到"十一五"末期，我国高速公路的养护速度将超过建设速度；到 2020 年，高速公路大中修养护的总体规模将达到 8 000 km/年，并长期维持在这一水平之上，初步形成一个巨大的公路养护市场。毋庸置疑，我国公路发展的重点正快速由大规模建设向大规模养护转型，公路养护正成为我国公路发展的新主题。为此，交通运输部提出了"建设是发展，养护管理也是发展，而且是可持续发展"的科学发展观，确立了公路养护是国家公路网安全、畅通的重要保障的战略地位。

巨大的养护需求给公路养护管理工作带来了前所未有的压力。与公路建设相比，我国公路养护是一个薄弱环节，技术能力和保障能力严重不足，成为制约公路养护发展的瓶颈。到目前为止，公路养护还远没有形成完整、有效的技术支撑体系，仍然需要通过系统的科学研究和技术创新予以解决。

1 公路养护技术需求

根据我国公路养护管理现状,在充分调研的基础上,确定如下 4 个方面为现阶段公路养护管理领域亟需解决的重大技术问题:

(1) 快速、准确、可靠的路网技术状况监测技术;

(2) 科学的公路养护分析决策技术;

(3) 先进的公路损坏原因诊断与养护设计技术;

(4) 节能、环保型的公路养护材料及工艺。

上述 4 个方面关键技术贯穿了公路养护管理的全过程,本文将结合我们正在开展的西部项目研究工作,重点针对公路养护设计技术进行阐述。

2 养护设计实践中存在的问题

与发达国家相比,我国路面损坏速度普遍过快,路面大中修养护周期普遍过短,路面平均使用寿命仅为国外的 $35\%\sim50\%$。究其主要原因,在公路养护设计中存在以下几方面突出问题:

1) 技术层面

(1) 我国缺少独立的沥青路面大中修养护设计技术和规范,现行路面大中修养护设计是借用《公路沥青路面设计规范》(JTG D50—2006)的方法。

(2) 在路面养护设计中,针对大修工程主要有以下 3 种常规做法:采用原结构修复;采用经验型典型结构;按照现行设计规范进行补强设计。针对中修工程,则主要依赖经验,对于路面损坏机理缺乏深入全面的认识,对养护方案的选择缺乏针对性。

(3) 在路面大修养护设计中,过于倚重力学设计方法,选择的力学指标(路面回弹弯沉)不够科学,考虑的主要受力方式相对于目前复杂的荷载状况而言可能过于简单。

(4) 设计的养护方案中,路面结构形式单一(半刚性基层+沥青面层),对于结构层次的合理匹配、路面排水性能、路基状况、路面的综合使用性能(路面破损、平整度、车辙、抗滑等)缺乏全面考虑和定量研究。

(5) 对路面大中修各种候选养护方案的经济性缺乏定量的考虑,没有引入科学的经济评价方法。

2) 管理层面

(1) 养护工程采用两阶段设计:方案设计(初步设计,立项阶段用于控制资金和规模)和施工图设计(详细设计,可用于工程实施)。在实际工作中,往往以施工图设计为主导,方案设计没有得到应有的重视,有的与检评业务结合,有的与施工图设计打包。

(2) 设计单位采用的养护设计方法大同小异,无法突破现有规范的局限性,有的甚至无设计可言,仅仅是业主思想的简单实现。

鉴于上述状况,在公路养护设计实践中,亟需建立一整套从设计目标到设计方案,再到使用效果评估的"路面大中修养护设计和评价综合体系"。通过路面大中修养护设计成套技术的应用,延长路面大中修养护周期,减少频繁养护对公路运营的干扰,提升公路养护管理在公众心目中的形象。

3 养护设计新理念

科学的公路养护分析流程可以划分为路网级和项目级两个层次,每个层次包含的主要工作内容及相关辅助技术见图 2。网级养护分析的主要目的是通过实施路网技术状况检测,确定整体养护需求和项目建议,并据此制订科学合理的养护计划和养护规划。而项目级养护分析则是针对拟实施养护工程的具体路段,通过详细检测和科学分析,诊断路面病害成因,确定养护性质和养护单元,通过路面使用性能及全寿命周期费用分析,提出具有针对性的养护设计方案(一组候选方案),并最终完成施工图设计。

养护设计新理念的提出主要是针对上述第二阶段(项目级)工作,其中包含以下两个核心要素:

(1)在养护设计中,对路面使用性能进行全过程控制,判别路面质量优劣的终极标准是路面的使用性能(路面损坏状况、路面平整度、路面车辙、路面抗滑性能、路面结构性能等),按照使用性能分析和设计路面结构及路面材料已经形成一种必然趋势。

(2)在养护设计中对养护方案的经济性进行科学评价。根据技术经济条件,借助科学的分析方法——寿命周期费用分析方法进行方案比选和经济分析。

4 结 语

综上所述,基于使用性能和全寿命周期费用分析的路面大中修养护设计方法,从"结构、材料、荷载、环境、经济"几方面综合考虑,力求达到结构设计与材料设计的统一、力学性能与使用性能的统一,技术指标与经济指标的统一。以经济指标作为优化条件,通过寿命周期费用分析方法,来选择技术可行(既满足力学要求,又能满足使用性能要求),同时最经济合理的路面大中修养护方案(养护时机、养护措施)。

参考文献

[1] 中华人民共和国交通部.公路沥青路面养护技术规范(JTJ073.2—2001)[S].北京:人民交通出版社,2001.

[2] 交通部公路司.新理念公路设计指南[M].北京:人民交通出版社,2005.

就地热再生技术在重载 SMA 沥青路面中的应用评价及效益分析

茅 荃

（江苏交通控股有限公司　南京　210002）

摘　要　本文依托 312 国道无锡段就地热再生试验路，首先通过与原路面材料性能分析对比，研究老化沥青的性能改善、级配恢复及再生混合料性能。然后，设计并在实体工程中实施 3 种再生方案，并通过对再生路面性能的长期跟踪观测，验证就地热再生的效果。最后，开展定量效益分析。结果表明，相对铣刨重铺，再生工艺可节约工程经费、减少环境污染，具有显著的经济效益和环境效益。

关键词　就地热再生　再生剂　再生 SMA 混合料　沥青混合料回收料　效益分析

0　引　言

就地热再生（hot in－place recycling，HIR）作为一种预防性养护技术，采用专用的就地热再生设备，先对原沥青路面进行加热、铣刨，然后就地掺入一定数量的新沥青混合料、再生剂等，再进行热复拌，最后摊铺、碾压成型，是一次性对路表以下 2～5 cm 范围内的沥青混凝土实施再生后重复使用的技术。就地热再生可实现旧沥青路面材料 100% 的循环利用，相对传统的铣刨重铺工艺，能节约大量沥青和集料等自然资源，节能减排效益显著；同时施工时间短，交通干扰小，开放交通快，符合"快速、安全、耐久、经济、绿色"的现代公路养护需求。目前江苏高速公路沥青路面就地热再生技术应用较为广泛，"十二五"期间江苏交通控股系统沥青路面就地热再生实施的路段近 700 km 单车道，占所有沥青路面大中修维修量的 20%。

目前就地热再生研究主要集中在设计及性能验证方面，较少涉及再生方案比选和再生效益分析。本文以 312 国道无锡段路面养护工程为依托，进行原路面材料检测、再生方案比选、再生配合比设计、性能验证，并对试验路段实施跟踪观测评价；最后，将就地热再生与铣刨重铺两种养护工艺进行经济效益和环境效益对比分析。

1　工程概况

312 国道无锡段自建成以来交通量持续增长，超载、超限现象较为严重，属于重载交通道路，部分路段路面车辙病害发展迅速。就地热再生试验工程选择的路段桩号范围为 K118＋890～K121＋220 和 K125＋190～K127＋360，累计 4.5 km 单车道检测结果表明，原路面出现了车辙和裂缝等典型病害，路面技术状况见表 1。原路面结构形式与再生后路面结构形式见图 1。

表 1　就地热再生施工段落原路面技术状况

方向	桩号	长度/km	路面损坏状况指数(PCI)	车辙深度(RD)/mm	横向裂缝/条
沪宁	K118＋890～K120＋760	1.87	95.67	11.2	5
沪宁	K120＋760～K121＋220	0.46	95.69	12.2	3
沪宁	K125＋190～K127＋360	2.17	95.83	10.6	50

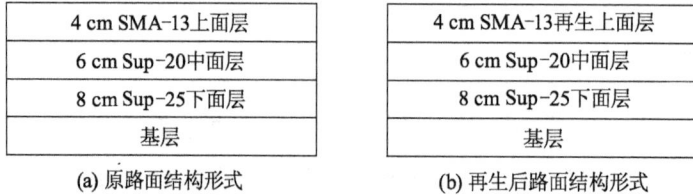

4 cm SMA-13上面层
6 cm Sup-20中面层
8 cm Sup-25下面层
基层

(a) 原路面结构形式

4 cm SMA-13再生上面层
6 cm Sup-20中面层
8 cm Sup-25下面层
基层

(b) 再生后路面结构形式

图 1　就地热再生施工路段再生前后的路面结构形式

2　再生配合比设计

2.1　沥青混合料回收料(RAP)

2.1.1　RAP 级配

原路面在使用过程中由于荷载的重复作用,集料可能发生破碎或流失[1]而导致原路面级配发生变化,集料骨架结构产生衰变必然会引起 SMA 沥青混合料宏观性能的降低,因此有必要对沥青混合料回收料(reclaimed asphalt pavement,RAP)集料级配进行检测分析。就地热再生试验路段的 RAP 抽提筛分结果见表 2。

表 2　RAP 抽提筛分结果

集料级配	油石比/%	通过方孔筛(mm)的百分率/%									
		16	13.2	9.5	4.75	2.36	1.18	0.6	0.3	0.15	0.075
RAP 试验值	5.8	100	94.2	65.4	32.7	24.5	20.0	15.4	12.7	11.2	9.0
级配中值/%[2]		100	95	62.5	27	21.5	19	16	13	11	10
级配范围/%[2]		100	90～100	50～75	22～32	16～27	14～24	12～20	10～16	9～13	8～12

注:抽提结果已考虑去除了取样对级配的影响。

抽提筛分结果表明,试验段原路面 SMA 沥青混合料 4.75 mm 筛孔的通过率为 32.7%,已略微超过级配范围上限,表明原路面在车辆荷载的累积作用下,骨料发生了磨耗或破碎,级配有所细化。因此,为了保证 SMA 的骨架结构,需添加一部分新沥青混合料,一方面适当微调优化原级配,另一方面回补由于车辙变形或其他因素导致缺失的沥青混合料。

2.1.2　老化沥青性能指标

SBS 改性沥青在生产及长期使用过程中,会受到各种自然因素(如氧气、温度、水、紫外线)和车辆荷载的综合作用,发生一系列的挥发、氧化、聚合乃至内部结构变化,导致沥青性能逐渐发生变化(老化),最终影响路面的使用性能[3-5]。在进行配合比设计前应对老化沥青的性能进行检测,并以此作为外掺剂种类及数量的依据。RAP中抽提沥青的检测结果见表3。

表3 RAP抽提沥青的性能指标

性能指标	针入度/0.1 mm	软化点/℃	延度(5 ℃)/cm	运动黏度(135℃)/(Pa·s)
试验结果	34	69.5	10	1.6
技术要求[2]	50～80	≥60	≥30	≤3

试验结果表明,RAP中沥青的软化点和运动黏度基本满足技术标准,针入度和延度均显著降低,不满足技术要求。由此可见,RAP中沥青已发生了一定的老化现象,可通过添加再生剂改善老化沥青性能,提高再生混合料路用性能[6,7]。

2.1.3 再生沥青性能指标

采用掺量为旧沥青质量1%的鞍山森远再生剂对旧沥青进行再生,再生后沥青关键指标测试结果见表4。试验结果表明,再生剂的添加有效改善了旧老化沥青的性能,其中针入度和延度明显提高,软化点尽管有所降低,但还是在规定范畴内,说明添加再生剂对提高老化沥青的低温性能有较好的效果。

表4 再生沥青的性能指标

性能指标	针入度/(0.1 mm)	软化点/(℃)	延度(5 ℃)/cm	备注
老化沥青	34	69.5	10	
再生沥青	40.3	63.2	13.4	添加1%再生剂
技术要求[2]	50～80	≥60	≥30	

2.2 级配设计

江苏就地热再生工程应用经验表明,原路面车辙深度达到10～15 mm时,掺加新沥青混合料的比例一般为10%～15%,结合试验段车辙检测结果确定新添SMA-13沥青混合料的掺量为15%。根据RAP中集料的筛分结果及新旧料混合比例,确定新添沥青混合料级配与再生混合料合成级配见表5和图2。

表5 新添沥青混合料和再生沥青混合料级配

集料级配	通过方孔筛(mm)的百分率/%									
	16	13.2	9.5	4.75	2.36	1.18	0.6	0.3	0.15	0.075
新添沥青混合料	100.0	91.4	60.4	25.9	18.9	16.1	13.5	10.6	8.7	6.8
再生沥青混合料	100.0	93.8	64.6	31.7	23.6	19.4	15.1	12.4	10.8	8.7
级配中值/%[2]	100.0	95.0	62.5	27.0	20.5	19.0	16.0	13.0	12.0	10.0
级配范围/%[2]	100.0	90～100	50～75	22～32	16～27	14～24	12～20	10～16	9～13	8～12

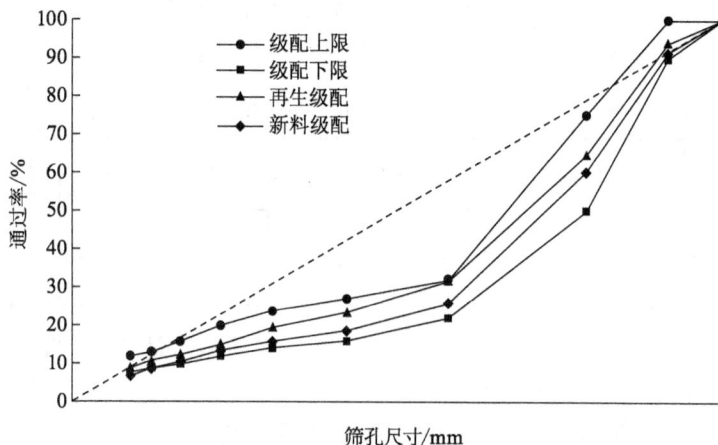

图 2　新添沥青混合料和再生沥青混合料的级配曲线

2.3　最佳油石比

再生 SMA 沥青混合料由 85％ RAP 与 15％新沥青混合料组成，采用 5.6％，5.9％，6.2％三种油石比，双面各击实 75 次成型马歇尔试件进行马歇尔稳定度试验，试验结果见表 6。试验结果表明，油石比为 5.9％时，其空隙率（VV）、矿料间隙率（VMA）和饱和度（VFA）等体积指标均满足设计要求。因此，确定试验段再生 SMA-13 沥青混合料的最佳油石比为 5.9％。

表 6　再生沥青混合料马歇尔试验结果

试验指标	油石比/％	毛体积相对密度	理论最大相对密度	空隙率（VV）/％	矿料间隙率（VMA）/％	饱和度（VFA）/％
试验检测值	5.6	2.465	2.590	4.8	16.4	75.6
	5.9	2.466	2.579	4.4	16.6	78.7
	6.2	2.480	2.569	3.5	16.4	78.8
技术要求[2]				3～4.5	≥16.5	75～85

2.4　再生方案

就地热再生工程中可以通过添加再生剂再生 RAP 中的老化沥青，添加热沥青补充 RAP 中损失的沥青，添加温拌剂提高再生料的碾压密实。本试验段中采用了 3 种就地热再生方案，见表 7。不同再生方案的试验段落划分见表 8。鉴于再生混合料最佳油石比为 5.9％，而 RAP 油石比为 5.8％，方案一和方案三确定的新 SBS 改性沥青添加量为 RAP 质量的 0.1％，其中方案一额外添加温拌剂。方案二直接添加再生剂，考虑到再生剂会起到沥青或部分沥青的作用，因此本方案中不添加新 SBS 改性沥青。

表 7　就地热再生的 3 种方案

方案	新沥青混合料	新 SBS 改性沥青	再生剂	温拌剂
方案一	添加 15％新料	添加 RAP 质量0.1％的 SBS 改性沥青	无	温拌剂与再生混合料沥青质量比 5∶95
方案二	添加 15％新料	无	添加 RAP 中旧沥青质量的 1％	无
方案三	添加 15％新料	添加 RAP 质量0.1％的 SBS 改性沥青	无	无

表 8　不同再生方案的试验段落划分

序号	桩号	长度/km	再生方案
1	K118＋890～K120＋760	1.87	方案一
2	K120＋760～K121＋220	0.46	方案二
3	K125＋190～K127＋360	2.17	方案三

2.5　室内试验性能评价

采用设计级配和最佳油石比,在 135 ℃下成型试件,通过谢伦堡析漏试验、肯塔堡飞散试验、水稳定性试验、车辙试验和低温弯曲试验进行再生 SMA-13 沥青混合料的路用性能评价,试验结果见表 9。

表 9　再生 SMA-13 沥青混合料室内成型试验结果

试验指标	析漏损失率/%	飞散损失率/%	残留稳定度/%	冻融劈裂强度比/%	动稳定度/（次/mm）	破坏应变/με
方案一	0.05	2.5	83.1	85.1	4 673	2 794.3
方案二	0.03	2.7	85.6	86.2	3 162	3 052.5
方案三	0.06	2.4	86.2	87.1	3 958	2 835.7
技术要求[2]	≤0.10	≤15	≥85	≥80	≥3 000	≥2 000

试验结果表明,再生 SMA-13 沥青混合料的析漏损失率、飞散损失率、残留稳定度、冻融劈裂强度比、动稳定度和破坏应变均满足技术要求。相对于方案三,方案一的动稳定度较高而破坏应变较低,且残留稳定度和冻融劈裂强度较低,表明温拌剂的加入提升了再生混合料的高温性能但降低了低温性能,同时也降低了其抗水损害性能。相对于方案三,方案二的残留稳定度和冻融劈裂强度略有下降,但基本持平,同时动稳定度较低而破坏应变较高,表明再生剂的加入能保证再生混合料的抗水损害性能,并提升其低温性能,但同时降低了其高温性能。

3　实施效果评价

3.1　再生混合料性能评价

在就地热再生施工现场直接取样再生混合料进行室内试验,试验结果见表 10。

表 10　现场取样再生混合料性能试验结果

方案	稳定度/kN	析漏损失率/%	飞散损失率/%	残留稳定度/%	冻融劈裂强度比/%	动稳定度/（次/mm）
方案一	10.80	0.04	5.8	86.0	81.0	4 684
方案二	8.30	0.04	4.3	89.3	83.6	3 178
方案三	8.50	0.05	5.2	91.2	80.9	3 920
技术要求[2]	≥6.0	≤0.10	≤15	≥85	≥80	≥3000

现场取样再生料试验结果与室内制备再生料试验结果基本一致：

（1）各再生方案再生混合料的稳定度、析漏损失率、飞散损失率、残留稳定度、冻融劈裂强度比和动稳定度均满足技术要求。

（2）添加温拌剂（方案一）有助于提升再生混合料的高温性能。

（3）添加再生剂（方案二）在有效改善沥青老化状况的同时，会显著降低再生混合料的高温性能。

3.2　施工控制指标评价

就地热再生施工完工后对再生路段的路面抗滑性能、渗水系数、平整度和压实度等指标进行了检测，检测结果见表 11。

表 11　再生路面性能指标检测结果

方案	构造深度/mm	摩擦系数/BPN	渗水系数/（mL/min）	平整度 σ	压实度/% 基于马氏密度	压实度/% 基于最大理论密度
方案一	1.0	62	12	0.8	99.0	95.1
方案二	1.0	62	8	0.6	99.2	95.3
方案三	0.9	61	52	0.8	98.2	94.2
技术要求[2]	≥0.6	≥55	≤60	≤1.0	≥98	94～96.5

检测结果表明：

（1）各再生方案施工路段的构造深度、摩擦系数、渗水系数、平整度和压实度均能满足技术要求。

（2）方案一的压实度相对高于方案三，说明在相同的碾压温度下，添加温拌剂有利于再生混合料的碾压密实，提高再生路面压实度。

（3）方案二的压实度相对高于方案三，说明添加再生剂有效恢复了老化沥青的使用性能，使老化沥青黏度降低，有利于再生混合料的压实。

3.3　再生路面性能跟踪观测

2012 年 11 月就地热再生试验段施工完成后，在通车运营的 3 年间，对试验段路面车辙、平整度、横向力系数指标进行了跟踪检测，检测结果见表 12。

表 12　再生路面性能跟踪观测结果

检测日期	车辙深度/mm			国际平整度/(m/km)			横向力系数		
	一	二	三	一	二	三	一	二	三
就地热再生前	11.2	12.2	10.6						
2012 年 12 月				1.4	1.9	1.4	75	71	71
2013 年 3 月	2.2	2.2	2.6	1.8	2.2	1.8	51	45	58
2013 年 8 月	6.1	7.6	5.9	1.9	2.3	1.9	46	45	54
2014 年 5 月	6.3	8	5.9	1.8	2.2	1.8	47	40	50
2014 年 11 月	6.7	9	6.7	1.9	2.3	1.8	46	40	49
2015 年 11 月	9.9	10.2	9.2	1.8	2.4	1.8	47	40	48

注:表中一、二、三分别代表再生方案一、方案二和方案三。

跟踪观测结果表明:

(1)实施就地热再生后,原路面病害尤其是车辙病害得到了有效处治,但随着后续通车时间的增加,路面性能均出现了不同程度的衰减,其中车辙增幅较大,横向力系数衰减也相对较大,国际平整度指数相对稳定。

(2)对重载路面,车辙病害经再生处治后的 3 年中,其车辙指标尽管有衰减,但尚未劣化到处治前水平,再生使用寿命预计 4～6 年。其中方案二处治路段车辙发展速率要高于方案一和方案二,验证了室内车辙试验得到的再生剂添加会在一定程度上降低再生料高温性能的结论。

4　效益分析

4.1　经济效益分析

目前,江苏公路沥青路面尤其高速公路沥青路面车辙处治工艺主要是就地热再生和铣刨重铺,根据本次国道 312 无锡段就地热再生试验路,结合常用的铣刨重铺工艺,测算两种养护工艺的维修成本见表 13。

表 13　就地热再生和铣刨重铺成本单价　　　　　　　　　　　　　　　　元/m²

费用类别		就地热再生	铣刨重铺
直接工程费	改性沥青改性沥青	5.1	34.3
	集料	1.6	11.0
	黏层油	0.0	1.8
	运输	0.8	2.8
	拌合	0.5	3.5
	摊铺	0.5	0.5
	碾压	0.5	0.5
	铣刨	3.9	3.9
	加热复拌	30.9	0.0
	其他	0.3	2.0

续表

费用类别		就地热再生	铣刨重铺
其他工程费		9.2	12.6
间接费	规费	0.2	0.2
	企业管理费	0.4	0.5
利润及税金		5.7	7.8
安全生产费		0.6	0.8
合计		60.2	82.2

注:其他工程费包括再生剂、温拌剂等,以及相关的材料、设备费用。

结果表明,就地热再生成本单价相比传统的铣刨重铺工程节约 22 元/m² ,降幅近 27%。按单车道处理宽度 3.8 m 计,单车道每千米就地热再生比铣刨重铺节约 8.36 万元。312 国道无锡段就地热再生工程的工程量为 4.5 km 单车道,则实际成本为 102.9 万元,相对于传统的铣刨重铺节省成本 37.6 万元。因此,相对于铣刨重铺技术,就地热再生技术具有良好的经济效益。从寿命周期角度分析,若就地热再生和铣刨重铺的寿命分别按照 5.5 年和 7 年(铣刨重铺采用普通改性沥青,无须添加抗车辙剂,寿命相对较短)计算,则每平米养护路面平均每年产生的费用分别为 10.9 元和 11.7 元,就地热再生经济效益更显著。

4.2 环境效益分析

对铣刨重铺和就地热再生的单位能耗和碳排放进行计算[8]。对比两种工艺,铣刨重铺主要增加了铣刨过程及铣刨旧料运输环节,而就地热再生主要增加了加热复拌过程。

(1)原路面铣刨

以采用典型的铣刨宽度为 2 m 的铣刨机对老路面进行铣刨为例,根据调查,其发动机满负荷油耗为 124 L/h(柴油密度为 0.84 kg/L),设定铣刨机功率为 80%,铣刨深度为 4 cm 时,速度约为 6 m/min。

(2)运输过程

原材料的运距一般为 100~200 km,沥青混合料的运距一般为 50~150 km,为了便于测算结果的对比分析,将原材料的运距设定为 150 km,混合料运距设定为 80 km,原路面铣刨料运距设定为 80 km。

(3)混合料生产、摊铺碾压

沥青路面铣刨重铺过程中,沥青混合料的生产、摊铺碾压与新建路面一样,可参照热拌沥青路面混合料生产数据。

铣刨重铺和就地热再生的能耗及碳排放的计算结果见表 14。

表 14 铣刨重铺和就地热再生的能耗及碳排放对比

施工过程	铣刨重铺		就地热再生	
	能耗/(MJ/m²)	碳当量/(kg/m²)	能耗/(MJ/m²)	碳当量/(kg/m²)
沥青	30.64	1.83	4.60	0.27
集料	3.00	0.23	0.45	0.03

施工过程	铣刨重铺		就地热再生	
	能耗/(MJ/m²)	碳当量/(kg/m²)	能耗/(MJ/m²)	碳当量/(kg/m²)
原材料运输(150 km)	12.06	1.12	1.81	0.17
混合料拌合	33.66	2.82	5.06	0.43
新料和旧料运输(各80 km)	12.86	1.20	0.97	0.09
摊铺	1.59	0.12	1.59	0.12
碾压	1.86	0.14	1.86	0.14
铣刨	4.94	0.37		
加热、铣刨、复拌			46.92	3.25
合计	100.61	7.83	63.26	4.50

结果表明,就地热再生的能耗和碳排放量分别较铣刨重铺每平方米低37.35 MJ和3.33 kg,降幅达37.1%和42.5%,则单车道每千米就可节约能耗141 930 MJ,减少碳排放12 654 kg。根据312国道无锡段就地热再生工程量计算得到工程总能耗和碳排放分别为1 081 746 MJ和76 950 kg,相对于传统的铣刨重铺减少能耗与碳排放分别为638 685 MJ和56 943 kg。因此,就地热再生相对于铣刨重铺,节能减排效果明显,具有良好的环境效益。

5 结 语

(1) RAP抽提集料通过4.75 mm筛孔的比例超过级配范围的上限,表明原路面骨料发生了磨耗或破碎,需要添加新集料改善级配。同时RAP中沥青的针入度和延度均显著降低,表明沥青已产生了一定的老化;通过添加1%的再生剂后,老化沥青的针入度和延度明显提高,低温性能显著提升,再生效果明显。

(2) 室内再生混合料性能试验和现场取样再生混合料性能试验结果均表明,3种再生方案的再生混合料性能指标均满足技术要求。温拌剂的添加提升了再生混合料的高温性能,但降低了低温性能和抗水损害性能;再生剂的添加提升了再生混合料的抗水损害性能和低温性能,但降低了高温性能。

(3) 现场再生路面检测结果表明,各再生方案施工路段的构造深度、摩擦系数、渗水系数、平整度和压实度均能满足技术要求。添加温拌剂和再生剂均有利于再生混合料碾压密实,提高路面压实度。

(4) 跟踪观测结果表明,重载沥青路面实施就地热再生车辙处治维修后,原有路面病害尤其是车辙病害得到了有效处治,再生路面在通车运营3年后,车辙深度有劣化趋势,但还能保持在良好水平,该工艺使用寿命预计为4~6年。

(5) 相比传统铣刨重铺工艺,就地热再生单车道每公里可节约成本8.36万元,节约能耗141 930 MJ,减少碳排放12 654 kg,经济效益和环境效益显著。

参考文献

[1] 胡达平.再生SMA沥青混合料应用技术研究[J].市政技术,2003,16(7):229—234.

［2］江苏省高速公路沥青路面施工技术规范(DB32 T1246－2008)［S］.

［3］郑南翔，候月琴,纪小平.老化沥青再生性能的预估分析［J］.长安大学学报(自然科学版),2009,29(3):6－10.

［4］杨杰.SBS 改性沥青的回收和再生剂对改性沥青的性能影响分析［J］.中外公路,2009,29(1):242－244.

［5］马涛,黄晓明,张久鹏.基于材料复合理论的老化沥青再生规律［J］.东南大学学报(自然科学版),2008,38(3):520－524.

［6］吕伟民.沥青再生原理与再生剂的技术要求［J］.石油沥青,2007,21(6):1－6.

［7］张道义,屈言宾,赵永利,等.对再生沥青进行改性的可行性分析［J］.石油沥青,2008,22(1):70－72.

［8］江苏交通控股有限公司,等.江苏省高速公路沥青路面节能减排养护技术研究［R］.2015.

就地冷再生技术在南京三桥沥青路面
养护工程中的应用

樊叶华　杨　娟　王　媛　王　进　赵凡忠

(南京长江第三大桥有限责任公司　南京　211808)

摘　要　就地冷再生技术是一种非常符合低碳环保、废料循环利用及节约成本的路面维修改造技术,在路面改造及养护工程中有很大的应用前景。本文根据南京三桥路面维修工程,从路面维修方案的确定、冷再生混合料配合比设计、施工工艺和质量跟踪控制等方面进行了介绍,对现场不同碾压方案及不同的养生时间进行了研究,为今后就地冷再生施工提供了参考。

关键词　就地冷再生　路面改造　配合比设计　施工控制

0　引　言

就地冷再生[1-4](cold in-place recycling,CIR)是国外 20 世纪 80 年代后期迅速发展起来的一种新技术,目前已成为国际上旧路维修改造、升级的主要方法之一[5,6]。就地冷再生是利用现有旧路材料(面层或部分基层),需要时加入部分新骨料,并按比例加入一定量的再生剂(乳化沥青、泡沫沥青、水泥、粉煤灰和石灰等)或添加剂,在自然环境温度下连续地完成材料的铣刨、破碎、筛分、拌合、摊铺及压实成型的作业过程[7-9]。就地冷再生是公路工程中一项重要的道路维修养护的重要实用技术,相对于目前公路工程大中修采用的传统方式,能够 100% 的利用路面废料,对节省养护资金、节约资源、保护环境和提高沥青路面养护改造技术水平具有重要的现实意义。本文结合南京长江第三大桥迎国检沥青路面维修工程,对路面养护方案的确定,配合比设计过程中材料要求,冷再生混合料性能试验验证,施工工艺中的碾压方案不同及养生时间不同进行研究,为今后类似工程提供参考。

1　方案设计

南京长江三桥高速位于长江江苏境南京区段,距现有南京长江大桥上游约 19 km,距长江入海口约 350 km。南京长江三桥自 2005 年开通至今已投入运营 12 年,随着运营年限的延长,路面的病害不断显现,尤其是北接线路面,其病害主要包括车辙、裂缝、沉降。传统的改造方法是将旧路面结构层全部铣刨,然后进行重新加铺,这种方案工程造价较高,施工工期较长,存在一定程度的资源浪费,且加铺混合料会对环境造成污染。因此,本次沥青路面维修采用以乳化沥青就地冷再生中下面层为主要方案。

1.1　原路面病害处治方案

基层病害开挖后分层回填 AC-25 普通沥青混合料[具体基层铣刨深度为 18 cm 或者

(18＋18)cm,根据现场病害情况确定]及下面层 5 cm AC-25 普通沥青混合料,上部结构采用铣刨料压实整平,以便进行就地冷再生施工。

1.2 路面养护方案

乳化沥青就地冷再生中下面层维修方案见图 1 和图 2。

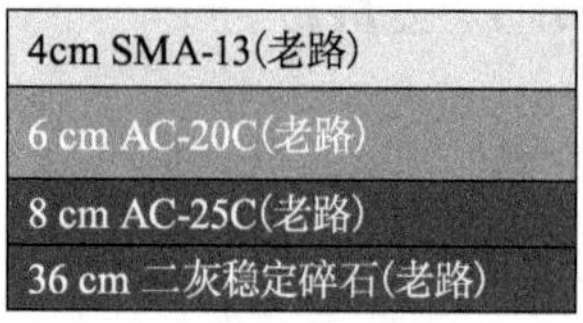

4cm SMA-13(老路)
6 cm AC-20C(老路)
8 cm AC-25C(老路)
36 cm 二灰稳定碎石(老路)

图 1 原路面结构

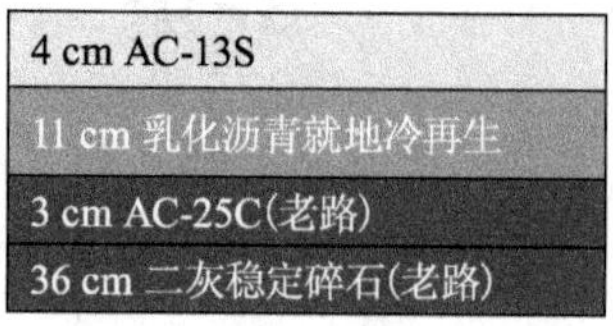

4 cm AC-13S
11 cm 乳化沥青就地冷再生
3 cm AC-25C(老路)
36 cm 二灰稳定碎石(老路)

图 2 新路面方案设计

该方案是先对第一、第二车道进行处治,先铣刨 5 cm 面层,然后乳化沥青就地冷再生铣刨 9.6～10 cm 面层,摊铺 11 cm CIR 再生面层。养生结束后喷洒改性乳化沥青,裂缝处黏贴自粘式聚酯玻纤布,摊铺碾压 4 cm 改性沥青混合料 AC-13S(PG76－22＋2.5‰聚酯纤维＋3‰抗车辙剂)。第三车道上面层摊铺宽度至标线外侧 30 cm 处和紧急停靠带顺接。摊铺完第一、第二车道后,按照上述步骤进行第三车道施工。

2 冷再生混合料配合比设计

2.1 原材料的选择

2.1.1 乳化沥青要求

就地冷再生用乳化沥青不同于传统的洒布型乳化沥青和拌合型乳化沥青,其技术要求应具有以下特点[10－12]:① 对回收沥青路面材料(RAP)和新料(若添加)有充分的裹覆能力和较好的配伍性;② 较高的固含量可保证破乳后对 RAP 和新料(若添加)形成较厚的沥青膜;③ 形成的再生混合料具有较快的早期强度形成和较好的抗水损能力。

2.1.2 水泥要求

为了提高混合料的性能,确定添加 2.0% 的水泥,除了能增加再生混合料获得强度的速率(获得较快的早期强度)和提高水稳定性外,另外没有与水发生反应的一部分水泥可以作为填料。就地冷再生混合料中采用的水泥为海螺 P.O 42.5 的普通硅酸盐水泥,其技术要求参考江苏省地方规程《乳化沥青就地冷再生技术应用指南及施工技术规程》。

2.2 回收沥青路面材料(RAP)筛分试验

用于室内试验的 RAP 应具有代表性,应能客观地反映原路面面层的状况,RAP 没有结块和杂物。因此现场取回的 RAP 宜先烘干后再筛分,避免由于水分黏结作用存在结块现象。本次试验的 RAP 在 60 ℃通风烘箱中加热 24 h 后再进行筛分试验。试验结果见表 1。后续所有试验中所采用的 RAP,均在 60 ℃通风烘箱中加热 24 h 烘干水分后再用于相关试验。

表 1 RAP 筛分试验结果

筛孔/mm	31.5	26.5	19	16	13.2	9.5	4.75	2.36	1.18	0.6	0.3	0.15	0.075
通过率/%	100	97.6	85.7	76.1	65.5	54.3	40.6	23.2	14.7	6.9	3.8	2.2	1.4

2.3 冷再生混合料配合比设计及最佳材料用量确定

根据旧料筛分试验结果,确定再生混合料的级配为 100% 利用旧料,未添加任何新料。混合料级配见图 3,合成级配见表 2。对照江苏省地方规程,合成级配属于粗粒式,各控制筛孔均满足规程要求。

表 2　冷再生混合料工程设计级配

筛孔尺寸/mm	规程要求(粗粒式)	合成级配
31.5	100	100
26.5	80~100	97.6
13.2	60~80	76.1
4.75	25~60	40.6
2.36	15~45	23.2
0.3	3~20	3.8
0.075	1~7	1.4

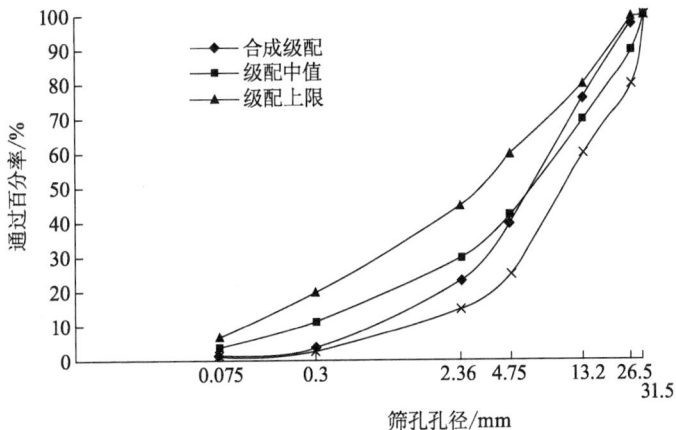

图 3　冷再生级配曲线

根据室内试验检测结果,各项指标均满足要求,在不加新料的条件下,其最佳材料用量为:乳化沥青 3.0%,水泥 2.0%,外掺水量 3.0%。

3　就地冷再生混合料性能验证

为了进一步验证目标配合比设计的合理性,研究过程中对最佳乳化沥青用量(3.0%)下混合料的性能进行了验证,分别进行了冷再生混合料的浸水马歇尔试验、浸水劈裂试验及冻融劈裂试验。试验结果分别见表 3 至表 5。试验结果表明,冷再生混合料各项指标均满足要求,强度及水稳定性良好。

表 3　浸水马歇尔试验结果(40 ℃)

乳化沥青含量/%	空隙率/%	马歇尔稳定度/kN	浸水马歇尔稳定度/kN	残留稳定度/%	规范要求/%
3.0	12.7	8.88	7.54	84.9	≥75

表 4　浸水劈裂试验结果(15 ℃)

乳化沥青含量/%	空隙率/%	劈裂强度/MPa	浸水劈裂强度/MPa	干湿劈裂强度比/%	规范要求/%
3.0	12.7	0.82	0.65	79.3	≥75

表 5　冻融劈裂试验结果

冷再生混合料	劈裂强度/MPa		冻融劈裂强度比/%	规范要求/%
	非条件	条件		
CIR 粗粒式	0.565	0.451	79.9	≥70

4　施工工艺与质量控制

4.1　摊铺

摊铺机在摊铺过程中必须做到匀速、平稳、连续作业,不得随意变换速度或者中途停顿。摊铺速度宜控制在 2～4 m/min,做到缓慢、均匀和不间断摊铺。摊铺过程中一定要注意再生厚度、横坡与摊铺机的配合。注意横坡的控制,以免出现路面积水,造成今后路面使用的损害。如遇到下雨天应立即停止摊铺,并对已经摊铺完成路段采取覆盖措施,避免雨水冲淋表面。

4.2　压实

在施工之前,应先对压实设备进行检验,根据施工路面宽度,要求配备的碾压设备数量及压路机的吨位满足要求。再生混合料应在表面破乳之前由紧随摊铺机后面的钢轮压路机进行碾压,以防乳化沥青黏度增加,产生粘轮现象。压实是保证面层质量的重要环节,碾压要遵循"紧跟、慢压、高频、低幅"的原则,尤其要注意"紧跟"。压路机碾压时可喷少量水雾,以防止压路机黏结再生混合料。本次试验路段施工采用的压实设备为 2 台单钢轮压路机、2 台胶轮压路机、1 台双钢轮压路机。现场试验段采用了两种碾压组合方案,见表 6。

表 6　施工碾压方案

碾压阶段	碾压方案一	碾压方案二
初压	单钢轮振动压路机(2 遍)	单钢轮振动压路机(3 遍)
复压	胶轮压路机(4 遍)	胶轮压路机(5 遍)
终压	双钢轮压路机(2 遍)	双钢轮压路机(2 遍)

4.3　养生

在加铺封层或者罩面之前,冷再生面层应在较好的天气下进行养生,养生期一般为 3～7 d。根据试验段不同碾压方案进行了取芯,取芯段养生期为 7 d,对所取芯样进行压实度试验,确定最佳碾压方案,试验结果见表 7。最终确定方案二为最佳碾压方式。

表 7　两种碾压方案压实度比较

碾压方案一理论压实度/%		碾压方案二理论压实度/%
88.5		89.5
87.8		92.2
88.2		92.3
87.3		89.3
89.1		90.6
平均值	88.2	90.8
要求	≥89	≥89

在养生过程中分别对不同养生天数进行了取芯,观察芯样的完整性,其中包括 3 d、5 d,7 d,不同养生时间的混合料芯样完整性对比试验结果见表 8。

表 8　不同养生天数冷再生取芯完整性对比

钻取芯样养生时间/d	取芯数量/个	芯样描述
3	5	芯样均出现底部脱落,不能够完整取出
5	5	2 个芯样存在底部脱落
7	5	较完整

根据不同碾压方案及不同的养生时间对比,施工过程中采用碾压方案二压实度均能达到技术要求,养生时间应为 7 d,所取芯样均较完整。

4.4　施工质量控制

平整度、车辙测试均采用激光断面仪,属于先进的车载式激光断面设备(设备编号:3113243-1)。系统包括 13 个高精度的激光传感器、两个加速度传感器,可准确地按设定长度直接输出国际平整度指数(IRI)数值、车辙(RUTTING)、构造深度指标。最大测试行驶速度可达到 100 km/h,是一种快速、高精度及信息量丰富的新型路面无损检测设备。

4.4.1　路面平整度

2015 年 9 月,对南京长江第三大桥沥青路面行驶质量进行检测与评价,结果见表 9。检测状况较好,上行、下行第二车道路面平整度 IRI 平均值分别为 1.31 m/km 和 1.21 m/km;路面行驶质量指数 RQI 分别为 94.16 和 94.56,以 1 km 为评价单元,双向第二车道所有公里段路面行驶质量指数 RQI 均在 90 以上,按现行规范评价均为优。

表 9　第二车道平整度统计(1 km 评价单元)

车道		上行第二车道	下行第二车道
桩号范围		K96+660～K112+260	
路面平整度 IRI	平均值/(m/km)	1.31	1.21
	标准差/(m/km)	0.61	0.49
	变异系数/%	47.10	40.75

续表

车道		上行第二车道	下行第二车道
桩号范围		K96＋660～K112＋260	
路面行驶质量指数 RQI 整体状况	最小值	91.89	92.72
	最大值	95.94	95.73
	平均值	94.16	94.56

4.4.2 路面车辙分析与评价

2015 年 9 月,对南京长江第三大桥路面车辙进行检测与评价,结果见表 10,检测结果状况较好,上行、下行第二车道路面车辙 RD 平均值分别为 2.0 mm 和 2.2 mm;路面车辙深度指数 RDI 平均值分别为 96.0 和 95.6。以 1 km 为评价单元,双向第二车道所有公里段路面车辙深度指数 RDI 均在 90 以上,按现行规范评价均为优。

表 10　第二车道车辙统计(1 km 评价单元)

车道		上行第二车道	下行第二车道
桩号范围		K96＋660～K112＋260	
路面车辙 RD/ mm	最小值	1.0	0.8
	最大值	3.1	4.1
	平均值	2.0	2.2
路面车辙深度指数 RDI 整体状况	最小值	93.8	91.8
	最大值	98.0	98.4
	平均值	96.0	95.6

5　经济技术性分析

以本次维修改造就地冷再生方案与传统铣刨加铺方案进行比选,以待改造路段合计 17.833 km,累计面积达 254 120 m²(机动车道 3.75 m³,路缘带 0.5 m,硬路肩 2.5 m)为维修改造目标,两种方案的经济性分析见表 11。

表 11　沥青路面维修方案比选

维修方案	就地冷再生方案		传统铣刨加铺方案	
路面 结构 形式 简述	4 cm SMA-13	恢复原路面结构	4 cm SMA-13	恢复原路面结构
	6 cm AC-20	乳化沥青就地冷再生中面层	6 cm AC-20	恢复原路面结构
	8 cm AC-25	5 cm 冷再生下面层＋3 cm AC-25C(老路保留)	8 cm AC-25	恢复原路面结构
	36 cm 二灰稳定碎石	维持原结构	36 cm 二灰稳定碎石	维持原结构
	原路面结构	推荐路面结构	原路面结构	推荐路面结构

维修方案	就地冷再生方案	传统铣刨加铺方案
方案比选	优点：① 100%旧料利用,节约原材料,节省投资成本,同时保护环境,并能彻底消除原有路面的裂缝、拥包、车辙和松散等病害,提高路面承载力；② 解决由于段落不连续,局部处理而带来的施工转换问题,缩短工期,对交通影响小。缺点：需要专业的就地冷再生施工设备和操作人员；交通组织要求高。	优点：① 铣刨重铺施工工艺成熟,可一次性解决面层病害问题；② 不需要专业的施工设备。缺点：养护路段零散,施工时对交通影响大；产生大量的铣刨料,资源浪费；处治后路面整体性能水平不及就地冷再生方案。
建安费/万元	4 105.9	6 591.3

由表11可见,采用就地冷再生技术方案进行维修改造可显著节省养护资金,同时可就地利用原有废旧沥青混合料,达到"节省资金、节约资源"的目的。

6 结　语

就地冷再生是公路工程中一项重要的道路维修养护的实用技术之一,与传统的沥青路面养护维修方式相比,能够节约原材料,提高旧路等级,缩短工期,对交通影响小；节省投资成本,同时循环利用废料、保护环境,并能彻底消除原有路面的拥包、车辙和松散等病害；还可以对基层病害进行适当处理,一定程度上提高路面承载力,显著改善路面使用品质。对节省养护资金、节约资源、保护环境和提高沥青路面养护改造技术水平具有重要的现实意义。2015年,在国检前江苏省的预检中,南京三桥公司名列全省倒数第三。而本次国检留给我们改造的时间只有3个月,这基本上是一场不可能完成的任务。但这是一场输不起的硬仗,为确保"十二五"迎国检各项指标全面达优,面对压力,我们从设计方案的反复论证调整、到监理与技术咨询的保障、施工全程的管控,创新使用"冷再生"新工艺,将冷再生沥青混凝土技术首次应用于高速公路,并在工程实施过程中数次调整方案,投入4 000余万元解决了常规工艺需要1.5亿才能完成的全断面路面维修。该项目自2015年8月1日完工,目前使用效果良好。从目前跟踪数据上分析,改造质量良好。这既为江苏省国检工作交上合格的答卷,也为三桥公司全寿命周期成本最优化,降低后期养护改造成本做出了贡献。本文依托南京长江三桥迎国检沥青路面维修改造工程,对就地冷再生技术原材料、混合料、配合比设计、施工工艺与质量跟踪控制及经济性进行了较为详细的论述,得出结论如下：

（1）严格根据配合比进行原材料与混合料设计,冷再生混合料各项性能试验结果均需满足要求,冷再生施工过程中应加强施工工艺与质量控制,确保冷再生后的沥青路面具有优良的路用性能。

（2）通过上述对现场施工控制的分析,并结合试验段的检测数据分析,采用合理的机械组合、合适的机械配型、合理的碾压遍数及对冷再生混合料碾压后的养生时间分析,确定了最终碾压方案及养生时间,也为今后冷再生施工提供了参考。

（3）传统的铣刨加铺等方式存在一定程度的资源浪费,与传统的维修改造相比,冷再生技术能够利用路面废料,对节省养护资金、节约资源、保护环境和提高沥青路面养护改造技术水平有重要意义。

参考文献

[1] Richard E Y Y, Kieran G S. Recycled crushed concrete stabilized with cementations binders[A]. The 3th International Conference on Road and Airfield Pavement Technology. Beijing: China Communications Press, 1998.

[2] Edward Kearney. Cold Mix Recycling: State-of-the-Practice. Joural of the association of asphalt paving technologists[J]. 1997: 486—505.

[3] Y Kim, H &Ldquo, David&rdquo, Lee, M Heitzman. Development of mix design procedure for cold in-place recycling with foamed asphalt[J]. Journal of Materials in Civil Engineering, 2006, 18(1): 116—124.

[4] Y Kim, HD Lee. Performance evaluation of cold in-place recycling mixtures using emulsified asphalt based on dynamic modulus, flow number, flow time, and raveling loss[J]. Ksce Journal of Civil Engineering, 2012, 16(4): 586—593.

[5] 李艳春, 陈朝霞, 阎峰, 等. 旧路面材料的冷再生利用及力学性能分析[J]. 公路交通科技, 2001, 18(5): 15—16.

[6] 李强, 马松林, 王鹏飞. 沥青路面冷再生混合料疲劳性能[J]. 交通运输工程学报, 2004, 4(1): 7—10.

[7] 徐金枝. 泡沫沥青及泡沫沥青冷再生混合料技术性能研究[D]. 西安: 长安大学, 2007.

[8] 张宏国. 冷再生基层沥青路面材料设计与结构性能评价研究[D]. 西安: 长安大学, 2013.

[9] H Yu, S Shen. An investigation of dynamic modulus and flow number properties of asphalt mixtures in washington state[J]. Journal of Immunology, 2011, 148(3): 844—51.

[10] MDBKJ Jenkins. Performance of cold recycling materials with foamed bitumen and increasing percentage of reclaimed asphalt pavement[J]. Road Materials & Pavement Design, 2014, 15(15): 348—371.

[11] M Iwański, A Chomicz-Kowalska. Laboratory study on mechanical parameters of foamed bitumen mixtures in the cold recycling Technology[J]. Procedia Engineering, 2013, 57(1): 433—442.

[12] G Martinez-Arguelles, F Giustozzi, M Crispino. Investigating physical and rheological properties of foamed bitumen[J]. Construction & Building Materials, 2014, 72: 423—433.

[13] Y Kim, TS Park. Reinforcement of recycled foamed asphalt using short polypropylene fibers[J]. Advances in Materials Science & Engineering, 2013(10): 354—358.

沥青路面再生技术及在常州市应用展望

卢 磊 王晶娥

(1. 江苏省交通规划设计院股份有限公司常州分公司 常州 213024；
2. 常州市武进高新区管委会规划建设和城市管理局 常州 213164)

摘 要 本文分析了常州公路现状,并对常规路面修补方案进行分析;介绍沥青路面再生技术,分析沥青路面再生技术特点,并展望沥青路面再生技术在常州市的应用前景。

关键词 沥青路面再生技术 应用展望

1 概 述

1.1 常州公路概述

经过 20 世纪 90 年代后期至 21 世纪初的大规模建设,"十一五"期间,常州市普通干线公路建设累计完成投资 53.48 亿元,相继实施了 104 国道、122 省道、232 省道、239 省道、241 省道、338 省道、340 省道、342 省道等重要国省干道全面升级改造。截至 2011 年底,常州市公路通车里程达 8 446.392 km,等级公路里程为 8 394.069 km,其中高速公路 247.352 km,一级公路 882.197 km,二级公路 1 179.276 km,三级公路 1 301.259 km,四级公路 4 783.985 km;等级公路里程为 52.323 km,其中沥青混凝土路面 2 422.327 km,水泥混凝土路面 5 941.134 km,目前许多县乡道路正在进行黑色化改造施工中。

随着常州市公路建设的飞速发展,每年有大量旧沥青混合料产生,且逐年增加。旧沥青混合料中约有 5％是沥青,95％是各种级配的骨料,如果不能进行利用,不但在经济上会造成损失,而且浪费了有限的矿产资源,污染了自然环境,与国家推行的可持续发展、节能减排的战略方针不符。旧沥青路面再生技术的推广与应用已经势在必行。

1.2 沥青路面养护大中修方案分析

沥青路面高速公路、一级公路的设计年限为 15 年,二级公路设计年限为 12 年。由于近年来经济发展迅速,交通量增长明显,超载车辆较多,沥青路面实际使用年限有所缩减,也就是说,每隔 10～15 年沥青路面就需要养护大中修(个别项目甚至缩短至 6～8 年)。

传统的沥青路面养护大中修方法如下。

一是沥青面层破损一般,可以利用原有路面结构层;对沥青面层病害修补后再进行补强设计,即加铺基层补强层与沥青面层。该方案突出的问题是维修后道路的标高将提高,与道路两侧结构物衔接不便;对老路修补较难控制(施工工期、现场施工组织、监管困难等因素），施工过程中很难按设计要求实施；由于保存原有沥青面层，施工过程中也存在局部病害处未能修补，容易造成沥青路面结构层中的软弱夹层，反而加快修补后沥青面层的破损。

二是沥青面层破损严重，原有路面结构层不能利用：将路面的沥青面层、基层挖除，远运并废弃，利用原有老路基层或底基层重新铺筑基层和沥青面层。该方案需挖除老路，并且施工机械铣刨（挖除）老路的同时对老路扰动较大，降低老路的强度；挖除老路后对老路的强度检测不到位，施工界面很难控制，施工质量难以保证，造成修补后沥青路面结构强度降低的隐患。

传统的养护大中修方法施工周期长，需较长时间封闭道路，对车辆通行影响很大，水泥稳定碎石修补补强层养生期往往不够，施工质量无法保证，且消耗大量的砂石料与沥青，与国家推行的可持续发展、节能减排的战略方针不符。

2 沥青路面再生技术

新建沥青混合料路面需要大量的沥青和石料，常州地区主要的石料均产自溧阳地区，而溧阳市近几年着力加强全市矿山生态修复工作，到 2011 年年底，全市累计关闭矿山宕口 90 多个，新建沥青混合料路面将面临巨大的资源压力，而且如何处理铣刨的废旧沥青混合料也成为亟待解决的问题。再生利用铣刨后的沥青混合料是解决上述问题的有效途径。

2.1 沥青路面再生技术的发展过程及现状

沥青路面再生技术国外早在 20 世纪 30 年代便开始研究，从 20 世纪 70 年代中期开始，沥青路面再生技术取得重大进步并在国外得到普遍推广。我国在 20 世纪 80 年代曾经不同程度地利用过旧沥青混合料修补，近年来为了适应建设资源节约型、环境友好型社会的要求，沥青路面再生技术在我国公路建设和养护中逐步推广应用。江苏省也早在在 2004 年沪宁高速公路（江苏段）扩建工程中将旧路沥青面层铣刨料和二灰碎石基层铣刨料按相应比例混合，同时掺 2% 的水泥，再生为拼宽新建段底基层。2008 年，由交通部公路科学研究院主编形成了《公路沥青路面再生技术规范》（JTG F41－2008）。

2.2 沥青路面再生技术概述

沥青路面再生包括两个部分：一是回收沥青混合料（RAP）的利用，对旧沥青混凝土路面进行破碎、筛分，再与新集料、新沥青、再生剂等拌制成沥青混合料；二是沥青老化变硬、变脆，需将旧沥青性能添加再生剂调整到规范要求的范围内，使得旧沥青获得较好性能。

2.3 沥青路面再生技术方式的分类

沥青路面再生利用技术分为厂拌热再生、就地热再生、厂拌冷再生和就地冷再生，其中就地冷再生技术按照再生材料和厚度的不同分为沥青层就地冷再生、全深式就地冷再生两种方式。

（1）厂拌热再生技术

厂拌热再生技术是指将回收沥青路面材料（RAP）运至沥青拌合厂，通过破碎、筛分，并根据旧料中沥青含量、沥青老化程度、级配等指标，掺入一定数量的新集料、沥青和再生剂进行拌合，使沥青混合料达到公路沥青路面设计规范规定的各项指标的沥青路面再生技术。

（2）就地热再生技术

就地热再生也称为表层再生技术，即通过现场加热、翻耕、混拌、摊铺、碾压等工序一次性实现就地旧沥青混凝土路面再生。

（3）厂拌冷再生技术

厂拌冷再生技术是指将回收沥青路面材料（RAP）运至沥青拌合厂，通过破碎、筛分，并根据旧料中沥青含量、沥青老化程度、级配等指标，掺入一定数量的新集料、沥青类再生结合料、活性填料（水泥、石灰等）、水进行常温拌合、常温铺筑形成路面结构层的沥青路面再生技术。

（4）就地冷再生技术

就地冷再生技术是指通过专用的就地再生机械，对沥青路面现场铣刨、破碎和筛分、掺入一定数量的新集料、沥青类再生结合料、活性填料（水泥、石灰等）、水，经过常温拌合、摊铺、碾压等工序，一次性实现旧沥青路面再生的技术。

3 沥青路面再生技术利用范例

目前厂拌热再生技术成熟，技术难度小，质量控制相对简单，应用范围较广。乳化沥青就地冷再生层在常州 S239 试验段（K60＋000～K62＋000）、锡澄路试验段也均有应用。本文重点介绍厂拌热再生技术和就地冷再生技术。

3.1 厂拌热再生技术

（1）昆玉高速公路路面大修工程

我院路面技术研究所承接了昆玉高速公路路面大修工程，昆明至玉溪高速公路（以下简称昆玉高速公路）是昆（明）曼（谷）国际大通道的起始路段，是云南省第一条全封闭、全立交、配套设施完善的六车道高速公路，也是国道 213 线的重要路段，是昆明至玉溪、思茅、西双版纳等地和磨憨、打洛两个国家级边境口岸的主要通道。

昆玉高速公路起于昆明市官渡区鸣泉村，途径呈贡县、晋宁县，止于玉溪市红塔区高仓，全长约 86.3 km，其中昆明市境内约 61.5 km，玉溪市境内约 24.8 km，为全封闭、全立交、双向六车道（通站～高仓路段为双向四车道），设计行车速度 80～100 km/h，整体式路基宽度 24.5～26 m。

原路面采用沥青混凝土路面，路面结构组合为：上面层 3 cm AK-13＋4 cm AC-20＋5 cm AC-25＋38 cm 水稳碎石＋15 cm 级配碎石。

路面大修方案如下：

① 基层未发生破坏或仅有少量破坏，仅需局部治理即可。

将上、中、下面层铣刨，对基层的病害进行灌缝、注浆、开挖回填等方法局部处理。面层铣刨料运至集中拌合场地分别进行厂拌冷（热）再生，再生混合料铺筑中、下面层，下面层采用 8 cm 厂拌冷再生混合料，中面层采用 6 cm AC-20C 厂拌热再生混合料，最后用新料铺筑 4 cm SMA-13 上面层。

② 基层病害较为严重，需要全部或局部铣刨重铺。

将上、中、下面层铣刨，对基层也进行铣刨，直至基层基本无病害。基层铣刨料就地冷再生作为新路面的基层；面层铣刨料运至集中拌合场地分别进行厂拌冷（热）再生，再生混合料铺筑中、下面层，下面层采用 8 cm 厂拌冷再生混合料，中面层采用 6 cm AC-20C 厂拌热再生混合料，最后用新料铺筑 4 cm SMA-13 上面层。

对于间歇式沥青混合料拌合站，厂拌热再生对 RAP 料的利用率可达 10％～30％，昆玉高速公路路面大修改造工程厂拌热再生 RAP 材料的利用率拟定为 20％，对剩余的 80％RAP 料进行厂拌冷再生作为路面结构的下层。考虑到提高沥青混合料的施工质量，采用 SBS 改性乳化沥青厂拌冷再生。

对于路面基层铣刨料，通过掺入水泥、碎石等就地冷再生作为新路面基层。

该项目目前处于施工前期准备阶段。

（2）104 国道（K1227＋460～K1234＋828）养护中修工程方案设计

104 国道南渡段现有道路（K1227＋460～K1234＋828）路面车辙等病害严重，沿线地方政府及群众意见较大，尤其在雨季，路面车辙积水严重影响行驶安全，在夏季高温及车辆荷载作用下，车辙病害不断加重。

104 国道溧阳段 1986—1989 年改造为中间 9.0～12.0 m 的 22 cm 厚水泥混凝土路面，两侧各 3.5 m 的沥青表处硬路肩。1997—2000 年对旧有水泥板块修补后用 15 cm 二灰碎石补强，其上为 1.5 cm 沥青下封层，加铺 5 cm 中粒式沥青混合料＋3 cm 细粒式沥青混合料。2003—2005 年，因车辙严重和抗滑性能较差，对旧路小修保养加铺 4 cm 沥青混合料罩面。2010—2011 年，管理与养护部门对车辙严重路段采用了"铣高补低"的工艺进行养护。

根据路面调查、弯沉、取芯检测结果，旧路基层基本完好，104 国道中修设计方案根据病害情况主要分为两种：

① 车辙浅等病害轻微路段、全线硬路肩。

铣刨老路 4 cm 沥青上面层后对现有路面存在的各种病害进行修补，再统一加铺 4 cm 改性沥青 Sup-13。

② 车辙严重且基层未发生破坏或仅有少量破坏。

推荐将旧路罩面层，上、下面层铣刨，对旧路基层存在的病害进行灌缝、注浆、开挖回填等局部处理。面层铣刨料运至集中拌合场地分别进行厂拌热再生，再生混合料铺筑下面层，下面层采用 8 cm Sup-20 厂拌热再生混合料（普通沥青＋抗车辙剂），最后用新料铺筑 4 cm 改性沥青 Sup-13 上面层。

3.2　沥青就地冷再生

就地冷再生是利用现有旧路材料（面层或部分基层），根据级配设计确定是否加入部分新骨料，并按比例加入一定量的再生剂、液态稳定剂（乳化沥青、泡沫沥青）或化学稳定剂（水泥、粉煤灰或石灰等）和添加剂，在自然环境温度下完成乳化沥青和水的喷洒、旧路的铣刨和拌合、再生料的提升、摊铺及碾压成型的连续作业过程。

（1）再生路面结构设计

材料设计参数（回弹模量、劈裂强度等）的选取对路面结构强度有着重要的影响。取值越高，建成后结构可靠度偏低，进而导致结构不能满足设计寿命要求；取值越低，会提高结构的可靠度，但一次性投资增大。路面结构层材料设计参数见表 1。

表 1 路面结构层材料设计参数(设计)

结构层位	混合料类型	20 ℃抗压回弹模量/MPa	15 ℃抗压回弹模量/MPa	劈裂强度/MPa
再生层(下面层)	(乳化沥青+水泥)再生料	1 000~1 600	1 200~2 400	0.5~0.8

注:抗压回弹模量和劈裂强度的具体值与 RAP、乳化沥青和新料性能等因素有关。

(2) CIR 路面结构设计方案(推荐)(见表 2)

表 2 路面结构设计方案(推荐)

等级	再生层厚度/cm	再生路面面层结构(由上到下)
高速公路	10~15	上面层:4~5 cm 改性沥青 AC 或 SMA 中面层:6~8 cm 改性沥青 AC 或 SMA 下面层:再生层
干线公路	8~12	上面层:5~6 cm 普通或改性沥青 AC 下面层:再生层
次干线公路	8~12	上面层:2.5~4 cm 普通沥青 AC 下面层:再生层
低等级公路	6~10	磨耗层:稀浆封层或微表处或碎石封层 面层:再生层

乳化沥青就地冷再生层在常州 S239 试验段(K60+000~K62+000)、锡澄路试验段均已实施完成,实施后效果较好。

239 省道通行车辆中货车比重高,占通行车辆的 2/3 以上,尤其是矿建材运输的超载车辆比重高,达到 18.3%。修补前路面病害严重,尤其车辙、坑槽、拥包等病害明显。

S239 试验段(K60+000~K62+000)实施方案:K60+000~K61+000 段于 2003 年增设了排水系统,路面进行了补强,补强结构为 20 cm 二灰碎石+6 cmAC-20I 沥青混凝土+4 cm AC-13I 改进型沥青混凝土;K61+000~K62+000 段于 2004 年进行了补强,补强结构为 15 cm 二灰碎石+6 cm AC-20I 改进型沥青混凝土+4 cm AC-13I 改进型沥青混凝土。再生后路面结构为 20 cm(15 cm)二灰碎石+9.5 cm 乳化沥青就地冷再生层(加水泥)+粘层+8 cm Sup-25+4 cm SMA-13。

锡澄路试验段段长 500 m,整幅路宽约 15.5 m,修补时交通量 15 000~18 000 辆/天,其中重载车辆比例较高,路面病害较严重。

锡澄路试验段试验路为二级路,双向四车道,路面结构形式为 20 cm 二灰碎石基层+9 cm沥青混凝土面层+稀浆封层预防性养护。再生后路面结构为 20 cm 二灰碎石+11 cm 乳化沥青就地冷再生层(加水泥)+沥青下封层+4 cm SMA-13。

目前该两段试验段通车后良好。

4 沥青路面再生技术在常州市应用展望及建议

4.1 沥青路面再生技术在常州市应用展望

沥青路面再生技术可以资源循环使用,在节能减排方面有明显优势,拥有巨大的发展潜力。乳化沥青就地冷再生层已在常州市 239 省道及邻近的江阴市锡澄路进行试验,目前试验段通车后良好。交通部《公路沥青路面再生技术规范》(JTG F41-2008)的颁布实施,为推广沥青路面再生技术提供了坚实的理论依据和基础。

随着公路里程的不断增加,公路养护量也随之增长,按照沥青路面平均使用寿命 12 年,我市沥青路面等级公路 2 422.327 km 计算,每年大修里程将达到 202 km,将产生约 61 万吨废旧料,其节能减排潜力巨大,在市政道路上的节能减排潜力也很可观。厂拌热再生混合料每吨可节省成本 25%左右,厂拌冷再生混合料每吨可节省成本 50%左右,经济效益潜力巨大。

目前的施工单位均具备推广应用本技术的能力。厂拌热再生需要增加第二烘干筒及旧料破碎筛分装置,厂拌冷再生则需要增加厂拌乳化沥青或泡沫沥青成套设备。

沥青路面再生技术具有节能减排、资源节约的优势,在公路与城市道路大中修及改扩建工程中具有典型的示范作用和重要的推广价值。

4.2 有关建议

目前常州市的公路和市政基础设施的建设正在以飞快的速度发展,常州 S239 试验段、锡澄路试验段经过几年使用,效果良好,但项目实施规模偏小。目前沥青路面再生技术在常州仍未进行大规模的推广,下一步需加大沥青路面再生技术的宣传力度,提高行业主管部门、业主单位的认同度,适时扩大实施规模,同时跟踪观测各种再生技术试验段的应用情况、施工经验及使用效果,为下一步大规模应用积累经验。本文旨在抛砖引玉,希望更多的人关心沥青路面再生技术,结合常州地区施工单位具体情况提出更好的方案。

参考文献

［1］中交公路规划设计院.公路沥青路面设计规范(JTG D50－2006)[S].北京:人民交通出版社,2006.

［2］交通部公路科学研究院.公路沥青路面再生技术规范(JTG F41－2008)[S].北京:人民交通出版社,2008.

［3］上海市公路管理处.公路沥青路面养护技术规范(JTJ 073.2－2001)[S].北京:人民交通出版社,2001.

［4］邓学钧.路基路面工程(3 版)[M].北京:人民交通出版社,2008.

［5］石萍.沥青路面再生技术应用在辽宁省若干问题探讨[J].辽宁交通科技,2006(1):16－18.

［6］周爱成.等.沥青路面再生技术及应用[J].国外建材科技,2005,26(1):7－8.

［7］倪富健.就地冷再生在干线公路中的应用报告[J].东南大学交通学院,2008－4－11.

基于使用性能的冷再生路面结构设计方法初探

许　严

（上海浦东路桥建设股份有限公司　上海　201210）

摘　要　基于路面使用性能的方法既考虑材料特点的影响，又不会受交通量和轴载的限制，是研究冷再生路面结构设计的有效途径。本文先是介绍基于使用性能的沥青路面结构设计方法的设计思路和过程，然后通过分析典型路段多年技术状况的变化情况，反算得出基于性能的冷再生混合料相当于热拌沥青混合料的等效结构厚度系数。最后，结合冷再生混合料的材料和结构参数特点，给出基于使用性能的冷再生路面的结构设计方法的思路和流程。

关键词　冷再生路面　结构设计　使用性能　等效厚度系数

0　引　言

冷再生技术的推广应用不仅需要合理的混合料设计方法，而且需要进行结构设计研究。综合国内外冷再生路面结构设计的研究成果可知，基于经验的 AASHTO 法（即 SN 法）和基于力学的 AI 法是目前国际上最有代表性的两类冷再生路面结构设计方法，且尤以 AASHTO 法最为常用[1-3]。研究者多从经验的角度去量化冷再生沥青混合料和热拌沥青混合料的性能差异，运用常规的结构设计方法去解决冷再生路面结构的设计问题。然而，经验法仅适用于中、轻交通道路设计的不足限制了冷再生混合料在高等级公路上的使用。因此，找到一种既能反映冷再生材料特点又能适用于高等级公路设计的结构设计方法具有重要的意义。

近年来，路面使用性能逐渐成为路面设计研究的关注点，美国 SUPERPAVE、加拿大 OPAC2000 和国内的同济大学等[4,5]分别做了有益的尝试并取得了重要的成果。基于路面使用性能的方法既考虑材料特点的影响，又不会受交通量和轴载的限制，是研究冷再生路面结构设计的有效途径。因此，本文从基于路面使用性能的角度去探究冷再生路面结构的设计方法。

1　基于使用性能和寿命周期费用分析的沥青路面设计方法的提出

同济大学孙立军教授课题组经过多年研究，提出了新的路面设计方法——基于使用性能和寿命周期费用分析的全寿命沥青路面设计方法（以下简称性能法）。该方法综合考虑"结构、材料、荷载、环境、经济"因素，通过寿命周期费用分析来选择既能满足力学指标又能满足使用性能指标的最经济合理的结构厚度组合及最佳罩面时机和最佳罩面厚度,为不同等级公路的沥青路面的新建和改建结构设计提供理论指导[4]。

1.1 设计流程

性能法的设计流程分为 5 个阶段[4,6],见图 1。

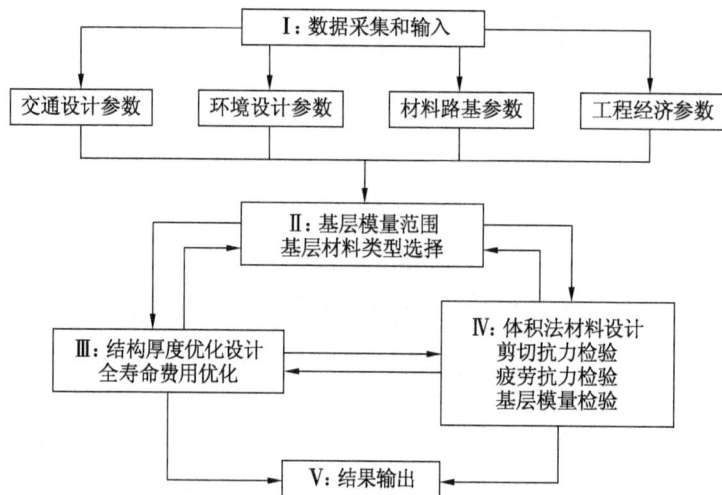

图 1 性能法设计流程

下面对图 1 做简要说明。

阶段Ⅰ:输入阶段。输入影响路面设计的全部技术信息。交通设计参数包括交通、轴载谱和轮胎接地压力等。环境设计参数包括降水情况、地下水位、蒸发状况、历年温度资料和历史上极端的最高、最低温度等,还包括施工期间的气候状况。材料路基参数包括材料来源、质量、土质类型、强度及是否需要处理等。工程经济参数为路用材料、设备及人工等费用情况。

阶段Ⅱ:概念性设计。进行路面结构的概念设计,实质为模量组合设计,包括地下水的影响和处理、土基处理方式、垫层材料及必要性、基层材料类型和参数范围及面层的材料和类型等。

阶段Ⅲ:厚度组合设计。首先根据道路等级和使用要求提出路面设计的性能标准。采用路面结构行为方程,根据阶段Ⅱ的模量组合进行全寿命费用分析,得出最优化的厚度组合设计。至此完成了结构组合设计,包括模量组合和厚度组合。

阶段Ⅳ:力学验算和材料设计阶段。除了常规的试验外,还要包括沥青层的强度检验、疲劳检验和基层材料设计,使现场施工后沥青材料的强度、基层的模量和设计时采用的一致。采用材料试验的结果进行详细的力学验算。

阶段Ⅴ:输出阶段。系统的输出设计,包括结构层厚度、应力应变场、材料组成及有关的经济技术参数。

1.2 模量组合设计

基层的模量应该适中,在 1 000～3 000 MPa 的范围比较能够兼顾剪切和弯拉的影响。对于重交通沥青路面而言,沥青混合料是基层最好的选择。在材料性能上,沥青混合料基层的弯沉、弯拉应变都小于柔性基层,沥青层上部的剪应力小于模量较大的半刚性基层。在材料性能上,级配偏细富含沥青的混合料基层抗疲劳性能较好,不易出现半刚性基层常见的反射裂缝,且抗水损害能力较好。

1.3 路面厚度的设计与优化

路面厚度的设计方法是在设定的路面设计寿命(或分析期)范围内,根据沥青路面的结构行为方程和使用性能的控制标准,采用全寿命的费用分析方法,优化得出符合不同经济标准的路面各结构层的设计厚度。

沥青路面结构行为方程如下:

$$PCI = PCI_0 \left\{ 1 - \exp\left[-\left(\frac{\alpha}{y} \right)^{\beta} \right] \right\} \tag{1}$$

式中,PCI,PCI_0 为路面状况指数和初始路面状况指数;y 为路龄;α,β 分别为路面寿命因子和曲线形状因子。

路面寿命因子 α 和曲线形状因子 β 唯一地确定了 PCI 的衰变过程。所以,只要确定了 (α, β) 两参数,衰变曲线的形式也就确定了,进而也就清楚了 PCI 随时间的变化规律。

由于参数 (α, β) 与路面性能的衰变曲线是一一对应的,故所有影响路面性能的因素都将影响 (α, β) 的数值。此结果可以简单地记为:

$$\begin{cases} \alpha \\ \beta \end{cases} = \begin{cases} f_1(\text{交通荷载,结构强度,面层厚度,基层类型,环境状况,材料类型}) \\ f_2(\text{交通荷载,结构强度,面层厚度,基层类型,环境状况,材料类型}) \end{cases}$$

经过大量数据分析,考虑以上影响因素的 (α, β) 的确定方法见公式(2)和公式(3)。同时,经过标定后的各系数的取值见表1和表2。

$$\alpha = K_{ra} K_{ma} \lambda \left[1 - \exp\left(-\left(\frac{\eta}{l_0} \right)^{\zeta} \right) \right] \tag{2-1}$$

$$\lambda = a_1 h^{b1} ESAL^{c1} \tag{2-2}$$

$$\eta = a_2 h^{b2} ESAL^{c2} \tag{2-3}$$

$$\zeta = a_3 h^{b3} ESAL^{c3} \tag{2-4}$$

$$\beta = K_{r\beta} K_{m\beta} a_4 h^{b4} ESAL^{c4} l_0^d \tag{3}$$

式中,h 为路面沥青层厚度,cm;$ESAL$ 为分布日标准轴次;l_0 为初始弯沉,0.01 mm;a、b、c、d 为回归系数或指数;K_{ra},$K_{r\beta}$ 为环境影响系数,由式(4)和式(5)计算;K_{ma},$K_{m\beta}$ 为沥青影响系数,见表3。

表1 α 中的各回归参数值(BZZ-100)

基层		a	b	c	n	R^2	F
半刚性	式(2-2)	23.972 6	0.586 1	-0.206 4	65	0.546	37.29
	式(2-3)	148.39	-0.112 4	-0.105 3	64	0.588	88.5
	式(2-4)	1.865	-0.101 6	-0.098 6	60	0.522 1	31.12
碎砾石	式(2-2)	24.483 4	0.574 2	-0.229 2	49	0.509 6	23.91
	式(2-3)	196.32	-0.120 5	-0.116 2	47	0.618 7	73.02
	式(2-4)	1.626	-0.112 3	-0.088 4	42	0.518 2	20.97

表 2　β中的各回归参数值(BZZ－100)

基层	a	b	c	d	n	R^2	F
半刚性	0.653 6	0.334 9	−0.025 5	−0.098 1	62	0.545 7	22.23
碎砾石	0.668 1	0.316 7	−0.032 4	−0.123 8	44	0.517 4	14.29

环境影响系数与温度和湿度的关系如式(4)和式(5)。

$$K_{ra} = (0.286\ 8 - 0.049\ 3W) \times (3.529\ 7 + 0.039\ 3T) \tag{4}$$

$$K_{r\beta} = (0.299\ 2 - 0.055\ 9W) \times (3.637\ 3 + 0.012\ 6T) \tag{5}$$

式中,W 为潮湿系数;T 为年平均气温,℃。

表 3　沥青影响系数

沥青类型	K_{ma}	$K_{m\beta}$
普通沥青	1	1
改性沥青	1.5	1.1

1.4　力学验算和材料设计的考虑

在前文进行结构层模量组合设计和厚度设计时,默认的材料性能与建立结构行为方程的路面中的材料性能相同,但新设计的基层、面层材料能否达到设计默认的材料性能则需要进行检验,同时力学分析的结果也可能会使模量和厚度设计的结果相应调整。

2　基于性能法的冷再生路面结构设计

2.1　冷再生路面结构设计要点

冷再生混合料在轮胎碾压过程中易剥落,不宜用在路面的表层,所以根据设计交通量和轴载的不同,需要在其上加铺罩面或一定厚度的热拌沥青混合料。图 2 为我国高等级沥青路面改建设计中采用冷再生技术的路面结构示意图。

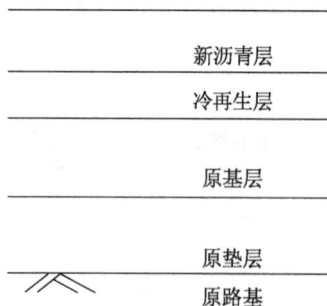

图 2　冷再生路面结构示意图

我国已建的高等级沥青路面多采用整体性较强的半刚性材料作为基层,沥青层厚度一般较薄,在 10～20 cm(主要为 15 cm 左右),经过数年交通荷载和环境的作用,较薄的沥青层出现全深度的损坏。所以,在路面改建时一般将旧沥青层全部铣刨掉,对基层或路基进行评价、处理后加铺新的结构层。冷再生技术适用于路基及基层状况较好的改建工程中。由江涛[7]的研究可知,裂缝间距大于 2 m 的水稳基层回弹模量接近完好的基层,属于状况较好的基层,可直接作为冷再生层的支承层;而次优的基层需经过处理方可作为冷再生层的支承层。如图 2 所示,冷再生层和热拌层则为新加铺结构层。所以冷再生路面结构设计实质上是在原路面基层上进行的加铺层设计。

乳化沥青和泡沫沥青是最常使用的两种再生添加剂。由于原材料性质、混合料组成等的不同,乳化(泡沫)沥青冷再生混合料和普通热拌沥青混合料的性能有一定的差异,混合料性能的差异会反映到路面使用性能上。针对冷再生混合料的自身特点,通过改进基于性能的热拌沥青路面设计方法得到冷再生路面结构设计方法是本节要研究的重点。

以下按照性能法的设计流程分析,提出冷再生路面结构设计的要点:

(1)输入阶段。输入影响路面设计的全部技术信息,包括交通、环境、材料、经济等设计参数。与新建热拌路面设计不同,在此阶段,原路面基层及以下各层的评价和处理要提前完成,并将模量等结构参数作为已知信息同其他参数一起输入。

(2)概念设计阶段。对于冷再生路面设计而言,结构层的组成已经固定,不需要再进行设计。冷再生层是一种柔性材料层,铺筑在半刚性基层上可以调整热拌沥青层的应力应变状态,并减缓反射裂缝的产生。

(3)厚度组合设计。综合考虑原沥青面层的厚度、再生利用时材料的损耗、二次压实的再生效果、最小摊铺厚度等因素,冷再生层的适宜厚度为 8～12 cm,设计时可根据实际工程情况选定冷再生层的设计厚度,而无须再进行厚度设计。加之原路面基层及以下各层的厚度均已知,所以冷再生路面结构的厚度设计仅为热拌加铺层的厚度设计。另外,厚度组合设计最重要的依据是沥青路面的结构行为方程,建立此方程的数据来源于常规的沥青路面结构,而对于含有冷再生层的沥青路面结构该如何去使用现有的结构行为方程是亟须解决的问题。一个重要的解决方法就是,将路面使用性能作为桥梁,探寻达到相同路面使用性能情况下冷再生层和热拌层的厚度关系,得到冷再生沥青混合料层相比于热拌沥青混合料的等效厚度系数,从而将冷再生层转化为一定厚度的热拌层,然后再进行加铺热拌层的厚度设计。

(4)力学验算和材料设计阶段。冷再生层作为路面结构的上基层或下面层,处于路面结构的拉应变区域,除了常规的混合料设计,还应确保其弯拉疲劳寿命满足设计要求,可参照热拌沥青混合料进行验算。对于上部沥青层热拌混合料的设计,除了常规的混合料设计外,还要进行整个沥青层的车辙验算。常规沥青路面的车辙预估方法已有成熟的公式,参考文献[6]中车辙预估的剪应力的简化计算方法,冷再生混合料的模量和热拌沥青混合料相当,可以使用热拌沥青混合料的车辙预估公式。

(5)输出阶段。输出冷再生层加铺层的详细设计情况。

从以上要点分析可知,冷再生层等效厚度系数是冷再生路面结构设计中需要重点研究的问题,下文将基于实际工程的调查资料对此问题进行探讨。

2.2　冷再生层等效厚度系数研究

冷再生层的"等效厚度系数"为分别使用热拌沥青混合料和冷再生混合料;当达到相同路面使用性能时,需要的热拌层厚度与冷再生层厚度的比值。即若等效厚度系数为 0.8,则 10 cm 的冷再生层仅相当于 8 cm 的热拌层对路面使用性能的贡献。等效厚度系数的确定需要收集未进行过大中修养护的冷再生路面连续多年的路面使用性能检测数据,而目前可以利用的冷再生路面有且仅有江西昌九高速。

昌九高速改建工程中在原半刚性基层上铺筑了 12 cm 的乳化沥青冷再生混合料,作为新建路面的上基层使用,上面加铺了 16 cm 的热拌沥青混合料。此路面自 2007 年改造完成至 2013 年已使用 6 年,本节将根据路面 6 年以来使用状况的衰变情况,利用公式(1)～式(3)去探究昌九高速厂拌乳化沥青冷再生混合料层的等效厚度系数。

2.2.1 路面使用状况的衰变情况

昌九高速改建工程中绝大多数路段采用冷再生技术,总长超过 85 km。本研究选取冷再生处理连续且较长的路段进行使用状况研究,路段总长约为 63 km。

昌九高速交通量较大且重车比例较高,表 4 为含冷再生层路段(两收费站之间为一个路段)的日均轴载。由表 4 可知,含冷再生层的 7 个路段日均轴载非常接近,变异系数仅为 1.49%,可用平均值 16 014 次代表轴载次数,显然达到了特重交通的荷载水平。同时,由于总路程较短且同属一个小的气候区域,不同路段间气温和湿度差异很小,具有相对一致的环境状况。因此,本文将 63 km 冷再生层路段作为一个整体进行研究,这样做的好处是可以消除部分路段由于个别特殊情况造成的路面使用状况的不稳定,使研究结果更具一般性。

表 4　昌九高速含冷再生层路段的日均轴载

路段	1	2	3	4	5	6	7	平均	标准差	变异系数/%
日均轴载/次	16 116	16 040	16 237	16 075	16 273	15 820	15 535	16 014	239	1.49

注:表中的日均轴载为 2010—2012 三年日均轴载的平均值,2008 年和 2009 年的数据未能有效采集。

路况调查时每 100 mm 得出一个 PCI 值,将所有 63 km 含冷再生层路段的 PCI 值取平均即得某年含冷再生层路段 PCI 的代表值。按照上述方法得到 2007—2013 年含冷再生层路段 PCI 值见表 5。由表 5 可知,路面 PCI 值随着使用年限的增加而降低,且降低幅度逐渐增大。

表 5　昌九高速含冷再生层路段历年 PCI 值

年份/年	2007	2008	2009	2010	2011	2012	2013
路面使用年数/年	0	1	2	3	4	5	6
PCI 值	100.0	99.9	99.2	96.8	94.2	89.9	84.5

注:2007 年数据为路面大修刚完工后检测所得。

2.2.2 冷再生层等效厚度系数确定

对于昌九高速,路面的使用性能衰变情况已知,结合其他已知条件即可反推出需要的热拌沥青层厚度,从而可以得到乳化沥青冷再生层的等效厚度系数。

具体的确定过程如下:

(1)昌九高速路面使用性能衰变方程的确定。

表 5 已经给出了昌九高速含冷再生层路段历年的 PCI 值,参考式(1),利用 Matlab 软件拟合出路面使用性能的衰变过程曲线,见图 3。

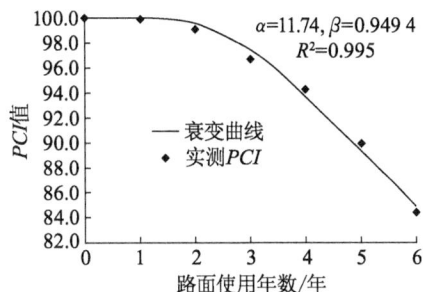

图3 昌九高速含冷再生层路段路面使用性能的衰变过程曲线

由图3可知,由历年实测 PCI 值拟合得到的路面使用性能衰变模型有非常好的相关性,其中式(1)中的两个未知参数 $\alpha=11.74, \beta=0.949\ 4$。

(2)路面使用性能其他影响因素的确定。

要想通过衰变模型反推出需要的热拌沥青层厚度,必须先确定式(3)中其他未知参数的取值。由文献[6]查得:半刚性基层的回归系数 $a、b、c、d$ 分别为 $0.653\ 6, 0.334\ 9$, $-0.025\ 5, -0.098\ 1$,南昌地区环境影响系数 $K_{r\beta}=0.7769$,改性沥青影响系数 $K_{m\beta}=1.5$。由2007年施工完成后的弯沉检测结果,计算得到含冷再生层路段的平均弯沉为 $23.9(0.01\ mm)$。由表4可知,日均轴载次数为 $16\ 014$。

(3)乳化沥青冷再生层等效厚度系数的确定。

将步骤(1)和(2)中确定的参数取值代入式(3),计算得到所需热拌沥青层厚度为 $25.81\ cm$。已知乳化沥青冷再生层上面加铺了 $16\ cm$ 的热拌沥青层,所以冷再生层等效热拌沥青层厚度 $=25.81\ cm-16\ cm=9.81\ cm$。然而冷再生层的实际摊铺厚度为 $12\ cm$,因此昌九高速厂拌乳化沥青冷再生层的等效厚度系数 $k=9.81/12=0.82$。此结果远大于AASHTO等机构给出的 $0.6\sim0.7$,而更接近于美国堪萨斯州维科托市厂拌冷再生工程中得出的 0.9 的比例,说明级配更为稳定的厂拌乳化沥青冷再生混合料可以取较高的等效厚度系数。对于性能更好的冷再生混合料,可取更高的系数值。

2.2.3 冷再生路面结构设计流程

根据前文冷再生路面结构设计要点的分析和冷再生层等效厚度系数的研究成果,可提出基于使用性能的冷再生路面结构设计流程如下:

(1)输入阶段。确定影响路面结构设计的全部技术信息,包括交通、环境、材料、经济、原路面基层以下各层的厚度和模量等设计参数。

(2)模量组合设计。在处理后的原路面基层上铺筑冷再生混合料,冷再生层上面则铺筑热拌混合料。

(3)厚度组合设计。

① 综合考虑原沥青层厚度、材料损耗、最大公称粒径等因素,确定冷再生层的设计厚度 h_1(冷再生层的最佳厚度为 $8\sim12\ cm$);

② 根据路面结构行为方程和费用分析模型进行面层总厚度的设计和优化,得出符合设计要求的面层设计总厚度 h_0,则热拌沥青层的厚度 $h_2=h_0-kh_1$。其中 k 为厂拌乳化沥青冷再生层的等效厚度系数,可取值 0.82,对于耐久性冷再生混合料可取 0.9 以上的系数值。

（4）力学验算。

① 验算对冷再生混合料室内疲劳试验性能的要求，若无法通过材料设计满足，则需要增加面层厚度；

② 根据参考文献[6]预估车辙深度 RD，若 RD 小于容许车辙深度，则设计结束；若大于容许深度，则需调整热拌混合料的材料设计或增加厚度。此处冷再生层厚度应取真实厚度 h_1。

③ 根据《公路沥青路面设计规范》（JTG D50－2015）要求验算经过处理后基层的层底弯拉应力，若不满足要求，需增加面层厚度。

3　结　语

本文通过文献研究、力学计算和实际工程分析等工作，提出基于使用性能的冷再生路面结构设计方法，具体的工作和主要结论如下：

（1）详细介绍了同济大学孙立军教授课题组提出的基于使用性能和寿命周期费用分析的全寿命沥青路面设计方法。

（2）依据昌九高速含冷再生层路段 6 年以来的路面使用状况，建立了路面使用性能的衰变方程，并反推得出了昌九高速厂拌乳化沥青冷再生层相对热拌沥青层的等效厚度系数为 0.82。对于耐久性冷再生混合料建议取 0.9 以上的系数值。

（3）参考性能法的设计流程，综合考虑冷再生路面结构层特点、冷再生层厚度和等效厚度系数，给出了基于使用性能的冷再生路面结构设计方法。

参考文献

［1］曾梦澜，尹万辉，吴超凡，等. 冷再生沥青路面结构设计方法[J]. 合肥工业大学学报（自然科学版），2008.31（7）：1097－1100.

［2］于宝明. 冷再生沥青路面结构设计理论与方法[J]. 公路交通科技（应用技术版），2011（2）：80－82

［3］Kandlhal P S. Mallick R B. Pavement recycling guidelines for state and local governments-participant's reference book：structural design of recycled pavements[J]. Overlays，1997.

［4］吕伟民. 沥青混合料设计原理与方法[M]. 上海：同济大学出版社，2001.

［5］孙立军，等. 沥青路面结构行为学[M]. 上海：同济大学出版社，2013.

［6］刘黎萍. 基于使用性能的沥青路面全寿命结构设计方法研究[D]. 上海：同济大学，2003.

［7］江涛. 冷再生沥青混合料用于重交通路面改建时若干关键问题研究[D]. 上海：同济大学，2008.

基于层次分析和模糊数学法对铣刨料的分类研究

周维维

（上海浦东路桥建设股份有限公司　上海　201210）

摘　要　本文运用层次分析法和模糊数学法两种基本原理对铣刨料（沥青路面回收料）性能进行综合评判优选，综合考虑所有影响沥青混合料的性能指标，计算出基于该影响因素的综合优越度，然后根据综合优越度与铣刨料在沥青混合料中的最大掺配率的相关关系，将铣刨料进行分类定级，提出不同等级铣刨料对应的技术要求，确保铣刨料的利用率最优化。

关键词　高分子化学　层次分析　模糊数学　铣刨料

0　引　言

目前，国内对于铣刨料的利用仅停留在将铣刨料简单破碎筛分后与新料按一定经验掺配比例加以利用，忽略了铣刨料中旧沥青含量、旧沥青老化程度、铣刨料含泥量等因素对再生沥青混合料性能的影响，在实际工程应用形成一定误区，也不利于再生沥青混合料的合理利用。为使不同来源、不同性能的铣刨料在热再生过程中对再生后沥青混合料发挥较大作用，本文通过大量室内试验，分析不同来源的铣刨料及再生沥青混合料性能的区别；采用层次分析法确定各影响因素的权重，通过无量纲化模型对指标进行标准化处理，根据模糊数学原理计算出各种铣刨料基于影响因素的综合值；建立综合优越度与铣刨料最大掺配率的相关关系，为铣刨料的分类定级提供指导。

现选取 4 种不同公路路段的铣刨料，分别为沪杭高速某段铣刨料、长兴某公路铣刨料、上海某公路铣刨料及桐乡某公路铣刨料（下文分别简称为 HH 铣刨料、SH 铣刨料、CX 铣刨料、TX 铣刨料）。4 种铣刨料的基本性能见表 1。表 1 中再生沥青混合料性能是指掺配率为 30% 的 4 种铣刨料的热再生沥青混合料的试验结果。

1　铣刨料分类定级综合评价指标体系的建立

1.1　构建铣刨料分类定级综合评价指标的层次结构模型

铣刨料分类定级是个复杂的系统工程，评价铣刨料分类定级的首要工作就是建立评价指标体系，其原则是采用尽量少的指标，反映最全面和最重要的信息。建立铣刨料分类定级综合评价指标层次结构及各层指标数值见表 1。

表 1 铣刨料分类定级指标层次结构及各层指标原始数据

目标层 O	准则层 P	指标层 X	备选材料			
			HH 铣刨料	CX 铣刨料	SH 铣刨料	TX 铣刨料
铣刨料分类标准综合评价	铣刨料性能 P_1	铣刨料含水率(X_1)/%	1.416	1.657	1.525	2.119
		铣刨料含泥量(X_2)/%	2.494	3.100	2.511	5.258
		铣刨料级配(X_3)	好	较好	差	较好
	回收沥青与集料性能 P_2	回收沥青针入度(X_4)/(0.1mm)	48.3	42.83	37.1	41.8
		回收沥青含量(X_5)/%	4.21	4.45	4.15	3.90
		回收集料压碎值(X_6)/%	22.4	20.1	18.5	18.1
	再生混合料物理力学性能 P_3	再生混合料稳定度(X_7)/kN	12.05	12.96	12.47	13.33
		残留稳定度(X_8)/kN	84.98	82.93	82.04	79.89
		高温稳定性(X_9)/kN	1 649	1 732	1 696	2 418
	铣刨料物理力学性能 P_4	铣刨料稳定度(X_{10})/kN	6.85	7.71	7.66	11.02

1.2 层次分析法确定铣刨料分类等级指标的权重

在建立了递阶层次综合评价指标体系后,采用层次分析法解决决策中各因素的权重分配问题。

(1)构造比较标度

为判断同层次的元素对上层某一元素的影响程度,并量化上述元素的影响程度,需构造比较标度。层次分析法的比较标度见表 2。

表 2 层次分析法的比较标度

标度	定义	说明
1	同样重要	因素 X_i 与 X_j 的重要性相同
3	稍微重要	因素 X_i 的重要性稍微高于 X_j
5	明显重要	因素 X_i 的重要性明显高于 X_j
7	强烈重要	因素 X_i 的重要性强烈高于 X_j
9	绝对重要	因素 X_i 的重要性绝对高于 X_j
2,4,6,8	上述两相邻判断的中值	以上两判断之间的折中定量标度
上列各数的倒数	反比较	X_j 元素比 X_i 元素的重要标度

(2)构造比较判断矩阵

根据层次分析法的结构模型,本层元素是以相邻上层各元素为基准,根据表 2 的比较标度表构造判断矩阵 D,判断矩阵 D 的公式为

$$\boldsymbol{D}=\begin{bmatrix} X_{11} & \cdots & X_{1n} \\ \vdots & & \vdots \\ X_{m1} & \cdots & X_{mn} \end{bmatrix}=\begin{bmatrix} \dfrac{X_1}{X_1} & \cdots & \dfrac{X_1}{X_n} \\ \vdots & & \vdots \\ \dfrac{X_m}{X_1} & \cdots & \dfrac{X_m}{X_n} \end{bmatrix} \tag{1}$$

（3）判断矩阵的一致性检验

判断矩阵主要是依靠经验建立的，为使判断矩阵结果更具客观性，与实际状况更吻合，必须对判断矩阵进行一致性检验。

$$CI=\frac{\lambda_{\max}-n}{n-1} \tag{2}$$

$$CR=\frac{CI}{RI} \tag{3}$$

式中，n 为判断矩阵的阶数，CI 为一致性检验指标，RI 为平均随机一致性指标。当 $CR<0.1$ 时，说明判断矩阵 $\boldsymbol{D}$ 满足一致性检验要求，否则，需重新调整直至满足一致性检验为止。

（4）权重向量的计算

在所有判断矩阵都满足一致性检验后，可计算出各层因素的权重向量，见表3。

表3　各层因素的权重向量

指标层 X	准则层 P				权重 W
	P_1(0.563 7)	P_2(0.257 6)	P_3(0.109 5)	P_4(0.069 2)	
X_1	0.139 6				0.078 7
X_2	0.527 8				0.297 5
X_3	0.332 5				0.187 4
X_4		0.730 6			0.188 2
X_5		0.188 4			0.048 5
X_6		0.081 0			0.020 9
X_7			0.428 6		0.046 9
X_8			0.142 8		0.015 6
X_9			0.428 6		0.046 9
X_{10}				1	0.069 2

1.3　模糊数学综合评判

模糊数学综合评判法是根据模糊数学的隶属度理论将定性评价转变为定量评价，一般用来解决模糊的且无法量化的问题，主要包括 4 个部分：因素集 X、方案集 A、隶属矩阵 R 及权重分配向量 W。

（1）因素集 X 及方案 A 的建立

设因素集 $X=\{X_1,X_2,X_3,\cdots,X_m\}$，备选方案集 $A=\{A_1,A_2,A_3,\cdots,A_m\}$。对给定的备选方案 $A_j(j=1,2,\cdots,n)$，用 m 维"向量"形式表示即为 $A_j=\{X_{j1},X_{j2},X_{j3},\cdots,$

X_{jm} }。其中 $X_{jk}(k=l,2,\cdots,m)$ 是备选方案 A_j 在因素 X_k 上的反映。既可认为是数量（X_k 为数量化指标），也可认为是自然语言的定性描述；A_j 既是备选方案集中的方案，也是因素集 X 的模糊子集。

（2）权重分配向量 W 的建立

根据上文，由层次分析法确定各元素的权重集 W。元素权重集 $W=(W_1,W_2,W_3,\cdots,$ $W_m)$ 是指各元素对拟选定方法的影响程度，且必须满足 $0<W_k<1$，$\sum\limits_{k=1}^{m}W_k=1$。

（3）隶属度矩阵 R 的建立

隶属度矩阵主要是用来表征模糊集合的，根据隶属度函数建立模糊集合论，根据不同的研究和处理对象，采取不同的方法。目前普遍采用的方法有主观评分法、模糊统计法、可变模型法、相对选择法及二元对比排序法等，对于非定量指标主要采用相对二元比较法。

根据以上计算过程，指标体系中 9 个定量指标的特征向量矩阵为

$$R_{1-9}=\begin{bmatrix} 1.416 & 1.657 & 1.525 & 2.119 \\ 2.494 & 3.1 & 2.511 & 5.258 \\ 48.3 & 42.83 & 37.1 & 41.8 \\ 4.21 & 4.45 & 4.15 & 3.9 \\ 22.4 & 20.1 & 18.5 & 18.1 \\ 12.05 & 12.96 & 12.47 & 13.33 \\ 84.98 & 82.93 & 82.04 & 79.89 \\ 1\,649 & 1\,732 & 1\,696 & 2\,418 \\ 6.85 & 7.71 & 7.66 & 11.02 \end{bmatrix}$$

对特征向量矩阵进行标准化，得

$$R_{1-9}=\begin{bmatrix} 1 & 0.855 & 0.929 & 0.668 \\ 1 & 0.805 & 0.993 & 0.474 \\ 0.768 & 0.866 & 1 & 0.888 \\ 0.926 & 0.876 & 0.939 & 1 \\ 0.808 & 0.900 & 0.978 & 1 \\ 1 & 0.930 & 0.966 & 0.904 \\ 0.940 & 0.963 & 0.973 & 1 \\ 1 & 0.952 & 0.972 & 0.682 \\ 1 & 0.888 & 0.894 & 0.622 \end{bmatrix} \qquad R=\begin{bmatrix} 1 & 0.855 & 0.929 & 0.668 \\ 1 & 0.805 & 0.993 & 0.474 \\ 1 & 0.818 & 0.429 & 0.818 \\ 0.768 & 0.886 & 1 & 0.888 \\ 0.926 & 0.876 & 0.939 & 1 \\ 0.808 & 0.900 & 0.978 & 1 \\ 1 & 0.930 & 0.966 & 0.904 \\ 0.940 & 0.963 & 0.973 & 1 \\ 1 & 0.952 & 0.972 & 0.682 \\ 1 & 0.888 & 0.894 & 0.622 \end{bmatrix}$$

根据各不同方案的特点，得特征向量矩阵

$$E=\begin{bmatrix} 0.5 & 1 & 1 & 1 \\ 0 & 0.5 & 1 & 0.5 \\ 0 & 0 & 0.5 & 0 \\ 0 & 0.5 & 1 & 0.5 \end{bmatrix} \begin{matrix} [1] \\ [2] \\ [4] \\ [2] \end{matrix}$$

则隶属度矩阵 $CR=\begin{bmatrix} 1 & 0.818 & 0.429 & 0.818 \end{bmatrix}$。

（4）最优铣刨料的确定

由以上确定的权重及隶属度矩阵，可确定出方案集的综合评判向量为

$$B = WR = \begin{bmatrix} 0.9476 & 0.8528 & 0.8710 & 0.7164 \end{bmatrix}$$

综合以上各材料的综合优越度为：HH 铣刨料，94.76%；SH 铣刨料，87.10%；CX 铣刨料，85.28%；TX 铣刨料，71.64%。因此，铣刨料综合优越度由好到差顺序为：HH 铣刨料，SH 铣刨料，CX 铣刨料，TX 铣刨料。

2 铣刨料权重向量与铣刨料最大掺配率相关性分析

2.1 不同铣刨料最大掺配率的计算

有研究表明，计算铣刨料的最大掺配率可以通过比较再生沥青混合料的标准分计筛余与铣刨料分计筛余的比值，比值的最小值即可以作为铣刨料掺配率的最大值。本文以 AC-20 为例，标准分计筛余与不同铣刨料的分计筛余的比值可由式（4）计算得到

$$P_{r\max} = \min\left(\frac{S_{di}}{S_{ri}}\right) \tag{4}$$

式中，S_{di} 为第 i 级筛孔上的标准分计筛余，%；S_{ri} 为第 i 级筛孔上的铣刨料分计筛余，%。

根据式（4）可以得到，HH 铣刨料的最大掺配率为 46%，CX 铣刨料的最大掺配率为 35%，SH 铣刨料的最大掺配率为 40%，TX 铣刨料的最大掺配率为 20%，如果超过此掺配率，则再生混合料的合成级配在该筛孔下不能满足要求。

2.2 铣刨料分类等级

美国联邦公路局和其 Surperpave 专家工作组在起草 Surperpave 热拌沥青路面施工技术规范中涉及了铣刨料的使用准则。在这个铣刨料使用准则中，认为铣刨料含量不超过 15% 的再生混合料不必改变基质沥青的等级；含量在 16%～25% 时，需加入的基质沥青的高低温劲度应降低一个等级；如果混合料中使用 RAP 含量超过 25%，则需使用拌合图表来确定能与给定的基质沥青拌合的 RAP 用量。美国公路合作研究项目中应用 Superpave 进行再生沥青路面设计（NCHRP9－12）的研究成果表明，在铣刨料掺量小于 40% 时，再生沥青混合料的高温稳定性优于全新沥青混合料的高温稳定性，且随着铣刨料掺量增加，沥青混合料的高温性能改善越明显；而对于低温性能则相反，旧料掺量越多，低温性能损失越明显。

结合美国联邦公路局起草的铣刨料使用准则和其研究项目，参考《公路沥青路面再生技术规范》（JTG F41－2008）附录 B 中铣刨料的掺配比例，根据铣刨料掺配比例，针对高等级公路下面层的使用要求，推导出铣刨料的分类等级，见表 4。

表 4 不同等级铣刨料的最大掺配率

铣刨料等级	一等	二等	三等	四等
最大掺配率 γ/%	50	40	25	≤15

2.3 铣刨料最大掺配率与铣刨料权重向量的相关性分析

根据上文的计算，铣刨料最大掺配率与权重向量的关系见表 5 和图 1。

表 5　铣刨料最大掺配率与权重向量值比较

最大掺配率 r/%	46	35	40	18
权重向量值 B	0.947 6	0.852 8	0.871 0	0.716 4

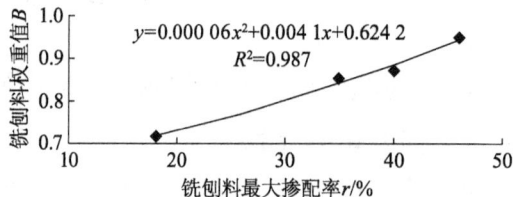

图 1　铣刨料最大掺配率与铣刨料权重向量值关系曲线

由图 1 可见,随着铣刨料权重向量值的增加,铣刨料最大掺配率明显增加。当铣刨料权重向量值为 0.947 6,对应的最大掺配率为 46%;当铣刨料权重向量值为 0.716 4,对应的最大掺配率为 18%。铣刨料分类最大掺配率与铣刨料权重向量值之间呈二次方关系,两者相关关系显著。因此,可根据图 1 中回归公式计算出铣刨料分类等级与权重向量的关系。同理,可确定出铣刨料分类等级与铣刨料其他性能指标的关系,计算结果见表 6。

表 6　铣刨料分类定级各指标结果

RAP 等级	一等	二等	三等	四等
权重值	≥0.88	0.77～0.88	0.71～0.77	≤0.71
含泥量/%	≤2.5	2.5～3.5	3.5～4.5	4.5～5.5
沥青含量/%	≥4.0	≥3.5～4.0	3.0～2.5	≤2.5
针入度/(0.1 mm)	≥30	≥25	≥20	≥15

3　结　语

(1)根据层次分析法原理建立铣刨料分类等级评价指标体系,确定了 10 个不同评价指标,并计算出各评价指标的权重,然后通过判断矩阵一致性检验确定合理的权重向量。铣刨料含泥量是影响铣刨料分类定级最重要的影响因素。

(2)运用层次分析和模糊数学理论对铣刨料分类等级综合评判选择,既避免了由于影响因素过多而分配权重的弊端,又避免了由单因素的片面性和主观认识差异而引起的决策失误,尤其是在多种影响因素相互影响时,能够做出更为合理、准确的判断。

(3)根据铣刨料分类等级与铣刨料权重及铣刨料其他指标之间的相关关系,提出不同等级铣刨料对应的技术要求。

参考文献

[1] 王新民,赵彬. 基于层次分析和模糊数学的采矿方法选择[J]. 中南大学学报,2008,39(5):875－880.

[2] 杨梅. 基于模糊数学和灰色系统的水资源价值评价[D]. 山东:山东大

学，2010.

［3］METIN Dagdeviren，IHSAN Yuksel. Developing a fuzzy analytic hierarchy process（AHP）model for behavior2 based safety management［J］. Information Sciences，2008，178.

［4］XIN Li-li，GENG Hui，WANG Yong-mi，et al. General limited information diffusion method of small－sample information analysis in insurance［J］. Journal of Shanghai University：English Edition，2007. 11（3）：259－262.

［5］张裕卿，黄晓明. 模糊综合评判法在优选改性剂中的应用［J］. 石油沥青，2006，20（6）：56－60.

排水性沥青路面养护管理的探索

顾正华　张利豪　张　亮

（上海市浦东新区公路管理署　上海　200129）

摘　要　排水性沥青路面就是水能在其中自由流动，并从侧向排出的沥青面层，具有"安全、降噪、环保"的优点。虽然其优越性能给公路带来蓬勃发展前景，但养护标准、养护手段缺失的实际情况也是道路养护管理中亟须研究解决的重大问题。本文通过道路试验段的探索，比较全面地了解排水性沥青路面的养护管理工作中可能遇到的各种问题和情况，并提出初步解决方法。

关键词　排水性沥青路面　S20 公路　养护管理

0　引　言

排水性沥青路面（以下简称 PA）自 19 世纪 60 年代在欧洲诞生以来，在欧美、日本等国家已相当普遍，国内公路界也开展了深入的研究，其中上海、陕西等地区已经实现大规模应用。排水性沥青路面的结构特征为空隙率高，一般在 18%～22%，可大幅度减少雨天行车水雾，降低眩光；以发达空隙为核心的铺装层，可降低 3～5 dB 行车噪音，并保证雨天时车辆轮胎与路面间的有效摩擦力，提高行车安全性，是一种集安全性及环保性于一体的新型沥青路面结构[1]。

一般排水性沥青路面为单层式，层厚为 4 cm，空隙率应在 20%以上。通常采用2.36～9.5 mm 的级配矿料，级配的量值取决于结合料的类型和设计的空隙率[2]。级配中应含高比例的粗集料，大于 4.75 mm 的颗粒含量一般超过 75%；填料含量在 2%～5%，具体取决于所用的结合料，高黏度的结合料只需少量的填料和细料，纯沥青则需要一定数量的填料和细料[2]。

近年国内来排水性沥青路面的建设数量不断增加，呈逐年递增的趋势。以上海为例，自 2002 年 10 月在浦东北路铺筑双向 4 车道，总长 1.4 km 的排水性沥青路面以来，经过 8 年的发展，共建成 13 条道路，总长约 44 km 的排水性沥青路面，其中包括国内单体最大排水性沥青路面工程——中环、北通世博配套工程。为能对今后排水性沥青路面进行更有效的养护管理，特别是中环线浦东段和北通道的养护管理，浦东公路署自 2006 年开始在 S20 公路进行排水性沥青路面养护管理的探索。

1　概　述

1.1　S20 公路试验段基本情况

S20 公路（杨高南路－济阳路）位于外环线 44.5K～49K，长 4.5 km，是一条全封闭的汽车专用快速道。1999 年开放交通,使用年限较长,路面病害较多,故 2006 年 10 月道路进行维修改建,由原来的沥青混凝土路面改建成排水性沥青路面,从下往上结构层分别为 15 cm 砾石砂、45 cm 水泥稳定碎石、沥青透层油、0.5 cm 稀浆封层、6 cm 中粒式沥青混凝土(Sup-25)、5 cm 中粒式沥青混凝土(Sup-19)、0.5 cm 稀浆封层、4 cm 透水沥青混凝土(TB-1)。平石为特殊加工成型的透水平石,底部呈锯齿形通道。施工时,在平石下先铺一层防水卷材,第一层沥青混凝土摊铺时,离平石 50 cm;第二层沥青混凝土摊铺时,离平石 60 cm;在透水沥青混凝土摊铺时,将平石边口 50,60 cm 范围一起摊铺、碾压。实际效果:下雨时,水分通过路面横向排到 60 cm 及 50 cm 范围内,通过平石的底部通道排放到进水口内。现场排水性沥青路面见图 1。

图 1　S20 公路(杨高南路—济阳路)北侧排水性沥青路面

1.2　排水性沥青路面养护管理国内外现状

排水性沥青路面的养护工作在欧美等发达国家开展的较好。以日本为例,从 19 世纪 90 年代以来,由于排水性沥青路面在安全降噪方面的突出优点,日本规定,凡是新建的高速公路面层都要采用排水性沥青路面,这极大地促进了排水性沥青路面的发展和应用。在大规模应用的基础上,日本在排水性沥青路面的建设和养护方面形成了成熟的标准和体系:在日本道路协会编著的《排水性铺装技术指南(案)》中,对排水性沥青路面的病害分类、养护措施都有相应的规定[3]。

排水性沥青路面在国外被广泛应用的同时,也在我国逐步发展,但养护标准、养护手段的缺失和管理经验的不足,是道路养护管理中亟须需研究解决的重大问题。目前,我国排水性沥青路面的养护管理处于"三无"状态,即无成熟的国家标准、施工规范,造成施工中百花齐放;无系统性、持续性的跟踪反馈,造成缺乏经验积累;无养护、管理标准,造成养护、管理无依据。

2　排水性沥青路面的养护管理

在未进行任何形式养护的情况下,由于飘尘及城市基础建设等客观原因,导致沥青面层空隙堵塞,逐步丧失排水功能,严重制约排水性沥青路面在国内的大面积推广。如何解决灰尘堵塞空隙的问题,尽量延长排水性路面的排水功能性的寿命是养护管理的首要任务。

2.1 日常养护

欧美发达国家对大孔隙沥青路面的清洗方法一般分为化学方式和物理方式,由于化学方式对安全操作要求较高,对桥梁和高架梁内的钢筋也有一定的影响,所以日常养护选用物理方式——"高压水＋真空抽吸"清洗。现日常养护使用清吸车见图 2 和图 3。

图 2　清吸车(冲吸部分)　　　　　图 3　清吸车(车身)

(1) 面层孔隙率的维护

由于大孔隙率的存在,排水路面才有其特殊性能,所以避免孔隙的堵塞显得相当重要。道路上的尘土较多,应当定期高压冲洗,将孔隙中的尘土通过水的自流作用带出道路,以免日积月累,尘土板结,将面层孔隙堵塞。冲洗车应当从道路中央、路面标高最高处向两侧冲洗,这样水流才能流过所有路面,带走尽可能多的尘土;同时冲洗车的喷嘴方向应适当调整,不仅要向侧面喷水,还要向下喷水,使水流在面层内部通过,而不是在路表面滑过。一旦发生土方污染,应当及时高压冲洗,污染严重的路段应先将表面泥斑铲除后再进行冲洗,当泥斑已被来往车辆轮胎嵌入路面内部时,必须用高压水枪冲洗,同时配合毛刷人工刷除。同时,每季度安排一次全路面真空抽吸,这样才能更好地清洗空隙堵塞物。

(2) 路面集水、排水设施的疏通

公路式路段面层内部水流通过路缘石中的孔洞排出道路,城市道路路段通过平石底部的通道排出路面,应定期对这些孔洞、通道进行疏通,尤其在雨后或者汛期前,应当全面疏通。但是由于 S20 内部水流是排向侧向进水口的,在进水口处底部通道呈 90°转弯,故无法疏通。

2.2 冬季养护

由于排水性沥青路面孔隙率较大,面层温度较传统沥青面层低 1～2 ℃,同时面层内部经常有水分的存在,在冬季容易产生结冰现象,对于行车安全及路面结构是极其不利的,所以在冬季时应尤其注意。

路面冲洗应当安排在晴天或气温较高时,如在夜间或凌晨冲洗;同时,气象预报最低气温低于 3 ℃ 时,冲洗完毕后还应当均匀撒布一层湿盐(10 g/m²)。

下雪时,应针对积雪的厚度在路面撒布适量湿盐,上海地区一般在 5 g/m²,以促使积雪及时融化,保证路面行车安全和面层结构良好。

2.3 执法管理

经过观察,从工地进出的大型土方车辆所携带的黏土和砂砾对排水性沥青路面空隙的堵塞最为普遍和严重,所以排水性沥青路面养护管理的好坏与路政执法管理也有很大的关系。由于排水性沥青路面"天性"比较脆弱,所以在加强养护管理的同时,应当从以下两方面加强执法管理：

（1）加强渣土污染管理。土方污染是造成面层孔隙堵塞的直接原因，一旦清除不及时，将缩短排水路面的使用周期。所以，在加强清除路面污染的同时，应当从源头开始实施有效管理，加强执法管理，减少路面污染的现象。

（2）加强掘路审批管理。由于排水路面面层修复困难，应当减少对面层不必要的扰动。在路政业务审批时，当掘路必须穿越排水路面段时，应规定其采用非开挖技术，避免发生排水路面掘路现象。

3　排水性沥青路面的维修管理

相对一般的沥青混凝土路面，排水性沥青路面有其特殊性，且所占比重很小，所以市场上无法采购到小量的大空隙沥青，但路面病害维修需在一定时间内完成，故小面积维修用一般沥青代替，从而对日常维修工艺提出了不同要求。排水性沥青路面中集料在行车荷载的作用下有移到一起的倾向，同时不可避免会有尘土等细料逐步进入混合料中，从而使局部面层的孔隙率降低，导致渗透性减弱，使水在面层内部保持较长时间。车辆轮胎通过路面时这部分会受到很大的压力。如果附近有足够的透水孔隙，损坏不会很大，但一旦透水孔隙不足，水就会被压挤进入被沥青包裹的集料颗粒间的孔隙，沥青就会被取代且从集料表面剥落，即通常所说的水损坏，集料就容易被车轮从混合料中逐出，所以一般认为排水性沥青路面的典型破坏形式是剥落。维修时应遵循以下规则：

（1）当有多孔隙沥青混凝土材料时，其修复方法与普通沥青路面大致相同，即先切割翻挖，再摊铺，最后压实，但在修复时要注意以下几点：

第一，摊铺的厚度要与原面层的厚度一致，如果损坏深度超过其厚度，则要在其厚度范围以下先摊铺密实沥青混合料，再摊铺多孔隙混合料。如果直接摊铺多孔隙混合料，在其厚度以下范围的部分会由于处于四周密实混合料的包围之中，积水无法排除，再次引发水损坏。如果翻挖深度小于其厚度，则剩余部分的多孔隙混合料会由于翻挖时的压实作用，使孔隙率降低，导致周围的多孔隙混合料在水流经此处时通道不畅，在周围引起水的长期积留，同样会导致水损坏。由于实际翻挖时难以掌握精确深度，故可以有目的地超挖，当摊铺密实混合料至精确深度后，再摊铺多孔隙混合料。

第二，在边线切割时产生的灰粉遇到降温水形成灰浆附在切割边线上，硬化后会堵塞孔隙，所以必须及时清除灰浆，使新旧交接面形成良好的排水通道，否则新修部分会由于边缘通道不畅而使水长期保留在此范围内，同样会引发水损坏。同理，涂刷底层沥青油时，不能涂刷到切割面上。

第三，在压实时，应采用静力光轮压路机，不得采用振动式或轮胎式压实机械，不能过度压实；在压实过程中，要尽可能减少对周边路面的碾压，以免降低其孔隙率；压路机进出场时要采用车辆装载运输，避免在排水路面上行驶。但是，在小面积修复时，施工单位出于经济因素考虑，往往采用夯板式机械，此类机械在周边碾压时对孔隙率影响较大，此时可以在边缘混合料拍实的基础上加盖涂油垫板进行压实。

（2）由于多孔隙混合料生产厂家相当少，小修小补时的少量多孔隙混合料难以购买，因而在实际维修中，还是采用密实混合料为主。如果按照传统凿方修复的方法，在标高较高处的新旧交接面处，由于水流梯度的作用，会产生面层内部的积水现象，引起水损坏;如果采用圆形修复,难以控制压实范围,导致周边混合料孔隙率下降,影响排水畅通。为了避免产生上述现象,有必要对修补形状进行调整:沿路中线一侧应改为三角形,整体形状为五角形,使得水流沿三角形的两条边流动,避免在修复边缘处产生积水。

摊铺厚度不得小于多孔隙混合料层厚,应将多孔隙混合料全厚度翻挖,避免修复范围底部积水;采用夯板式机械压实时,靠路中线的角度应大于90°,以免夯实时对周边路面影响过大,其余注意事项同(1)。此法的缺点:与公路养护技术规范中规定的修复时切割边线应当与道路中心线平行或垂直有相悖之处,但是应当考虑到道路修复的根本目的是为了保障道路畅通,而不是美观,在不能两全其美之时,应当首先满足其基本功能。

(3)对于大面积病害的修复。如果有多孔隙混合料,则与(1)相同。在无多孔隙混合料的情况下,如病害位于中心车道,应当从路拱最高处开始翻挖;如位于边缘车道,可以依照(2)开挖成较大的钝角。尽量避免开挖道路边缘的集水带,如必须开挖,除了开挖成钝角以外,还要考虑到集水带处多孔隙混合料的较大厚度,必须全深度开挖。

4 建 议

笔者经过近8年对S20公路(杨高南路—济阳路)北侧排水性沥青路面试验段的养护管理工作,探索初步经验如下:

(1)多孔隙混合料应采用使用添加剂的改性沥青,增加沥青含量,使包裹集料的沥青膜较厚,改善混合料的耐久性。

(2)在城市式路段修建排水路面时,应当采用Ⅲ型进水口,使相邻进水口之间透水性平石的底部通道能够得到疏通。

(3)在交叉口处不宜铺设排水路面,因为多孔隙混合料的抗剪切能力较差,而交叉口刹车较多,横向作用力大,容易导致路面损坏。

(4)不宜在重车多的路段铺设排水路面,因为重车对面层的压实作用明显,导致面层孔隙率过快降低,使排水面过早失去作用。

(5)不宜在车速较慢的路段铺设排水路面,车速快会带走路面尘土,以免过早堵塞面层孔隙,可以延长排水路面使用周期。

(6)不宜在桥面铺设排水路面,因为桥梁结构物(如伸缩缝及靠背)的存在使面层排水不畅,边缘水分的长期积留会引发水损坏。

(7)路面污染严重路段不宜铺设排水路面,土方、尘土污染过多,容易导致表层孔隙率急剧下降,无法显现出排水路面的优点。

虽然排水性沥青路面具有较多优点,但在实际应用中还存在不足,养护方面尤为突出。如遇路面孔隙永久性的堵塞,养护中如何清除,特别是被石灰等易固结材料堵塞时如何解决,将是今后着重考虑和研究的方面。

参考文献

[1]胡睿,闫国杰,李交,等.上海世博园区排水性沥青路面试验段实施及功能性养护[J].上海公路,2010(3):22—27.

[2]徐斌.排水性沥青路面理论与实践[M].北京:人民交通出版社,2011.

[3][日]森永教夫.日本铺装技术答疑[Z].北京:人民交通出版社,2006.

行业管理

低碳理念下绿色公路建设的技术要点探析

陈 明

(扬州市汇通公路养护工程有限公司 扬州 211400)

摘 要 公路建设在发展的过程中,越来越注重和绿色环保概念相结合,这主要是因为人们已经初尝了环境破坏的恶果,认识到了保护环境的重要性。本文分析了绿色公路建设的重要性,并对绿色公路建设的要点及应用的具体方式进行了阐述。

关键词 低碳理念 绿色公路建设 要点探究

1 低碳理念下绿色公路建设的重要性

过去,为了快速地追求经济发展,往往不太重视保护环境。这是一种不可持续的发展模式,必然会被淘汰。当今社会,绿色低碳发展已经逐渐成为主流。随着我国对环境保护的认识越来越深刻,绿色低碳思想在各个领域都已有所体现。公路建设工程的数量和种类很多,在传统的公路建设过程中,常常会对环境造成破坏,引发许多环境问题。如果将低碳和绿色的理念引入公路建设中,对于促进环保事业的发展,改善我国的生态环境是非常有帮助的。目前,我国为了保护环境,已经出台了相关的政策,如为了控制二氧化碳的排放,立下了要在 2020 年将碳排放量减少到 2005 年一半的目标。为了达到这一目标,在公路建设时,必须秉承低碳、绿色的理念,减少二氧化碳和其他污染物的排放,在进行公路设计时,要注重保护周围的环境,如尽量不让公路穿过耕地。相关部门也应该推进绿色公路的建设,鼓励和发展绿色公路项目。

2 低碳理念下建设绿色公路的基本原则

2.1 减少能源的消耗

在进行公路施工时,不可避免的要用到大型机械设备,而机械设备使用的燃料常为柴油,会排放大量的二氧化碳和颗粒物,这些排放物都会对空气造成一定的污染。在公路建设中,要想减少能源的消耗,可以使用一些绿色能源作为燃料,如天然气等。大型机械设备不施工时,一定要关闭发动机,以最大限度的减少二氧化碳和颗粒物的排放。减少排放量是绿色公路应该遵守的重要准则。

2.2 提高资源的利用率

在公路建设的过程中,对水资源和对水泥等建筑材料的需求非常大。有的施工单位在使用资源时,不注重细节,造成了许多资源的浪费;有的施工单位将废物直接扔掉,不仅浪费了资源,还污染了环境。施工单位在建设公路时,应该对需要使用的水资源和材料进行管理,防止浪费。对可再次利用的资源进行回收,也是建设绿色公路的一个重要原则。

2.3 选用绿色环保的建筑材料

要建设绿色公路,必须尽量使用绿色环保材料。在建设公路时,只有放弃那些对环境有污染的材料而采用绿色环保的材料,才能够将环保真正落实到实处。绿色环保的建筑材料造价可能比普通的材料要贵,施工单位应该在可以承受的范围内,最大程度地保证建筑材料的环保性。

2.4 对工程进行监管

绿色公路建设是一个复杂的工程,包含的环节和项目数量众多。要确保每一个项目和环节都遵循绿色环保低碳的理念非常不易,需要专门的部门对公路建设的全过程进行监管。监管的内容包括工程的碳排放、工程能源利用的情况等。工程进行全民监管,是推进绿色工程的重要步骤。

3 低碳理念下绿色公路建设的要点探究

3.1 在设计绿色公路时应注意的技术要点

绿色公路在设计时就应该将低碳的环保理念融入其中。目前,在设计阶段常常会对公路进行碳补偿绿化带的设计。碳补偿绿化带是指公路上的绿色环保地带,技术人员在设计公路的过程中,结合实际施工现场的情况及公路建设的情况,设计环保带的结构和施工参数。公路上车来车往,二氧化碳的排放量很高,绿色带可以吸收一部分汽车排放的二氧化碳,因此成为

图 1 绿色公路建设

建设绿色公路的重要技术要点。在设计阶段,还要注意尽量不破坏施工现场的生态环境。如在设计公路的路线时,最佳的路线设计可能需要砍掉一棵百年大树,遇到这种情况可以考虑将公路的路线稍作修改。一棵百年大树对环境的贡献是不可估量的,一旦被砍,对生态环境来说是巨大的损失。图 1 为绿色公路建设,图中公路建设对周围的环境造成破坏。

3.2 绿色公路在施工阶段的技术要点探究

3.2.1 路基路面施工

路基的建设是公路建设中与环境关系最紧密的一个环节。在铺设路基之前,可以先对路面上的腐殖土进行处理(腐殖土可以收集起来作为绿色带的肥料使用)。因腐殖土非常适合植被生长,故在铺设路基时需要将腐殖土处理掉。但是,腐殖土也有其利用的价值:将腐殖土集中堆放到绿化带和植被区,可以大大提高植被的存活率,有利于植被的生长。此外,在建设路基,铺设路面时,难免会对施工现场的植被造成破坏,如何保护施工地区的植被也是绿色公路建设的要点。在绿色公路施工时,常常会结合实际的施工状况,通过对公路框架结构的调整最大程度地保护植被。

3.2.2 桥梁施工和隧道施工

在建设高速公路时,常常因为地形的制约而需要挖隧道,或者搭建桥梁。在挖隧道

或搭建桥梁时，也要保证施工的绿色环保性。在保证桥梁的强度合格的情况下，可以采用装配式桥梁，以节省材料的使用；钢筋也应该选用高强度的，这样桥梁需要的钢筋数量将大大减少，桥梁的使用寿命不会受到影响。在隧道施工时，需要注意洞口的施工，不要对洞口植被造成破坏。对挖掘隧道产生的弃渣，可以加以利用，如在后续的建设中有需要填筑的地方，可以将废渣直接作为填充物。

4 低碳理念在绿色公路建设中的具体应用

4.1 太阳能的使用

在绿色公路建设的过程中，为了减少二氧化碳排放的总量，也为了节约不可再生资源，科技人员加强了太阳能的应用，减少了煤和电的使用。太阳能在公路建设上的利用非常广泛，这是因为公路设计人员对太阳能利用方式进行了多方面的研究，并不断地改善、提升了利用太阳能的方式。借助太阳能，可以在晚间施工时进行照明，可以为施工人员提供生活用电和生活需用的热水。太阳能在公路建设中常用于服务区，虽然无法代替柴油等大型机械的燃料，但是也优化了公路建设的资源结构，减少了排放量，是可持续使用的、无污染的能源。

4.2 新能源的开发利用

在绿色公路建设的过程中，为了减少污染物的排放，经常会采用新能源。新能源有无污染、可再生等特点。施工现场常使用的新能源有太阳能、地热能等。地热的应用不仅提高了施工人员的生活水平，还不会造成额外的二氧化碳排放。

4.3 对水资源的再利用技术

公路在建设的过程中常常要用到水资源。施工中产生的污水及施工人员生活中产生的生活污水，如果随意排放，都会对环境造成污染，这和我们秉承的绿色、环保的理念是不相符的。因此，对废水应该处理后再排放。对于生活污水在确定不会污染环境的情况下，可以用来浇灌公路旁的植被。水资源的再利用，不仅能防止污水污染水源，还能防止水资源的浪费。

5 结　语

通过本论文的介绍，可以了解到绿色公路建设的发展是很迅速的。这主要是因为我国现在非常重视环保事业的发展。环保也是可持续发展必须坚持的前提。本文总结了绿色公路在施工时的要点，以及在设计和施工时应该秉承的原则。

参考文献

[1] 高硕晗,陈杰,刘学欣,等. 基于"BOT＋EPC"模式的绿色公路建设初探——以广东省广佛肇高速公路肇庆段为例[J]. 交通世界(运输车辆),2015(8)：147－149.

[2] 杨斌,蒋红梅,等. 公路隧道施工废水处理工艺探讨[J]. 公路交通技术,2008(6)：162－164.

[3] 赵康. 公路工程水污染对湿地的影响与保护对策[J]. 林业建设,2007,23(6)：50－53.

公路"牛皮癣"综合治理的对策研究与分析

刘　敏

（扬州市江都区公路管理站　扬州　225200）

摘　要　近年来,随着公路路网的不断完善,公路的社会综合服务水平不断提升,公路所承担的职能不仅仅是实现货物和人员的位移,还要提供更加舒适、美观和安全的运输环境。然而,随着公路运输量的不断增大,干线公路成了部分商贩的宣传平台,公路护栏、交通标志牌、警示桩等公路附属设施上到处可见"专业补胎""流动补胎""汽车维修"等小广告,这些小广告不但造成了公路附属设施的不整洁,影响路容路貌,而且遮挡了公路安全设施的提示内容,使其丧失基本的提示或警示功能,给过往车辆和行人造成了不便,也留下了较大的安全隐患。这些小广告就宛如公路"面容"上挥之不去的癣疾,具有顽固性和复发性的特点,俗称公路"牛皮癣"。如何治理公路"牛皮癣"成为公路管理部门亟待解决的难题。

关键词　公路"牛皮癣"　小广告　成因　治理

0　引　言

江苏省政府办公厅 2017 年 3 月公布《全省交通干线沿线环境综合整治五项行动方案》,明确于 2017—2019 年开展普通国省道、高速公路、航道、港口码头、铁路周边洁化绿化美化"五项行动",用三年时间使交通干线沿线影响环境的"脏、乱、差"问题得到全面整治,违法设施(含广告)得到全面清理,综合环境得到全面提升,保洁水平达到全国领先;打造 20 000 km 绿色廊道,新增绿化面积 26 770 万 m²,交通干线沿线绿化总面积达到 78 275 万 m²,成为展示"美丽江苏"形象的景观带和风景线。这次的行动和决心历史空前,得到了全省各级政府和群众的拥护,好评如潮。一直以来,不少爱路护路的群众,对公路上满眼望去且到处可见的"流动补胎""汽车维修"等小广告,提出了不满和愤慨,相关管理部门对这些小广告造成公路附属设施的不整洁,影响路容路貌,而且遮挡了公路附属设施的提示内容,使公路附属设施丧失其基本功能,给过往车辆和行人造成一定的安全隐患非常重视。这些小广告就宛如公路"面容"上挥之不去的癣疾,具有顽固性和复发性的特点,俗称公路"牛皮癣"。近年来,公路部门为了治理公路"牛皮癣",投入了大量的人力、物力、财力,但公路"牛皮癣"却如烧不尽的野草,总是在不断地侵占公路附属设施,各地公路部门也陷入屡治屡贴、屡贴屡治的恶性循环中。为给过往车辆和行人营造一个畅、洁、绿、美、安的通行环境,提升公路综合服务水平,公路"牛皮癣"的治理对策研究具有重要意义。笔者总结基层公路管理部门多年来的治理经验与教训,充分分析公路"牛

"皮癣"的产生原因、内容分类和当前的法律法规,认为有效治理公路"牛皮癣"需要做到"四个强化",即强化立法,依法查处乱贴的现象,强化管理多部门联动摧毁利益链,强化宣传全民发动美化环境,强化引导疏堵结合破除当前困局。

1 公路"牛皮癣"的成因分析

公路"牛皮癣"一般分为 3 种类型:喷涂、粘贴和流动标牌,其内容与目的就是做广告,甚至涉及一些非法内容的广告。催生这个产业能够经久不息并不断蔓延的因素主要是利益。其中关键的成因有以下 3 点:

1.1 有一定的市场需求

公路上车辆故障经常出现,但是专业的厂家不能全天候、全覆盖地跟踪服务,造成了供应方与需求方信息不畅,形成了一定的市场需求,公路上的快速修车、专业补胎、办证等小广告应运而生。这些修车补胎的业户一般都不用真实名称,留下的也仅是一个联系电话。

1.2 有较大的利益驱动

修车、补胎等行业,如果通过电视、广播、报纸等形式进行宣传,需要花费巨大的经费,不仅市场占有量不够大,而且时效性也不够强。而利用公路沿线的防撞护栏、公路路面、警示桩等公路设施进行宣传,不仅少花了宣传经费,还起到了更好的广告效应,自然也就带给他们丰厚的利益回报。

1.3 有较完整的利益链

公路上的小广告以粘贴式的居多,附着力强、清除难、危害大。而这些粘贴广告一般至少由 3 个以上的群体完成,即广告的宣传方、广告的印制方、广告的粘贴方,有的中间还存在着中介方。他们的需求和分工不一,但是目的一致,就是想非法占用公路这一公共资源,达到自身牟利,甚至是非法牟利的目的。特别是最后的粘贴方,一般都是雇佣者,多数员工都是无业人员,故难以追溯责任主体。

2 公路"牛皮癣"的整治措施探索

2.1 强化立法,依法查处乱贴现象

公路"牛皮癣"和城市小广告在形式上、管理和查处上均有较大的区别。《江苏省城市市容和环境卫生管理条例》第十九条规定:市容环卫管理部门应当按照规划设置公共信息栏,供市民发布信息,并负责日常管理和保洁。任何单位和个人不得在树木、地面、建筑物、构筑物或者其他设施上刻画、涂写、张贴。第五十条(六)规定:在树木、地面、建筑物、构筑物或者其他设施上刻画、涂写、张贴的,责令限期清除,处以一百元以上五百元以下罚款;逾期不清除的,代为清除,所需费用由违法行为人承担,造成损失的,依法承担赔偿责任。使用通信工具从事上述行为的,市容环卫管理部门可以建议有关单位暂停其使用通信工具。以上这些规定针对的是城市小广告,而公路"牛皮癣"却缺少必要的管理依据和法规,能够关联到的就是《公路安全保护条例》第九条:任何单位和个人不得破坏、损坏、非法占用或者非法利用公路、公路用地和公路附属设施;第六十条第一款:损坏、擅自移动、涂改、遮挡公路附属设施或者利用公路附属设施架设管道、悬挂物品,可能危及公路安全的,由公路管理机构责令改正,可以处 3 万元以下的罚款。这个条款看起来处罚严厉,但是操作性不强,难以认定违法事实,难以界定非法占用和利用公路的关系,难

以得到其他司法机关的认同。没有针对性和精准性的操作流程和依据,公路执法部门就像是"拿着大棒打蚂蚁",空费力气却不见效果。因此,行业部门应该出台相关的法律法规,针对性地指出粘贴小广告的当事人、受益人应该承担的法律责任和义务及应该得到的相对应的处罚。

2.2 强化管理,部门联动,合力打击

治理公路"牛皮癣"有了相应的法规后,仅仅依靠公路部门是很有实质性的效果的。前面已经分析了这个现象的存在与蔓延,是因为有一个完整且闭合的利益链,如果只是在末端查处,治标不治本。不可否认的是,公路上突发的爆胎和车辆损害的现象确实存在,也有需要及时修复的需求,但是那些粘贴广告的商家利用了有需求车主急于修复的心理,存在以次充好地更换零件、车胎,以及抬高修理费,更有甚者还存在敲诈的违法行为,这些都要求汽车维修的行业管理部门和地方公安部门加强管理和查处力度。

2.3 强化宣传,全民发动美化环境

通行量较大的公路附属设施上,满眼望去到处都是"牛皮癣",密集程度远远超过一般人的想象,以扬州市江都区境内的G233和G2两条公路调查和清除数据核算,每平方米粘贴的小广告达600张以上,而这还仅仅是单层,有的地方都积累了几层厚。深入调查统计后发现,这些广告的信息是无限重复的,留下的联系人和号码及源头商家也就仅仅10余家,所以,内容相对固定和单一,大部分都是修车补胎的。公路部门可以主动联系路边可见的或是通过相关信息约谈公路"牛皮癣"源头商家,共同协商在公路沿线选择适当的位置由公路部门统一设置公共信息栏,将各汽车维修商家的维修项目、联系方式等信息集中、规范地张贴在公共信息栏上,争取得到他们的认同和支持;通过媒体和网络的力量,发布粘贴小广告的危害,倡导构建"美丽交通、你我同行"公益宣传,制作专题视频节目对公路"牛皮癣"的社会危害进行宣传,对公路"牛皮癣"的源头商家进行曝光,让社会民众从视觉上对公路"牛皮癣"的危害性有全面的认识,在全社会形成震慑作用;同时,联合关注度高的电台持续开展公路"牛皮癣"有奖举报、随手撕互动活动;建立防治公路"牛皮癣"微信互动平台,倡议开展对公路"牛皮癣"利益链的曝光随手拍,以及呼吁民众杜绝接受此类商家服务等;积极鼓励社会民众揭短,维护路容路貌,重新构建社会民众爱路护路意识,进而自觉主动地与破坏公路环境和交通安全的公路"牛皮癣"作斗争,传递正能量,对制造公路"牛皮癣"的商家形成一定的社会约束力。

2.4 强化引导,疏堵结合破除困局

公路"牛皮癣"难以根治,主要是因为有需求、有市场,而这样的市场形成使部分商家从中获得利益,但却伤害了公路的路容路貌,也损害了公共利益。一边要加强对这些不法行为进行防范和管理,一边要对这样的现状进行梳理与疏导。公路部门可以引用新科技在附属设施上试用新型防粘贴涂料,通过在基料树脂中添加蜡类、有机硅、氟碳助剂降低漆膜表面附着性,在不影响公路附属设施作用的基础上,使小广告贴不上去,固定不住。或即使当时贴上去,风一刮或稍微清理即可全部掉落,使小广告从此"无处落脚"。此外,也应对这一现象的存在和蔓延进行客观的研究,针对公路"牛皮癣"源头和粘贴目的,对症下药,除在适当的位置设置公共信息栏以外,也可以借助互联网科技的力量,参照共享单车随处可使用的模式,主动联系相关专业修理服务单位,引导开发修车信息共

享平台、创建公路服务整合平台、设立如"修车吧""公路应急保姆"等服务平台。一方面，将同意入户平台的汽车维修商家信息录入其中，车主可以通过上述栏目选择合适的汽车维修商家服务，并通过一键救援功能将自己的位置发送给对方；另一方面，由公路部门出面联系当地主流媒体，通过电台、地方门户网站、微信公众号、微博等多种形式全方位宣传"修车吧""公路应急保姆"的功能，并在出入本县市区的公路入口设置公益性的提示标志，呼吁社会民众在车辆行驶过程中遇到问题时通过正规途径求助，共同抵制制造公路"牛皮癣"的不良商家。

3 结 语

江苏省的交通干线沿线环境综合整治序幕已经拉开，各级政府也相应出台了整治方案，交通干线沿线影响环境的"脏、乱、差"问题得到了政府主导下的全面支持，社会反响空前高涨，这是根治公路"牛皮癣"这一顽疾的最佳时机；全体公路人已经行动起来，各家公路管理机构都对境内的公路"牛皮癣"进行了清理整治，并将此项工作纳入日常养护管理的范畴，虽然处置难度大、长期效果不是太明显，但是通过上述四项措施的推进，以及持之以恒的管理和维护，一定会在三年内减少和消除公路"牛皮癣"，达到干线公路环境整治的要求，还公路设施一个崭新的容颜，更好地服务于公路事业发展，还江苏公路一贯的畅、安、舒、美，更好地服务于国民经济发展。

参考文献

［1］欧阳梓华,杨向华.论城市牛皮癣的综合治理［J］.河北公安警察职业学院学报，2004,4(02):45－47.

县道维修改造中环保方案的探索

戴真君

（仪征市交通工程质量监督站　仪征　211400）

摘　要　随着地方经济建设的不断发展，原有对自然资源粗放型开发的危害，已逐步被人们所认知。环境生态资源总是有限的，因此发展低碳经济、循环经济的公路建设维修模式是必然选择。本文以仪征市扬月公路（高集至刘集段）为例，重点分析该路段维修、改造方案中的建设资源循环利用等理念，希望能够为今后县道公路维修、改造的低碳经济模式和绿色公路运营节能减排贡献一些力量。

关键词　县道　维修　环保　探索

0　引　言

仪征市位于南京六合与扬州市之间，是一个南北长、东西短的长方形县级市。扬月公路是该市东西向的县道，长约 30 km，路面宽 9 m，为沥青混凝土路面。该路始建于 2004 年，至今使用年限长达 13 年，已达到维修改造年限。由于南京六合地区为砂石料的原产地，近十年来为了仪征市和周边地区的经济开发和基础设施建设，大量超载超限的砂石运输车辆通过该路运输，对路面造成了严重的破坏。下文就选取该线路中的一个典型路段（约 5 km），探讨具体方案、材料回收再利用与方案选择实践应用。

1　现场调查

经调查，所选 5 km 的沥青路段上分段落出现了不同程度的龟裂、沉陷严重和土肩缺失等问题。具体的调查、试验、数据采集如下。

1.1　病害调查研究

经过对公路上、下行的调查，得出如图 1 所示的饼图。

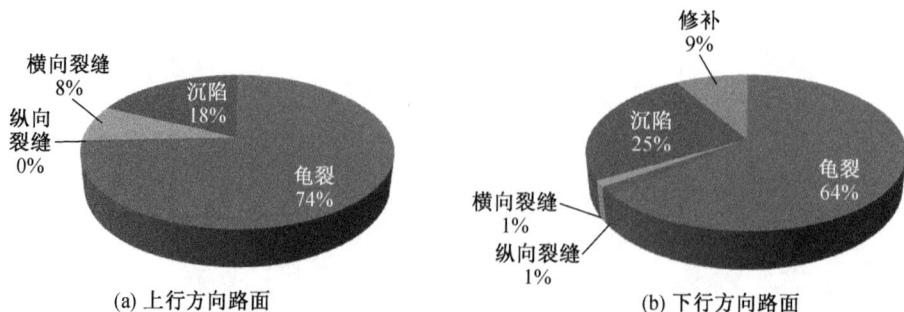

(a) 上行方向路面　　　　(b) 下行方向路面

图 1　路面饼图

由图可知,上行方向路面主要病害为龟裂,面积占路面病害折算面积的74%,同时存在一定数量沉陷病害。下行方向路面主要病害为龟裂,面积占路面病害折算面积的64%,同时存在一定数量沉陷病害。因此,可以判断,龟裂病害是该路段的主要病害。

1.2 路面弯沉值调查

从图2可以看出:① 项目路段行车道PSSI(路面结构强度指数)评价为优,大部分路面结构强度较好,局部龟裂路段结构强度较差;② 从单点弯沉值的分布情况可以看出,单点弯沉值95.1%在40(0.01mm)以下,路面结构强度较好。

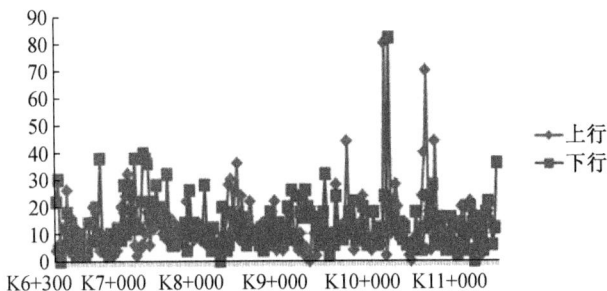

图2 路面弯沉值

1.3 老路钻芯调查

为探察老路结构,通过钻芯取样对其结构进行研究。共取芯12个,面层芯样完整的为12个,成型情况较好。从中可以看出:原老路是在旧灌入层的基础上加铺了16 cm二灰碎石和6 cm沥青面层;当前芯样主要表现为连接性差,夹层间连结性差表现得更为明显。基层底部存在夹层是直接导致连接性差的道路病害的主要原因。

2 路段病害成因分析

针对所选路段出现龟裂、纵向裂缝、横向裂缝、沉陷等病害,现做如下分析:

(1)龟裂。道路改造时在原有老路沥青面层上直接加铺二灰碎石,加铺层与原老路面层间连接性较差,在车辆荷载长期反复作用下产生松动是产生道路大面积龟裂病害的主要原因。

(2)纵向裂缝。纵向裂缝产生的主要原因是疲劳损坏,在重复荷载作用下,路面承载能力逐渐不足,就会在经常承受荷载的路面轮迹带处产生许多平行的纵裂。

(3)横向裂缝。横向裂缝产生的主要原因是温度变化。因沥青是一种对温度变化比较敏感的黏弹性材料,温度下降时,沥青混合料逐渐变硬、变脆,并发生收缩变形。当收缩拉应力超过沥青混凝土的抗拉强度时,沥青路面表面就会被拉裂,并逐步向下发展,形成上宽下窄的横向裂缝。

(4)沉陷。出现的沉陷病害主要位于行车道,伴随龟裂和不规则裂缝。其产生的原因主要是不均匀沉降及汽车荷载的连续作用,使沥青面层与基层松散,雨水下渗,路面基层及底基层强度下降。

综上可知,路段病害的原因是多种因素综合作用的结果:由于道路交通量增长迅速,加上路面结构厚度偏薄,车辆荷载作用及地表水的浸入使土体反复胀缩,降低路面强度,产生纵横缝及不规则裂缝;局部基层成型不好造成局部基层的强度不够,导致路面出现沉陷、龟裂病害。

3 合理制订改造方案,环保利用老路资源

结合上述数据分析和病害成因的研究,最终将所选道路段分成简单维护、局部基层路基再生施工利用、路线纵断面线型优化调整、下面层温拌沥青再生利用、安全绿化完善5 个方面来实施维修改造,具体采取以下处治方案:

1) 简单维护

K6+150~K6+500 段,整体情况较好,可不进行处治,由于对道路采用了双面层加铺方案,应对部分住户门前设置矩形边沟用于排水,并对部分住户门前地坪进行整治。

2) 局部基层路基再生施工利用

K6+500~K7+800、K8+200~K11+000 段,共计 4.1 km,路面病害以大面积龟裂、沉陷为主,芯样各层间连接性较差。针对该路段夹层病害进行处治,依据当前资源循环利用的理念和未来线路维修的趋势,结合当地地理位置和沿线建筑物的情况提出以下方案:

(1) 对于非村庄段落(K9+500~K10+300 段,约 0.8 km),具备路面整体增高的条件,采用先对老路基层及沥青夹层进行水泥冷再生,然后加铺 15 cm 水稳碎石基层,以增加结构层强度的方案。这种方案既提高了道路的排水能力,增强了道路强度,也保证了一部分二灰碎石基层能够得到再利用,充分体现了资源环保的理念,极大地降低了工程造价。当前市场水泥稳定碎石与水泥冷再生基层施工方案每 1 m³ 价差就高达 40%,同时仪征市 5 年的县道维修改造经验表明,无论是从经济角度,还是从节能环保角度,水泥冷再生作为下基层的做法在双层基层实施条件的路段都是非常实用的。具体做法为:分层铣刨老路沥青砼及部分二灰碎石(厚度控制在 12 cm),然后对底基层进行判别,如有病害,则继续铣刨(厚度控制在 20 cm),接着回铺 20 cm 水稳碎石至老路基层底,对老路基层及沥青夹层采用 15 cm 就地冷再生(再生后厚度增加 1 cm),最后,加铺 15 cm 水稳碎石+沥青封层+6 cm Sup-20 温拌再生沥青砼下面层+沥青黏层+4 cm Sup-13 沥青砼上面层。

(2) 对于村庄段落和不具备道路抬高条件的路段(如 K6+500~K7+800、K8+200~K9+500、K10+300~K11+000 段,共计 3.3 km),采用"少抬高,去夹层",对老路面层、基层及沥青夹层进行铣刨,回铺单基层水稳碎石方案,恢复其结构层。具体做法为:分层铣刨老路沥青砼面层(厚度控制在 5 cm)、二灰碎石基层(厚度控制在 18 cm)及沥青表处(厚度控制在 4 cm),然后对底基层进行判别,如有病害,则继续铣刨(厚度控制在 20 cm),接着回铺 20 cm 水稳碎石至老路基层底,最后回铺 20 cm 水稳碎石+沥青封层+6 cm Sup-20 温拌再生沥青砼下面层+沥青黏层+4 cm Sup-13 沥青砼上面层。

3) 路线纵断面线型优化调整

对于老路纵断面指标较差的部分(如 K7+800~K8+200 段,共计 0.4 km),通过走访勘察发现,该地段高出路侧居民房屋 40~80 cm,雨水流入居民房屋现象时有发生,同时也增加了过往车辆上下坡的油耗。结合道路维修改造下调该路段整体高程,对纵断面进行优化,改善原有道路,从建设的角度改善民生问题,同时也为项目运营期节能减排提供物质保障。

4) 下面层温拌沥青再生利用

从本项目的具体实施步骤中不难发现,当前道路维修过程中有大量的沥青混凝土铣刨废料产生,考虑到环境保护与老路资源材料的再利用,采用 Sup-20 温拌再生沥青混合料对老路下面层进行施工。采用温拌厂拌再生技术的优势:① 在节能减排方面,由于沥青混合料生产温度能大幅降低,能有效降低沥青混合料生产时的能源消耗,即沥青混合料产生的有害气体(碳氧化合物和有毒沥青烟)大幅减少;② 在社会经济效益方面,25％的 RAP 材料与普通沥青混合料相比,每生产 1 000 t 道路石油沥青混合料使用 250 t RAP 材料,可以节约 17.1％的费用。

5) 安全绿化完善

对于出现土路肩缺失严重的老路,维修时应对土路肩进行整治,并采取加宽路肩处理至 1.5 m 的方式。一方面可保证道路的行车安全,特别是给河塘、高填土路段波形梁护栏的设置提供了空间;另一方面也为种植绿化树木成型植物根系生长提供一定的空间。对于道路抬高的部分,需要对沿线道路进行搭接处理,保证交叉口通视三角区,同步增设警示标志和道路方向指路标志。

4 结　语

总结上述调查、病害分析和实施方案选择处理,可得出如下结论:

(1)设计方案基本满足本次县道公路维修改造的要求,道路基层强度得到增强,路面增高较少,利于施工。

(2)通过县道公路工程基层冷再生和温拌沥青下面层的应用,既降低了工程造价的经济效益,又获得了节能减排效益,为资源环保再利用提供了实践环境。

(3)从多方面、多角度分析改造方案,为今后类似县道公路的维修改造提供指导意见和实践基础。

(4)将安全和绿化的完善引入县道公路维修改造,提高了县道公路的安全水平,同时也提升了道路两侧绿化的景观,给行车驾驶人员一种视觉的美感,降低了视觉单一产生的疲劳。

参考文献

[1] 交通部公路局,中交第一公路勘察设计研究院有限公司.公路工程技术标准(JTG B01－2014)[S].北京:人民交通出版社,2015.

[2] 中交第一公路勘察设计研究院.公路路线设计规范(JTG D20－2006)[S].北京:人民交通出版社,2006.

[3] 陆健,丁泽民,余晖,等.温拌再生沥青混合料 Sup-20 的力学性能、施工工艺及效益分析[J].华东公路,2013,3(201):61－63.

[4] 宋力和.就地冷再生技术在旧路改造中的应用研究[J].公路交通技术,2006,30(1):49－52.

农村公路建设对环境的影响和干预探索

陈永飞

（高邮市交通运输局　高邮　312084）

摘　要　近年来,随着我国经济的不断发展,农村现代化建设的投入力度也在持续加强。公路建设作为基础设施建设的重要内容,为农村人民生活质量的提升做出了巨大的贡献。但是值得注意的是,公路建设不可避免地对农村的生态环境造成了一定的破坏。本文将就农村公路建设对环境的影响及相应的干预策略进行深入的探索研究。

关键词　农村公路建设　环境　影响　策略

1　农村公路建设对环境的影响分析

1.1　占用耕地资源

当前阶段,很多地方政府对公路建设的重视力度较高,并为之尽可能的提供便利。但是,仍然有一部分地区存在忽视公路建设的本质,刻意追求形象工程,随意扩大建设规模的现象,这不仅占用大面积耕地,同时也与当地的发展情况严重不适应。导致这一情况出现的主要原因是缺乏对当地社会发展水平的深入调查、了解,公路建设和农村土地建设规划相互独立,重复建设及布局不合理的现象普遍存在。在公路实际建设的过程中,往往缺乏耕地保护意识,导致耕地资源被大量占用,甚至造成浪费。

1.2　损害生态系统景观

农村公路建设会在一定程度上改变农村地区的自然风貌,若不能采取有效的保护措施,很可能会对生态环境及生态系统的结构造成严重的破坏,影响当地生物的正常生活,导致生态失衡。客观来讲,农村公路建设实际上就是对生态系统改造的过程,新的公路狭长地带掠占生物居所,将原生态环境一分为二,使生物总群数量及种群之间交流减少,特别是对于爬行动物,这是不可避免的,一旦遭到破坏,很难通过自然本身的协调恢复过来。在很长一段时间内,受限于技术及意识观念的落后,农村公路建设对生态环境保护的重视力度偏低,为了保障公路建设的质量,对周边土体及植被往往采取忽视态度,对当地生态环境的健康发展带来了严重的干扰。

1.3　造成环境污染

在农村公路建设的过程中,会使用到大量的施工材料,由于施工人员缺乏环保意识,很多有害物质对农村的水资源及土地资源造成了严重的污染。同时,筑路这一过程会加快水的流失速度,这就使一部分有害物质通过水体向周边进行扩散,造成大范围的水体污染,对人们的饮水安全造成威胁。再加上在公路建设施工的过程中,不可避免的会使用一些机械设备及车辆,产生的噪声污染会对周围居民的正常生活造成不小的负面影响。此外,施工产生的废气及管理不善造成的扬尘污染则会造成大气污染,不仅会影响到周边生物的生活环境,也会给人体健康带来一定的危害。

2 农村公路建设环境问题的解决策略分析

2.1 强化环境保护宣传教育及行业管理

在农村现代化建设的过程中,环境保护是至关重要的一个环节,直接影响着农村地区的可持续发展。农村公路建设工程多为小规模项目,很难吸引大的承建商,因此普遍由小承包商承建,管理疏松,且施工人员的环保意识也不强,填筑料、生活垃圾随意堆放的情况十分严重。因此,在农村公路建设的过程中,必须深入贯彻落实环境保护方针,实现人与自然的和谐发展。对此,一方面要加强环保宣传,另一方面也要加强监管力度,对生活垃圾及工程废料进行集中分类管理,并对一些具备利用价值的资源进行二次利用,实现资源利用最大化。通过强化宣传教育的方式提升干部群众的环保意识,在宣传教育活动开展的过程中,可以通过电视、广播、报纸、网络的媒介进行全方位覆盖,强化宣传教育的成效,逐步加强人们对环境保护的重视,正确地协调建设和环保之间的关系。其次,做好农村公路建设环境行业监管工作,构建以预防为主、监管为辅的环保机制,提升环保责任感,彻底杜绝破坏、污染环境的现象。

2.2 在公路设计中引入生态环境保护观念

公路工程建设在正式施工之前,必须完成设计方案的制定,生态环境保护应在这一阶段就开始落实。在进行公路设计时,首先要对建设区域的生态条件进行全面的调查分析,结合设计方案的内容评估其对生态环境的影响效果,有针对性地对设计方案进行完善优化,尽可能地减小公路建设对周边环境的影响。同时也要因地制宜,选择合理的技术指标。在选择线路的过程中要做到灵活变通,尽可能地避开水源及林木等自然资源。充分利用地形,做好土石方平衡,保护水源及耕地、草场自然资源。对于高填、深挖的边坡路段要做好防护,避免滑坡、坍塌等地质问题。同时在设计取弃土场时,也要尽量避开植被、水资源较多的区域。

2.3 加强对施工过程的监管保护

在农村公路建设中,施工是十分重要的环节之一,同时对生态环境的破坏也大多发生在这一阶段。因此,在公路施工的过程中,必须做好相应的环保措施。结合施工现场的地质及地形特点,建设排水和防护工程,在环境防护的基础上实现对生态环境的治理开发。

在实际施工的过程中,为了减少对自然植被的破坏,应该合理采取施工方案,减少建造施工便道,避免对原植被造成破坏,同时经常对施工便道进行洒水处理,避免扬尘,施工完成后,及时对施工便道拆除恢复。在取土的过程中,公路沿线的取土场必须由政府部门统一结合其他项目或产业应用规划,严禁施工单位肆意开挖、超挖,同时在取土坑边建立完善的排水系统。其次,对于路面结构层施工,要尽量采取场拌,减少粉料拌合时对周围环境的污染,对于需要现场拌制的水泥及矿粉等材料,需采取灌装或覆盖措施。

2.4 加强环保投资力度

在农村公路建设中,很多情况下人们都能清楚地意识到环境保护的重要性,但是受限于资金不足,无法在保障工程建设质量的基础上做好环保措施。针对这一问题,当地政府部门在进行公路建设预算时就应该将环保措施所需的资金纳入其中,并在公路设计中体现出来,只有这样才能保障农村公路建设资金的充足,从而促进环保措施的有效落实。

3 结 语

综上所述,农村公路建设在为农村居民带来方便的同时也对周边的生态环境造成了严重的破坏,具体表现在耕地资源不合理占用及施工造成的环境污染等。针对这些问题,必须在保障公路建设的基础上通过强化宣传教育、完善设计方案、加强环保投资及加强施工过程管理等手段促进环保理念的落实,如此才能将公路建设对环境的影响降到最低,促进人与自然的协调发展。

参考文献

[1] 丁晓旭. 龙门农场农村公路建设对工程环境的影响分析[D]. 黑龙江:黑龙江大学,2015.

[2] 任少飞. 新农村建设背景下的农村公路策略研究[D]. 河北:河北农业大学,2011.

[3] 胡萍. 浅谈农村公路建设对生态环境的影响[J]. 科技信息,2013,(08):178-179.

我国道路雨水径流污染特性及控制措施进展

康爱红[1]　李　涛[1]　丁泽民[2]　徐　剑[2]

(1.扬州大学建筑科学与工程学院　扬州　225127；

2.扬州市公路管理处　扬州　225001)

摘　要　道路网络已经成为当今社会和经济发展的中枢,为社会带来巨大效益的同时,它们对自然景观和生态系统的分割、干扰、破坏、污染等各种负面影响也在不断加大。作为城市汇水面的重要组成部分,道路也是城市受纳水体非点源污染的主要污染源之一,道路雨水径流污染问题日益引起相应学科学者的重视。本文梳理总结了我国道路路面径流污染的特性、成因,分析了我国使用的净化材料和现行的各处理措施的利弊,最后对道路路面径流污染进行生态化处治的技术研究方向进行展望。

关键词　道路径流　污染　特性　净化材料　控制措施

0　引　言

道路建设的迅速发展,路网水平的不断提高,都可以有效地解决自然资源、劳动力、生产设施等生产要素相互分离的矛盾,促进社会经济与旅游事业的发展,对一个国家或一个地区的经济发展、社会进步和人民生活质量的提高等发挥着举足轻重的作用。但道路在发展的同时也对我国的水生环境带来严重的负面影响。由于频繁的交通活动,汽车尾气排放、轮胎和路面磨损、部件腐蚀及油脂渗漏等导致大量的悬浮颗粒物、重金属、营养盐和有机物等污染物在路面积累。一旦发生降雨,这些污染物往往由于我国道路仅限于“排”的雨水处理方式而随雨水直接排入地表水体,易对受纳水体造成水质污染、水生生态破坏及造成周边土壤的重金属污染。近年来因其污染强度大、对受纳水体的影响严重而逐渐发展成为一门相对独立的研究领域[1]。

对道路径流污染的认识和控制是当前水环境研究的重点之一。要想有效控制道路径流污染,当务之急是探求经济有效的道路径流污染控制技术。国外一些发达国家对道路径流已经开展了广泛的径流水质特征调查和控制措施研究,而我国对道路雨水径流的研究开展相对较晚,近年来才逐渐有环境方面的学者对北京、广州、天津、南京等城市开展路面径流水质的监测分析和污染净化研究。本文针对我国道路径流的研究现状,梳理道路径流污染特性,并对污染净化材料与治理技术进行探讨。

1　路面径流污染特性分析

在初期北京等城市对路面径流水质进行了研究,结果表明:道路径流污染物主要成分为悬浮物(SS),化学需氧量(COD),总氮(TN),总磷(TP),氨氮(NH_3-N),重金属铅

(Pb)、锌(Zn)、铬(Cr)、镉(Cd)、铜(Cu)，以及石油类、多环芳烃(PAHs)等。目前广大学者对道路径流污染的研究已不局限于对其成分含量的研究，更多的开始以污染物控制为目的，对道路生化性、超标污染物的初期冲刷效应、附着态和含量影响因素等进行探讨，为道路路面的径流污染生态化处治提供了更加切实的理论依据。

1.1 道路生化性

与比值法是目前广泛用来评价废水可生化性的一种最简易的方法。该方法直接比较废水的生化需氧量和化学需氧量。当与比值为 0.45 时，可生化性效果较好；当与比值为 0.3~0.45 时，可以进行生化性处理；当与比值为 0.2~0.3 时，较难进行生化性处理；当与比值小于 0.2 时，则不宜进行生化性处理。下面结合我国各大城市的数据对我国道路的生化性进行分析，见表 1。

表 1　我国道路可生化性

项目	南京	广州	天津	镇江	北京
COD_{cr}/BOD_5	0.11	0.06	0.12	0.28~0.44	0.23

我国典型生活污水的 BOD_5 与 COD_{cr} 的比值约为 0.45。由表 1 可得，我国各大城市道路路面径流的生物可降解性较差，不适合用传统的生物处理法加以处理，也就是说，在制定道路径流污染的控制措施时可不考虑生物处理方法。

1.2 污染物特性分析与悬浮物粒径分布

作为水环境污染的重要组成部分，路面径流地域范围广、随机性强、成因复杂等特点，因此研究污染物在降雨事件中的成因及迁徙过程显得尤为重要，而污染物中占比最大的悬浮物，因其在水生环境中的载体作用，使路面沉积物的颗粒级配成为研究热点。大量研究成果的得出为路面径流污染的控制打下坚实的基础，表 2 总结了各种超标污染物在降雨事件中及污染物本身的各种特性。由表 2 可见，TP、COD、Cu、Zn、Pb 在各降雨事件中，与 SS 的线性相关系数很高，通过对 COD、TN、TP 的溶解态浓度与悬浮态浓度的对比，可见溶解态是 TP、COD、Cu、Zn、Pb 的主要输出形式，而 TN 与 SS 的线性关系较差，且溶解态含量占总氮的含量较高，可见悬浮态是 TN 的主要输出形式。因此，颗粒物的去除是控制城市降雨径流污染的关键。在雨水中，大颗粒含量相对较多，随着降雨历时的增加，所含大颗粒物质有减少的趋势。初期雨水中粒径大于 50 μm 的颗粒占总 SS 的 74%，粒径大于 45 μm 的颗粒占总 SS 的 80%，粒径大于 30 μm 的颗粒占总 SS 的 93%。径流中污染物质量浓度与 45 μm 的颗粒粒径相关系数最大，且污染物质量浓度与粒径的相关系数随着颗粒粒径的增加而变小，说明污染物主要吸附于细颗粒表面，同时也说明利用有效措施去除悬浮物可以有效解决径流污染问题。

2 净化材料及控制措施研究

2.1 净化材料研究

目前各处理措施常使用的具有过滤效果的净化材料有细砂、活性炭、沸石、炉渣、火山岩、陶粒、蛭石等。表 3 和表 4 分别总结了主要污染物的去除途径及净化材料的污染物控制范围。

目前，对于净化材料的径流污染控制应用的研究已发展为组合式的生态处理模式，将几种净化材料组合形成正交试验,研究其污染去除能力,以提出经济、高效的组合模式最终应用于各处理措施中,达到净化污水的功效。

在各种净化材料中,沸石、陶粒等由于其特殊的物理和化学性能成为学者研究的热点。天然沸石是一种含水框架结构的多孔硅铝酸盐矿物质,独特的晶体结构使其具有选择性离子交换性能、选择性吸附性能、耐酸性能及催化性能等特性。陈辉霞[2]等以示范工程为基础,研究城市初期雨水径流污染控制的强化处理技术,即沸石渗滤床技术,运行结果表明:对氨氮、TP、COD都有较好的去除效果,且对氨氮的去除效果较为明显,进水氨氮浓度在2~5 mg/L,出水都能达到地表 IV 类水标准。陶粒又名膨胀黏土、发泡炼石、火炼石等,轻质陶粒采用优质勃土、页岩或粉煤灰为主要原料,通过回转窑高温焙烧,经膨化而成,是一种优良的混凝土轻骨料,由于其内部呈蜂窝状结构,因而具有轻质、高强、导热系数低、吸水率小等特点。宋秋霞[3]利用陶粒与透水沥青混合料形成的不同空隙结构对路面雨水径流污染物进行控制,通过路面结构减少了高负荷污染的路面径流对受纳水体的污染程度。蛭石具有很强的阳离子交换能力,中国有储量丰富的蛭石矿资源,天然蛭石具有储量丰富、价格低廉、吸附容量大,对环境无毒、无害且容易再生等优点。李志[4]等利用蛭石进行路表径流吸附净化研究,通过一系列室内试验证明,蛭石可以有效去除水体中的金属离子和氨氮成分,对水体净化具有显著效果。

表 2 道路径流污染物特性分析

项目	SS	COD	TN	TP	NH₃ - N
污染物浓度/(mg/L)	522~1 975	392~508	3.25~14.85	1.02~4.21	0.75~1.20
线性相关关系		好	差	好	差
赋存状态		颗粒态	溶解态	颗粒态	
初期冲刷效应(受降雨历时影响,受累计晴天数影响,受降雨强度影响)	TN 受累积晴天数影响较大,受降雨强度的大小及变化影响较小;TP、NH₃ - N 受降雨强度影响较大;COD 浓度受降雨强度的影响大于累积晴天数;SS 浓度受累积晴天数的影响略大于降雨强度				
相关系数大的颗粒粒径	雨水中大于 45 μm 的颗粒占总 SS 的 80% 左右,且径流中污染物质量浓度与细颗粒(<45 μm)的相关系数最大				
项目	Pb	Zn	Cu	Cd	
污染物浓度/(mg/L)	0.14~0.21	1.23~1.96	0.048~0.19	0.54~2.34	
线性相关关系	好	好	中等	好	
赋存状态	重金属大多以颗粒态存在,Cu 同时有溶解态				
初期冲刷效应,(受降雨历时影响受累计晴天数影响,受降雨强度影响)	降雨历时短、降雨量小、降雨强度小的降雨事件,重金属浓度在一定范围内波动,在整个径流过程中始终维持在较高水平;降雨历时长、降雨量大、前期强度大的单峰、多峰降雨事件初期污染物浓度高、污染重,初期效应显著;降雨历时短、降雨量较大具有双峰雨型的降雨事件中重金属处径流存在"二次冲刷"现象				
相关系数大的颗粒粒	雨水中大于 45 μm 的颗粒占总 SS 的 80% 左右,且径流中污染物质量浓度与细颗粒(<45 μm)的相关系数最大				

表 3　污染物去除途径

项目	去除途径
SS	拦截作用;吸附作用
COD	微生物的降解;SS 的有效拦截
氨氮	发生硝化反应,氨氮被转化为硝态氮;吸附作用
总氮	吸附作用;硝化、反硝化反应脱氮
总磷	化学反应;SS 的有效拦截

表 4　净化材料对污染物的去除类别

项目	污染物的去除
沸石	氨氮,TP,COD 等,特别是对氨氮的效果较佳
粉煤灰	氨氮、总氮、可溶性正磷酸盐、总磷等
陶粒	COD、SS、浊度、Pb、Zn 等
蛭石	金属离子、氨氮等
活性炭	COD、重金属等
炉渣	COD、重金属等
火山岩	COD、氨氮等

2.2　控制措施研究

欧美、日本等发达国家早在 20 世纪 60 年代就开始认识到城市雨水径流污染的严重性,进而研究开发出了控制雨水径流的各种技术措施,如较佳场地规划(Better Site Planning,BSP)和低影响发展(Low-Impact Development,LID)及最具代表性的"BMPs"。从 20 世纪 80 年代开始,欧洲大多数国家开始重点进行源头污染的控制、雨水径流量的削减。我国城市雨水径流污染控制研究起步较晚,20 世纪 80 年代初,北京率先在此方面开展了相关研究,随后上海、苏州、杭州、南京、成都等城市也逐渐开展了类似研究。路面径流的污染控制大致分为 3 类:源处理、输移处理和汇处理[5]。目前国内处理路表径流的主要方法有植被控制、湿式滞留池、渗滤系统和湿地。各类污染控制措施除污效率的研究结果见表 5。

表 5　路面径流污染控制措施对污染物的去除率　　　　　%

项目	TSS	TN	TP	金属	油脂
植被措施	27~90	0~50	20~85	0~90	75
渗滤设施	70~95	30~71	43~80	22~99	90
雨水湿地	65	20~25	35~65		
透水铺装	82~95	80~85	60~71	33~99	
雨水塘	46~90	28~50	20~90	24~89	

由于我国南北地域和气候差异较大,使得植被控制、湿地在北方的路表径流污染控

制方面推行困难,传统的湿式滞留池和渗滤系统因需要占用大片的土地而未得到大范围推广。一些科研机构也推出一些新型、高效的路表径流技术处理,如高效纤维过滤技术、改性硅藻精土处理技术、膜分离技术等,能取得较为显著的效果,但是也存在维持效果所需成本较高的缺点。所以,我国的径流污染状况虽引起了广大学者的注意,但是满足高效性、服务性的生态型处治方法还未取得实质性的研究成果,绝大部分路面仅限于"排"的道路雨水处理模式。

在对各处理措施进行比较的过程中发现:源处理方式是最有效的径流污染物处理模式,其目的是减少源头污染物的排放,被称为减轻城市污染负荷最经济有效的方法,主要包括生物滞留设施、绿色屋顶、可渗透漏路面铺装系统等措施。目前,研究广泛的是生物滞留设施和可渗透漏路面铺装系统。李家科[7]等在西安理工大学露天试验场设计和建设了 6 条不同配置方式的生态滤沟(生物滞留设施),结果表明:在所选的基质中,粉煤灰的净化效果较好,其对氨氮、总氮、可溶性正磷酸盐、总磷的去除率可分别达到 30% ～ 45%,25% ～ 30%,90% ～ 95%,60% ～ 90%;Hogland[8]等在对选取的几个沥青多孔路面(可渗透漏路面铺装)的融雪进行观测的第一年的水质报告中发现:悬浮固体减少了 95%,锌的含量减少了 17%;Baladès[9]等在法国波尔多两个地点的观测中指出,COD 减少了 80% ～ 90%,重金属减少了 90% ～ 95%,总悬浮固体减少了 80%;Dreelin[10]等的报告指出锌的含量减少 17%,总磷的含量降低了 80%;Legret[11]等对法国这一地点的多孔路面对重金属处理效果进行研究,指出多孔沥青可以过滤与重金属密切相关的悬浮沉淀物,如铅、铜、镉、锌,他们在路基土中没有发现超出环境规定的重金属污染物;宋秋霞[3]探讨了新型路面材料对路面径流污染的净化功效,对哈尔滨嵩山路路段路面径流排水进行取样分析,结果表明:透水沥青路面对径流污染因子 COD、SS、浊度、Pb、Zn 均有良好的净化作用,其净化有效空隙率范围为 12.1% ～ 23.0%,掺混陶粒率为 40% 的透水沥青路面对径流污染的净化功效明显优于纯沥青路面。而通过对源处理的污染物处理机理和处理过程的研究发现,其主要通过路面结构及材料的孔隙和吸附作用对污染物起拦截作用,正符合前文得出的污染物主要以悬浮态存在的这一特性。

3　结　语

我国道路网已基本完善,道路已由建设型逐步转为养护型和环保型。根据当前道路交通污染问题的特点和趋势,紧随当前科技发展的最新形势,对道路路表径流污染特性分析及其处理工程技术的研究,不仅可服务于城市区域生态化建设的需要,也能为我国道路交通的可持续发展提供现实指导意义。

我国道路径流污染的研究已取得阶段性的成果,对净化材料及净化措施的研究已逐步实施,但是其实地应用及推广并未得到有效的开展。当前,提出科学、有效且适应我国道路环境的控制措施应成为新的研究课题。对径流污染的有效特性的分析,可以通过现有道路建设用地和组成范围,将净化植被和材料以不同的方式结合路面材料、结构和附属设施等,构建功能性路面结构、道路设施,在源头上形成道路综合过滤渗透系统及其实地应用技术,对道路路面径流污染进行生态化处治也许会是道路径流污染控制未来的研究方向,从而高效地减少高负荷污染的路面径流对受纳水体的污染程度,缓解道路蓬勃发展带来的水体污染问题。

参考文献

［1］WILLIAM J. Current practices in modeling the management of storm‐water impacts［M］. Boca Raton，Florida，U. S. A. ：Lewis Publishers，CRC，1994：121－139.

［2］陈辉霞，刘翔. 沸石渗滤床在城市初期雨水径流污染控制的应用研究［J］. 环境工程学报，2012，6(2)：519－522.

［3］宋秋霞，徐勇鹏. 透水沥青路面对路面径流污染的净化功效［J］. 东北农业大学学报，2009，40(11)：56－59.

［4］李志，周科峰. 蛭石净化路面径流污染初探［J］. 山西建筑，2013，39(12)：188－189.

［5］尹炜，李培军，等. 我国城市地表径流污染治理技术探讨［J］. 生态学杂志，2005，24(5)：533－536.

［6］US Department of Transportation-Federal Highway Administration. Stormwater Best Management Practices in an Ultra-Urban Setting：Selection and Monitoring［EB/OL］. http：//www. fhwa. dot. gov/environment/ultra－urb/index. htm，2008－02－06.

［7］李家科，杜光斐. 生态滤沟对城市路面径流的净化效果［J］. 水土保持学报，2012，26(4)：1－6，11.

［8］Hogland，W.，Niemczynowicz，J.，Wajlman，T. The unit superstructure during the construction period. Sci. Total Environ.，1987，59，411－424.

［9］Baladès，J. D.，Legret，M.，and Madiec，H. Permeable pavement：Pollution management tools. Water Science & Technology.，1995，32(1)，49－56.

［10］Dreelin，E. A.，Fowler，L.，Carroll，C. R. Atest of porous pavement effectiveness on clay soils during natural storm events. Water Research.，2006，40(4)，799－805.

［11］Legret，M.，Colandini，V.，LeMarc，C. Effects of a porous pavement with reservoir structure on the quality of runoff water and soil. Science of the Total Environment，1996，190，335－340.

浅谈镇江市养护应急基地(工区)管理模式
和运营机制

陈辉方　管亚舟　丁文胜　戴建平

(镇江市公路管理处　镇江　212008)

摘　要　为进一步推进公路养护的现代化,促进公路服务能力的提升,使之更好地满足公众多样性的需求,在国省干线公路日常养护中,多以养护应急基地(工区)的标准化建设来提升公路养护现代化水平。标准化建设将对工区自身硬件如办公区、生活区、仓储区、料场、绿化等进行改善升级和重新布局,还将在机械配备、作业管理、应急管理等方面以科学的标准和流程进行优化,全面提升基层公路养护的专业化、机械化、信息化水平,努力将工区打造成为集养护管理、公共服务、应急抢险"三位一体"的最基层立场。

关键词　养护应急基地　工区　机械设备　管理

　　镇江市公路管理处共管理养护国省干线公路约 380 km,其中五辖市区(丹阳市、句容市、扬中市、丹徒区、市辖区)共拟建设 16 个工区,其中一类工区 5 个(1 个应急中心,4 个应急基地),二类工区 11 个。

　　为更好地提升国省干线公路养护应急水平,围绕养护现代化的发展与标准,深入研究养护应急基地管理现状、机械配置情况及使用模式,努力构建一个层次分明、规模适当反应灵敏、运转高效的养护应急基地。

1　养护应急基地(工区)管理现状

1.1　应急基地基本情况

　　镇江市公路养护应急处置中心设有 2 个科室(综合管理科、应急处置科),共 24 名员工,其中在编 5 人、人事代理 9 人、劳务派遣 10 人。其工作机制为"平战结合",具有对突发事件的快速反应能力和处置能力,应急物资储备较为充分。

1.2　养护工区基本情况

　　(1) 镇江市的一类工区虽大部分已完成了房屋的基建工作,但在人员、设备配置等方面几乎没有完全投入,同时也没有能力进行生产和运营。

　　(2) 二类工区则完全依靠养护公司运营在生产。

2　养护应急基地(工区)机械配置情况及使用模式

2.1　应急基地机械设备

　　镇江市公路养护应急处置中心 2011 年按省交通运输局的要求已配备了养护应急基

地需购置的大部分应急设备,虽设备购置较为全面,但应急设备的使用频率较低,存在设备闲置的现象。应急中心的机械设备使用模式如下:

(1)设备整体打包出租,就是将所有设备全部租给一家单位使用。

(2)单个设备出租,就是根据市场需求对外出租单件设备或机械。

(3)各养护公司有需求时,免费提供机械,如大型清扫车、高压清洗机等。

(4)在恶劣天气和特殊情况(如突发性事件)进行应急处置。

2.2 工区机械设备

养护工区则完全依托各养护公司进行管理和生产作业,为了进一步优化养护生产组合,工区也成立了应急处置分队,储备应急物资与机械配备。机械设备的购置经费主要依靠养护小型机具费补助与养护企业自行购置配套两种模式。

3 养护应急基地(工区)存在的问题

3.1 管理运营模式

3.1.1 应急处置中心方面

(1)没有相关资质和许可,业务发展受限。由于固定的资金来源少,没有相关资质和许可,对外发展找项目受限,仅靠内部项目不能满足需求。必须要理顺体制关系,找到固定资金的来源,打通发展瓶颈。

(2)应急事件发生频率低,人员或机械存在闲置情况,缺乏维护运营资金。

(3)部分设备的配置不合理,也不够规模。小型设备配置较多,因没有养护任务,使用率不高,基本闲置;大型设备配置不全、不配套,比如挖掘机和摊铺机的出动需要外租运输设备,特别是在突发事件处置时,外租运输设备到位的时间比较长,常常会延误时机。此外,高空作业车也基本闲置。

3.1.2 养护应急基地方面

(1)镇江养护应急基地建设均为各辖市区公路处,基本没有运营,既没有人员队伍,又没有机械设备。在运营方式上无法突破,这样的基地建设,如再闲置几年,恐房屋也难以维护到位。

(2)如果公路应急基地建立实体队伍,势必会与养护公司存在养护市场竞争,增加了社会的不稳定因素。如依托养护公司的人员进行管理,则会造成养护基地属于公路机构和不同体制的养护公司的双重管理而出现管理不顺畅的现象。

3.1.3 工区方面

(1)2003年公路管理养护单位脱钩和改制后,目前镇江市的养护公司有3种性质:改制企业、具有事业单位性质的公有企业和属于国资委管理的公有企业。改制企业目前以工程建设、干线公路小修保养养护为主,在运营过程中还需支付较大数目的税收,势必要占用为数不多的养护经费,同时监管单位对其的监管难度也较大;未改制的养护单位在运营方面难度也较大,如退休人员较多,退休成本较大等问题,且养护公司的管理模式也不一致。

(2)二类工区房地产产权模式也不尽相同。有部分改制企业工区的房屋已经不属于公路资产,但其他未改制企业的二类工区的基础设施还属于公路资产,现无偿提供养护公司使用,如进行标准化建设,存在产权不明晰的问题。

（3）大多数工区都肩负着国省干线和农村公路并养的养护管理模式，工区所用人员、材料、设备、机械、费用存在交叉混用、不明晰的现象。

（4）许多老的工区普遍存在建设年代久，缺乏资金维护的现象。养护公司已无维修经费，同时也不会投入经费进行建设、维护，目前的现状已不适应养护需求，也不能满足二类工区的标准。

（5）随着干线公路的建设，部分工区已偏离新的干线公路，如句容 104 工区，因 104 国道改线，原地址已不能使用，目前新工区计划移址至 104 国道 1172K＋600 处。同时，镇江市还有部分工区建设位置在县乡道附近，现急需进行改建后移址，但由于近年来国家加大对土地使用的管理，对于新建的一、二类工区，在土地的许可办理上难度增加，同时建设成本也高，省局补贴远远不够，建议在新建公路建设中同步进行工区站点建设。

3.2 机械设备配备

（1）养护现代化的具体要求应符合现阶段养护生产力的发展水平，否则会造成不必要的浪费，因此养护现代化的标准有待修改。

（2）部分机械设备配置存在不合理、不适用的现象，如小功率的清扫车不适用于公路清扫，目前干线公路路面污染以砂石污染为主，不像城市道路只有灰尘，因此大功率的清扫车较实用。

（3）养护机械配备一、二类工区应根据不同生产需求和功能定位，选择性配置养护机械，避免搁置浪费。

（4）购置的机械设备的配给对象也是问题。应急基地存在无人、无养护路段的现象，机械设备配给它，则大部分处于闲（备）置状态；而有些工区属于私企或经营性公司，如配置给它们，则存在国有资产流失的嫌疑。

（5）普遍存在机械设备只使用不维护的现象，造成使用成本高、维护费用高、使用率低的现象。

（6）应急基地、养护公司缺少专业技术人员和机械操作手等技能人才，脱钩养护公司难以引进人才。如句容市养护公司在脱钩后，镇江交通局即冻结了人事关系。私企养护公司因不愿引进人才而停留在脱钩前的水平。但是大部分的机械设备需有操作上岗证的人员才能上岗操作。

（7）现代化机械设备使用不及时。如路面出现个别坑塘时，现代化的拌合厂不可能因为小面积的维修而进行大方集料的生产并修补，因此在修补的及时性上不能满足要求，形成安全隐患。

3.3 对养护工区的后期维护和机械的使用资金投入不足

无论是养护工区的建成，还是机械设备的配备，都需要维护和使用资金。目前，养护经费十分有限，房建等基础设施得不到及时维护；同时，由于经济利益的驱动，养护公司因使用成本高而不愿使用机械进行养护作业，导致机械使用率低下。

4 未来发展规划及管理运营机制

4.1 建立充满活力和竞争的养护市场

由于缺乏竞争意识，养护公司无论在人才引进方面，还是在对养护机械的投入方面都缺乏热情，养护的地域垄断观念严重且很难打破，甚至无法打破，因为这涉及地方群体利益和社会稳定,更是全省乃至全国范围养护体制改革的问题。

4.2 理清公路机构、应急中心、应急基地、养护公司、养护工区之间的关系

结合本地区特点制定相关制度、办法,科学处理各单位、部门间的关系,明确职责,有效管理各类资产,正确处理国家、集体和个人关系,可以先试点,再推广。

4.3 因地制宜建设一、二类工区

要根据各地的现实及不同养护企业的管理现状,建设一、二类工区,使之符合各地养护生产和管理的特点,允许存在个体不同特色差异,不能一律按统一标准建设。

4.4 加强养护企业资格和从业人员的管理

公路养护不同于一般的事业,它具有一定的公益性质,因此有必要在省级层面建立养护企业资格和人员的管理考核制度。要做好养护工作就必须把人才的培养(培训)工作作为重点,通过组织各种专业培训,进一步拓宽工作人员的知识架构,掌握专业技能的深度,同时加强相关考核,提升养护企业的生产和管理水平。

5 结 语

综上所述,应该努力构建一个层次明晰、规模适当、反应灵敏、运转高效、配置合理、保障有力的养护应急基地(工区),实现养护应急基地(工区)的全面管理,提高养护应急基地(工区)的质量和效率,提升养护应急基地(工区)的能力。

参考文献

[1] 张争奇,郭寒萍,王佳蓉.高速公路养护工区布局方案研究[J].北京工业大学学报,2015(7):1043-1048.

[2] 陈飞.江苏省公路养护工区管理模式探析[J].交通运输研究,2013(16):65-69.

[3] 杨勇,吴玉卓,李晓明,等.公路养护工区的管理研究[J].交通运输研究,2010(6):97-99.

江苏绿色公路内涵及发展思路探讨

曹亚丽

（中设设计集团股份有限公司 南京 210014）

摘　要　绿色公路是绿色交通的重要组成部分，是发展绿色交通、实现交通运输现代化的重点领域。江苏省公路交通已进入与经济社会协调发展、与其他交通方式共同构筑江苏"大交通"的阶段。结合江苏省公路交通发展实际，将"绿色发展"的理念切实贯彻到各项工作中，是当前江苏省公路交通发展的当务之急。本文在总结绿色公路相关理论研究、结合江苏经济社会发展阶段的基础上，研究提出江苏绿色公路发展的内涵特征、确定绿色公路发展思路和重点任务，为绿色公路发展和建设提供指导，对建设"美丽江苏"、实现"两个率先"、建成"绿色循环低碳交通省份"具有重要的战略意义。

关键词　公路交通　绿色发展　内涵特征　重点任务

0　引　言

"十八大"以来，推进生态文明建设已成为全社会各行业发展应遵循的基本原则。交通运输是国民经济和社会发展的基础性、先导性和服务性行业，同时也是能源消耗型和环境污染型产业，如何参与并实现生态文明已成为发展现代综合交通运输体系的一个新课题。交通运输部根据中央关于推进生态文明建设的总体部署，提出了建设"综合交通、智慧交通、绿色交通、平安交通"的战略构想，确立了"绿色交通"的引领地位，要求以节约资源、提高能效、控制排放、保护环境为目标，加快推进绿色循环低碳交通基础设施建设、节能环保运输装备应用、集约高效运输组织体系建设。

江苏交通运输网络密集、运输压力大、土地资源紧张、环境容量小，交通快速发展带来的生态和环境问题给绿色交通建设带来了严峻的挑战。交通运输部、江苏省人民政府共同签署的《共同推进江苏省绿色循环低碳交通运输发展框架协议》提出，到 2020 年，江苏要全面建成绿色循环低碳交通运输示范省份。《江苏交通运输现代化规划纲要（2014—2020 年）》也将绿色交通作为江苏省交通运输建设的六大战略之一，要求加强生态保护和污染治理，积极打造绿色循环低碳交通运输体系建设示范省，以优化能源消费结构、提高能源利用效率、降低碳排放强度为核心，以区域性、主题性试点和专项行动为重点，从结构调整、技术创新和制度建设 3 个层面全面推进绿色循环低碳发展。

公路在交通运输中具有骨干和基础性地位，是国土资源开发利用和人们生产生活的先导性条件。绿色公路作为一种公路建设与发展的新理念、新模式，是发展绿色交通的重点领域，也是建设美丽中国的重要标志。江苏省公路交通总体水平走在全国前列，全省公路交通基础设施已率先基本实现现代化,公路密度和国省干线二级以上公路比例均居全国首位。江苏公路交通已进入与经济社会协调发展、与其他交通方式共同构筑江苏"大交通"的阶段。结合江苏省公路交通发展实际,将"绿色发展"的理念切实贯彻到各项工作中,是当前江苏省公路交通发展的当务之急。因此,明确绿色公路的内涵、确定绿色公路发展思路,为绿色公路发展和建设提供指导,对建设"美丽江苏"、实现"两个率先"、建成"绿色循环低碳交通省份"具有重要的战略意义。

1 绿色公路内涵

1.1 绿色公路理论研究

绿色公路起源于绿色交通,是绿色交通的子领域。在绿色公路的概念及内涵解读方面,国内外多位学者都各有见解。

郝培文等(2011)[1]认为,绿色公路是基于可持续发展定义及要求的,它是将一系列优良的可持续性发展实践运用于道路设计和施工过程中的公路项目,着重于公路的设计和施工阶段。

马中南和高建刚(2006)[2]认为,绿色公路是这样一种交通系统:系统内部诸因素(路、车、人等)之间、系统与系统外诸因素(环境、能源、资源、经济、社会、国防、相关人和组织等)之间具有和谐关系。

刘杰等(2013)[3]认为,绿色公路既是一个全新理念,也是一个实践目标:是以科学发展观为指导,以生态良好保护、污染(含碳)有效控制、资源能源节约集约使用等为目标,基于可持续发展、循环经济等理论构建的,能够高效、安全、舒适运行的公路运输体系,涉及规划、勘察、设计、建设、运营、报废等各个阶段。王晋等(2014)[4]认为,绿色低碳公路是指将绿色、低碳理念运用到公路的规划、设计、施工和运营过程中,在公路的全寿命周期内,能够最大程度地合理保护环境、最大程度地有效利用资源(节能、节地、节水、节材)、最快速地恢复生态平衡,形成行车安全舒适、运输高效便利、景观完整和谐的公路。欧阳斌等(2014)[5]在国内外关于绿色建筑、绿色公路、低碳公路、生态公路等相关概念、理论、关键技术研究成果的基础上,对绿色公路内涵进行了解读,认为绿色公路就是以节能减排、资源节约与循环利用和生态环境保护为核心价值理念,强化创新驱动,积极研究探索新能源、新材料、新设备和新工艺,大力推广应用先进适用技术和产品,实现公路在规划、设计、施工、养护、运营、管理全生命周期的能源消耗和碳排放显著降低、环境效益明显改善的一种公路发展模式,实现过程和产出的绿色效益,并指出绿色公路发展的核心是减少能源消耗、控制资源占用、保护和改善生态环境、降低温室气体和污染排放。

综上可知,绿色公路内涵应具备可持续性、系统性、全生命周期覆盖 3 个特征,其本质都是建立可持续发展的交通体系,在满足人们的交通需求的同时更加注重节约资源、保护环境和社会公平。

1.2 江苏绿色公路发展内涵特征

综合分析国内外学者关于绿色公路、低碳公路、生态公路等相关概念、理论的成果,结合江苏省公路行业现状,江苏绿色公路发展的内涵特征可以包括 6 个方面:资源节约、能效提升、污染防治、生态保护、管理高效、理念深入。

(1)资源节约:是指在公路交通全生命周期中注重资源的集约、节约及循环利用,充分利用土地、建材等各项资源,积极研究探索新材料、新技术、新设备及新工艺,使行业资源的使用效益最大化。

（2）能效提升:是指在公路运营生产过程中注重能源效用的提升,通过装备水平的提高、能源结构的优化及运输组织的高效,使整个行业的用能水平保持高效率,显著降低温室气体和污染排放。

（3）污染防治:是指在公路交通行业注重污染的综合防护治理,最大程度地降低公路交通运营生产给生态环境带来的不利影响。

（4）生态保护:是指在公路交通行业树立生态保护修复的理念,注重事前、事中、事后行业全过程的生态保护,最大程度地保护和修复生态环境。

（5）管理高效:是指行业管理部门的管理高效,在政府监管、市场引导等方面充分发挥应有作用,保持整个行业处于高效运营状态,实现全行业的绿色发展。

（6）理念深入:是指绿色发展理念深入人心,行业主管部门以绿色发展理念贯穿管理全过程,行业市场企业严格按照绿色发展要求运营生产,社会大众积极参与绿色交通行动,形成多方合力,构建绿色交通体系。

2 绿色公路发展形势和要求

江苏公路基础设施已基本实现现代化,现已进入与经济社会协调发展、与其他交通方式共同构筑江苏"大交通"的阶段,对于公路行业绿色发展提出了更高的要求。

一是加快转变交通运输发展方式,实现交通运输现代化,要求创新公路发展模式、建设绿色公路体系。随着行业转型升级的深入发展,对公路绿色发展的要求日益迫切,相对粗放的设施供给型交通发展方式需要加快向服务供给型发展方式转变。

二是环境污染形势严峻,要求进一步提高公路交通污染防治和生态保护水平。江苏人口密度大、人均环境容量小、单位国土面积污染负荷高,实现环境质量明显改善等目标对公路行业提出了更高的要求。

三是地域资源能源紧缺,要求进一步提高资源能源集约节约利用水平。江苏省建设用地刚性需求与耕地保护矛盾突出;原油、天然气及煤炭等能源资源紧缺。随着交通运输现代化进程的不断加快,江苏省面临的破解资源能源约束难度将不断加大。

四是绿色发展措施单一,要求进一步完善政府市场协同推进机制。目前交通运输绿色化发展的扶持政策主要体现在节能减排资金的支持、清洁能源成本的补贴等方面,难以形成行业绿色发展的长期效应,需进一步发挥政府和市场协同作用。

3 绿色公路发展思路

"十三五"期间,江苏省绿色公路发展应围绕资源节约、能效提升、污染防治、生态保护、管理高效、理念深入的总体要求,践行"绿色公路"发展理念,基于江苏省环境保护和生态建设规划、全面建成绿色循环低碳交通运输示范省份的"六个率先"战略要求,到2020年,实现全行业绿色发展体制机制更加完善,创新驱动发展能力明显提高,绿色治理体系和能力水平明显提升,公路全寿命周期能源资源利用效率明显提高,控制温室气体排放取得明显成效,生态保护得到全面落实,环境污染得到有效控制,为江苏公路绿色发展提供有力的支撑。

基于上述分析,结合江苏省公路发展实际,提出江苏省公路交通绿色发展"六六五"

策略。

（1）六大领域：围绕公路建设、公路养护、公路管理、公路服务等四大领域，辅以信息技术、机制制度建设两个方面，全面整合资源，推进江苏省绿色公路发展。

（2）六项理念：将"绿色"概念进行分解，得出其应涵盖节能、低碳、循环、减量、高效、生态 6 个操作性较强的理念，并将这些理念融入公路发展全寿命周期和公路全过程管理。

（3）五种手段：在行业全领域、全过程采用"市场、政策、技术、规范、制度"5 个基本手段，对公路建设、公路养护、公路管理、公路服务 4 个核心领域开展绿色化发展体系构建。

4 绿色公路发展重点任务

要实现上述目标，"十三五"期间江苏绿色公路发展应从绿色规划设计、绿色公路建设、绿色公路养护、绿色公路管理、绿色公路服务、支撑保障体系建设 6 个方面重点突破。

4.1 绿色公路规划设计

借鉴国内外公路规划设计经验及城市道路规划设计经验，创新公路规划体系，充分利用新技术、新方法，与综合交通网络规划、城市道路规划、土地利用规划等充分衔接，整合国道、省道、县道、乡道和村道各层次路网规划，整合专项设施规划，构筑一张衔接顺畅、功能齐全、充分落地的公路规划"一张图"，为公路网络集约发展奠定基础。重点推动基于手机信号令大数据规划技术、BIM 规划设计技术等高新技术在公路规划中的应用，加快推进江苏公路功能分类标准体系、江苏普通国省道快速化改造技术标准体系及江苏城乡道路一体化指路信息标准体系研究。

4.2 绿色公路建设

结合江苏地质地理条件、公路通病及新的技术发展，以干线公路快速化改造、农村公路提挡升级、危桥改造等为抓手，开展公路建设施工、质量管理等新材料、新工艺、新装备、新技术研发和应用推广，提高公路使用寿命和后期公路管养效率，减少公路建设过程中对环境的影响，降低土地、建材等资源的占用，改善公路沿线生态系统，美化公众出行环境。开展基于物联网的管控一体化技术、桥梁智能张拉技术在公路建设中的应用，推广温拌沥青技术、橡胶沥青混凝土技术、灌注式路面等节能减排新材料与新技术。

4.3 绿色公路养护

以提高公路养护科学化决策水平、公路养护作业效率、公路养护作业质量为目标，完善公路养护决策技术体系，研发适合快速养护的装备和材料，完善公路养护作业标准和规程，全面提升公路路况水平，降低公路养护作业对公路的占用时间，最大程度地发挥现有公路资源的经济和社会效益。加快建设快速路况检测技术体系、桥梁健康监测技术体系、公路养护科学化决策技术体系，加强路面沥青再生技术与装备研发、快速养护新材料研发等。

4.4 绿色公路管理

借助移动互联网、大数据、物联网等先进技术和理念，升级公路信息化基础设施，带动公路管理资源整合和流程再造，整合公路行业及市场资源，更好地管理、监测路网顺畅高效运行。优化完善公路资产管理平台，开发智能分析与决策支持管理系统，研发并推广路网运行监测和智能预警技术、动态称重检测系统，探索建立治超执法非现场处罚机制。

4.5 绿色公路服务

以提升公路出行体验为核心,完善普通公路应急处置体系,提升公路出行环境,强化与气象、公安交警、旅游、运管等相关部门之间的服务信息共享,丰富公路出行服务信息内容,提高出行信息的有效性、及时性、针对性,为公路出行者提供决策参考,提高出行效率。推广普通公路收费站不停车收费系统,整合"两危一客"GPS 监测数据,与社会企业合作开发公路基础数据价值。

4.6 支撑保障体系建设

江苏绿色公路建设是一项复杂的系统工程,涉及工程建设、养护管理、服务管理、资金保障、科技创新、制度规范等一系列内容。为保障江苏绿色公路顺利实施,提供相应的保障措施,需加强实施机制和制度建设,完善资金保障与监督、人才队伍建设保障、部门协作机制保障。

5 结 语

本文在总结绿色公路相关理论研究、结合江苏省经济社会发展阶段的基础上,研究提出江苏绿色公路发展的内涵特征包括"资源节约、能效提升、污染防治、生态保护、管理高效、理念深入"6 个方面;基于江苏省绿色公路发展面临形势与要求的分析,提出了江苏省公路交通绿色发展目标与"六六五"发展策略;结合江苏省公路发展现状,研究制定了包括绿色规划设计、绿色公路建设、绿色公路养护、绿色公路管理、绿色公路服务、支撑保障体系建设等 6 个方面的重点任务。本研究可为绿色公路发展和建设提供指导,对建设"美丽江苏"、实现"两个率先"、建成"绿色循环低碳交通省份"具有重要的战略意义。

参考文献

[1] 郝培文,蒋小茜,石载.绿色公路理念及评价体系[J].筑路机械与施工机械化,2011,28(5):30—34.

[2] 张生瑞,邵春福,严海.公路交通可持续发展评价指标及评价方法研究[J].中国公路学报,2005,18(2):74—78.

[3] 刘杰,徐洪磊,傅毅明.绿色公路内涵解析与评价指标体系[J].科技成果管理与研究,2013,(4):36—40.

[4] 王晋,吉光,马军.绿色低碳公路评价指标体系与评价方法研究[J].公路,2014,(7):356—361.

[5] 欧阳斌,李忠奎.绿色公路发展的战略思考[J].交通建设与管理月刊,2014,22:128—136.

数字化公路管理的探索与应用

高 庆 刘天鹏

（中海网络科技股份有限公司 上海 200135）

摘 要 在分析当前数字公路信息化建设存在问题的基础上，提出基于大数据技术的数字公路管理平台解决方案，并着重探讨了基础云平台、基于 GIS 的资源整合"一张图"、信息资源共享、异构视频整合、全生命周期的业务管理、大数据分析、公众信息服务等内容，并以浦东公路管养平台为例介绍了在实际项目中的应用实践，对相关数字公路信息化建设具有一定的借鉴意义。

关键词 数字公路 管理平台 架构设计 大数据 资源共享 异构视频 全生命周期 公众服务

当前，虽然各地在数字公路信息化建设方面开展了一系列有效的工作，但交通运输各业务领域、各地区信息化发展不平衡、不协调、不深入、不可持续等问题仍较为突出，资源共享难、互联互通难、业务协同难等问题没有实质性改善[1]。因此，建设数字化公路管理平台，集成相关信息资源，利用信息化手段管理业务，对提升公路管理水平具有重要的意义。

本文首先介绍目前数字公路信息化存在的问题，然后着重探讨了数字公路管理平台的架构、重点建设方案及具体应用实践。

1 数字公路信息化现状

目前就全国范围来说，数字公路管理信息化建设虽然取得了一定的成果，但还存在较多不足，主要体现在以下几个方面：

（1）信息资源未得到有效整合。前期各管理单位都建设了大量的业务系统，覆盖机电、养护、运维、施工、预算等公路管理的各个方面，但信息化孤岛现象还比较普遍，各系统的资源共享利用程度较低。另外，与公安、城管、气象、市政等相关单位也未能实现信息共享利用。

（2）积累的数据未能有效深入应用。在公路管理过程中积累了大量的数据，但数据仅在单一方面进行统计分析，未对数据做进一步的挖掘应用。如采集的交通量调查数据很多时候仅用于统计分析交通流量，未与分析道路病害主因、编制养护计划等相结合，数据利用率较低。

（3）信息化服务水平有待改进。目前各公路管理单位虽然已将实时路况、交通诱导等信息向公众发布，但在与公众交流互动方面还有待改进，如对公众投诉的及时响应、大中修工程实施效果的公众评价、审批过程的公开化等还缺少相应的信息化保障手段。

（4）新技术、新手段在公路管理方面的应用还需加强。GIS、GPS、APP、微信等技术手段虽然在公路管理中也有应用，但与具体业务结合尚不紧密。大数据、云计算、互联网＋等在公路管理方面的应用还较少。

2　数字化公路管理平台解决方案探讨

数字化公路管理平台是一个集成内外部信息资源、覆盖公路管理全过程生命周期、数据深入挖掘应用、与公众紧密互动交流的智能化综合管理平台。

2.1　平台架构设计

平台设计的原则首先是将已建业务系统进行有效集成，然后根据业务管理需要对平台动态拓展。因为公路管理涉及的资源较多，为保证平台的伸缩性，基于大数据云平台技术搭建平台框架。平台架构设计见图1。

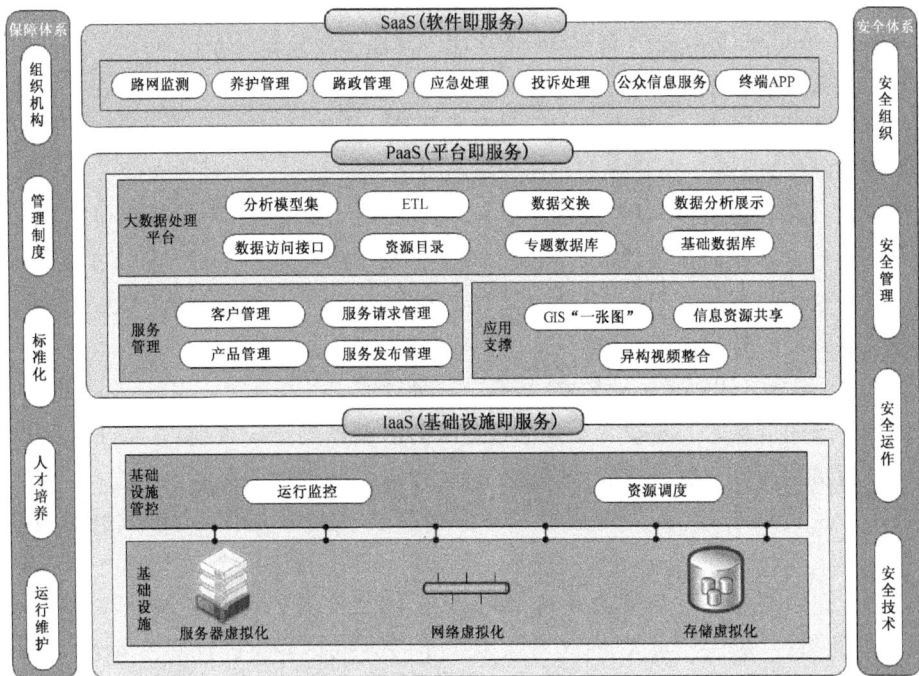

图1　数字化公路管理平台架构图

（1）IaaS层（基础设施即服务）

IaaS是数字公路管理平台的计算基础设施，平台基础设施功能均在这个层次中体现，能够为多个已经建成和将要新建的数字公路管理应用提供统一、规范、优化的基础设施平台，为上层提供具备弹性伸缩能力、负载均衡、高可用性的基础设施资源，从而提升基础设施的利用效率。

（2）PaaS层（平台即服务）

PaaS为平台提供通用的、标准的大数据服务，同时可定制提供具有交通行业特征的大数据服务，可以实现公路管理产生数据的汇集、清洗、转换、加载、分析和综合利用，形成规范、统一、精确、标准的区域交通统一数据视图，尽量避免数据的不一致性，从而提升数据质量和数据管控力度，并为相关管理机构提供跨系统的交叉决策分析支持。

（3）SaaS 层（应用即服务）

在 SaaS 层建设并部署一系列基于 PC 端和智能移动终端的公路管理应用（包括迁移现有已建的信息化应用系统），提供优质、高效、全面的公路管理服务，实现公路管理领域应用的多维度发展。

（4）安全体系

安全体系是保证平台功能、提供可靠服务的重要内容，通过保证技术、管理与运行等各方面的安全，建立平台的信息安全体系，保障系统安全。

2.2 重点建设方案

2.2.1 基础云平台

如今市场上能提供完整的 IaaS 层及部分 PaaS 层服务，且支持企业级应用的基础云服务平台主要分为如下两大类：

第一类是具有较大规模、已成功商用的 IT 供应商提供的产品，国外厂商为 Microsoft 的 Windows Azure、亚马逊、VMWare 等，国内是阿里云、华为云等。

第二类则是采用开源架构，自行研发的具有较强的定制化功能、扩张性强、价格较为低廉的云计算管理平台，大多由国内云计算提供商，多使用 OpenStack、CloudStack 等开源软件基础结构，能够实现云管理平台的基本功能。

数字化公路管理平台采用"公有云＋私有云"的混合云模式，将非关键但需要大量资源的业务及数据备份镜像部署在公有云上；同时，利用现有设施搭建私有云数据中心，采用开源软件架构＋定制化的方式，满足高性能和高 SLA（Service Level Agreement）业务及敏感关键业务的处理需要。

2.2.2 基于 GIS 的基础资源整合 "一张图"

公路管理的重点之一是使管理业务数据以 GIS 地图的形式表现，并充分利用 GIS 系统空间分析功能，对海量数据进行数据挖掘，为专家系统辅助决策提供信息源[2]。因此，建设数字公路管理平台，首先是要将基础资源整合至 GIS 地图中，形成公路管理"一张图"。

公路管理中需要多种类型的资料，如公路基础结构数据、大中修图纸、桥梁技术卡片、桥梁检测报告、病害记录等，将这些数据基于 GIS 地图整合进行统一管理，能有效提高资源的利用率，更好地为公路管理服务。

公路管理 GIS 空间地理数据库设计采用"一路多段"原则，依据路线修改建年份、技术参数、路线主要控制点、养管站点辐射半径等进行分段设计。空间地理数据库包括静态和动态两类数据。静态数据包括路线数据、桥梁数据、涵洞数据、标志、里程桩、绿化、交叉口、交通护栏、波形护栏、交通量观测站点、示警桩等；动态数据包括交通流量、通行费征收数据、路况指标、道路病害、养护计划、日常养护记录、养护经费、大中修工程、路政审批、应急处置数据等。

对于基础数据，通过加工后录入空间地理数据库中；对于图纸、检测报告等资料，将其电子化后，存储至文件服务器中。这些资源与 GIS 地图中线路、桥梁等设施结合，可通过 GIS 地图定位来查找，达到高速查询与使用的目的。

2.2.3　信息资源共享

数字化、智慧化平台的实现需要多来源数据的融合,从不同领域整合异构数据是一项复杂但具有高潜力的任务,可以增强对城市的洞察力。在交通领域,诊断交通拥堵等异常事件需要整合各种数据,如交通数据、气象数据、道路条件或交通灯策略等[3]。

在信息资源共享的建设过程中,要重点考虑统一数据标准及建立共享协议,同时要注意信息的安全性。数据元标准除继承交通部公路信息基础数据元集之外,还需参考国家标准和相关部委的行业标准;数据接口规范为保证通用性,采用可扩展标记语言 XML 进行描述,并使用 XSD 架构验证,且遵循《道路运输电子政务平台 数据交换格式》(JT/T 655-2006);数据传输协议有超文本传输协议 HTTP、基于 SSL 的 HTTP 协议 HTTPS、简单对象访问协议 SOAP、文件传输协议 FTP 等。

信息资源共享包括如下两部分内容:

(1)集成其他单位的共享资源,包括公安的视频资源,气象部门的气象、水文数据,高速公路监控、收费运营数据,路政治超数据,城市管理部门公众投诉数据等。

(2)向其他单位共享本平台的资源,包括道路、桥梁等设施的基础管理信息、大中修施工影响交通的信息、交通事故信息、审批信息、办事流程等。

2.2.4　异构视频整合

视频监控是公路管理、发现问题的主要手段,但由于视频监控领域长期缺乏可供遵循的权威标准,视频监控设备种类繁多、品牌混杂,不同厂商采用的技术体系、技术标准不一,采用不同厂商设备构建的监控系统之间难以兼容互通。同时,各视频监控系统在建设时间和建设标准上不统一,导致目前分布在各地的各类视频监控系统在技术体制、产品品牌等方面千差万别。从前端信号的采集、传输,到中心点的交换、控制,再到后端信号的显示、存储,都存在不同程度的差异。这给大范围内的图像联网和远程控制带来了困难,无法充分发挥监控系统的最大利用效率。

数字化公路管理平台的一项重要建设内容就是构建一个兼容性强、扩展性好的多源异构视频监控系统,兼容来自不同设备、不同网络、不同格式的多种视频资源。根据《公路网图像信息管理系统平台互联技术规范》(GB/T 28059-2011)和《安全防范视频监控联网系统信息传输、交换、控制技术要求》(GB/T 28181-2011)制定视频联网技术要求,支持 ONVIF 标准协议。对原有模拟视频,可通过视频编码器将其数字化;对于不同厂家的数字视频,利用视频流媒体服务器将视频流格式进行转换、统一,实现对视频的集中监控管理。

2.2.5　全生命周期的业务管理

平台应该覆盖公路管理的各类具体业务,如日常养护、经常性检查、小修保养、大中修工程管理、路政管理、应急处置、投诉处理等。而对于单项业务,平台也需要覆盖到业务的各个阶段,以信息化手段实现对业务的全过程、全生命周期的管理。下面以日常养护和病害小修为例,介绍平台在业务管理方面的建设要求。

(1)管理人员通过平台制定日常养护巡检计划,巡检计划中包含巡检周期、巡检线路、巡检内容等,将计划分配至具体外业人员。

(2)外业人员按照要求进行巡检,利用移动终端记录巡检过程,发现病害后以拍照、文字等方式上报至平台。

（3）内业人员确认上报的病害后，派单至相关处置人员，并通过短信、APP 等方式主动提醒处置人员。

（4）病害处置人员通过终端 APP 接单，现场病害处置过程、结果也利用终端进行拍照记录，处置完成后提交至平台。当出现退单、申请延期时也可通过终端进行操作。

（5）管理人员对病害处置情况进行核验，对工作质量进行评价，对实际产生的工作量进行计量结算。

通过上述过程，利用信息化手段实现对日常养护和病害小修业务的闭环管理，可有效提高工作效率和质量。

2.2.6　大数据分析

在公路管理各阶段产生了大量的数据，包括设计施工数据、日常养护数据、检测评定数据、设备运行数据、结构监测数据、交通监控数据、交通管理数据等，但这些数据在深入挖掘应用方面的利用率还比较低。可以利用大数据分析技术整合数据资源，数据资源交互渗透，以提供比以往更快、更有针对性的分析、预测，对潜在关联因素进行新的洞察，为用户提供各类辅助决策建议，提升整体管理水平。

以交通量调查数据为例，除统计分析交通流量外，还可与公路养护管理相结合，为用户提供各类辅助决策建议。包括：① 合理安排养护作业时间段：分析交通流量变化规律，养护作业时段尽量避开高峰期；② 科学预防性养护：在交通峰值月到来前实施预防性养护；③ 分析病害主因：分析载荷数据，路面坑槽大部分是因路面基层破坏而引起的，分析病害原因是交通量过大，还是路面面层渗水，或者是基层太薄；④ 合理编制养护计划：根据交通量变化趋势，合理分配养护资金，科学编制养护计划；⑤ 公路保畅：分析拥堵原因，如塌方、公路集市等。

2.2.7　公众信息服务

平台可利用网站、APP、微信、短信等方式实现与公众的交流互动。一方面，将实时路况、施工、交通事故、服务区信息等向公众发布；另一方面，可让公众积极参与到公路管理中来，利用信息化手段让公众将发现的病害、事故及投诉等及时上报到平台，提高问题发现及处置的效率。如在城市道路养护管理方面，当公众发现道路病害、渣土垃圾、设施损坏等情况时，可拍照利用 APP、微信等方式将信息上传至平台，经内业人员审核后，派单给养护人员处理。同时，将投诉单流转过程、处理过程及结果实时推送给投诉人，处理结果可让投诉人参与评价，提高公众的参与程度。通过与公众的交流互动，进一步提高道路的整体服务形象。

3　应用实践

以上海市浦东公路管养平台为例，介绍数字化公路管理平台在实际项目中的应用。

浦东公路管养平台是在浦东新区政府"一总三子"综合交通信息管理系统的整体规划下，由新区环保局下属的公路管理署负责建设的。这是一个以电子地图为基础，综合利用多方信息，重点为公路养护、道路保畅、应急处置服务的智能化、综合管养平台。历经一、二、三期建设，于 2014 年实现全面应用。该平台荣获"2014 上海智慧城市建设十大创新应用奖"。

在新区公路署,该平台得以与各业务单元紧密结合,为各级管养单位提供路网监测、设施管理、养护管理、路政管理、应急处置、投诉处理六大查询和处置功能,通过一张完整的电子地图,提供设施、路况、气象、事件等各类实时信息,以视频、图表等方式,形象地分析路网的运行状况,详细记录养护作业情况,进行路政审批、投诉处置,以"数字公路"的目标,为浦东公路养护提供切实可用的技术手段。

(1)浦东公路管理"一张图"

浦东公路管养平台搭建了浦东公路"一张图"(见图 2),覆盖整个浦东新区近 2 000 km 的道路、桥梁、泵站、管道等设施,集成管理档案、普查资料、检测数据、竣工图纸、实景照片等资源。

图 2　浦东公路管理"一张图"

(2)资源集成共享

通过"一总三子"构建的网络,浦东公路管养平台可与新区交警、环保市容局及局内水务、城市网格办等单位实现部门间的信息共享,汇集道路交通、水文气象、应急事件等多方资讯,为不同职能部门提供多样化的信息。同时,平台整合了公路署的已建系统,提供一体化的监管环境。

(3)路网监测

平台利用从新区总平台共享的信息,实时展示道路的路况、交通诱导板的发布内容、交通流量数据,实现对路网运行状况的实时监测。同时平台从浦东交警接入的 870 余路视频资源,实现了对浦东 6 条快速道路的视频全覆盖,道路巡检时间缩短至半个小时,突发事件响应时间缩短至 2 小时。以 2015 年为例,通过视频巡检共发现 221 起交通事故,平均响应时间 0.24 小时。

(4)气象辅助

平台可实时监测河道水位、降雨量、风速风向、道路结冰积雪等数据,通过综合分析,为灾害天气正确决策指挥,合理安排除雪、撒融雪剂、防汛防台等养护作业提供技术支持。

（5）施工工地管理

利用 4G 摄像机对现场施工情况进行远程监管,施工完成后可将摄像机移至其他工地继续使用。

（6）日常养护管理

利用移动终端实现对道路病害表单、渣土垃圾、图像和地理位置的实时传递,接收中心的派单和调度指令,记录日常巡检和病害处置日志,从而实现对日常养护业务的闭环管理。

（7）路政管理

平台提供网上行政许可受理,办理路政审批业务。

平台采集重点路段超重检测设备的车辆载荷和抓拍车牌数据,利用情报板动态提醒引导车辆驶离,与道路技术检测数据相结合,分析超重车辆对道路结构的影响。以龙东大道检测点为例,2016 年 1—8 月共检测到 30 548 辆超重车辆。

（8）应急处置

平台建立了完善的道路养护和设施管理的应急预案、应急资源库,实现突发事件的信息化报送和流转处置。基于电子地图展示事件位置,及时全面掌握突发公共事件的信息,查找调度周边应急资源,通过短信平台通知相关责任人,提高事件预警、应急管理和应急指挥能力。

（9）投诉处理

平台以多种手段接入投诉案卷,基于 GIS 定位,自动派单,及时解决百姓对道路、设施的诉求。通过道路管养边界自动识别投诉案件的归属单位,减少现场人工核查的工作量。以 2015 年为例,网格办退单数量共计 1 171 件,同比 2014 年退单比例减少 63%。

（10）数据挖掘分析

① 保洁作业质量分析:集成下属各养护公司 GPS 车辆的数据资源,通过统一平台实现对车辆的监控。通过对车辆历史轨迹数据的挖掘分析,实现从对"车"的监控转换为对"路"的管理,解决靠人工核查监督车辆作业情况的问题。

② 道路技术指标分析:通过对历年道路的 PCI、RQI、SCI 等技术状况检测指标数据的集成分析,将各路段分析结果按等级在电子地图上以不同的颜色进行渲染展示,使管理和养护人员对道路技术状况有直观的了解。分析各路段技术状况历史趋势,为道路预防性养护提供技术支持。

（11）移动终端 APP

平台提供基于平板电脑、手机的 APP 应用,外业人员利用手机 APP 报送问题、接受派单、处置记录,内业及管理人员利用平板电脑 APP 进行业务审批、资源调度、掌握各养护单位工作情况。终端 APP 界面见图 3 和图 4。

图 3　浦东公路管理平台平板移动终端

图 4　浦东公路管理平台手机移动终端

4　结　　语

本文探讨的数字化公路管理平台集成多方信息资源,利用信息化手段实现对公路管理业务的全过程、全生命周期的管理,可有效提升养护精细化、标准化程度,实现管理信息化和评价客观性,提高科学决策水平,提升公路管理的效率和质量,对相关单位数字公路信息化建设具有一定的借鉴意义。

参考文献

［1］中华人民共和国交通运输部. 交通运输信息化"十三五"发展规划［S］. 2016.

［2］刘士宽,于洪武,费昀. 基于 GIS 的公路养护信息资源整合研究［J］. 公路交通科技，2015(05)：7－8.

［3］刘晓娟,黄海晶,张晓梅,等. 智慧城市建设中的数据开放、共享与利用［J］. 电子政务，2016(03)：35－42.

张江科学城综合交通战略规划中的大数据及智能化应用与畅想

张大伟 陈 龙 温 馨 周晋冬 顾佳磊 潘越洋

（上海浦东建筑设计研究院有限公司 上海 201204）

摘 要 时代的发展，智能化交通系统的发展，以及大数据技术的应用，不断地促进交通规划方式和管理模式的变革。张江科学城作为全国科技创新中心的核心承载区，更要在信息化、智能化规划与建设上"先行先试"。在张江科学城综合交通战略规划研究中，应用大数据处理技术对张江交通出行现状特征进行分析，有利于定性判断交通现状的突出问题，正确把握未来发展变化的大致趋势，从而提出切实有效的交通发展策略。本文结合园区现状及国内外智能交通系统的发展趋势，提出智能化在张江科学城的应用建议，有助于加快张江科学园向科学城转型。

关键词 张江科学城 综合交通 大数据 智能化

1 张江科学城规划研究背景

1.1 张江科学城发展概况及演变历程

张江 1992 年建园，历经 20 余载，从国家级高新区、国家自主创新示范区，到如今的张江科学城（见图1），不仅产业上经历了长足的发展，交通建设上也有了"量"与"质"的飞跃。图 2 为张江科学城历史存照。

1992年 ● 上海浦东新区中南部的张江高科技园区经国务院批准正式成立

1999年 ● 上海市委、市政府颁布了"聚焦张江"的战略决策，自此，张江高科技园区步入了快速发展阶段

2006年 ● 正式更名为"上海张江高新技术产业开发区"

2011年 ● 国务院批准上海张江高新技术产业开发区建设国家自主创新示范区

2015年 ● 国家自主创新示范区，建设具有全球影响力的科技创新中心，中国(上海)自由贸易试验区扩容，双自联动

2015年 ● 国家发改委、科技部同意上海以张江地区为核心承载区建设综合性国家科学中心

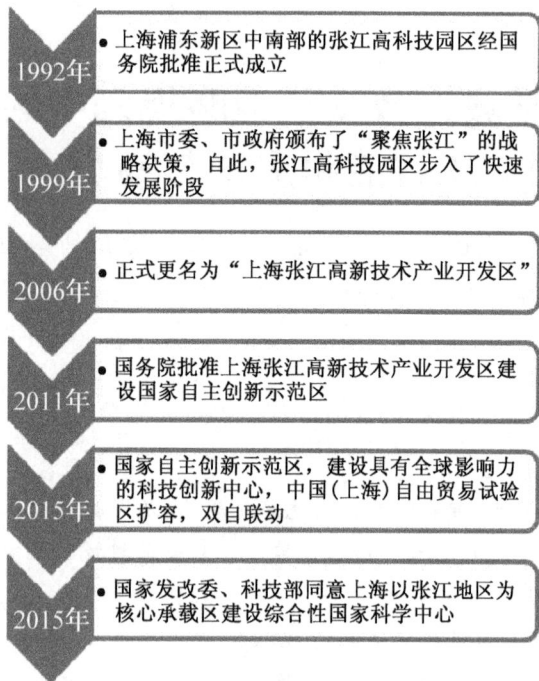

图 1　张江科学城的发展

张江高科技园区(1992年)　　　　张江高新技术产业开发区(2006年)

张江科学城(2016年)

图 2　张江科学城历史存照

　　张江科学城的发展与交通基础设施建设是相辅相成的。一方面，张江的发展需要交通的支撑。科学城对外交通联系的便捷度是科学城参与国际要素竞争的主要影响因素。另一方面，交通的发展能够促进科学城的建设。交通模式影响出行方式、生活品质和城市形态，而交通设施的完善是"园城转换"的基本保障。

　　1992—1999 年，作为国家级高新区，以龙东大道为代表的一批道路交通基础设施相继建设，截至 2000 年底，祖冲之路以北区域路网体系初步建成；至 2006 年，地铁 2 号线东延伸段(龙阳路站—张江高科站)、S20 外环、S2 沪芦高速等相继建成，川杨河以北区域路

网体系初步建立,张江的对外联系可达性得到了改善;至 2011 年,2 号线东延伸段(张江高科站－浦东国际机场站)、张江现代有轨电车一期、中环线、内环线浦东段、华夏高架路、S32 等,张江与全市及浦东的联系进一步提升;至 2015 年,张江完成了轨道交通 11 号线、16 号线、罗山路(龙东大道—S20)快速化改建等重大交通建设工程。整个骨干路网体系初步建立,张江南区、康桥工业区、国际医学园区路网体系亟待进一步完善。图 3 是张江科学城各个时期的影像图与路网体系。

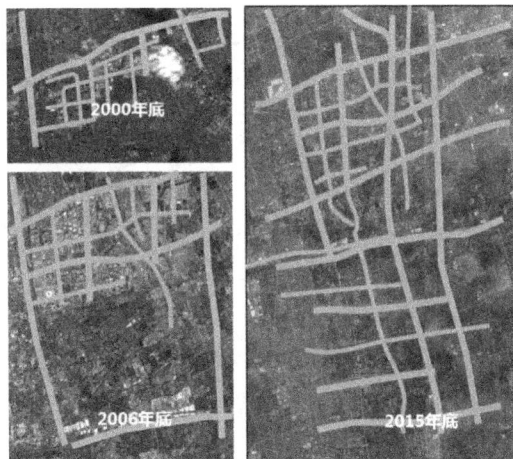

图 3　张江科学城各个时期的影像图与路网体系

1.2　张江科学城交通战略研究的"破题"和"引领"作用

张江科学城综合交通战略研究从问题切入、交通配套、引导发展三点出发进行研究。首先,要思考综合交通能对现存问题做哪些改善,找出科学城的交通短板。其次,要思考交通建设如何支撑科学城发展。最后,要思考综合交通能否在科学城建设中起到"破题"和"引领"的作用。研究思路见图 4。

图 4　研究思路概念图

对张江科学城综合交通进行深入研究能起到主动有为、未雨绸缪、同思共进的作用。

1.3　目标定位与策略

1.3.1　提升交通可达性是园城转换"量的积累"

可达性在经济活动空间分布与经济发展中扮演着重要的角色,优越的可达性能够为区域发展创造必要的机会。国内外成功案例表明,高可达性是科学城交通体系的共性特征及共同的需求。

张江科学城对外交通联系的便捷度也是科学城参与国际要素竞争的主要影响因素，要想吸引高素质人才和聚集要素，必须不断提高综合交通的竞争力和吸引力，让高素质人才来得方便、去得舒适。通过对交通可达性进行 SWOT 分析，提出了提升交通可达性的核心策略：

（1）抓住两场快线、铁路东站机遇。

（2）打造对外联系交通枢纽。

（3）轨道成网、加密，增加覆盖范围。

（4）高快速路网及干道网打破阻碍，合理加密。

1.3.2　拓展交通承载力是园城转换"质的提升"

随着城市规模的不断扩大，车辆保有量逐年递增，城市空间呈现大规模低密度的蔓延。反思这一发展模式，提出了高强度综合开发利用交通站点附近的土地及对主要城市道路考虑廊道的复合利用，在紧凑的土地资源上为多种层次的人群提供多样性的服务，在相同交通承载力的条件下压缩所需空间，拓展交通承载力。与此同时，这一理念也符合城市低碳经济和生态化发展的理念。

张江科学城内部既有规划 12 处公交枢纽，已具备一定的交通优势及基础条件，需要考虑交通设施总量在承载力上的适应性，拓展交通承载力，以便在园区向城区转变中寻求进一步发展升级的支撑。通过对交通承载力的 SWOT 分析，提出拓展交通承载力的三大核心策略：

（1）公共交通引导土地综合开发（TOD）。

（2）道路空间集约利用（复合廊道）。

（3）规划空间预留（公交、停车、慢行）。

1.4　营造交通亲和力是园城转换"魂的塑造"

宜居宜业的城市味道的构成要素之一就是品质亲和的交通。营造交通亲和力在于通过建立维持城市可持续发展的交通体系，在满足人们交通需求的同时注重节约资源及强调环境友好性，以最少的社会成本实现最大的交通效率，使出行更安全、更环保、更人性化，以人为本构建和谐交通、倡导绿色交通、鼓励低碳出行。

张江科学城现状区域内部川杨河、马家浜、吕家浜、三八河等多条自然水系穿过，拥有得天独厚的优势。公共自行车点、新能源车分时租赁网点、互联网巴士，实现了多方式融合共存。但目前张江科学城对自然水系未充分利用，周边开发强度不高；非机动车停放设施布点及分时租赁网点布局不够；区域内部交通信息化、智能化水平不高等种种问题有待改善。基于此，提出营造交通亲和力的三大策略：

（1）发展绿色交通，倡导低碳出行。

（2）应用智能交通，提升交通效率。

（3）打造特色交通，培育自身品牌。

2　大数据及智能化对战略规划的支撑

2.1　多角度解读"北密南疏"支撑，以南北向为轴线强化可达性的发展建议

基于手机大数据对张江科学城现状人口分布进行调查分析，发现无论是常住人口还

是工作岗位都集中于川杨河以北地区,形成了北密南疏的格局,并且 S20 以北区域职住比远高于 S20 以南区域,这使得张江缺乏"城的属性",不利于园城转换(见图 5)。与此同时,受开发建设时序的影响,张江科学城南北交通基础设施空间分布差异较大。无论是路网还是公交线路分布,S20 以北明显优于 S20 以南(见图 6)。

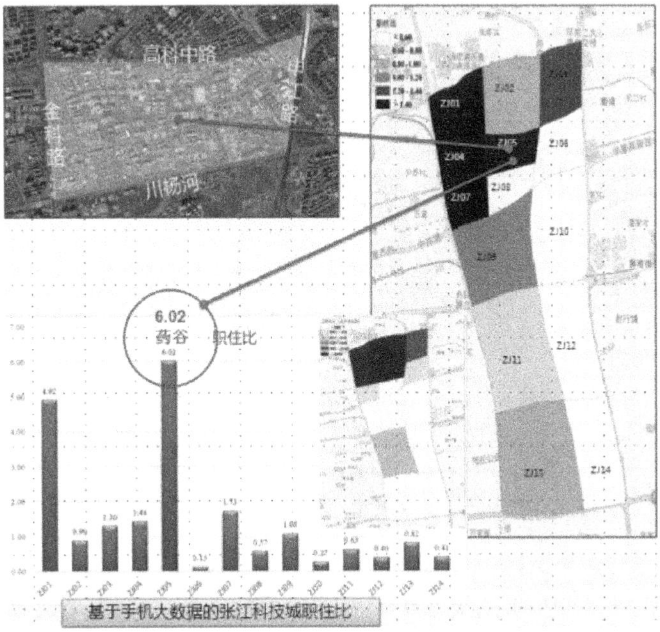

图 5　张江科学城职住比分布示意图

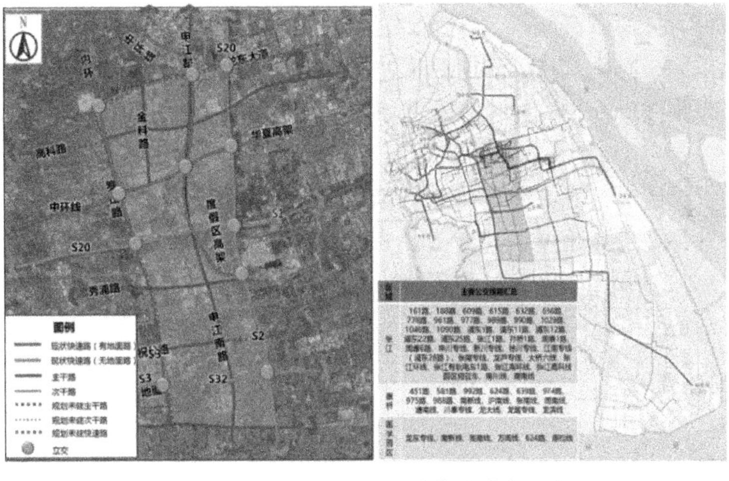

图 6　张江科学城路网及公交线路分布示意图

因此,在提升交通可达性的措施中建议加快张江中区、南区的交通基础设施建设,例如打造张江中部对外联系交通枢纽、新建 S3 高速、储备研究秀浦路快速化、S20 外环改造、S32 增设上下匝道、增加公交线路供给等,旨在构建张江内部南北向交通轴线,引导科技城"纵向发展",加大对张江南区的开发利用,全面向"科学城市"进发,见图 7。

图 7 提升张江科学城中、南区交通可达性的发展建议

2.2 大数据分析支撑"城际可达"的发展建议

通过大数据分析处理,得到张江科学城夜间居住人口(工作地在区外部分)分方向的工作地比例分布及白天工作人口(居住地在区外部分)分方向的居住地比例分布。总体来看,科学城目前与西部区域联系紧密、沟通频繁,因此近期应重点加强科学城与其西部区域的交通联系,打通断头路、增设公交线路,实现城际可达。

完善通道对应的具体措施有:向西祖冲之路接车站路、中科路打通至罗山路、张衡路接成山路、沔北路接御桥路,使对外通道数达到 13 条,平均间距 1.22 km,通行能力提升 40%。

强化公交、提质慢行对应的具体措施有:S20 以北区域建设御桥路、高科西路(沪南路—罗山路),祖冲之路(南洋泾路—景明路)、张衡路(罗山路—南洋泾路)储备研究,构建 3 条骨架公交线路;秀浦路—周邓公路快速化,沈梅东路构建 1 条骨架公交线路,增加常规公交线路,见图 8。

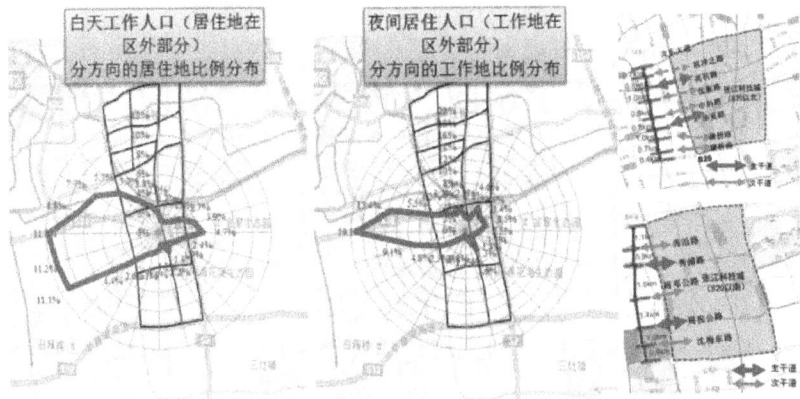

图 8　张江科学城向西"城际可达"示意图

2.3　出行距离及公交覆盖度分析支撑"TOD"的措施建议

基于手机大数据得到夜间居住人口(工作地在张江外部)和白天工作人口(居住地在张江外部)的平均出行距离分别为 6.8 km 和 7.2 km。其中夜间居住人口的最短出行距离为 4.2 km,主要集中在张江东北方向(唐镇、川沙);最长出行距离为 11.9 km,主要集中在张江东南方向(宣桥、惠南)。白天工作人口的最短出行距离为 4.7 km,主要集中在张江东北方向(唐镇、川沙),主要通过地铁 2 号线出行;最长出行距离为 12.1 km,主要集中在张江东南方向(宣桥、惠南)。

出行距离分析对后续张江科学城骨架公交体系的布线距离尺度和 TOD 邻里街区的框架尺度的确定起到了极大的指导作用。结合现状公交覆盖情况,提出了近期骨架公交线路的规划方案,见图 9。

图 9　张江科学城近期骨架公交线路规划示意图

2.4 智能化应用提升"科学城亲和力"的措施建议

智能交通系统是手段,是实现绿色交通系统的技术支撑。通过应用智能交通系统,交通基础设施会得到充分利用,交通安全水平会得到大幅度提高,交通环保节能目标会得到更好的实现,交通系统的服务水平会得到不断提升。

张江科学城作为全国科技创新中心的核心承载区,更要在信息化、智能化建设和大数据平台方面"先行先试"。综合交通战略规划中提出的智能交通建议措施有:

(1)停车信息化建设

加快建设符合张江科学城特色的停车信息化系统,包括:公共停车信息平台、区域停车诱导系统、停车换乘信息系统、道路停车电子收费系统、停车场(库)管理信息系统、停车综合信息服务系统等。

(2)公交智能化建设

智能公交利用定位技术和无线通信技术,实现了对公交运营车辆的实时监控和可视化调度,车辆的满载率和公交系统的运输能力得以提高。通过科学的调度管理,智能公交的广泛应用可以提升城市的信息化和智能化;同时,不仅可以降低运输成本,还能够提高公交企业的效益;最关键的还是以人为本,便民出行。积极推进张江科学城公交车站智能化、信息化建设,打造智慧公交体系。

(3)交通大数据研究应用平台

构建张江科学城综合交通数据库、动态及静态交通信息平台,建设交通大数据平台。尝试引入交通大数据对张江科学城交通发展定期研判,以便更好地分析科学城用地发展过程中交通动态变化情况,对症下药。

(4)大型车域内智能监控管理

对大型车实施域内全城监控管理,并在科学城范围内推广智能公交站牌、智能路灯、智能慢行传感器的使用。张江科学城智能交通系统建设见图 10。

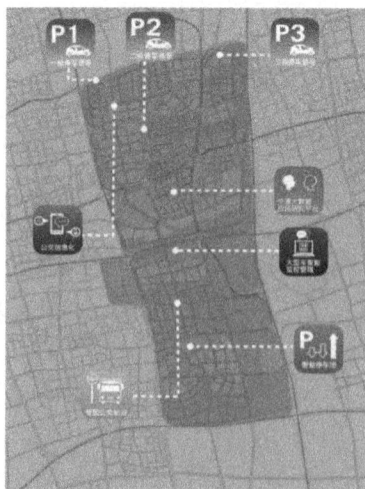

图 10 张江科学城智能交通系统建设

3 大数据及智能化在张江科学城发展中的畅想

3.1 综合交通大数据云平台是张江科学城发展的"标配"

随着张江科学城的发展,通过各交通管理部门已建立起来的功能相对完善的交通指挥控制中心及ITS(智能交通系统)的各种信息采集技术(如微波采集技术、视频采集技术、环形线圈感应式采集技术等),未来将会连续不断地采集多源交通数据流产生的巨量的交通动静态数据。这些数据具有典型的"3V"特性——大容量、多样性、高速度,也具有高价值、复杂性的特点。

如何高效地从海量数据中分析、挖掘所需的信息和规律,结合已有经验和数学模型等生成更高层次的决策支持信息,获得各类分析、评价数据,为张江科学城内的交通诱导、交通控制、交通需求管理、紧急事件管理等提供决策支持,为交通管理者、运营者和个体出行者提供交通信息,成为当务之急。而建立张江科学城综合交通大数据云平台,以日、月甚至年为时间粒度对采集的交通大数据进行计算和分析,是实现对张江科学城综合交通的整体运营水平和人们出行规律深度挖掘的必要的核心手段。

3.1.1 综合交通大数据云平台

综合交通大数据处理平台面对海量数据,系统不能仅依靠少数几台机器的升级来满足数据量的增长,必须做到横向可扩展,既满足性能的要求,又满足存储的要求(包括结构性数据、非结构性数据、半结构性数据)。由于服务需求的多样性,平台既要支持交通数据流的实时分析与处理,又要支持复杂查询与深度分析所需的高性能、低延迟需求(见表1)。系统的开放性也十分重要,各子系统之间数据的交换、共享及服务集成是必不可少的,同时要求系统支持迭代开发,可不断更新/增加功能;系统服务不但专业人员可以使用,业务人员也可以使用,分析可以实现大众化。

表 1　交通大数据处理平台需具备的特性

特性	简要说明
高度可扩展性	横向大规模可扩展,大规模并行处理
实时性	对交通数据流、事件的实时处理
高性能、低延迟分析	快速响应复杂查询与深度分析、实时分析结果
高度容错性	系统在硬件级、软件级实现容错
可用性	系统具有相当高的可靠性
支持异构环境	对硬件平台一致性要求不高,适应能力强
开放性、易用性	系统之间可实现数据共享、服务集成
较低成本	较高的性价比

张江科学城区域综合交通大数据云平台总体架构见图11。

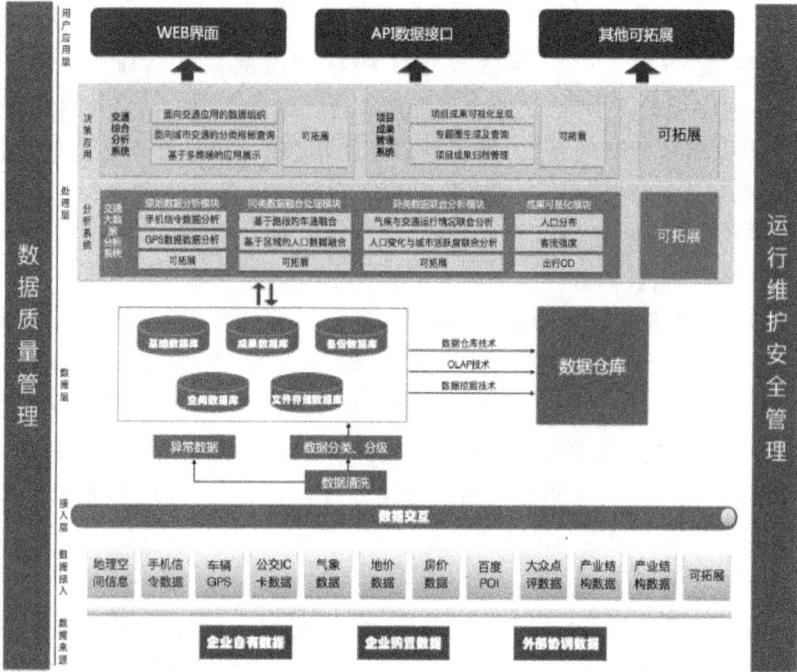

图 11　综合交通大数据云平台总体架构

3.1.2　综合交通大数据云平台核心应用系统

（1）数据交互系统

数据交互系统是平台实现数据汇聚和交互的系统，是中心与采集系统、外部系统及平台间数据接入和共享的中介。该系统依据完备的数据交互机制支撑平台与外界数据稳定可靠的交互共享。数据交互系统旨在完成各类数据的汇聚，通过获取汇聚和交换业务模块完成对源数据的接入，支撑后续各类应用。图 12 为交互系统业务流程，图 13 为数据交互系统界面示意图。

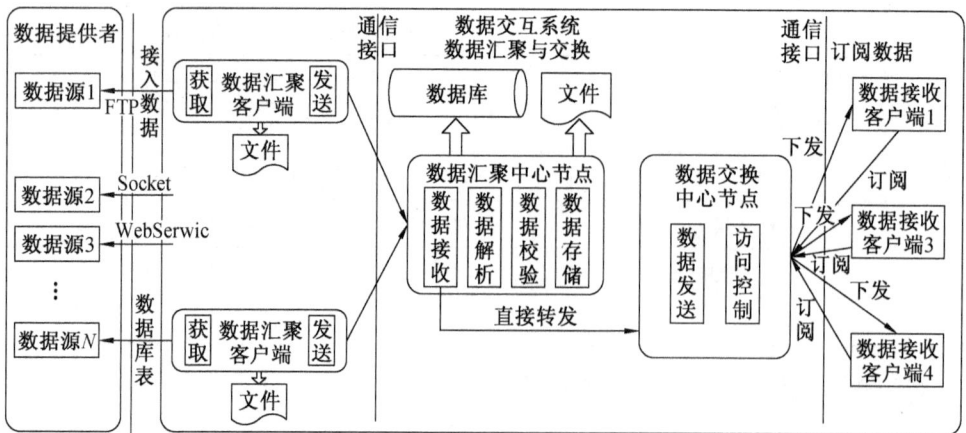

图 12　交互系统业务流程

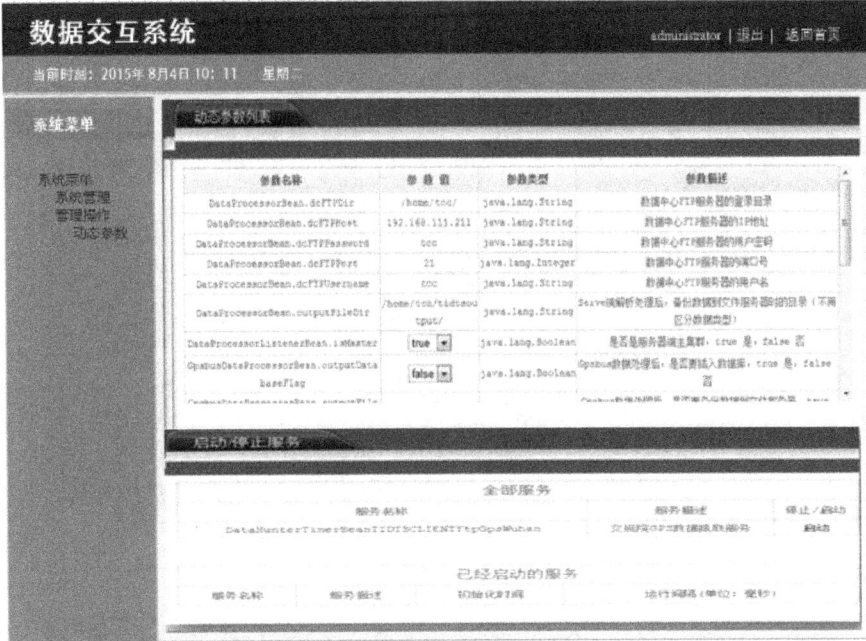

图 13　数据交互系统界面示意图

（2）核心数据库

张江科学城区域综合交通大数据云平台的数据管理，主要根据平台功能结构、应用需求及接入数据的特点，通过基础数据库、成果数据库、面向主题的数据仓库和文件存储数据库 4 种技术解决方案进行管理（见图 14）。

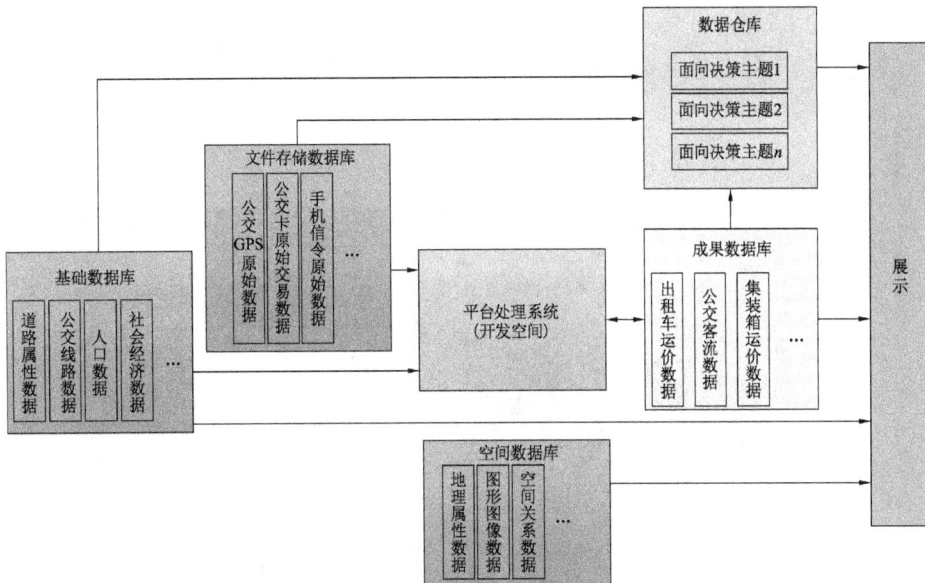

图 14　数据库结构

（3）交通大数据分析系统

该系统以数据分析与整合为主要目的，将通过平台接入的不同层级交通数据进行分析处理,最终整合成为能够进行项目支撑的交通指标数据,如人口职住数据、人口分布密度数据、居民出行 数据、影响交通的气象指标因子数据等,并通过可视化界面,进行分析成果的查询、图表生成及数据下载。交通大数据分析成果示意图见图 15 至图 17。

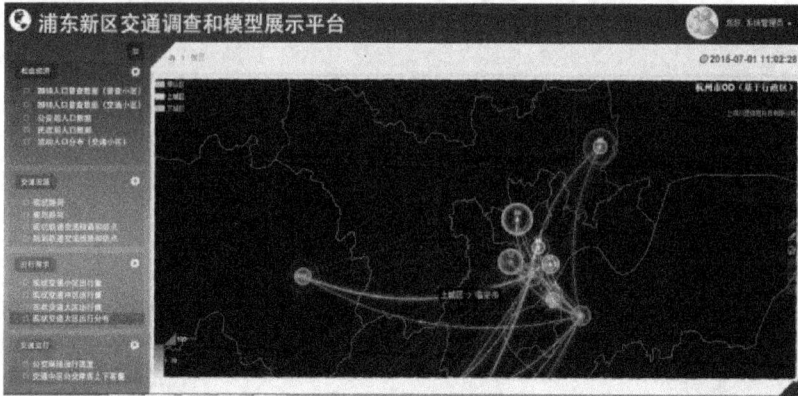

图 15　交通大数据分析成果示意图(一)

图 16　交通大数据分析成果示意图(二)

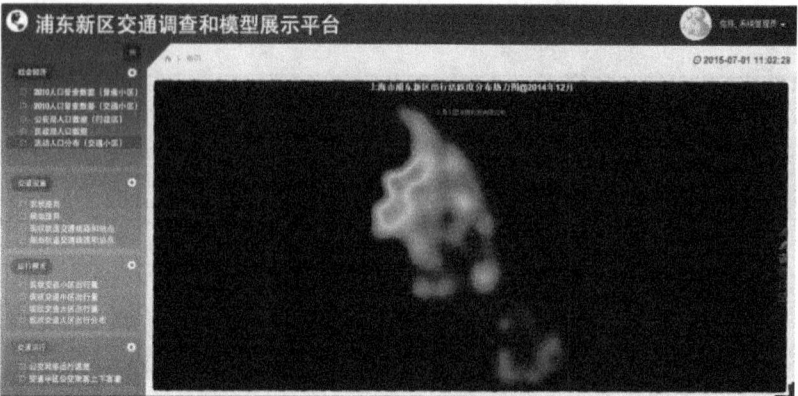

图 17　交通大数据分析成果示意图(三)

(4) 交通综合分析系统

交通综合分析系统支撑行业数据的汇聚管理和城市交通指标监测工作。该系统以交通运行及运营相关数据,以交通大数据分析系统输出的指标类结果数据作为输入数据源,通过组织处理分析,实现分类数据统计和指标计算,并提供图表方式的数据展示、组合查询和报告生成。其业务流程见图 18,系统界面见图 19。

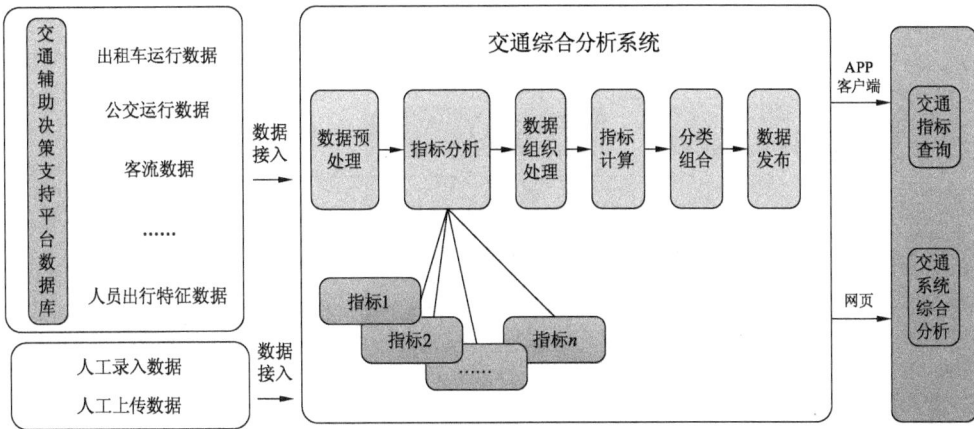

图 18　交通综合分析系统业务流程图

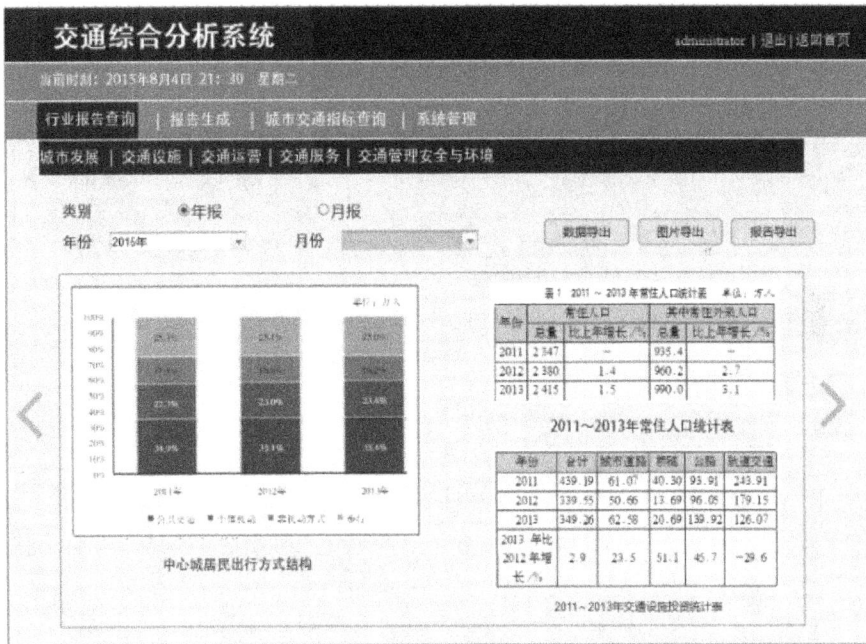

图 19　交通综合分析系统界面示意图

（5）数据质量管理系统

数据质量管理系统通过梳理平台接入的行业数据,掌握各数据业务流程、数据流向的现状、分布情况和内在关联,实现数据资源的规范化、流程化,依靠一系列数据质量指标对数据的集中监管,确保平台数据源及生产、发布各阶段数据的准确性、稳定性和可靠性,提供对决策支持和服务应用的强大支撑。其业务流程见图 20,系统界面见图 21。

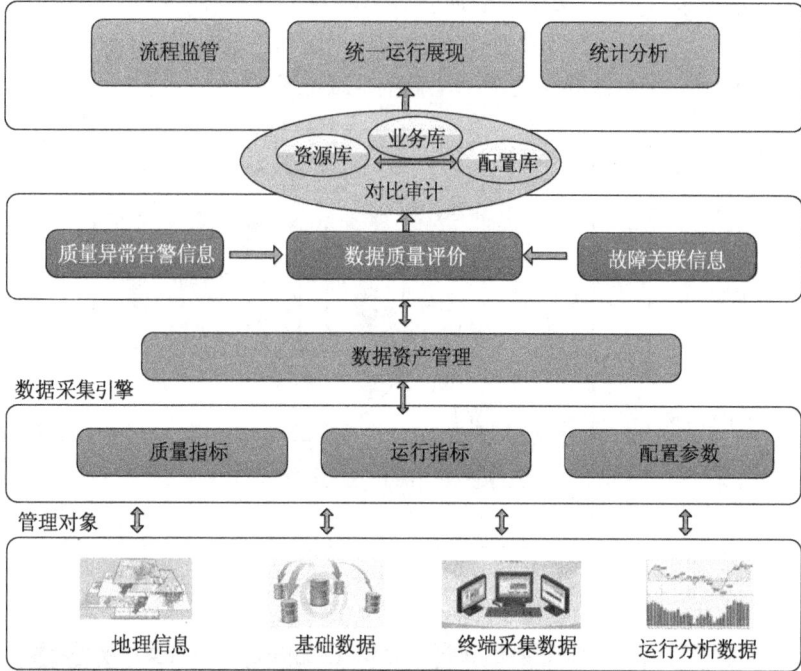

图 20　数据质量管理系统业务流程图

图 21　数据质量管理系统界面示意图

（6）运营维护安全管理系统

运营维护安全管理系统，实现平台所有信息化系统的集中监控，包括各主机、数据库、中间件等资源的运行状态、工作任务完成情况，并通过更有效的管理，保障整个系统稳定、高效、不间断运转，并为平台运行提供高可用性的 IT 服务，大幅减少系统管理人员的工作压力,以及因系统停机、重要数据信息的丢失等而造成的业务停顿等。

3.2 打造"人文科技大道"成为张江园城转换中的"亮点"

基于张江科学城的背景及定位,道路作为综合交通最重要的组成载体,应在科技及智能化方面有所提升和体现,并且成为张江科学城园城转换中的"亮点"工程。

3.2.1 人文科技大道的价值理念

借鉴国内外科技智慧道路相关的案例,人文科技大道充分围绕"低碳、智能、生态、安全"4 个核心价值点,从多个角度融入低碳城市、海绵城市和智慧城市的建设理念,彰显科技和智慧在张江科学城道路中的体现。

3.2.2 人文科技大道的构成要素

从道路自身载体,道路交通运营管理及道路配套附属设施 3 个层面出发,人文科技大道的构成要素由绿色道路技术、智能交通技术及附属设施模块 3 个部分组成。

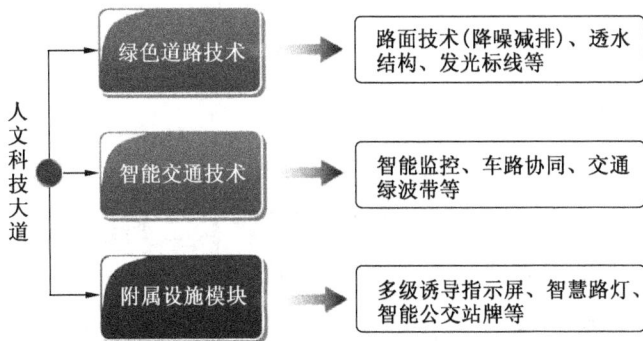

图22 人文科技大道构成要素示意

(1)绿色道路技术

围绕道路自身材料、结构方面的技术创新,达到降噪减排及构建海绵城市的要求,包括橡胶沥青路面、排水型彩色铺装、发光路面等。

(2)智能交通技术

从智能交通管理的角度,基于无线通信、传感探测等技术进行车路信息获取,通过车车、车路信息交互和共享,实现车辆和基础设施之间智能协同与配合,达到优化利用系统资源、提高道路交通安全、缓解交通拥堵的目标,这也是创建智慧城市的重要组成内容。具体的应用包括智能监控系统、车路协同系统及交通绿波带等。

(3)附属设施模块

充分利用道路各类附属设施资源,通过设备的升级换代使其成为道路科技智能化的重要终端,除了自身的基础功能,还兼顾信息发布、数据采集、新能源利用等多种用途和属性。具体的应用包括多级诱导指示屏、智慧路灯及智能公交站牌等。

3.2.3 人文科技大道的数据集成

通过人文科技大道各构成元素搜集到道路运营数据,在大数据云平台进行整合分析后,再由各级设备端面向出行者发布,同时提供给决策者和管理者相应的数据分析和支撑。人文科技大道大数据云平台示意见图23。

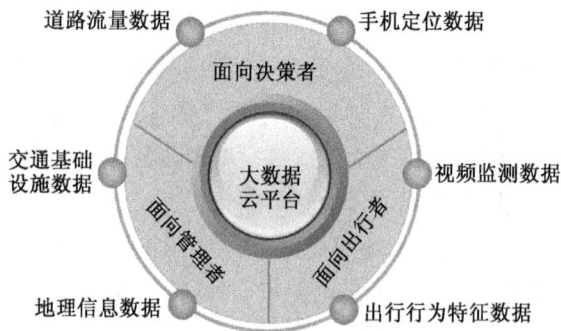

图 24　人文科技大道大数据云平台示意

3.2.4　人文科技大道的概念效果方案

在集成了以上各个方面的科技元素后,人文科技大道的概念效果展示见图 24。

图 24　人文科技大道概念方案效果示意

从实施角度考虑,可以先选择高科中路,结合道路拓宽改造同步进行试点。

3　结　语

"大数据分析平台"与"智能化交通"是未来交通的发展方向及趋势。大数据所创造的观察能力,使我们能够整体把握态势和趋势,避免小样本分析容易产生的"精确的错误",从而有助于做出科学、合理的决策。交通智能化通过采用科学的管理手段,把现代高新技术引入到交通管理中来提高现有路网的交通性能,从而提高道路设施的利用率,实现城市交通管理的科学性和有效性。

城市综合交通规划应顺应时代潮流,与时俱进,理解新趋势、新形势、新任务,在发展中寻求主动变革。

参考文献

[1] 上海市综合交通发展"十三五"规划[S].

[2] 上海张江国家自主创新示范区发展规划纲要(2013—2020 年)[S].

[3] 上海市交通规划编制技术标志(DGJ/J08—2039—2008)[S].

[4] 冯忞.上海周康航地区骨干路网适应性研究[J].交通与运输,2014,30(5).

[5] 季振东.大数据分析云平台技术在智能交通中的应用研究[J].硅谷,2015(1):120.

智慧公路养护管理平台的探索与实践

高 庆 刘天鹏

（中远海运科技股份有限公司 上海 200135）

摘 要 在分析当前智慧公路信息化建设存在问题的基础上，提出基于大数据技术的智慧公路养护管理平台解决方案，并着重探讨了基于 GIS 的资源整合"一张图"、信息资源共享、异构视频整合、全生命周期的业务管理、大数据分析、公众信息服务等内容，并以浦东公路管养平台为例介绍了在实际项目中的应用实践，对相关智慧公路信息化建设具有一定的借鉴意义。

关键词 智慧公路 养护管理平台 大数据 资源共享 异构视频 全生命周期 公众服务

0 引 言

当前，虽然各地在智慧公路养护管理信息化建设上开展了一系列的有效工作，但交通运输各业务领域、各地区信息化发展不平衡、不协调、不深入、不可持续等问题仍较为突出，资源共享难、互联互通难、业务协同难等问题没有实质性改善[1]。因此，建设智慧公路养护管理平台，集成相关信息资源，利用信息化手段管理业务，对提升公路养护管理水平具有重要的意义。

本文首先介绍智慧公路信息化目前存在的问题，然后着重探讨智慧公路养护管理平台的架构、重点建设方案及具体应用实践。

1 智慧公路信息化现状

目前就全国范围来说，智慧公路管理信息化建设虽然取得了一定的成果，但还存在较多不足，主要体现在以下几个方面：

（1）信息资源未得到有效整合。前期各管理单位都建设了大量的业务系统，覆盖机电、养护、运维、施工、预算等公路管理的各个方面，但信息化孤岛现象还比较普遍，各系统的资源共享利用程度较低。另外，与公安、城管、气象、市政等相关单位也未能实现信息共享利用。

（2）积累的数据未能有效深入应用。在公路管理过程中积累了大量的数据，但数据仅在单一方面进行统计分析，未对数据进行更进一步的挖掘应用。如采集的交通量调查数据很多时候仅用于统计分析交通流量，未与分析道路病害主因、编制养护计划等相结合，数据利用率较低。

（3）信息化服务水平有待改进。目前各公路管理单位虽然已将实时路况、交通诱导等信息向公众发布,但在与公众交流互动方面还有待改进,如对公众投诉的及时响应、大中修工程实施效果的公众评价、审批过程的公开化等还缺少相应的信息化保障手段。

(4)新技术、新手段在公路管理方面的应用还需加强。GIS、GPS、APP、微信等技术手段虽然在公路管理中也有应用,但与具体业务结合尚不紧密。大数据、云计算、互联网＋等在公路管理方面的应用还较少。

2　智慧公路养护管理平台解决方案探讨

智慧公路养护管理平台是一个集成内外部信息资源、覆盖公路管养全过程生命周期、数据深入挖掘应用、与公众紧密互动交流的智能化、综合管理平台。

2.1　平台架构设计

平台架构设计的原则首先是将已建业务系统进行有效集成,然后根据业务管理需要对平台动态拓展。因为公路管理涉及的资源较多,为保证平台的伸缩性,基于大数据云平台技术搭建平台框架。平台架构设计如图 1 所示。

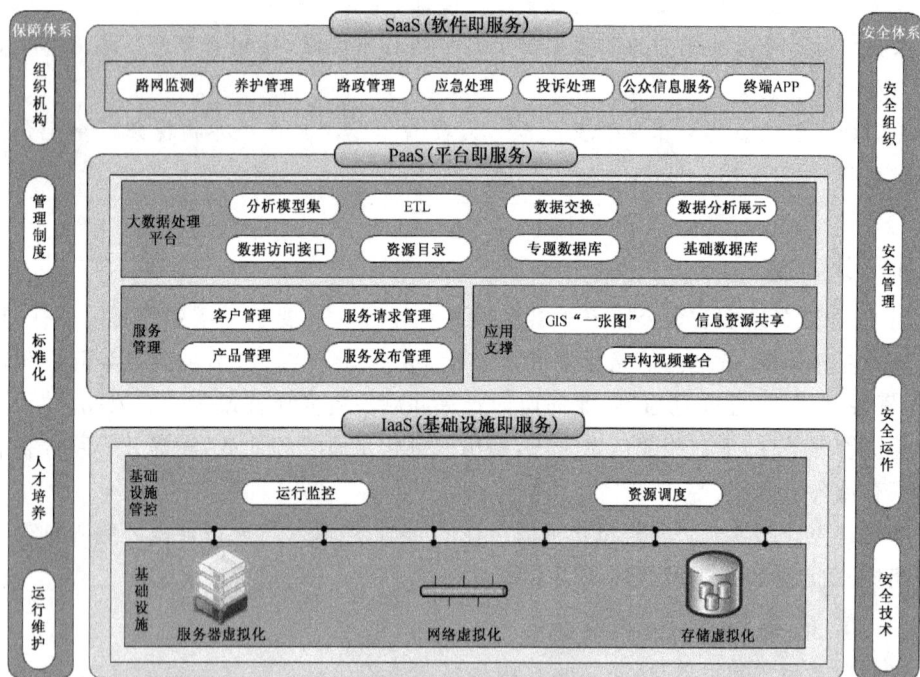

图 1　智慧公路管养平台架构图

(1)IaaS 层(基础设施即服务)

IaaS 是智慧公路管理平台的计算基础设施,平台基础设施功能均在这个层次中体现,能够为多个已经建成和将要新建的数字公路管理应用提供统一、规范、优化的基础设施平台。

(2)PaaS 层(平台即服务)

PaaS 为平台提供通用的、标准的大数据服务,同时可定制、提供具有交通行业特征的大数据服务。可以实现公路管理产生数据的汇集、清洗、转换、加载、分析和综合利用,形成规范、统一、精确、标准的区域交通统一数据视图,尽量避免数据的不一致性,从而提升数据质量和数据管控力度,并为相关管理机构提供跨系统的交叉决策分析支持。

（3）SaaS 层（应用即服务）

在 SaaS 层建设并部署一系列基于 PC 端和智能移动终端的公路管理应用（包括迁移现有已建的信息化应用系统），提供优质、高效、全面的公路管理服务，实现公路管理领域应用的多维度发展。

（4）安全体系

安全体系是保证平台功能、提供可靠服务的重要内容，通过保证技术、管理与运行等各方面的安全，建立平台的信息安全体系，保障系统安全。

2.2 重点建设方案

2.2.1 基于 GIS 的基础资源整合"一张图"

公路养护管理的重点之一是使管理业务数据以 GIS 地图的形式表现，并充分利用 GIS 系统空间分析功能，对海量数据进行数据挖掘，为专家系统辅助决策提供信息源[2]。因此，建设智慧公路管养平台，首先是要将基础资源整合至 GIS 地图中，形成公路管理"一张图"。

公路管理中需要多种类型的资料，如公路基础结构数据、大中修图纸、桥梁技术卡片、桥梁检测报告、病害记录等，将这些数据基于 GIS 地图整合进行统一管理，能有效提高资源的利用率，更好地为公路管理服务。

公路管理 GIS 空间地理数据库设计采用"一路多段"原则，依据路线修改建年份、技术参数、路线主要控制点、养管站点辐射半径等进行分段设计。空间地理数据库包括静态和动态两类数据。

（1）静态数据：路线数据、桥梁数据、涵洞数据、标志、里程桩、绿化、交叉口、交通护栏、波形护栏、交通量观测站点、示警桩等。

（2）动态数据：交通流量、通行费征收数据、路况指标、道路病害、养护计划、日常养护记录、养护经费、大中修工程、路政审批、应急处置数据等。

对于基础数据，通过加工后录入空间地理数据库中；对于图纸、检测报告等资料，将其电子化后，存储至文件服务器中。这些资源与 GIS 地图中线路、桥梁等设施结合，可通过 GIS 地图定位来查找，达到高速查询与使用的目的。

2.2.2 信息资源共享

智慧化平台的实现需要多来源数据的融合，从不同领域整合异构数据是一项复杂但具有高潜力的任务，可以提供对城市的洞察力。在交通领域，诊断交通拥堵等异常事件需要整合各种数据，例如交通数据、气象数据、道路条件或交通灯策略等[3]。

在信息资源共享的建设过程中，要重点考虑统一数据标准及建立共享协议，同时要注意信息的安全性。数据元标准除继承交通部公路信息基础数据元集之外，还需参考国家标准和相关部委的行业标准；数据接口规范为保证通用性，采用可扩展标记语言 XML 进行描述，并使用 XSD 架构验证，且遵循《道路运输电子政务平台　数据交换格式》JT/T 655—2006；数据传输协议有超文本传输协议 HTTP、基于 SSL 的 HTTP 协议 HTTPS、简单对象访问协议 SOAP、文件传输协议 FTP 等。

2.2.3 异构视频整合

视频监控是公路管理、发现问题的主要手段，但由于视频监控领域长期缺乏可供遵循的权威标准,视频监控设备种类繁多、品牌混杂。不同厂商采用的技术体系、技术标准不一,采用不同厂商设备构建的监控系统之间难以兼容互通。同时,各视频监控系统在建设时间和建设标准上不统一,导致了目前分布在各地的各类视频监控系统在技术体制、产品品牌等方面千差万别,这给大范围内的图像联网和远程控制带来了很大障碍,无法充分发挥监控系统的最大利用效率。

智慧公路管养平台的一项重要建设内容就是构建一个兼容性强、扩展性好的多源异构视频监控系统,兼容来自不同设备、不同网络、不同格式的多种视频资源。根据《公路网图像信息管理系统平台互联技术规范》(GB/T 28059—2011)、《安全防范视频监控联网系统信息传输、交换、控制技术要求》(GB/T 28181—2011)制定视频联网技术要求,支持ONVIF标准协议。对原有模拟视频,可通过视频编码器将其数字化;对于不同厂家的数字视频,利用视频流媒体服务器将视频流格式进行转换、统一,实现对视频的集中监控管理。

2.2.4　全生命周期的业务管理

平台应该覆盖公路管养的各类具体业务,如日常养护、经常性检查、小修保养、大中修工程管理、路政管理、应急处置、投诉处理等。而对于单项业务,平台也需要覆盖到业务的各个阶段,以信息化手段实现对业务的全过程、全生命周期的管理。

2.2.5　大数据分析

在公路管理各阶段产生了大量的数据,包括设计施工数据、日常养护数据、检测评定数据、设备运行数据、结构监测数据、交通监控数据、交通管理数据等,但这些数据在深入挖掘应用方面的利用率还比较低。可以利用大数据分析技术,整合数据资源,数据资源交互渗透,以提供比以往更快、更有针对性的分析、预测,对潜在关联因素进行新的洞察,为用户提供各类辅助决策建议,提升整体管理水平。

以交通量调查数据为例,除统计分析交通流量外,还可与公路养护管理相结合,为用户提供各类辅助决策建议,主要包括:① 合理安排养护作业时间段:分析交通流量变化规律,养护作业时段尽量避开高峰期;② 科学预防性养护:在交通峰值月到来前实施预防性养护;③ 分析病害主因:分析载荷数据,路面坑槽大部分是由于路面基层破坏而引起的,分析病害原因是交通量过大还是路面面层渗水,或者基层太薄;④ 合理编制养护计划:根据交通量变化趋势,合理分配养护资金,科学编制养护计划;⑤ 公路保畅:分析拥堵原因,塌方、公路集市等。

2.2.6　公众信息服务

平台可利用网站、APP、微信、短信等方式实现与公众的交流互动。一方面将实时路况、施工、交通事故、服务区信息等向公众发布;另一方面可让公众积极参与到公路管理中,利用信息化手段让公众将发现的病害、事故及投诉等及时上报到平台,提高问题的发现及处置效率。

3　应用实践

本文以上海市浦东公路管养平台为例,介绍智慧公路养护管理平台在实际项目中的应用。浦东公路管养平台是在浦东新区政府"一总三子"综合交通信息管理系统的整体规划下由新区环保局下属的公路管理署负责建设。这是一个以"智慧公路"为目标,以电子地图为基础,综合利用多方信息,重点为公路养护、道路保畅、应急处置服务的智能化、综合管养平台。历经一、二、三期数年建设,于 2014 年达成全面应用。平台荣获"2014 上海智慧城市建设十大创新应用奖"。

在新区公路署,平台得以与各业务单元紧密结合,为各级管养单位及公众提供设施管理、路网监测、养护管理、路政管理、应急处置、投诉处理、公众服务、决策分析等八大查询和处置功能。

(1)设施管理

浦东公路管养平台搭建了浦东公路"一张图"(见图 2),覆盖整个浦东新区近 2 000 公里的道路、桥梁、泵站、管道、环卫等设施,集成管理档案、普查资料、检测数据、竣工图纸、实景照片等资源;实时监测泵站运行数据,对历年道路的 PCI、RQI、SCI 等十项技术状况检测指标数据的集成分析,基于电子地图直观展示分析历年桥梁沉降监测数据等。

图 2　浦东公路管理"一张图"

(2)路网监测

管养平台利用从新区总平台共享的信息,实时展示道路的路况、交通诱导板的发布内容、交通流量数据,实现对路网运行状况的实时监测。同时,平台从浦东交警接入的870 余路视频资源,实现了对浦东 6 条快速道路的视频全覆盖。道路巡检时间缩短至半个小时,突发事件响应时间缩短至 2 小时。与浦东水文系统对接,实时监测河道水位、降雨量、风速风向、道路结冰积雪等数据,通过综合分析,为灾害天气正确决策指挥,合理安排除雪、撒融雪剂、防汛防台等养护作业提供技术支持。

(3)养护管理

实现公路养护管理体系的标准化、规范化、精细化;实现小修工程及经费管理的精细化;实现养护巡检和病害维修处理的动态化;实现养护资料管理的规范化。施工信息录入后自动在地图上以不同颜色渲染和定位展示。平台集成了下属各养护公司 GPS 车辆的数据资源,通过统一平台实现对车辆的监控。利用移动终端 APP 与平台相结合,现场NFC 标签签到,实现对桥梁定期检查、特殊检查的工作管理和考核。

（4）路政管理

提供路政许可审批、批后监管等功能；利用手机 APP 实现设施损毁的报送管理；在重点桥梁前方布设不停车超重检测点，采集重点路段超重检测设备的车辆载荷和抓拍车牌数据，利用情报板动态提醒引导车辆驶离。

（5）应急处置

平台建立了完善的道路养护和设施管理的应急预案、应急资源库，实现突发事件的信息化报送和流转处置。基于电子地图展示事件位置，及时全面掌握突发公共事件的信息，查找调度周边应急资源，通过短信平台通知相关责任人，提高事件预警、应急管理和应急指挥能力。

（6）投诉处理

平台以多种手段接入投诉案卷，基于 GIS 定位，自动派单，及时解决百姓对道路、设施的诉求。通过道路管养边界自动识别投诉案件的归属单位，减少现场人工核查的工作量。

（7）公众服务

平台提供基于平板电脑、手机的 APP 应用（见图 3 和图 4），可及时获取现场第一手数据及视频信息，提高应急处置、投诉处理的效率和质量，满足管理人员的移动监管、移动办公需求，以及外业人员的业务现场处置需求。利用微信公众服务系统，获取投诉案件处理信息、大中修施工信息、路政许可审批信息等，根据公众关注内容自动发布。

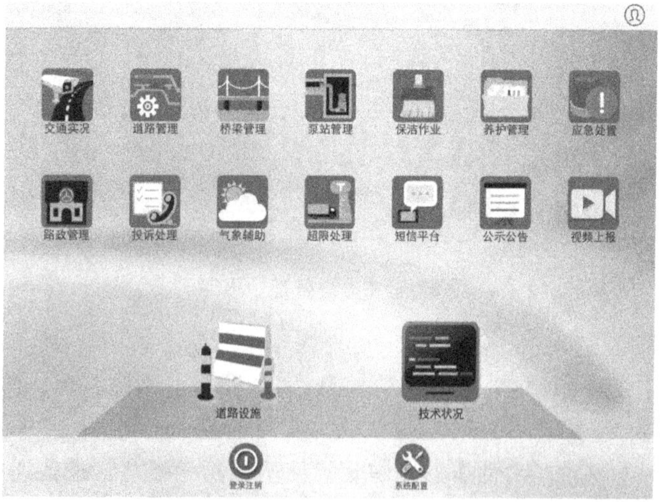

图 3　浦东公路管理平台平板移动终端

图 4　浦东公路管理平台手机移动终端

（8）决策分析

平台汇集多方信息资源，通过多维度分析，利用机器学习预测，为管理层提供决策驾驶舱，覆盖设施量、经费、工程、日常养护、投诉等各方面业务，为领导辅助决策提供支撑。

4　结　语

本文探讨的智慧公路养护管理平台集成多方信息资源，利用信息化手段实现对公路管理业务的全过程、全生命周期的管理，可有效提升养护精细化、标准化程度，实现管理信息化和评价客观性，提高科学决策水平，提升公路管理的效率和质量，对相关单位智慧公路信息化建设具有一定的借鉴意义。

参考文献

［1］中华人民共和国交通运输部.交通运输信息化"十三五"发展规划［S］.2016.

［2］刘士宽,于洪武,费昀.基于GIS的公路养护信息资源整合研究［J］.公路交通科技,2015(05):7－8.

［3］刘晓娟,黄海晶,张晓梅,等.智慧城市建设中的数据开放、共享与利用［J］.电子政务,2016(03):35－42.

其

他

黏性沉积物表面侵蚀临界剪切应力的分形模型

卢佩霞[1]　徐永福[2]　褚飞飞[3]

(1.扬州工业职业技术学院　扬州　225001;

2.上海交通大学土木工程系　上海　200030;

3.河海大学文天学院　马鞍山　243000)

摘　要　黏性沉积物是水环境的重要组成部分,其侵蚀迁移影响水环境和人类健康,且其表面侵蚀的临界剪切应力取决于黏性沉积物团粒间黏聚力。已有的黏性沉积物表面侵蚀模型都没有考虑团粒粒径分布,本文基于黏性沉积物团粒结构的分形模型,建立黏性沉积物表面侵蚀的临界剪切应力与团粒粒径和有效密度的理论关系。黏性沉积物表面侵蚀的临界剪切应力是团粒粒径和有效密度的幂函数,幂函数的指数是黏性沉积物团粒分维的函数。黏性沉积物表面侵蚀的临界剪切应力的分形模型得到了大量试验数据的验证,比直接测量临界剪切应力省时省力、操作更加简单、结果更加可靠。

关键词　黏性沉积物　表面侵蚀　临界剪切应力　团粒　分形模型

0　引　言

黏性沉积物与水流相互作用见图 1。水流在黏性沉积物表面的剪切应力超过团粒(Aggregate)间的黏结力,黏性沉积物团粒被流水侵蚀、剥离沉积物表面[1]。黏性团粒的侵蚀分为 3 种类型:絮凝物侵蚀、表面侵蚀和块体侵蚀,见图 2[2]。黏性沉积物的表面侵蚀是在很小的流水剪切应力下发生的,表现为黏性团粒剥离黏性沉积物表面。表面侵蚀是一种排水破坏,不产生超孔隙水压力[3]。黏性沉积物的表面侵蚀发生的条件是[4,5]:流水侵蚀剪切应力大于临界剪切应力(τ_c)。临界剪切应力是研究黏性沉积物侵蚀的关键参数,针对临界剪切应力的计算研究很多[1,6],然而已有的临界剪切应力的计算方法都是经验公式,忽略了黏性沉积物表面侵蚀的物理过程,缺少考虑沉积物自身特性的临界剪切应力的可靠计算方法[5,6]。

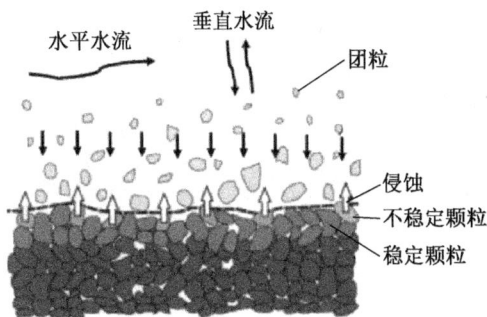

图 1　黏性沉积物与水流相互作用示意图

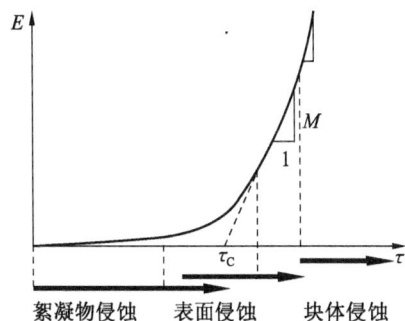

图 2　黏土团粒的侵蚀类型[2]

研究表明,在颗粒间的联结力和吸附力作用下,黏性沉积物颗粒趋向于形成具有自相似结构的团粒[5-8]。自相似结构具有尺度不变性[9],即在侵蚀面上的胶结键与团粒的尺度无关。Kranenburg[8]认为,黏性沉积物的临界剪切应力与团粒尺寸无关;Son 和 Hsu[10]假设黏性沉积物的临界剪切应力与颗粒间的联结力和联结键数目有关,提出了黏性沉积物的临界剪切应力的计算公式;Krone[11]、ThomsenGust[12]得出黏性沉积物的临界剪切应力的试验数据与 Kranenburg[8]、Son、Hsu[10]公式的计算结果不符。因此,全新的计算黏性沉积物的临界剪切应力的公式亟待提出。

本文基于黏性沉积物团粒的分形模型,建立黏性沉积物的临界剪切应力与团粒的平均粒径和有效密度的相关关系,提出黏性沉积物的临界剪切应力的计算方法,并采用大量的试验数据验证本文提出的黏性沉积物临界剪切应力的计算公式。

1　黏性团粒的分形模型

黏性沉积物的团粒的嵌套见图 3[11]。黏性沉积物的基本颗粒在黏结力和吸附力作用下,联结形成 1 级团粒;1 级团粒在黏结力和吸附力作用下,联结形成 2 级团粒。以此类推,联结形成 3 级团粒、4 级团粒等更高级团粒。假设各级团粒孔隙比不变,由此得到团粒数和粒径的关系:

$$N = \frac{c}{f_a \rho_p d_p^3} \left(\frac{d_a}{d_p} \right)^D \tag{1}$$

式中,N 是基本颗粒的个数;c 是黏性团粒的质量浓度;f_a 是团粒的形状因子,对于球状团粒,$f_a = \pi/6$;ρ_p 是基本颗粒的密度;d_p 是基本颗粒的粒径;d_a 是团粒的粒径;D 是黏性团粒的分维。

简单起见,假设黏性团粒是球状的,固体颗粒个数定义为 $N = \varphi_s d_a^3$,黏性沉积物的固体体积率表示为

$$\varphi_s = \frac{c}{f_a \rho_p} \left(\frac{d_a}{d_p} \right)^{D-3} \tag{2}$$

式中,φ_s 是固体体积率。

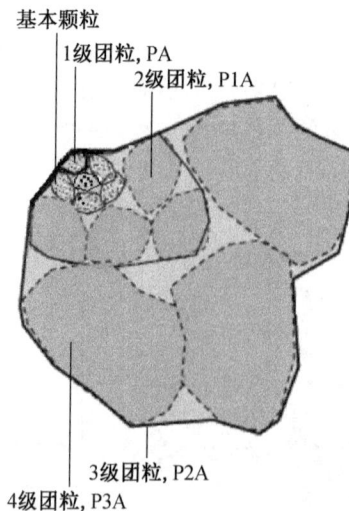

图 3　黏性团粒的自相似嵌套结构

黏性团粒的密度是固体颗粒的密度与水的密度的平均值，$\rho_a = \varphi_s \rho_p + (1-\varphi)\rho_w$，黏性团粒的有效密度 ρ_e（$\rho_e = \rho_a - \rho_w$）为

$$\frac{\rho_a - \rho_w}{\rho_p - \rho_w} = \frac{c}{f_a \rho_p}\left(\frac{d_a}{d_p}\right)^{D-3} \tag{3}$$

式中，ρ_a 是黏性团粒的密度；ρ_w 是水的密度。

Mfolozi 河口沉积物团粒的有效密度与团粒的直径间的相关关系见图 4。图中的试验数据引自文献[13]，C、S 和 G 分别表示团粒的浓度、盐度和剪切速率。Mfolozi 河口沉积物团粒的分维为 1.68，不受浓度、盐度和剪切速率的影响。

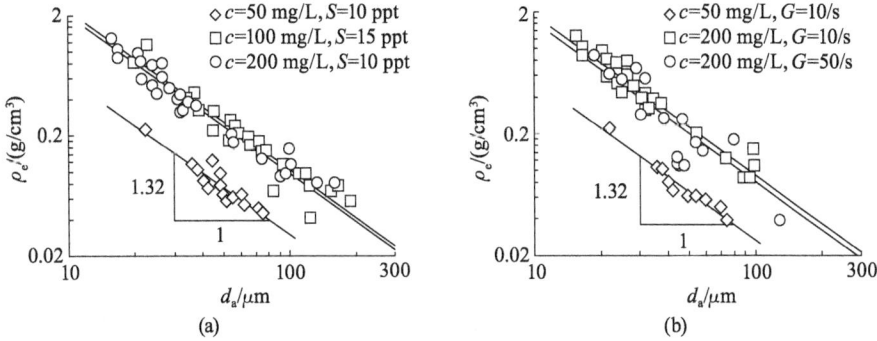

图 4　河口沉积物的分形结构及其分维

不同黏性沉积物的分维表示见图 5。从图 5 中可以看出，黏性沉积物的团粒具有分形结构，分维介于 1.30～2.30。

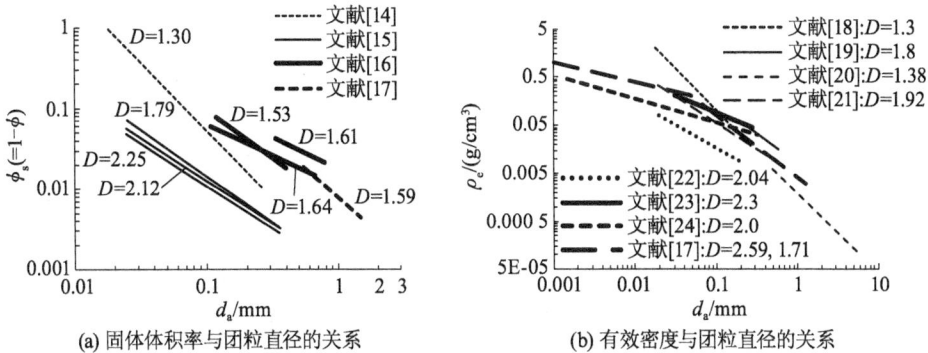

(a) 固体体积率与团粒直径的关系　　(b) 有效密度与团粒直径的关系

图 5　黏性沉积物的分维

2　临界剪切应力的计算方法

黏土团粒在流水中的侵蚀稳定性取决于流水剪切应力特性和团粒间的联结力，流水剪切应力是团粒侵蚀的起因，团粒间的联结力是黏性沉积物抵抗流水侵蚀的阻力。如果流水的剪切应力大于黏性沉积物侵蚀的临界剪切应力，黏性沉积物产生侵蚀。

黏性团粒间的联结力主要由 van der Waals 力组成，假设团粒的直径相同，且令 $d_{1p} = d_{2p} = d_p$，则团粒间的联结力为[26]

$$F_H = \frac{A_H C}{24 K^2}\frac{1}{d_p} \tag{4}$$

式中，A_H 为 Hamaker 常数，$A \approx 10^{-20}$ J；C 是压缩因子；K 是压缩函数。

黏性沉积物侵蚀的临界剪切应力取决于联结键的强度和联结键的数目[27]。临界剪切应力与黏性团粒结构和粒径有关，黏性团粒的结构采用分维描述。因此，黏性沉积物中的固体颗粒数目是黏性团粒的分维和直径的函数，Son 和 Hsu[10] 给出侵蚀面上的固体颗粒个数与团粒直径的关系：

$$n = \frac{\pi}{4} \left(\frac{\pi}{6}\right)^{-\frac{2}{3}} \left(\frac{d_a}{d_p}\right)^{\frac{2X}{3}} \tag{5}$$

式中，n 是颗粒个数；X 是侵蚀面上团粒的骨架分维，$1 \leqslant X \leqslant D$。

黏性沉积物侵蚀的临界剪切应力等于侵蚀面上的联结力总和 nF_H 除以侵蚀面的面积 A_a。

分形团粒的侵蚀面的面积为[9]

$$A_a = C_a \left(\frac{d_a}{d_p}\right)^D \tag{6}$$

因此，黏性沉积物侵蚀的临界剪切应力表示为[6]

$$\tau_c = \frac{nF_H}{A_a} = \tau_{c0} \left(\frac{d_a}{d_p}\right)^n \tag{7}$$

$$n = -\frac{3D - 2X}{3} \tag{8}$$

式中，$\sigma_{c0} = [A_H C (9\pi/16)^{1/3}] / (24 K C_a d_p)$。

临界剪切应力用固体体积率表示为

$$\tau_c = \tau_{c0} \varphi_s^{\frac{2X - 3D}{3(D-3)}} \tag{9}$$

$$m = \frac{3D - 2X}{3(3 - D)} \tag{10}$$

骨架分维 X 取值不同，指数 m 随分维 D 的变化规律见图 6。骨架分维 X 的含义是团粒传递应力的路径，一般小于团粒分维 D[6]。对于结构松散的团粒，取 $X = D$；对于密实的团粒，取 $X = D - 1$。有关临界剪切应力的测试结果表明，对于河口沉积物团粒，取 $X = D$，可准确预测黏性沉积物的临界剪切应力。

有关黏性沉积物的临界剪切应力的测试成果可以用来验证临界剪切应力的计算公式（式（7）和（8））。Geremew 和 Yanful[28] 研究了黏性尾矿料的临界剪切应力。黏性尾矿料团粒的有效密度与平均粒径的关系见图 7，黏性尾矿料团粒的分维为 2.28。取 $X = D = 2.28$，$n = -0.76$，见图 8，黏性尾矿料的临界剪切应力的预测结果与试验结果一致。

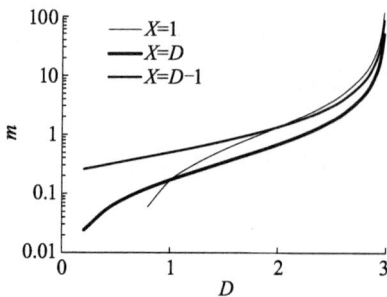

图 6　分维与破碎能量的相关关系

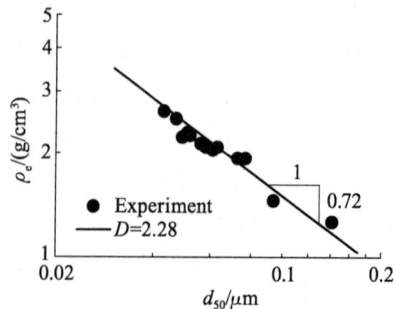

图 7　黏性尾矿团粒的有效密度与平均粒径的关系

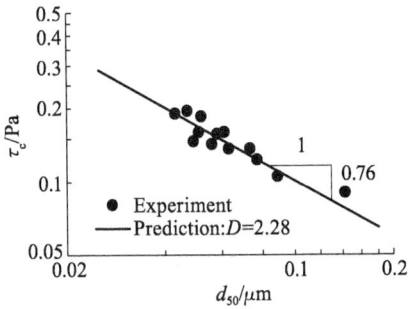

图 8　临界剪切应力与平均粒径的关系

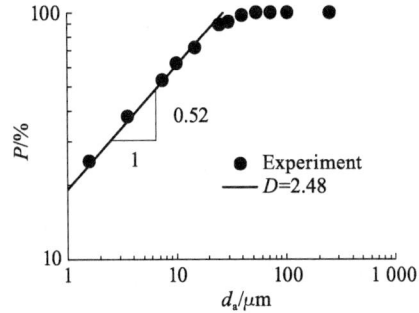

图 9　河口沉积物的质量累计百分数与平均粒径的关系

Kusuda et al[29]完了日本 Chikugo 河口沉积物的侵蚀试验。累计质量百分比定义为：$P=M/M_T$，M 是小于某粒径的颗粒质量，M_T 是沉积物颗料总质量。根据图 9 中 $\log P-\log d_a$ 的斜率，沉积物的分维护为 2.48。取 $X=D=2.48$，$m=1.6$，沉积物侵蚀的临界剪切应力与固体体积率关系的预测结果与试验数据一致（见图 10）。

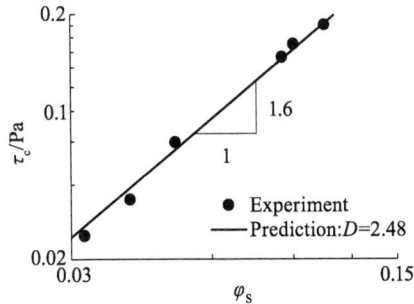

图 10　临界剪切应力与固体体积率的关系

3　与 Kranenburg 模型的比较

Kranenburg[8]基于沉积物分形结构的尺度无关性，提出沉积物侵蚀的临界剪切应力的表达式为：

$$\tau_c \propto d_a^{-2} \tag{11}$$

Thomsen 和 Gust[30]根据西欧大陆边缘水下 212～4 940 m 深处的沉积物芯样，研究了沉积物侵蚀的临界剪切应力与团粒平均粒径的关系，见图 11a 所示。不同河口沉积物侵蚀的临界剪切应力与团粒平均粒径的关系见图 11b。将图中直线的斜率与 2 比较，发现直线的斜率不等于 2，且与 2 相差很大，也就是说，式(11)与河口沉积物侵蚀的临界剪切应力与团粒平均粒径关系的试验数据不符合，相对而言，式(7)更符合河口沉积物侵蚀的临界剪切应力与团粒平均粒径的关系。

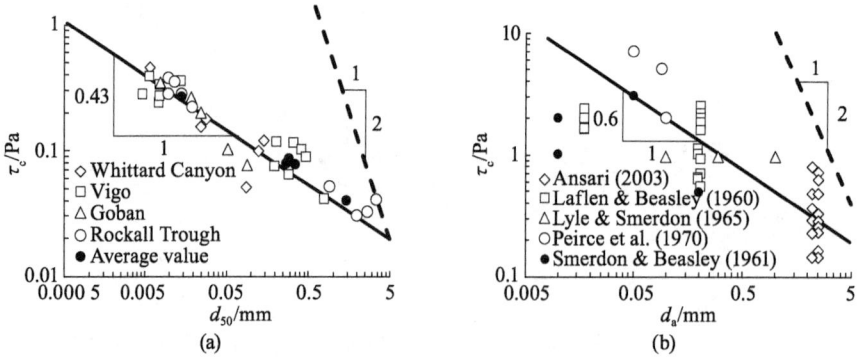

图 11　分形模型与 Kranenburg 模型的比较

4　与 Son 和 Hsu 模型的比较

Son 和 Hsu[10] 基于沉积物侵蚀的临界剪切应力等于联结强度与联结键数量的乘积的认识,提出沉积物侵蚀的临界剪切应力:

$$\tau_{c} \propto \varphi_{a} \varphi_{s}^{\frac{2}{3}} = \left(\frac{\rho_{a} - \rho_{w}}{\rho_{p} - \rho_{w}} \right)^{\frac{2}{3}} \tag{12}$$

沉积物侵蚀的临界剪切应力的分形模型与 Son 和 Hsu 模型[10] 的比较结果见图 12。图 12 a 是 Krone[33] 给出的不同河口沉积物侵蚀的临界剪切应力与有效密度的关系。从图 12 a 中可以看出,直线的斜率不是 2/3,与 Son 和 Hsu 模型不符合;图 12 b 是 Nasser 和 James[34] 给出的不同条件下形成的沉积物侵蚀的临界剪切应力与固体体积率的关系。从图 12 b 中可以看出,直线的斜率不是 2/3。因此,Son 和 Hsu 模型与沉积物侵蚀的临界剪切应力的试验数据不一致。相对而言,沉积物侵蚀的临界剪切应力的分形模型更加合理,与临界剪切应力的试验数据更符合。

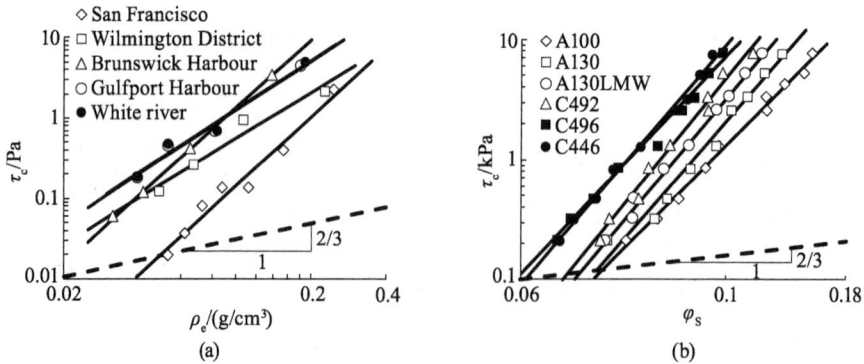

图 12　分形模型与 Son 和 Hsu 模型的比较

5　结　语

本文基于沉积物团粒的分形模型,建立了沉积物侵蚀的临界剪切应力的分形模型,得到了临界剪切应力与团粒直径、固体体积率和有效密度的理论关系。在沉积物侵蚀的临界剪切应力的分形模型中,沉积物团粒的分维是唯一的参数。沉积物侵蚀的临界剪切应力的分形模型得到了临界剪切应力试验数据的广泛验证,与 Kranenburg 模型[8]、Son 和 Hsu 模型[10]相比，沉积物侵蚀的临界剪切应力的分形模型更加合理，与试验数据更加接近。

参考文献

［1］ Grabowski R C，Droppo I G，Wharton G. Erodibility of cohe-sive sediment：the importance of sediment properties. Earth-Science Reviews，2011，105：101－120.

［2］ Sharif A R，Atkinson J F. Model for surface erosion of cohesive soils. Hydraulic. Engineering，2012，138(7)：581－590.

［3］ Winterwerp J C，van Kesteren WGM. Introduction to the physics of cohesive sediment in the marine environment. Elsevier，Amsterdam，2004：576.

［4］ Sanford L P. Modeling a dynamically varying mixed sediments with erosion，deposition，bioturbation，consolidation，and armoring. Computers & Geosci. ，2008，34(10)：1263－1283.

［5］ Cossette D，Mazurek KA，Rennie CD. Critical shear stress from varied method of analysis of a submerged circular turbulent impinging jet test for determining erosion resistance of cohesive soils. ICSE6 Paris，2012：11－18.

［6］ Xu Y F，Jiang H，Chu F F. Fractal model for surface erosion of cohesive sediments. Fractals-complex Geometry Patterrs & Scaling in Nature & Society，2014，22 (3)，1440006.

［7］ Meakin P. Fractal aggregates. Advances in Colloid and Interface Science. ，1988，28：249－331.

［8］ Kranenburg C. The fractal structure of cohesive sediment aggregates. Estuarine，Coastal and Shelf Science，1994，39：451－460.

［9］ Mandelbrot BB. The fractal geometry of nature. W. H. Freeman，1983.

［10］ Son M，Hsu T J. The effect of variable yield strength and variable fractal dimension on flocculation of cohesive sediment. Water Research，2009，43：3582－3592.

［11］ Krone R B. A study of rheologic properties of estuarial sediments. U. S. Army Corps of Engineers Committee on Tidal Hydraulics Technical Bulletin，1963.

［12］ Thomsen L，Gust G. Sediment erosion thresholds and characteristics of re-suspended aggregates on the western European continental margin. Deep-Sea Research Part I-Oceanographic Research Papers，2000，47(10)：1881－1897.

［13］ Maine C M. The flocculation dynamics of cohesive sediments in the St Lucia and Mofozi estuaries，South Africa. University of KwaZulu-Natal，Durban，2011.

［14］ Gorczyca B. Porosity and structure of alum coagulation and activated sludge flocs. Department of Cherrical Engineering and Applied Chemistry，University of Toronto，2000.

[15] Huang H N. Porosity-size relationship of drilling mud flocs: fractal structure. Clays and Clay Miner. , 1993, 41: 373—379.

[16] Johnson C P, Li X Y, Logan B E. Settling Velocities of Fractal Aggregates. Environ. Sci. Technol. , 1996, 30: 1911—1918.

[17] Lintern D G. Influences of flocculation on bed properties for fine-grained cohesive sediment. University of Oxford, 2003.

[18] Al Ani S, Dyer I K R, Huntley D A. Measurement of the influence of salinity on density and strength. Geo-Marinc Letters, 1991, 11: 154—158.

[19] Alldredge A L, Gotschalk C. In situ settling behaviour of marine snow. Limnol. Oceanogr. , 1988, 33: 339—351.

[20] Fennessy M J, Dyer K R, Huntley D A. INSSEV: an instrument to measure the size and settling velocity of flocs in situ. Mar. Geol. , 1994, 117: 107—117.

[21] Gibbs R J. Estuarine flocs: their size settling velocity and density. J. Geophys. Res. , 1985, 90(C2): 3249—3251.

[22] Manning A J, Dyer K R. A laboratory examination of floc characteristics with regard to turbulent shearing. Marine Geol. , 1999, 160: 147—170.

[23] Lintern D G. Influences of flocculation on bed properties for fine-grained cohesive sediment. University of Qxford, 2003.

[24] McCave I N. Vertical flux of particles in the ocean. Deep-Sea Res. , 1975, 22: 491—502.

[25] McCave I N. Size spectra and aggregation of suspended particles in the deep ocean. Deep-Sea Res. , 1984, 31: 329—352.

[26] Ternat F, Boyer P, Anselmet F. Erosion threshold of saturated natural cohesive sediments: modeling and experiments. Water Res. Res. , 2008, 44: W11434.

[27] Boller M, Blaser S. Particles under stress. Water Sci. Technol. , 1998, 37 (10): 9—29.

[28] Geremew A M, Yanful E K. Role of fines on cohesive behavior of mine tailings inferred from critical shear stress. Can. Geotech. J. , 2011, 48: 568 —582.

[29] Kusuda T, Umita T, Koga K, et al. Erosional process of cohesive sediment. Wat. Sci. Tech. , 1984, 17: 891—901.

[30] Thomsen L, Gust G. Sediment erosion thresholds and characteristics of resuspended aggregates on the western European continental margin. Deep Sea Research Part I - Oceanographic Research Papers, 2000, 47: 1881—1897.

[31] Ansari S A, Kothyari U C, Ranga Raju K G. Influence of cohesion on scour under submerged circular vertical jet. J. Hydraul. Eng. , 2003, 129: 1014—1019.

[32] Smerdon E T, Beasley R P. The tractive force theory applied to stability of open channels in cohesive soil. Agricultural Experimental Stability Res.

Bull. , 1961, 715: 1—36.

[33] Krone R B. A Study of rheologic properties of estuarial sediments. U. S. Army Corps of Engineers Committee on Tidal Hydraulics Technical Bulletin. 1963.

[34] Nasser M S, James A E. The effect of polyacrylamide charge density and molecular weight on the flocculation and sedimentation behaviour of kaolinite suspensions. Separation and Purification Technology, 2006, 52: 241—252.

南通美丽公路建设的比较和展望

朱 华

（如皋市公路管理站 南通 226500）

摘 要 美丽公路建设是美丽中国建设的重要组织部分，是落实生态文明发展战略的重要路径。本文通过西方发达国家、沿海发达地区和江苏美丽公路建设的比较，提出美丽公路建设的内涵、特征和核心，并对南通地区江海特色美丽建设进行展望，勾勒出南通美丽公路建设的绿色愿景。

关键词 美丽 公路 比较 展望

0 引 言

2017 年 6 月 12 日《人民日报》头版头条发表了题为《勇立潮头》的长篇通讯，系统报道了创新、创业、富民的浙江实践。文中提到 2005 年 8 月 15 日，时任浙江省委书记习近平同志到安吉县天荒坪镇余村调研时，作出了"金山银山就是绿水青山"的重要论断。"两山理论"如同一支神奇的画笔将浙江山水描绘得分外妖娆。其实，这种"由里往外美"的执政理念，不仅是山水的变化，而且是执政者始终能将创业绩与守政策、现实性与长远性、计划性与规律性完美统一。

2012 年 11 月 18 日，胡锦涛同志在党的十八大报告中首次提出"建设生态文明，是关系人民福祉、关乎民族未来的长远大计"。在当前面临资源约束趋紧、环境污染严重、生态系统退化的严峻形势下，必须树立尊重自然、顺应自然、保护自然的生态文明理念，把生态文明建设放在突出地位，融入经济建设、政治建设、文化建设、社会建设的各方面和全过程，努力建设美丽中国，实现中华民族永续发展。2012 年 11 月 15 日，习近平同志在十八届中共中央政治局常委同中外记者见面会上指出"我们的人民热爱生活，期盼更好的教育、更稳定的工作、更舒适的工作居住条件、更优美的环境，期盼孩子能成长得更好、工作得更好、生活得好，人民对美好生活的向往，就是我们的奋斗目标。"2015 年 10 月 29 日，党的十八届五中全会制定国民经济和社会发展第十三个五年规划的建议，强调并指出坚持绿色富国、绿色惠民，为人民提供更加优质生态的产品，推动形成绿色发展方式和生活方式，协同推进人民富裕、国家富强、中国美丽。

"十二五"以来，浙江公路在面临资源约束趋紧、生态系统退化、环境污染严重的严峻态势下，遵循"因地制宜、崇尚自然、安全可靠、科学合理、节约集约、生态环保、服务提质"的理念，奋力推进美丽公路创建工程，实现公路发展与"山水田林湖"紧密结合、良性互动，走出了一条可持续发展的绿色道路。美丽公路建设不仅是江苏交通干线沿线环境打造的重要内容,也是南通交通转型发展的重要领域。建设美丽公路,打造绿色交通已经成为南通公路"十三五"发展的重中之重,必须引起高度关注,深入加以研究,系统推进建设,确保走在江苏前列。

1　中外生态公路建设的比较研究

1.1　国外生态公路建设的实践

19 世纪中叶,西方发达国家率先推进景观公路建设,在注重公路使用功能的同时,更加注重生态环境的保护,通过法律规范或制度设计,引导美丽公路建设理念的推广和应用,使人、路、车与自然融为一体,促进了公路与生态自然环境、经济社会的全面协调发展。

德国于 20 世纪 20 至 30 年代大规模建设高速公路,目前总里程达 1.1 万 km,居世界第四位。1980 年,德国在公路设计规范中增加《公路景观设计规范》,突出公路建设要密切联系经过地区的地形、地貌,选址线路以能展现一个地区自然风貌和最佳景观为标准;规定公路的建设受到自然保护、环境协调评估等有关环境保护法的约束,景观设计必须与公路的总体设计和专项设计相协调,尽可能减轻对原有生态环境的破坏。杜伊斯堡—科隆—法兰克福高速公路是德国中西部山地南北向的主干线,沿莱茵河谷东侧山梁而建,用高架桥的方式跨越河谷,设置了沿路观景点,使人居高望远,有一种"人间美景尽收眼底"的感觉。

美国公路里程规模庞大,总里程居世界第二位。1907 年,美国组织公路工程师和景观建筑师合作设计公路景观。1965 年,国会通过了《公路美化条例》,编制了公路景观设计指南,严格控制路旁的路牌与广告牌,取消路边废弃物堆置场,每年以 1.8 亿美元建设沿途风景,促进了公路设计艺术化。1967 年,美国联邦公路管理局成立了第一支由景观设计师领导的多学科设计队伍,负责设计巴尔的摩 I—83 公路,包括后来的科罗拉多州 I—70 号公路,均采取了多项景观与环境、生态相结合的新技术,荣获美国 1993 年土木工程成就奖。

1969 年,美国通过《国家环境政策法》,明确地表述了保护景观审美资源的目标,为公路使用者提供一个赏心悦目的经历,并尽可能地把公路建筑物对周围环境的视觉冲击影响降到最低。1970 年,美国各州公路者协会编制了《公路景观和环境设计指南》,倡导在公路设计初期,最大程度地利用景观资源,减少对原有地形、地貌的破坏。1997 年,美国交通部联邦公路局出版了《公路设计的灵活性》,提出了"灵活性设计"这一理念,指导公路建设者运用设计标准来降低公路工程对环境的影响。近年来,明尼苏达州开发了用于公路的美学测试系统,以提高旅行者感知公路的吸引力为目标,进一步应用于公路的规划、设计和建设。

日本对公路景观和生态修复等方面的研究走在世界的前列,在相关环境标准规范、环境保护政策、技术措施等方面均做了大量摸索,特别是在生态道路建设中对湿地保护及生态绿廊的建设为世界所瞩目。

1963 年,日本修建第一条连接名古屋和神户的高速公路,在欧美等国公路景观设计的基础上出台了《公路绿化技术标准》,其主要内容是建设与大自然相协调的公路网,为人们提供更为优质的服务。1985 年,日本制定了《高速公路绿化技术五年计划》,并拓展延长至中长期发展规划,在群体绿化方面制定了园林式绿化技术开发计划。特别是在 2003 年编著的《道路景观设计》一书中,提出了道路景观设计要有自己独特的个性,从各个方面详细说明了优美公路建设的要点。

加拿大的公路建设也非常重视与自然的和谐统一,遇到生态环境中的湿地问题,往往采取"占一还一"的做法,使湿地生态功能少受或不受影响。如横跨加拿大东木的 1 号公路,由于途经落矶山脉的班佛国家公园,所以该公路设置了很多的环保设施(绿化工程、动物通道等),路边还有醒目的警示牌,提醒来往车辆注意周边出没的动物,确保行驶安全。

韩国在公路景观设计中,除了满足生态环境保护的要求外,还考虑在公路沿线设置附属设施,采取园林化的处理方式,使公路更加具有吸引力,成为人们驻足休息的乐园。

1.2 国内美丽公路建设的探索

2014 年,交通运输部明确提出,今后一段时期内要集中力量加快推进"综合交通、智慧交通、绿色交通、平安交通"建设,并将绿色交通列为重中之重,为建设美丽中国提供有力的支撑和保障。2015 年,浙江明确提出建设美丽公路,打造一批设计、建设、运营美丽公路项目,首批建成 20 个美丽公路示范县,引起了全国的广泛关注和高度认可。

2014 年,浙江省委、省政府作出了建设"万里美丽经济交通走廊"的重大决策部署,把美丽公路建设作为交通主战场,组织实施万里美丽公路建设,全面带动沿线产业升级、百姓致富。全省共投入资金 2 500 亿元,创建美丽公路 2.4 万 km,拆除公路边违法广告 7.2 万块,拆除违法建筑 108 万 m²,实施公路边绿化 4 600 万 m²,在全国率先实现国省道沿线 200 m 范围内无违法广告。在抓好硬件设施建设的同时,美丽公路从理念、规划到建设、管理,形成了一系列可推广、可复制的美丽公路标准,"修一条路、造一片景、富一方百姓"的理念贯穿全过程,以设施美、环境美、秩序美、服务美、行风美的"五个美"为统领,建成安吉、桐庐等 20 个示范县,打造 104 国道浙江长兴段等最美公路,依托广覆盖、深通达的交通基础设施网络,建设"畅安舒美"的自然风景线、科创产业线、生态富民线、历史人文线,成为浙江产业转型升级和经济增长的新引擎。2016 年,浙江全省公路建设拉动 GDP 增加值超过 3 000 亿元,创业、就业岗位 100 万个,全省旅游总收入 8 093 亿元,接待游客总人数为 5.8 亿人次,与 2014 年相比分别增长 28% 和 18%。以美丽公路为主线,2016 年全省固定资产投资额为 29 571 亿元,比 2014 年增长 26%。"十三五"期间,浙江将以全国唯一"现代交通示范区"建设为抓手,继续创建美丽公路 1.54 万 km,创新"美丽公路+"的交通与经济发展模式,串联起"山海林田湖、城镇乡村景",全力保障 1 万亿元综合交通建设资金投入,实现综合交通运输"三个高水平"(高水平打造综合交通运输基础设施网络、高水平构建综合交通运输服务体系、高水平提升行业综合治理能力)的目标。

2013 年,福建出台《福建省普通干线"美丽交通生态路"三年行动实施方案》,以 108、205 国道改造示范工程为契机,加快美丽公路建设步伐,通过打造生态长廊、筑牢安全屏障、合理设置服务区等一系列行之有效的举措,将尊重自然、保护自然的建设理念引入普通公路建设和养护之中。截至 2016 年底,全省打造 2 000 km 生态公路,永泰青山绿水之路、厦门海滨风情之路、武夷山山野情趣之路、龙岩红色景观之路等基本建成。2017 年,福建计划新建"美丽交通生态路"200 km,依托国省道打造干线公路生态观光风景道,充分利用现有公路基础设施,因地制宜改造公路养护班站,增设停车、加油等基本功能,进一步提高公路的综合服务水平。

2013年底,安徽省委、省政府开展"三线三边"路域治理工作,建立起政府主导、部门联动、各方参与、合力参与的工作机制,至2017年5月份,全省共完成普通公路沿线垃圾处理1.8万处、拆除非公路标志1.42万块、公路建设控制区内违法建筑2 324处,通过治理使公路行车通行保障能力明显增强,沿线绿化体量大幅增加,建成多条生态公路与绿色大道。2017年,安徽将实施公路重要节点面貌提升工程,进一步加大沿路垃圾、建筑和广告标牌治理力度,推进补绿扩带、促进增量提质、拓展服务功能,打造一批绿化风景线、文明景观线,构建整治优美、舒适和谐的通行环境。

2013年来,广西壮族自治区紧紧抓住321国道阳朔至桂林段扩建项目为契机,全面建设"世界水准、国际一流、国内领先"的旅游公路,注重交通与旅游的功能融合,按照旅游黄金大道和生态景观大道建设的要求,充分让公路沿途显山露水,同步建设6 m宽的旅游休闲慢行绿道,沿线设施16处服务驿站,助力桂林国际旅游胜地的建设。

扬州高邮市作为全国第二批"全域旅游示范区"创建单位,充分发挥农村交通在全域旅游中的基础性、先导性作用,全力推进农村旅游公路建设;2017年投入8 000万元,提挡升级旅游公路60 km,其中乡村旅游三级以上公路10 km、四级以上双车道50 km,同步改造桥梁20座。高邮将旅游公路建设列入乡村建设发展规划,建设资金列入乡镇财政预算,实施统一规划,强化管理,整体推进,与周边旅游景区通达通连,注重整体景观打造、绿道建设和休闲服务能力配套,确保实现"人在路上、路在景中"的效果。

2 美丽公路的内涵特征和核心要义

2.1 美丽公路的内涵

党的十八大以来,习近平总书记对美丽中国建设提出了一系列新思想、新论断、新要求,指出"建设美丽中国"是实现中华民族伟大复兴中国梦的重要内容。2014年5月,浙江省委十三届五次全会作出了建设"两美浙江"的决定,明确提出"提升全省农村公路建、管、养、运一体化发展水平,着力打造美丽公路",省委主要领导更是对公路建设提出"修一条路,造一片景,富一方百姓"的具体要求。创建美丽公路的思路应运而生,遵循的是经济社会发展的规律,承载的是浙江老百姓对公路交通更高层次的希冀。美丽公路是在文明样板路、文明公路、畅安舒美公路、生态公路基础上的一脉相承,是公路建设到一定阶段的必然产物,而创建美丽公路是在现有公路式上通过科学、合理的管理养护手段实现的。

美丽公路之"美"内外兼修,不全体现在线形优美、道路通畅、行车安全、路况优良、环境自然,还体现在管理服务的优质。美丽公路的基本内涵是在公路规划设计、工程施工、运营管理的全寿命周期中,以建好、养好、管好、运营好为目标,能够最大程度实现因地制宜、崇尚自然、安全可靠、科学合理、节约集约、生态环保、服务提升的兼具经济性、生态性、和谐性、服务性特征的公路。

2.2 美丽公路的特征

美丽公路应具备"畅通、安全、高效、美观、智慧、绿色"六大特征,具体表现在:

(1)畅通:公路网络更加完善,公路网络通行能力充分,公众出行更加便利,运行速度和通行效率显著提升，与经济社会发展和综合交通运输体系构建更加协调。

（2）安全：公路及附属设施保持良好的技术状态，公路生命安全保护保障工程建设质量优良，公路基础设施安全隐患逐步得到清除，公路设施导致事故逐年下降。

（3）高效：公路路网管理与调度更加精准，公路交通突发事件处置更加及时，公路行业管理与监管更加有效，公路服务设施更加完善，公众公路出行服务信息更加丰富多样化。

（4）美观：公路服务设施完好，标志标线齐全、规范、醒目，公路沿线整洁美观、绿化梯次分布、感官视觉清爽，环境优美协调，营造"车在路上行，人在画中游"的意境。

（5）智慧：以信息化、智能化引领公路养护管理现代化发展，促进现代信息技术在公路行业深度应用，公路养护管理决策科学化，适应公路客货运输环境复杂化的能力显著提升。

（6）绿色：坚持践行"绿色"发展理念，努力转变公路交通发展方式，更加注重生态环境保护和资源循环集约利用，公路交通与生态环境协调发展。

2.3 美丽公路的核心

结合美丽公路的内涵和特征，美丽公路的核心可以概括为"设施美、窗口美、行风美、人物美"。

（1）设施美：建成适应地方经济社会发展需要的安全可靠、智慧高效、生态文明的公路路网体系，确保普通公路布局科学、结构合理、安全畅通、能力充分、路况良好、'路域整洁、生态绿色，适应统筹城乡发展需要。

（2）窗口美：以公路行业窗口美行动方案为载体，努力实现窗口服务优质、环境整洁、安全有序、管理规范、执法严明、群众满意，打造富有地方特色、弘扬社会主义核心价值观、展示公路行业美丽形象和人文关怀的美丽窗口品牌。

（3）行风美：大力弘扬"公泽百姓、路畅江海"的南通公路精神，按照"见人见物见行风，向上向善向美丽"的要求，深入推进"大道为公、心路为民"的公路核心价值体系建设，公路文化日益繁荣，提振队伍精气神，汇聚行业正能量，以"最美行业"建设为载体，加快转变执法服务理念，提升依法行政、惠民服务的行业形象，提供强有力的精神动力的思想保障。

（4）人物美：通过强化价值引领、深化文化建设、优化典型选树、汇聚正能量、提拔精气神，打造一支服务为民、爱岗敬业、奋发有为、勇于创新、素质过硬、作风顽强、清正廉洁、无私奉献的公路干部职工队伍，使争做美丽公路人形成风尚，使美在平凡、美在善良、美在责任、美在廉洁的公路人不断涌现。

3 南通美丽公路建设的前景展望

南通滨江临海，景色秀丽，历史悠久，人文荟萃，具有鲜明地域特色。"十二五"以来，国省道公路主骨架基本形成，半岛型交通圈实现环岛通，公路养护管理跻身江苏第一方阵，景观生态路网建设扎实深入，为美丽公路建设奠定了良好的基础。

南通美丽公路建设的总体思路是：遵循江苏绿色公路建设的方针，借力交通干线沿线综合环境整治，贯穿"内优外美、衔接顺畅、景观自然、特色鲜明、现代服务"的基本要求，坚持美丽公路建养管一体化、全寿命周期运用的理念，实现美丽公路与生态环境、工程技术、经济产业、社会服务、人文内涵的有机融合，为南通交通转型发展提供有力的支撑保障。

南通美丽公路建设的主要目标："十三五"期间围绕交通转型发展的目标，突出江风海韵、长寿养生、青墩文明、渔港风情、红色旅行5个主题示范，率先建成江苏美丽路网，75%国省道和50%农村公路达到美丽公路建设标准，力争3个县(市)区建成美丽公路示范县，确保6个中心镇建成特色公路小镇，走在全国美丽公路建设的前列。

3.1　牢牢确立美丽公路发展观

（1）抓住美丽江苏建设的契机，积极向市、县两级政府进言献策，争取市县党委、政府主要领导关心美丽公路建设，把南通美丽公路列入南通生态文明提升专项行动计划，在国省道和农村公路建设大会战中作为重要的基础性必备条件，努力争取美丽公路建设的行政资源。

（2）抓住交通转型发展的契机，贯穿美丽公路建设的理念，争取各级交通运输主管部门的支持，大打美丽公路建设的总体战，创造性落实美丽公路建设的要素保障，让美丽公路真正成为美丽交通的第一窗口、第一脸面、第一风景。

（3）抓住公路环境整治的契机，统一各级公路部门的思想认识，全面导入美丽公路建设的构想，着力在路域出新、绿化提升、景观改造、服务优化等环境上谋突破，让公路人率先成为美丽使者。

（4）抓住特色小镇打造的契机，围绕在全国率先建成公路特色小镇的目标，在乡村综合整治中贯穿美丽农村公路的建设思路，让公路在城乡物流、休闲观光、产业升级、民生建设等方面展示魅力。

（5）抓住全域旅游示范的契机，结合旅游公路建设，统筹考虑通达、生态、文化、安全、信息服务等功能，打造功能复合型交通走廊，提升公路服务品质，为人民群众提供特色化公路交通服务。

3.2　抓好美丽公路建设的顶层设计

（1）全面深入思考南通美丽公路建设的特质，充分考虑区域地形、经济发展、历史古迹、绿化景观等要素，借鉴发达地区美丽公路元素，认真制订南通美丽公路整体规划和行动计划，把美丽公路建设与中心城市打造、全域旅游示范、经济产业调整、民生公共服务等有机结合，充分体现南通公路的美丽气质。

（2）与"十三五"公路交通重点项目建设同步，坚持把美丽公路列入项目建设重点内容，进一步优化普通国省道专线项目设计，特别是在345国道、335省道和城市快速路建设中确保建一条、成一条，让新建线路最大程度地美化。

（3）结合畅安舒美路创建和养护改善工程，把美丽公路建设与国省道改造提升相统一，在328国道海安段(改扩建)、603省道如皋段等项目中贯入美丽公路建设的元素，提升国省道美丽公路建设水平。

（4）在推进干线公路沿线环境综合整治的同时，先期组织对204国道、228国道南通段等重点线路进行主题性示范建设，做到"一路一规划""一段一设计""一点一打造"，把国省道建设成为美丽公路建设的样板。

（5）以农村公路提挡升级工程建设为契机，选准、抓好新"四好"农路升级版打造，把美丽公路规划融入其中，充分体现江海特色和田园风光，提升乡村综合环境整治和农民安全出行的保障条件，让农民走上舒心之路。

3.3 统筹美丽公路全寿命周期管理

（1）注重从规划设计入手，充分考虑系统协调性、安全舒适性、经济效益平衡、绿色低碳与有效利用和环境负荷最小等因素，强化公路技术标准、横断面型式衔接和建设用地控制，充分展示多样化的自然景观和丰富的名胜古迹人文景观。

（2）转变工程建设理念，坚持以工程质量符合耐久性、工程性能符合安全性、环境影响符合生态性为基本要求，深入开展工程建设标准化示范，提高工程建设智慧化水平，落实绿色施工、绿色技术、绿色材料的全面应用，最大程度降低施工对环境的影响。

（3）积极推进绿色养护，全面落实预防性养护机制，加快完善绿色养护技术体系，推广应用养护新能源、新技术，普及沥青再生技术，提高节能性养护机械利用率，真正做到养护决策科学化、养护管理精细化、路况检测自动化。

（4）紧紧围绕普通公路"八无"目标，打好公路沿线环境综合整治的攻坚战，突出路域净化这一重点，加快整治公路沿线广告设施和垃圾箱规范，在规定距离内消除有碍观瞻"脏乱差"现象，确保五项行动走在前列。

（5）立足公路信息化建设主战场，加快推进公路决策辅助系统建设，整合建设综合业务信息系统，实现美丽公路养护全寿命周期数据化管理，推进公路档案资料、业务管理数据化和空间可视化。

3.4 把握美丽公路建设的关键环节

（1）加快绿色林带的建设，发挥如皋花木盆景之都的优势，更多地遵循现代美学的要求，设计和实施公路绿化长廊建设，综合运用色块、色彩、色调的功能，让公路成为生态文明的风景线。

（2）贯彻路景融合的原则，抓住城市出入口、快速路、主干次道两侧景观重点、精心建设景观小品，系统展示城市风貌，通过地形地貌的巧妙利用，让公路融入景观，让景观展示文明，提升公路人文内涵，塑造出层次分明、特色鲜明的道路景观集群。

（3）遵循江海文化的特征，集中利用临海高等级公路、沿江一级公路等濒水路段的优势，打好水景牌，用好江海景，充分展示南通"五水"文化的特色，让水景与公路融为一体，用水的灵秀映衬公路的秀美，提升美丽公路建设的区域特质，展现江北水乡的风韵。

（4）加大路域环境的治理，抓好优美集镇段建设，重视沿路商业路段断面打造，精心设计和规范落实沿路立面改造，系统推进整体立面包装出新，重视出省、出市、出县通道和入城、入镇、入村、入旅游景点的可视环境整治，使之成为南通美丽公路建设的窗口。

（5）重视公路沿线的配套，在雨污分流、垃圾分类、景观打造、人文景点等方面打好"组合拳"，从根源上解决美丽公路建设的社会问题，规范秩序，提高公路文明程度，让路美人更美。

3.5 补齐美丽公路建设的服务短板

（1）系统规划南通普通公路服务驿站建设，利用现有的养护工区、路政中队、管养节点，进一步改造提升普通公路服务设施，按照"小而精、小而特、小而美"的定位，建好、用活公路服务驿站。

（2）加快建设现代化服务基础设施，为公路使用者提供停车休息、如厕、加水、购物、观景、充电等综合服务功能，公路沿线合理设置客运汽车停靠站，规范设置各类指路标志,提供出行引导、交通组织等服务。

（3）整合提升江海路网通平台,基于移动端提供各类出行信息服务,开发更实用、更经济、更多样的线上在途服务,汇聚各类公路交通行车信息资源和帮助索引,实现人民满意出行的目标。

（4）推进美丽公路与产业经济、全域旅游、体育休闲、特色小镇等融合发展,主动适应城乡一体化和新型城镇化建设需求,满足经济社会与生态自然和谐发展的要求,在更深的领域服务民生。

（5）突出文化公路建设主题,深入挖掘现代公路文化内涵,系统推进公路及其沿线文化氛围的创设,融合通商文化、红色文化、江海文化、长寿文化等诸多要素,建设具有时代特征、地域特色的新型南通公路文化。

江苏省高速公路服务区污水处理现状问题及解决对策研究

杨 楠 胡 婕 仝 凯

(江苏省交通规划设计院股份有限公司 南京 210014)

摘 要 服务区污水处理是高速公路环境保护的重点及难点问题。本文通过对江苏省高速公路服务区的走访调研,总结水污染防治工作中存在的技术及管理问题;以缓解水力和有机负荷冲击为目的,提出"连续循环曝气"的污水处理工艺路线,并探讨适用于高速公路服务区现状的水处理设施营运模式;以沿江高速公路芙蓉服务区为研究案例,证明工艺技术创新和管理模式改进对改善出水水质具有明显作用。

关键词 高速公路服务区 污水处理 冲击负荷 管理模式

0 引 言

高速公路服务区远离城镇区域,所产生的生活污水一般无法就近排入市政管网,需经有效处理后方可排入地表水体。随着近年来国家高速公路通车里程的迅速增长,各地服务区配套污水处理设施亦相继建成投入使用。但目前服务区污水处理设计尚缺乏行业标准,不同地区对工艺流程、技术参数的选取确定存在一定争议;同时由于交通流量、人群生活习惯的差异性,导致服务区污水特性亦不尽一致,这均给污水处理设施的建设及营运带来了一定困难[1,2]。根据交通部科研院对全国 16 个省高速公路服务区的调研结论,虽然污水处理设施配置率达到 100%,但存在工艺选择不当、设备故障率高等诸多不足之处,出水排放达标率整体偏低。随着国家《水污染防治行动计划》的深入实施,服务区污水处理及污染控制,已逐渐成为交通建设管理和环境保护部门关注的热点问题。

本文通过对江苏省高速公路服务区的走访调研,分析现有污水处理设施存在的问题并提出解决对策,探讨如何构建科学合理的维护管养体系;以沿江高速公路芙蓉服务区为研究案例,总结对污水处理设施的改造、调试及营运经验,以期为交通运输环境保护工作提供技术支持和管理决策依据。

1 服务区污水处理现状调查

服务区生活污水可视为沿高速公路分布的分散点污染源,随着近年来交通流量的急剧增加,污染负荷也随之增强[3]。根据对江苏省高速公路路网功能的分析,选取 8 条高速公路中的 18 处服务区进行现场调查,结果见表 1。本次调研所选点位、数量占全省高速公路服务区的 16.7%,覆盖苏南、苏中、苏北地区的主要交通干线,采用接触氧化、生物流化床、膜生物反应器(SMBR)等多种工艺,可以较好地反映江苏省高速公路服务区的污水处理现状。

表 1　调查点位分布

交通干线	调研点位	处理工艺
京沪高速	川星等 4 处服务区	接触氧化
沿江高速	芙蓉、新桥服务区	接触氧化
沪宁高速	黄栗墅服务区（南）	接触氧化＋人工湿地
	黄栗墅服务区（北）	SMBR
	仙人山服务区	接触氧化
宿淮盐高速	古盐河、九龙口服务区	接触氧化
	成子湖服务区	生物流化床
江海高速	郭村、白米服务区	接触氧化
连徐高速	邵楼服务区	接触氧化
	锦屏山服务区	生物流化床
沿海高速	灌云、射阳服务区	接触氧化
宁杭高速	宁杭服务区	接触氧化＋MBR

1.1　服务区污水污染特性

从污染行为来看,服务区污水来源主要包括冲厕废水、餐饮废水、盥洗废水和绿化冲洗水,其中冲厕废水和餐饮废水占污水总量的 70% 以上,多数服务区污水日排放量在 30～80 m^3 的范围内。根据逐时、逐日排水量统计资料,污水主要集中产生于 7:00～11:00 和 13:00～17:00 两个时段,部分节假日污水排放量可增至平时的 1.6～2.0 倍,波动性较为明显(见图 1、图 2)。

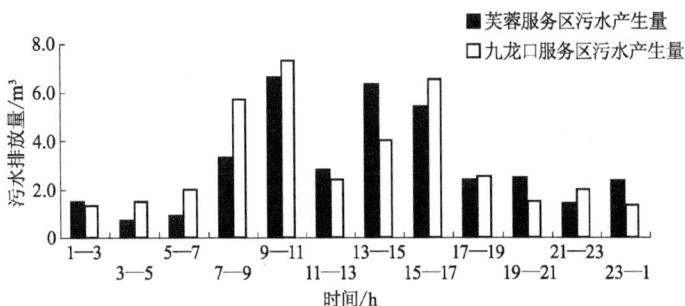

图 1　服务区污水水质的时变化曲线

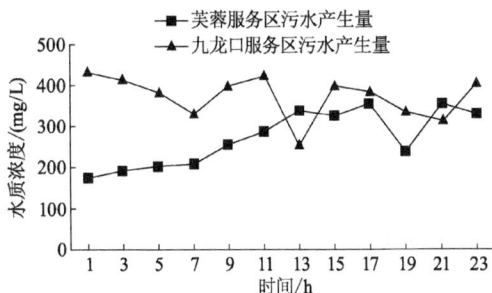

图 2　服务区污水排放量的时变化曲线

对 18 处服务区的调节池进水口进行水质采样检测,统计各污染指标的浓度范围及平均值,并与典型生活污水水质[4]相比较,结果见表 2。由于餐饮、冲厕废水占总排污量比重较高,污水有机污染负荷高于生活污水,其中总磷、总氮浓度分别为典型生活污水的 1.58 倍和 4.1 倍,故污水处理工艺必须考虑脱氮除磷功能。根据 24 小时连续采样分析,污水水质基本不受污水排放量变化的影响。

表 2 服务区污水采样分析   mg/L

检测指标	COD_{cr}	BOD_5	总磷	总氮	动植物油
检测范围	324~621	171~315	5.5~15.5	77~274	40~97
平均值	514	269	12.6	162	65
典型生活污水	400	200	8	40	50

1.2 处理设施运行情况

污水处理设施多采用无锡、扬州等地厂商提供的地埋式玻璃钢罐体,少数为专项改造或设计的混凝土池体,均不同程度采用生化处理方法,工艺以接触氧化为主。由于管养不善或运行年限超期,电控柜、风机、提升泵等设备故障率高,更换维修频繁;填料脱落、曝气头损坏等现象较为常见。部分格栅、隔油池、化粪池等预处理设施未能及时清理,以致发生堵塞壅水。

1.3 出水达标排放率

服务区污水排放去向多为地表沟渠、河塘等,少数经市政管网排入地方污水厂,水质排放标准多执行《污水综合排放标准》一级标准或《城镇污水处理厂污染物排放标准》一级标准。根据水质监测结果,服务区污水普遍不能达标排放,COD_{cr}、BOD_5、氨氮和总磷等水质指标达标率分别为 39%,11%,22%,0%。部分服务区污水因超标排入鱼塘、蟹塘等敏感水体,已引起地方环境纠纷。

2 污水处理现况问题剖析

污水生化降解是在人工设定下进行的复杂的生物化学过程,通过构成连续稳定运行的微生态处理系统,实现对有机污染物高效分解[5-7]。当前,服务区污水处理的主体工艺——生物接触氧化法,技术工艺和设备装置已相当成熟完善,但是限于服务区污水特性、设备选型等诸多原因,未能实现良好的污水降解效果。本文对调研过程中发现的污水处理设施问题进行总结,并系统分析问题产生的原因。

2.1 设计目标与污水特性不匹配

当前服务区污水处理采用的一体化地埋式装置多为面向居民小区、部队医院的成套产品,设计处理规模、进水水质一般参考典型生活污水的经验参数。调查发现,各地服务区污水实际产生量仅为设计处理量的 20%~40%,由于池体(罐体)有效容积过大,造成污水实际停留时间和污泥龄过长,易出现水质恶化、污泥上浮等现象。尽管进水水质偏高于典型生活污水,一定程度上弥补了低水量造成的有机负荷不足,但间歇性高浓度污水会对微生物处理系统产生较大的有机负荷冲击。

表3 设计处理能力和实际进水参数的对比

调查点位	设备厂商	设备型号	污水水量/(m³/d)		污水水质/(mg/L)(以 COD_cr计)	
			设计处理能力	污水产生量	设计进水水质	实际进水水质
黄栗墅服务区			240	70～90	400～500	466
芙蓉服务区			100	50～60	400	453
九龙口服务区	江苏彬鹏	WSZ-10A	240	40～60	400～500	481
灌云服务区	江苏鹏鹗	WSA-5FL	120	25～30	150～400	504
射阳服务区		WSA-5FL	120	40～50	150～400	421
邵楼服务区	扬州澄露	JYJ-5	120	30～40	≤400	

注:黄栗墅、芙蓉服务区污水处理设施为经专项改造的混凝土池体。

2.2 工艺缺乏脱氮除磷功能

服务区污水处理装置多以缺氧-好氧工艺流程为主,但普遍未设置硝化液循环和污泥回流环节,微生物脱氮除磷功能受到限制,甚至出现因有机物氨化导致出水氨氮浓度高于进水的现象。采样检测结果表明,服务区出水氨氮、总磷平均浓度为 65.2 mg/L 和 2.3 mg/L,分别为《污水综合排放标准》一级标准限值的 4.3 倍和 4.6 倍。

2.3 抗负荷冲击能力偏低

污水生化降解需对微生物提供源源不断的能量和物质,以维持其生存条件,尽管短时间内生物膜具有一定的抗负荷冲击能力,但当进水速率长期不稳定时,仍会造成微生物大量死亡和生物膜脱落。调节池、提升泵和液位控制器组成的联合调节系统,是控制装置进水速率和处理负荷的决定因素。

污水经调节池潜污泵一次提升后,以重力流形式排向后续处理单元,提升泵的启动/关闭通过液位浮球开关控制。由于设计处理量高于污水实际产生量,再加上市场上难以采购小流量污水泵,故工程上多采用额定流量在 10～15 t/h 范围内的污水提升泵,运行方式为间歇运行。因进水量低,调节池体积过大等原因,池内液位长期不能达到水泵开启条件,污水在调节池内长期积累以致恶化发臭;当达到启泵液位高度时,由于水泵额定流量偏高,又导致大量高浓度污水短时间内排入生化处理单元。基于以上原因,调节池未能发挥对污水均质均量的作用,反而使生化处理单元的水力负荷和有机负荷更不均匀;同时曝气风机多与提升泵联动运行,曝气时间不足又导致好氧池内溶解氧浓度偏低。现场调查发现,调节池提升泵运行时间间隔多在 24 h 以上。

2.4 维护管养力度不足

大多数服务区未配备专业管理人员,污水处理设施的日常调试、维护多由水电工兼职,维护管养力度参差不齐。受地理位置、人员配备、维护经费等因素限制,装置检修、栅渣清运、设备零部件更换等工作存在一定困难,再加上水电工缺乏调试维护的常识技能,导致部分污水处理装置长期处于停用或非正常运行状态。

综上所述,设计进水指标偏离实际,以及工艺参数无法满足水处理微生物脱氮除磷和正常生长的稳定环境,是当前服务区污水处理设施的主要技术问题。考虑到水处理设施的养护情况差强人意,现有管理模式弊病亦不可忽视。本文重点从工艺优化和技术改进、管理模式完善等方面,探讨高速公路服务区污水处理的建议及措施。

3 工艺流程优化和技术改进

3.1 处理规模和进水水质

高速公路服务区用水服务对象主要为接待旅客,故客流量是决定污水产生排放量的重要因素。根据对服务区污水量和客流量的调查统计和回归分析,认为两者存在较强的相关性(见图3),可通过客流量大致确定服务区污水处理规模。考虑到节假日高速公路客流高峰,日变化系数可取 2.0。设计进水水质可选用表 2 中服务区污水检测数据的平均值。

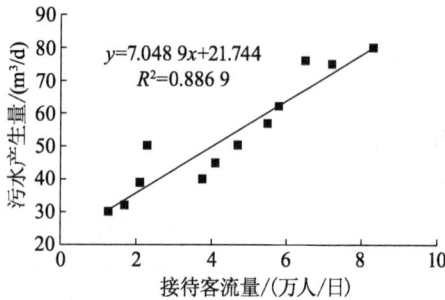

图 3 服务区客流量与污水产生量的相关性分析

3.2 提高脱氮除磷能力

曝气段设置硝化液循环泵,定期将硝化液输送至缺氧段,循环输送量根据实际情况调试而定,可通过"硝化-反硝化"作用实现脱氮效果。由于好氧污泥产生量偏低,故不考虑设置污泥回流环节,通过投加除磷药剂(以铁盐、铝盐为主)实现化学除磷。

3.3 减缓冲击负荷

生化处理单元后增添回流池,并内置潜污回流泵,通过液位控制器实现自动运行。回流池与调节池之间设有循环回路,通过调节池提升泵、回流池回流泵及输水管线组成的循环系统,可使装置内生活污水处于连续流动状态,缓解了进水不均对生化处理单元造成的冲击负荷。同时,在调节池出水口设置分流装置,并在分流管道安装截止阀,可对污水流量进行微量调节,进一步平衡接触氧化系统的水力/有机负荷。

上述工艺现已授权国家实用新型专利,并在部分高速公路服务区试点应用,工艺流程见图 4。"连续循环曝气"工艺可根据污水实际接纳量及进水浓度,灵活调整提升泵和回流泵的启泵、停泵液位,以及曝气风机的运行时间,对各类生活污水的适用性较强。由于装置内污水长期处于流动曝气状态,即使调节池内长期未排入新鲜污水,或短期内排入大量高浓度污水,仍可为微生物提供较为稳定的有机物质和能源,可避免因进水不均出现的污水滞留腐败或水力扰动现象,具有良好的抗负荷冲击能力。

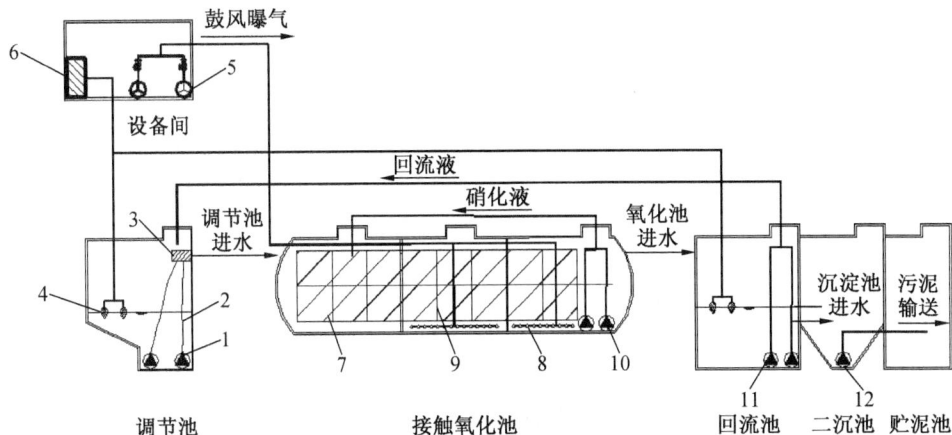

1—提升泵；2—输水软管；3—分流装置；4—液位控制器；5—曝气风机；6—控制柜；7—生物填料；
8—曝气软管；9—固定支架；10—硝化液循环泵；11—回流泵；12—污泥输送泵管

图 4 "连续循环曝气"污水处理工艺流程

4 完善营运管理模式

高速公路服务区地理位置一般较为偏僻，间隔距离较远，耗材补充、设备检修等多有不便；且服务区大多不具备污水处理设施维护管理的专业人才，故建议各地高速公路管理公司与地方环保单位签订技术服务协议，将所辖服务区污水处理设施的营运维护工作统筹委托给专业机构代为管理，并重点做好以下工作。

4.1 健全环境管理机构

各级高速公路管理公司应建立自上而下的环境管理机构，落实机构负责人和专业职能人员，制订年度营运方案计划，并编制相关技术文件和管理手册。

4.2 保证清浚疏通力度

服务区污水中难溶解性固体杂物较多(如卫生纸、果皮菜根等)，需及时对易发生沉积堵塞的部位清浚疏通。定期清掏格栅、化粪池和隔油池，建议频次不少于 6 个月；定期清理调节池杂物和生化处理单元的脱落填料，以防止堵塞水泵、提升管线和出水堰，建议频次不少于 3 个月。

4.3 加强设备检修和运行状态监管

做好对水泵、风机、电控柜等重点设备的保养工作，定期检修轴承、密封垫、偏心轮等部件，并检查曝气头、浮球、填料、管件管材等耗材的破损情况，对无法利用的零部件及时替换处理。

长期运行下，水泵、风机工作点会沿特性曲线发生偏移。管理人员需定期测试提升泵流量、溶解氧浓度等数据，并通过控制水泵频率、风机转速等方式，确保主要设备运行工况与设计参数相吻合。

4.4 水质检测分析及工艺调试

定期对出水水质进行采样分析，并出具第三方检测报告，作为对相关负责人员业绩考核的重要依据；同时对主要处理单元内污水进行采样，测定 MLVSS、SVI、DO 等可反映微生物生长状态的理化指标，有条件时可进行镜检，结合水质检测报告及时发现问题，采取针对性调试手段。

5　案例分析

以沿江高速公路芙蓉服务区为分析案例,进一步阐述服务区污水处理的工艺设计思路和管理模式,并总结工程技术改造和营运维护的经验不足,为服务区污水处理工程建设及管理提供参考。

5.1　项目背景

芙蓉服务区原建有地埋式污水处理罐体,设计处理能力为 240 t/d,采用接触氧化工艺,无硝化液循环和污泥回流环节。由于污水实际产生量仅为 50～60 t/d,调节池水力停留时间长达 2～3 d,夏季滋生大量蚊蝇;生化反应单元设计尺寸偏大,微生物生长状况不理想,填料不能正常挂膜。后因长期未清理格栅等预处理设施,造成水泵堵塞烧毁,污水经调节池直接溢流至地方沟渠,原污水处理设施废弃停用。

5.2　技术改造

2011 年 8 月,设计单位对原污水处理设施进行技术改造,保留并利用原化粪池、调节池等单元,新建地埋式玻璃钢罐体,采用“连续循环曝气”污水处理工艺,综合考虑节假日污水排放峰值、未来客流量的增长等因素,确定处理规模为 100 t/d,设计进水水质采用表 2 中服务区污水的平均检测值。

根据相关水处理构筑物设计标准及规范[8,9],确定各处理单元的结构尺寸和设备选型。其中,接触氧化池缺氧段水力停留时间为 6 h,曝气段水力停留时间为 12 h,曝气量控制为 4.0 m^3/h,硝化液回流比控制在 75％～100％ 范围内。提升泵、回流泵均通过液位控制器自动运行,回流泵启动液位同溢流出水管的管底标高保持一致。

5.3　工艺调试

工程投入运行后,通过调节池分流装置进一步控制进水速率,提升泵运行时间间隔可控制在 2～4 h,单次运行时间达 6 h 以上,大幅降低了污水在调节池内的滞留时间;回流泵单次运行时间在 3～4 h 范围内,部分污水经输水管线排回调节池,其余部分经溢流口排入二沉池,实现了污水在各处理单元间的循环流动。

工程运行初期,出水氨氮、总氮指标偏高。经检测分析发现,原水中碳、氮比仅为 5.4：1,碳源严重不足。现场选用葡萄糖溶液为补充碳源,通过电磁计量泵定量投入接触氧化池,同时调节硝化液回流比和曝气量,脱氮效率可达到 90％ 以上。

工艺方案设计阶段,项目组曾考虑通过污泥回流实现生物除磷,然而二沉池实际污泥产量非常有限,污泥回流量很低,除磷效果不明显;后通过电磁计量泵向二沉池定量投入除磷剂稀溶液,出水总磷浓度可降低至 0.4 mg/L 以下。工艺稳定运行后,主要污染物排放浓度均可满足《污水综合排放标准》一级标准的限值要求。

5.4　维护管养

建设单位委托无锡瑞博仪自动化设备有限公司负责污水处理设施的营运工作,全面负责损耗品供应、工艺调试、水质检测、机电设备检修等管理事务。当发生设备非正常损坏、出水水质异常等情况时,维护单位可在 24 小时内提供现场应急服务,并保证 2～3 个工作日内污水处理设施恢复正常。设施自建成运行后未曾长期闲置停用,未发生因污水超标排放引起的环境投诉。

6 结 语

为解决服务区污水冲击负荷过高的问题,本文针对性提出了"连续循环曝气"的工艺流程,通过保持各构筑物内污水的循环流动状态,有效平衡了生化处理单元的水力负荷和有机负荷,不仅为高速公路服务区污水处理提供了工艺思路,对分散式污水处理技术的发展应用也有一定的借鉴意义。

江苏省高速公路网已基本建成,鉴于房建区污水排放水质普遍不达标的现状,对现有水处理设施的技术改造和管理维护将是未来交通环境保护工作的重点内容。建设单位需对污水特性、现有设施运行问题等进行详细调查,并与房建、市政等专业技术对接,在尽可能利用既有设施的前提下,合理确定改造方案。同时,如何建立污水处理设施营运维护的监督、考核和激励机制,将成为各项管理性措施及制度能否落实的关键环节。

参考文献

[1] 刘学欣,孔亚平.公路服务区污水处理工艺综合分析[J].公路,2011(6): 189—191.

[2] 陈书雪,刘宝双.高速公路服务区分散式污水处理技术研究[J].中国资源综合利用,2011(9):45—48.

[3] 胡博,何霞.高速公路服务区污水水质水量特征调查[J].净水技术,2010,29(5):46—49.

[4] 戈蕾,葛大兵.城市家庭生活污水水量调查与水质分析[J].环境科学与管理,2010,35(2):16—17.

[5] 田伟,何娟.重庆高速公路服务区污水特征及处理工艺遴选[J].环境科学与技术,2012,35(3):90—93.

[6] 张龙,涂勇.高速公路服务区污水 A/O 生化处理工艺运行参数研究[J].水处理技术,2014,40(2):96—101.

[7] 朱玉峰,李正要.高速公路服务设施污水处理技术探讨[J].中国公路学会公路环境与可持续发展分会学术年会.2010.

[8] 太原市市政工程设计研究院.生物接触氧化法设计规程[S].

[9] 何强,龙腾锐.排水工程[M].北京:中国建筑工业出版社,2011.

雨水花园在城市绿地中的运用

——以海门肇州园景观设计为例

谢伟强

（上海浦东建筑设计研究院有限公司　上海　201204）

摘　要　本文主要以海门肇州园景观设计为例，阐述如何在雨水丰沛、地下水位较高、土壤含水量丰沛的地区实施海绵城市，提出利用现状场地条件，把雨水加以管理和利用，建造雨水花园，以生态的方式对雨水进行净化，把公共绿地打造成一个节约型绿地。

关键词　海绵城市　雨水花园　雨水滞留带　生态滤床

0　引　言

当今社会飞速发展，特别是中国广大地区的快速城市化进程，使生态环境面临巨大的压力，建设生态型城市的呼声越来越高。为从源头缓解城市内涝、削减城市径流污染负荷、节约水资源、保护和改善城市生态环境，国家提出了建设"海绵城市"的新理念。"海绵城市"主要是为了解决城市水资源短缺、水环境污染、水安全三大问题。水资源短缺主要发生在我国北方地区，因城市开发建设过度硬化造成降雨形成径流外排，导致地下水补给不足。水环境污染主要是地表径流带来的城市面源污染。雨水径流的化学需氧量（COD）排放量在城市地表水环境 COD 总量中占比过高。拦河筑坝、"三面光"铺装等河道整治过度工程化，使城市水系由"活水"变成"死水"，生态功能和环境功能大大下降。水安全问题是指大量降雨在短时间内形成地表径流，加大了城市排水系统的压力[1]。那么，在雨水丰沛、地下水位较高、土壤含水量丰沛的地区如何贯彻海绵城市的国家大生态战略呢？海门位于江苏省东南部的长江三角洲地区，东濒黄海，南倚长江，素有"江海门户"之称。海门为长江下游冲积平原，境内地势平坦，沟河纵横，使江、海、河连成一片。海门属于亚热带和暖温带季风气候，四季分明，雨水充沛。土壤分为潮土和盐土两大类。土壤质地良好，土层深厚，以中性、微碱性轻、中土壤为主，土体结构具有沙黏相间的特点。所以，海门地区应重点从水环境污染和水安全方面着手。本文就海门城市发展面临的一系列生态问题进行研究，提出"绿道"城市生态发展概念，主张人与自然的和谐共生发展；尊重和利用原有的生态结构，通过雨水花园的形式，对雨水进行就地收集、入渗、储存、处理和利用，提出打造一个节约型的生态绿地的目标，拟在 3.7 万 m² 的集中绿地中设置雨水花园，整体设计分为滨河绿带地块和集中绿地地块（雨水花园）。

1　基地基本情况

项目红线范围描述：肇州园分为两块，一块为十二横河（长江路至瑞江路段）北侧绿地,另一块为黄海路南侧集中绿地。十二号横河南侧绿带为已建成绿带。

基地面积:十二号横河(长江路至瑞江路段)北侧绿地面积为 18 066 m²(实测面积);黄海路南侧集中绿地面积为 36 666 m²。十二号横河水域面积为 18 509 m²。

总绿化面积为 54 732 m²。

2 雨水花园的可行性研究

2.1 可利用的雨水量

城区可利用雨水量在实际利用时要受到许多因素的制约,如气候条件、降雨季节的分配、雨水水质情况和地质、地貌等自然因素的制约及特定地区建筑的布局和结构等其他因素的影响。因此,所谓雨水利用,主要是根据利用的目的,通过合理的规划,在技术和经济可行的条件下使降雨量尽可能多地转化为可利用雨量。

海门市年平均降水量 1 040.4 mm,年最大降水量 1 500.7 mm(1975 年),年最小降水量 654.6 mm(1978 年),年降水量小于 700 mm 和大于 1 300 mm 的频率分别为 2.2% 和 15.2%,年降水量在 850 mm 以上的年份占 78%。降水量的季节变化比较明显,夏季降水量最多,约占全年降水量的 44%,冬季降水量较少,仅占全年降水量的 11%,春、秋季分别占全年降水量的 24% 和 21%。海门市一年中降水量最多的是 6 月,平均 184.3 mm,12 月最少,仅为 31.1 mm,50 mm 以上有 8 个月,100 mm 以上有 4 个月,降水量最多月份为 2001 年 6 月(482.8 mm),最少月份是 1987 年 12 月(没有降水)。海门市年平均降水日 133.8 天,最多的年降水日 151 天(1987 年),最少的年降水日 90 天(1995 年),降水日数最多的是 6 月,平均 13.7 天,最少的是 12 月,平均 7.2 天,各月雨天数变化大,最多的 25 天(1987 年 7 月),最少的没有雨日(1987 年 12 月),历史上最长连续降水日 16 天(1992 年 3 月 13 日—3 月 28 日)。海门市年平均蒸发量 1 282.0 mm,年最大蒸发量 1 521.4 mm(2004 年),年最少蒸发量 1 127.2 mm(1987 年),其中以 7 月、8 月最多,1 月最少。因此,雨水的利用应根据具体的情况加以分析。对于城区,雨水主要有屋面、道路、绿地 3 种汇流介质。本工程主要拟考虑绿化渗透雨水收集利用。

2.2 雨水收集水量计算

根据海门市气候资料,多年平均最大 24 h 降雨量约 100 mm,年平均降雨量为 1 040.4 mm。

根据《建筑与小区雨水利用工程技术规程》,雨水储存与回用设施设计规模采用效益评价法。雨水收集水量为:$V=10\Psi_c h_s F$;$\Psi_c=0.375$,$F=3.6$ hm²,$h_s=20$ mm,故 $V=270$ m³。

2.3 四年用水量评估

雨水收集系统年可利用水量为:$W_a=(0.6\sim0.7)\times10\Psi_c h_a F=9$ 831.8 m³;年平均降雨量取为 1 040.4 mm。

结论:海门市雨水丰沛,但降雨周期并不平均,是典型的雨热同季,在较为寒冷的 1,2,10,11,12 月份降雨量较小。要保持雨水花园持续运行,必须保证有足够而持续的水源(雨水收集)。

3 基地绿化需水量

(1)绿化用水量标准取为 2 L/(m²·d)。

(2)绿地浇灌用水量 $Q_l=50.4$ m³/d。

年绿地浇灌用水量 $Q_{ln} = 7\,056\ m^3/a$（按冷季型草坪、绿化、二级养护取值）。

（3）绿化给水系统采用自动喷灌。

3.1 逐月水量平衡

综合降雨量及绿地需水量两者关系（由表 1 计算可得），雨水可收集量小于用水量，除 1，2，11，12 四个月雨水回收满足用水量以外，其余月份回用水量均大于收集量，所以，设计要考虑加大旱溪蓄水能力，将富余雨水尽可能蓄集起来，降低旱期用水压力，见表 1。

表 1 逐月水量平衡

月份	基础数据			可收集雨水量/m³	雨水用水量/m³			其他补水量/m³
	平均降雨量/mm	平均降雨天数/d	太湖水面蒸发量/mm		绿化浇灌量	景观湖蒸发补水量	用水总量	
1 月	43.5	8.5	27.5	159.5	0	37.5	37.5	0
2 月	48.9	9.1	34.3	179.3	0	46.8	46.8	0
3 月	81.3	12.0	47.5	298.1	696.7	64.8	761.5	463.4
4 月	72.8	10.5	69.5	266.9	1 100.0	94.8	1 194.8	927.9
5 月	92.7	11.1	97.8	339.9	1 100.0	133.4	1 233.4	893.5
6 月	197.2	12.2	89.9	723.0	990.0	122.6	1 112.6	389.6
7 月	164.5	13.3	116.0	603.1	990.0	158.2	1 148.2	545.1
8 月	129.5	11.2	117.1	474.8	1 100.0	159.7	1 259.7	784.9
9 月	102.8	9.9	87.5	376.9	1 100.0	119.4	1 219.4	842.5
10 月	55.7	8.3	68.0	204.2	843.3	92.8	936.1	731.9
11 月	47.7	7.1	47.3	174.9	0	64.5	64.5	0
12 月	28.3	5.4	36.4	103.8	0	49.6	49.6	0
合计	1 064.9	118.6	838.8	3 904.4	7 920	1 144.1	9 064.1	5578.8

3.2 雨水收集处理方式

通过 google 地图可发现这些原有土地中留下的沟涌是城市水系网络中的毛细血管，在其周边地块，这些南北向规则分布的小沟涌有的已随城市的开发而消失。海门境内地势平坦，正是这些微不足道的沟涌，承担着汇聚地表径流的作用，为人们的生活和生产提供方便，发挥着重要的生态作用（见图 1）。

图 1 现状水系图

4 雨水花园运行原理

利用现场存留的沟涌改造成生态旱溪,用于收集和汇聚雨水。通过一个对数螺旋的构图形式,把原本平坦的地形改造成一个易于形成雨水收集的场地。再建立一个微生态滤床,对收集的雨水进行过滤,并储入清水池(地下)。保存净化后的水用来对绿地进行浇灌和对景观水池进行补水。同时,景观水池和雨水净化体系进行内部循环,保证景观水池的水能长期保持洁净以满足观景效果(见图2)。

图 2 雨水花园工作模拟图

5 雨水花园组成部分

5.1 雨水花园整体布局(见图 3)

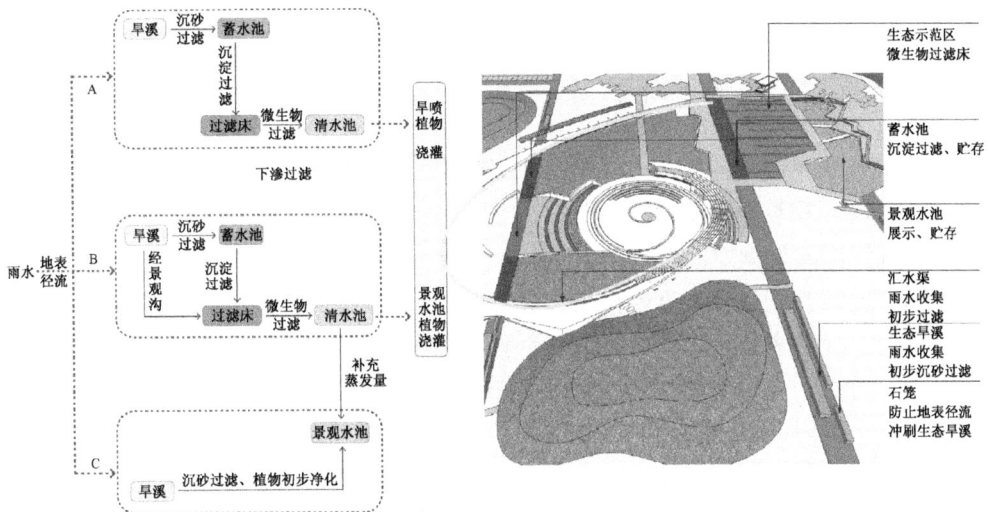

图 3 雨水花园系统图

5.1.1 生态旱溪

生态旱溪主要利用原有沟涌改造而成,呈南北向分布,其主要功能是通过旱溪表层草皮及植被根系对雨水径流进行初期预处理,同时作为输送媒介收集雨水至集水池。场地生态旱溪(见图 4)满足 20 年一遇暴雨洪水标注设计的断面尺度,见表 2。

旱溪效果图

旱溪断面图

旱溪剖面图

图 4　生态旱溪

表 2　场地生态旱溪满足 20 年一遇暴雨洪水标注设计的断面尺度

生态设施		全长/m	宽度/m	深度/m	坡降/%	边坡	20 年一遇设计水深/m
生态旱溪	A		4	0.3	1	1∶3	0.2
	B		6	0.3	1	1∶3	0.2
	C		6	0.3	1	1∶3	0.2

5.1.2　集水池

集水池收集旱溪汇集而来的雨水,设计为一段生态河道,不仅具有雨水蓄集的作用,还能利用水生植物进一步净化雨水水质。

5.1.3　花园湿地(生态滤床)

花园湿地利用湿地植物吸收作用、滤料拦截过滤作用及微生物降解作用,对雨水进行深度处理。生态展示区是雨水花园最为重要的生态设施,是储存雨水并进行净化的微生态滤床。作为一个精心设计的结构空间,在充分利用湿地植物和生态基质构成的合理净化空间内,培植和驯化本土微生物,构建微生物生化反应空间。有别于常规浸泡水中的微生态滤床容易造成植物枝条腐烂,污染水源,且不易维护的问题,本文采用的微生态滤床技术具有高效率、低投资、低运转费用、低维护、用地少和微耗能等特点,采用的净化植物有黄菖蒲、荸草、香蒲、芦苇、旱伞草、千屈菜等。同时,我们还赋予该区域展示和文化的功能。通过设置的讲解牌,把雨水收集、净化、利用的过程进行简单讲解,起到科普的作用。在滤床上设置雕塑点,放置雕塑,让整个区域具有一种人文场所精神(见图5)。

图 5　生态绿床效果图

花园湿地面积由雨水处理量及水质决定,雨水处理量依据最大日用水量计算,雨水水质以地表水 V 类标准设计,回用水质达到地表水 IV 类标准。

花园湿地面积计算公式如下:

$$A_s = \frac{Q(\ln C_o - \ln C_e)}{K_t \cdot d \cdot n}$$

式中,A_s 为湿地面积,m^2;Q 为设计流量,m^3/d;C_o 为进水 BOD_5,mg/L;C_e 为出水 BOD_5,mg/L;K_t 为温度相关速率常数,d 为介质床的深度,m;n 为介质的孔隙度。

K_t 计算公式为

$$K_t = 1.104 \times 1.06^{(T-20)}$$

式中,T 为当地平均温度,℃。

若最大日用水量为 $60\ m^3$,套用公式计算得到湿地面积为 $125\ m^2$。

为了满足景观需求,湿地植物选择常绿水生鸢尾、草皮和麦冬等低矮植物,工程量 $125\ m^2$。

5.1.4　景观水池(清水池)

景观水池与花园湿地形成循环回水(见图 6)。

图 6　景观水池效果图

5.1.5　生态石笼

生态石笼用于高差较大的汇水处,防止雨水对生态旱溪表层介质和植物的冲刷(见图 7)。

图 7　生态石笼效果图

5.1.6　应急处理设备

为保证景观水池水质始终处于优良状态,另设置一套循环处理设备作为景观水池水质应急处理措施。

景观水池水面面积为 1 364 m²,水深以 50 cm 计,总水量为 682 m³,设计 3 天循环一次,处理量为 227.3 m³/d,设备一天运行 10 h,则系统处理量设置为 25 m³/h。应急处理工艺见图 8。

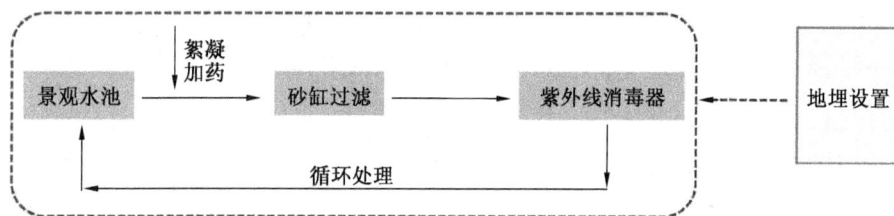

(a) 工艺

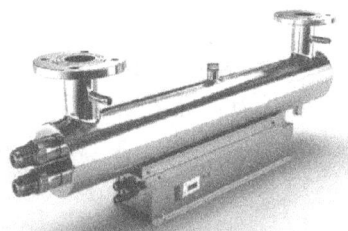

(b) 设备

图 8　应急处理设备

5.2　雨水花园绿化选择

湿地植物选择千屈菜、花叶芦竹、矮蒲苇、芦苇、鸢尾 5 种植物,工程量 125 m²,见图 9 和表 3。

图9 雨水花园植物

表3 花园湿地植物品种

种类名称	图片	植株高度/cm	备注
干屈菜		60～120	3月份发芽,花期7—10月
花叶芦竹		150～200	花果期9—12月
矮蒲苇		100～120	花期9—10月
芦苇		100～300	花期8月下旬至9月上旬
常绿鸢尾		60～100	5月份开花,花期20天左右

5.3 维护措施及效益分析

5.3.1 维护措施

(1)日常保洁,垃圾杂物、枯枝残叶等清理和打捞。

(2)植物修剪收割,清除杂草、修剪枝叶,保持植物景观效果,成熟季节准时收割。

(3)观察指标性植物生长特征是否正常。

(4)花园湿地维护:定期检查提升泵工作情况,出水是否正常、有无漏水,湿地植物修剪及收割。

5.3.2 效益分析

（1）运行费用。

（2）人工维护费：1 人维护。

（3）湿地系统电费：以 300 天运行、15 度/天计，0.7 元/度，电费 3 150 元/年。用电设备数量及功率见表 4。

表 4 用电设备数量及功率

序号	用电设备	设置数量/台	运行数量/台	功率
1	收集池排污泵	2	1	0.75
2	湿地提升泵	2	1	1.5
3	景观水池循环泵	2	1	2.2

6 结　语

在海绵城市大力推广的今天，当谈论如何进行生态建筑设计、生态景观设计、生态城市设计时，更不应遗漏"雨水资源的收集和二次开发利用"这个至关重要的元素。但雨水资源的收集和利用，不能脱离当地的生态环境特点和气候特点，应在充分论证其可行性和运营的可操作性的前提下进行，绝不能盲目地生搬硬套，否则就成了无法操作的"夹生饭"而引发其他生态问题。实践永远是检验真理的唯一标准，只有把先进的生态理论同实际工程相结合，切实做到运行管理简单、生态环保、自然美观、与场地环境结合。

参考文献

［1］章林伟.海绵城市建设概论[J].给水排水，2015，41(6):1—7.

图书在版编目(CIP)数据

2017年江苏科技论坛绿色公路分论坛暨公路养护技术国际学术会议论文集 / 江苏省公路学会等编. — 镇江：江苏大学出版社，2017.9
　　ISBN 978-7-5684-0630-7

Ⅰ. ①2… Ⅱ. ①江… Ⅲ. ①道路工程－国际学术会议－文集②公路养护－国际学术会议－文集 Ⅳ. ①U41-53

中国版本图书馆 CIP 数据核字(2017)第 240515 号

2017 年江苏科技论坛绿色公路分论坛
暨公路养护技术国际学术会议论文集
2017 Nian Jiangsu Keji Luntan Lüse Gonglu Fen Luntan
Ji Gonglu Yanghu Jishu Guoji Xueshu Huiyi Lunwenji

编　　者/江苏省公路学会　扬州市公路学会
　　　　　镇江市公路学会　上海市浦东新区公路学会
责任编辑/李菊萍　吕亚楠
出版发行/江苏大学出版社
地　　址/江苏省镇江市梦溪园巷 30 号(邮编：212003)
电　　话/0511-84446464(传真)
网　　址/http://press.ujs.edu.cn
排　　版/镇江华翔票证印务有限公司
印　　刷/虎彩印艺股份有限公司
开　　本/787 mm×1 092 mm　1/16
印　　张/27.75　插页 12 面
字　　数/729 千字
版　　次/2017 年 9 月第 1 版　2017 年 9 月第 1 次印刷
书　　号/ISBN 978-7-5684-0630-7
定　　价/86.00 元

如有印装质量问题请与本社营销部联系(电话：0511-84440882)